자격증 한 번에 따기

관광통역
안내사

기출문제 정복하기

신념을 가지고 도전하는 사람은 반드시 그 꿈을 이룰 수 있습니다.
처음에 품은 신념과 열정이 취업 성공의 그날까지 빛바래지 않도록
서원각이 수험생 여러분을 응원합니다.

Preface

우리나라에 관광 개념이 도입된 지가 벌써 반세기가 넘었다.

당시 우리나라는 6 · 25 전쟁 등으로 관광이라는 달콤한 삶이 뿌리 내리기에 너무나 척박한 환경이었다. 그러나 88 서울올림픽과 1989년 전국민의 해외여행 자유화 및 2002년 한일월드컵이 있은 이래, 2018년 평창동계올림픽까지 유치되면서 우리나라 관광산업은 새로운 역사를 써나가고 있다.

우리나라 국민들의 해외여행객 수는 2,400만 명을 넘어섰고, 출국자수 증가율도 8%대를 기록할 정도로 관광에 대한 관심이 높은 실정이다. 주5일 근무제의 정착과 소득향상, 그리고 여가에 대한 관심 증대는 앞으로 관광산업의 지속적인 발전에 긍정적인 요인으로 작용할 것으로 판단된다.

한국관광의 국제경쟁력 제고를 위해 선포된 한국방문의 해와 우리나라의 경제규모에 알맞은 국가 브랜드 가치 증대는 외래관광자의 꾸준한 유입과 함께 우리나라 관광산업 발전에 큰 역할을 할 것으로 전망된다. 우리나라 정부도 이 같은 추세에 맞춰 관광을 신성장 동력으로 이끌고 국가 경제발전과 국민의 삶의 질 향상에 기여하고자 노력하고 있다.

관광산업을 장래에 유망한 산업으로 인식하고, 우수한 관광산업 종사자 배출과 관광산업 분야에 종사하고자 하는 수험생들에게 조금이나마 도움이 되고자 이번에 '자격증 한 번에 따기 관광통역안내사 기출문제 정복하기'를 출간하게 되었다.

본서는 2014 ~ 2020년에 치러진 특별 및 정기시험 10회분에 대한 기출문제를 상세한 해설과 함께 수록하였다.

아무쪼록 관광산업에 큰 관심을 갖고 있는 수험생 여러분들이 계획하신 목표에 반드시 도달할 수 있기를 바란다.

Information

시험과목

구분	시험과목	비고
외국어시험	영어, 일본어, 중국어, 불어, 독일어, 스페인어, 러시아어, 이탈리아어, 태국어, 베트남어, 말레이·인도네시아어, 아랍어 중 1과목	공인어학시험으로 대체
필기시험	국사(근현대사 포함), 관광자원해설, 관광법규(관광기본법, 관광진흥법, 관광진흥개발기금법, 국제회의산업육성에 관한 법률 등 관광 관련법규), 관광학개론	객관식(과목당 25문항, 4지 선택형)
면접시험	관광진흥법시행규칙 제45조 제1항에 의한 평가사항	구술면접

※ 법령 등을 적용하여 답을 구하여야 하는 문제는 시험시행일 현재 시행되는 법령 등을 기준으로 함

시험시간

구분	교시	과목	입실시간	시험시간	
				일반응시자	과목면제자
필기	1	국사(40%)	9시 30분 ~ 10시 20분	50분	50분
		관광자원해설(20%)			
	2	관광법규(20%)	10시 50분 ~ 11시 40분	50분	–
		관광학개론(20%)			
면접		관광진흥법시행규칙 제45조 제1항에 의한 평가사항		1인당 10~15분 내외	

※ 필기시험과목의 괄호 안 수치는 과목별 배점비율임

응시자격

학력, 국적, 연령 등 제한 없음

🎯 시험방법 및 합격자 결정

① **시험방법** : 필기시험, 외국어시험 및 면접시험으로 구분 시행(단, 외국어시험은 다른 외국어시험기관에서 실시한 공인어학시험 성적으로 대체)

② **합격자 결정 기준**(관광진흥법 시행규칙 제45~46조)

　　㉠ **필기시험** : 매 과목 4할 이상, 전 과목 점수가 배점비율로 환산하여 6할 이상(배점비율 국사 40%, 관광자원해설 20%, 관광법규 20%, 관광학개론 20%)

　　㉡ **면접시험** : 면접시험 총점의 6할 이상

🎯 시험면제

① 전년도 정기 필기시험 및 외국어시험 합격자 : 필기시험 및 외국어시험 면제

② 관광통역안내사 자격증 소지자 : 필기시험 면제

③ 고등교육법에 따른 전문대학 이상의 학교에서 관광분야를 전공하고 졸업한 자 : 필기시험 중 관광법규, 관광학개론 면제

④ 문화체육관광부장관이 정하여 고시하는 교육기관에서 실시하는 60시간 이상의 실무교육과정을 이수한 자 : 필기시험 중 관광법규, 관광학개론 면제

⑤ 외국어시험 면제자

　　㉠ 고등교육법에 따른 전문대학 이상의 학교 또는 다른 법령에서 이와 동등 이상의 학력이 인정되는 교육기관에서 해당외국어를 3년 이상 강의한 자

　　㉡ 초 · 중등교육법에 따른 중 · 고등학교 또는 고등기술학교에서 해당 외국어를 5년 이상 강의한 자

　　㉢ 4년 이상 해당 언어권의 외국에서 유학한 경력이 있는 자

　　㉣ 4년 이상 해당 언어권의 외국에서 근무한 경력이 있는 자

S tructure

● 기출문제 학습비법

step 01	step 02	step 03	step 04
기출문제를 풀어보며 실제 시험유형을 파악해 보자! 스톱워치를 활용하는 것도 좋은 TIP	정답을 맞힌 문제라도 꼼꼼한 해설을 통해 다시 한 번 내용 확인!	오답분석을 통해 내가 취약한 부분을 파악하자. 오답노트는 시험 전 큰 자산이 될 것이다.	합격의 비결은 반복학습에 있다. 반복학습을 통해 합격의 주인공이 되자!

● 본서의 특징 및 구성

기출문제 분석

2014년부터 2020년까지 그동안 시행된 기출문제를 수록하여 출제경향을 파악할 수 있도록 하였습니다. 기출문제를 풀어봄으로써 실전에 보다 철저하게 대비할 수 있습니다.

상세한 해설

매 문제에 상세한 해설을 달아 문제풀이만으로도 학습이 가능하도록 하였습니다. 문제풀이와 함께 이론정리를 함으로써 완벽하게 학습할 수 있습니다.

Contents

관광
통역안내사

2014년 특별시험

 국사

1 고대 국가와 그 풍속이 바르게 연결된 것은?

① 고구려 – 소도　　　　　　② 옥저 – 데릴사위제

③ 동예 – 동맹　　　　　　　④ 부여 – 영고

2 다음의 유물이 사용되던 시기의 모습으로 옳지 않은 것은?

① 농경과 목축을 통한 생산이 시작되었다.

② 동굴, 막집 등에 살며 이동생활을 했다.

③ 간석기와 낚시, 바늘 등의 뼈도구가 있다.

④ 사람들은 강가나 바닷가에 주로 살았다.

ANSWER　1.④　2.②

   1　① 삼한 – 소도

     ② 고구려 – 데릴사위제

     ③ 고구려 – 동맹

   2　제시된 유물은 빗살무늬 토기로 신석기시대의 유물이다.

     ② 구석기시대의 모습이다.

3 다음 내용에 보이는 사회의 모습에 해당하지 않는 것은?

> • 사람을 죽인 자는 사형에 처한다.
> • 상처를 입힌 자는 곡물로 배상한다.
> • 남의 물건을 훔친 자는 노비로 삼는다.

① 성리학적 유교 윤리를 중요시했다.　　② 사람들의 생명과 재산을 중시하였다.
③ 농경사회를 배경으로 하고 있다.　　④ 권력과 경제력의 차이가 있었다.

4 다음의 "흥수아이"가 살았을 시기의 생활상에 관한 설명으로 옳은 것을 모두 고른 것은?

> ㉠ 뼈바늘, 가락바퀴 등을 이용한 원시적 수공업이 등장하였다.
> ㉡ 동굴이나 바위그늘, 또는 강가에 막집을 짓고 거주하였다.
> ㉢ 지상가옥이 일반화되고, 널무덤·독무덤 형태의 무덤이 확산되었다.
> ㉣ 짐승과 물고기를 잡아먹었으며, 식물의 열매나 뿌리도 채취하였다.

① ㉡, ㉢　　　　　　　　　　② ㉡, ㉣
③ ㉠, ㉡, ㉢　　　　　　　　④ ㉠, ㉡, ㉣

3 제시된 내용은 고조선의 8조법이다.
　① 우리나라에 성리학이 전래된 것은 고려말이다.

4 흥수아이는 두루봉 동굴 유적에서 발굴된 구석기시대의 인류화석이다.
　㉠ 신석기시대　㉢ 청동기·철기시대

5 신라가 통일 이후 실시한 정책으로 옳은 것을 모두 고른 것은?

> ㉠ 관료전 지급   ㉡ 불교 공인
> ㉢ 국학 설립   ㉣ 율령 반포

① ㉠, ㉡   ② ㉠, ㉢
③ ㉡, ㉢   ④ ㉡, ㉣

6 발해의 고구려 계승의식을 보여주는 사례로 옳은 것은?

① 일본에 보낸 국서에 '고려', '고려국왕'이라는 명칭을 사용했다.
② 상경용천부는 고구려 수도의 모습을 본떠 만들었다.
③ 중앙에는 왕 밑에 3성과 6부가 있었다.
④ 정효공주 무덤을 벽돌로 만들었다.

7 [나라 – 문학 – 예술작품]이 바르게 연결된 것은?

① 백제 – 구지가 –   ② 고구려 – 황조가 –

③ 고려 – 도솔가 –   ④ 조선 – 가시리 –

Aɴsᴡᴇʀ   5.②   6.①   7.②

5 ㉡㉣ 법흥왕

6 ②③④ 당나라의 영향을 받은 사례이다.

7 ② 황조가(고구려) – 금동연가7년명여래입상(고구려)
     ① 구지가(가야) – 청자 투각칠보문뚜껑 향로(고려)
     ③ 도솔가(신라) – 백제금동대향로(백제)
     ④ 가시리(고려) – 백자 상감연화당초문 대접(조선)

8 다음 무령왕릉이 만들어졌을 당시의 상황에 관한 설명으로 옳은 것은?

① 중국의 동진으로부터 불교를 받아들여 왕실의 권위를 높였다.
② 22담로제가 실시되었고 왕족을 파견해 지방을 통치하였다.
③ 김흠돌의 난을 계기로 진골 귀족세력이 숙청당하였다.
④ 장보고가 청해진을 중심으로 해상무역을 장악하였다.

9 두 유물을 통해 알 수 있는 것으로 옳은 것은?

금동 미륵보살 반가상

목조 미륵보살 반가상

① 한반도와 일본열도 사이에 많은 교류가 있었다.
② 임진왜란 이후로 많은 유물이 일본으로 도난당했다.
③ 교류의 단절로 인하여 다른 재료로 비슷한 불상이 제작되었다.
④ 동일한 양식의 불상을 중국으로부터 하사받은 것이다.

ANSWER 8.② 9.①

8 무령왕릉이 만들어진 것은 6세기 초이다.
① 4세기 ③ 7세기 ④ 9세기

9 국보 83호 금동 미륵보살 반가상은 6~7세기 우리나라의 가장 대표적인 불상이다. 이 불상은 일본 국보 1호인 교토 코류지(廣隆寺)의 목조 미륵보살 반가상과 매우 흡사하여 한일 고대 불교 조각의 교류를 보여주는 유물로 꼽힌다.

10 한반도의 정세가 지도와 같았던 시기의 사실로서 옳은 것은?

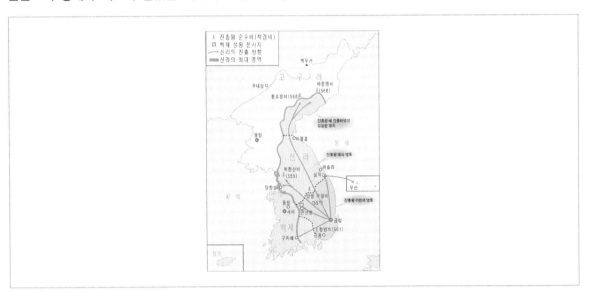

① 광개토대왕의 군대가 신라에 주둔하였다.
② 신라에서 김씨들의 왕위 세습이 확립되었다.
③ 화랑도를 국가적인 조직으로 개편하여 인재를 양성하였다.
④ 백제와 신라가 동맹을 맺어 고구려에 대항하였다.

11 모 방송국에서 외교 담판으로 유명한 서희를 주인공으로 한 드라마를 제작하고자 할 때, 등장할 수 없는 장면은?

① 과거를 통해 관직에 진출한 관리와의 대화
② 전시과에 따라 토지를 하사받는 서희의 모습
③ 목화 밭 사이를 지나 소손녕에게 가는 서희 일행
④ 개혁안을 올리는 최승로를 바라보는 서희의 모습

ANSWER 10.③ 11.③

10 지도는 신라의 전성기인 6세기로, 진흥왕 시절이다.

11 서희의 외교 담판은 993년의 일이다.
　　③ 목화재배는 1363년 공민왕 12년 문익점이 원나라에 갔다가 귀국할 때 목화씨를 가져와 시작되었다.

12 밑줄 친 부분과 같은 일이 일어나게 된 직접적인 원인으로 옳은 것은?

> (공민왕이) 일개 승려에 불과하던 신돈에게 국정을 맡겼다. 신돈은 "오늘날 나라의 법이 무너져 나라의 토지와 약한 자들의 토지를 힘 있는 자들이 모두 빼앗고 양민을 자신의 노예로 삼고 있다. 그러므로 백성은 병들고 나라의 창고는 비어 있으니 큰 문제가 아닐 수 없다. …"
>
> —「고려사」 —

① 이자겸은 왕실과 혼인관계를 맺으면서 권력가가 되었다.

② 각 지역에 독립적인 세력을 가진 호족들이 등장하였다.

③ 원(元)의 세력을 등에 업은 권문세족이 성장하였다.

④ 세도 가문이 권력을 독점하면서 뇌물로 관직을 사고 파는 일이 많아졌다.

13 다음 내용과 관련된 고려 무신정권기 천민의 반란은?

> 경인년과 계사년 이래 천한 무리에서 높은 관직에 오르는 경우가 많이 일어났으니, 장군과 재상이 어찌 종자가 따로 있으랴? 때가 오면 누구나 할 수 있을 것이다.

① 김보당의 난

② 망이 · 망소이의 난

③ 전주 관노의 난

④ 만적의 난

ANSWER 12.③ 13.④

12 공민왕은 신돈을 등용하여 개혁정치를 단행하였다. 신돈은 전민변정도감을 설치하여 권문세족이 불법으로 차지한 토지와 노예를 바로잡았다.

13 ④ 만적의 난 : 고려 신종 1년 개경에서 만적 등이 일으킨 노비 반란
① 김보당의 난 : 고려 명종 때 동북면병마사로 있던 김보당이 일으킨 반란
② 망이 · 망소이의 난 : 고려 명종 6년 공주에 딸린 천민부락 명학소에 살던 망이 · 망소이 의주도로 일어난 민란
③ 전주 관노의 난 : 고려 명종 12년 전주에서 죽동 등 관노들이 일으킨 반란

14 고려시대의 가족생활에 관한 설명으로 옳지 않은 것은?

① 재산은 자녀에게 균등하게 분배하여 상속하였다.

② 양자(養子)를 들여 집안의 대를 잇게 하는 것이 보편화되었다.

③ 과부의 재혼이 일반적이었으며, 그 자식도 사회적 차별을 받지 않았다.

④ 남녀 구별 없이 태어난 순서에 따라 호적에 기재되었다.

15 다음 사실로 알 수 있는 조선의 정치적 특징은?

- 의정부는 3정승의 합의에 의해 정책을 결정하였다.
- 사간원은 왕이 바른 정치를 하도록 일깨워주었다.
- 관리의 비리를 감찰하는 사헌부가 있었다.

① 국왕권의 강화

② 관리 등용의 공정성 확보

③ 권력의 독점과 부정을 방지

④ 문벌 귀족의 정치 참여 보장

16 세종대왕 때 일어난 일로 옳은 것을 모두 고른 것은?

| ㉠ 집현전 설치 | ㉡ 4군 6진 설치 |
| ㉢ 호패법 실시 | ㉣ 경국대전 완성 |

① ㉠, ㉡

② ㉠, ㉢

③ ㉡, ㉢

④ ㉡, ㉣

ANSWER 14.② 15.③ 16.①

14 ② 양자를 들여 집안의 대를 잇게 하는 것이 보편화된 것은 조선 후기이다.

15 의정부, 사간원, 사헌부는 권력의 독점과 부정을 방지하려는 노력이었다.

16 ㉢ 태종 ㉣ 성종

17 조선의 과거 제도에 관한 설명으로 옳지 않은 것은?

① 상급 관리가 될 수 있는 주된 방법이었다.

② 정기시험은 원칙적으로 3년마다 실시했다.

③ 양반 신분에게만 응시할 자격이 주어졌다.

④ 문과와 무과 및 잡과 등의 시험이 있었다.

18 다음 그림이 그려진 시기의 경제상황에 관한 설명으로 옳지 않은 것은?

① 곡식, 채소, 담배 등의 상품작물이 경작되었다.

② 광산 개발이 장려되었다.

③ 도시에는 대상인이 등장하였다.

④ 이앙법(모내기법)이 시작되어 생산량이 증가하였다.

17 과거의 응시자격은 수공업자 · 상인 · 무당 · 승려 · 노비 · 서얼을 제외한 양인과 양반은 누구나 응시할 수 있었다.

18 제시된 그림은 조선 후기에 유행한 풍속화와 민화이다.
　　④ 이앙법이 시작된 것은 고려말이다.

19 조선시대 대외관계 중 그 내용이 잘못 연결된 것은?

① 나선정벌(羅禪征伐) − 효종대 여진 정벌
② 신미양요(辛未洋擾) − 고종대 미국의 강화도 공격
③ 대마도정벌(對馬島征伐) − 세종대 왜구 근거지 소탕
④ 병자호란(丙子胡亂) − 인조대 청의 조선 침입

20 다음 사회계층에 관한 설명으로 옳은 것은?

> • 조선시대 기술직이나 행정 실무에 종사하였다.(의술·통역·산술·법률)
> • 조선 후기 경제 변동에 부응하여 부를 축적하고 전문적 지식을 쌓았다.

① 양반과 상민의 중간 신분에 해당하였으며 시사(詩社)를 결성하기도 하였다.
② 신분은 양인이면서 천인들이 해야할 일을 맡았다.
③ 유향소를 구성하여 수령을 보좌하고 향촌 사회의 풍속을 바로 잡았다.
④ 각종 국역 면제 특권을 가졌으며, 경제적으로는 지주층에 속한다.

21 서원(書院)의 기능으로 옳은 것을 모두 고른 것은?

> ㉠ 소과에 합격한 생원·진사 이상이 입학 대상이 되었다.
> ㉡ 봄·가을에 향음주례(鄕飮酒禮)를 거행하였다.
> ㉢ 학문의 연구와 선현(先賢)에 대한 제사를 받드는 것이 주된 목적이었다.
> ㉣ 공자(孔子)와 그 제자 및 대유(大儒)들의 제사를 받들었다.

① ㉠, ㉢   ② ㉠, ㉣
③ ㉡, ㉢   ④ ㉡, ㉣

ANSWER 19.① 20.① 21.③

19 나선정벌… 조선 효종 때 연해주 방면으로 남하하는 러시아 세력을 청나라 군사와 함께 정벌한 일

20 설명하고 있는 사회계층은 중인이다.

21 ㉠ 성균관 ㉣ 문묘

18 ▪ 관광통역안내사 기출문제

22 다음은 수원화성과 정약용이 제작한 거중기이다. 이 시설과 장치가 만들어질 당시의 역사적 사실로 옳지 않은 것은?

① 친위부대인 장용영을 설치하여 왕권을 강화하였다.

② 국토경영의 효율성을 높이기 위하여 「동국여지승람」을 편찬하였다.

③ 영조의 탕평책(蕩平策)을 계승 · 강화하였다.

④ 규장각에 젊은 학자들을 모아 학문과 정책을 연구하도록 하였다.

23 일제강점기 신간회(1927년 ~ 1931년)에 관한 설명으로 옳은 것은?

① 을사조약 후 독립협회의 전통을 이은 기독교계의 인사들이 조직한 항일 비밀결사단체이다.

② 상해임시정부가 독립운동의 자금을 지원할 목적으로 조직한 단체이다.

③ 일본 제품을 배격하고 국산품을 애용하자는 운동을 전개한 단체이다.

④ 민족주의자와 사회주의자가 힘을 합쳐 조직한 전국적인 민족운동단체이다.

A NSWER   22.②   23.④

22 수원화성이 축조된 것은 조선 정조 때의 일이다.
　　② 「동국여지승람」은 조선 성종 때 노사신 등이 각 도의 지리와 풍속 등을 기록한 관찬지리지이다.

23 ① 신민회   ② 독립희생회   ③ 조선물산장려회

24 다음 글에 관한 설명으로 옳은 것은?

> "우리는 이에 우리 조선(朝鮮)의 독립국(獨立國)임과 조선인(朝鮮人)의 자주민(自主民)임을 선언하노라. 이로써 세계만방에 알려 인류가 평등하다는 큰 뜻을 밝히며, 이로써 자손만대에 일러 민족이 스스로 생존하는 바른 권리를 영원히 누리게 하노라. 반만년 역사의 권위를 의지하여 이를 선언함이며, 2천만 민중의 충성을 합하여 이를 선명함이며, 민족의 한결같은 자유 발전을 위하여 이를 주장함이며, 인류 양심의 발로에 기인한 세계 개조의 큰 기운에 순응해 나가기 위하여 이를 제기함이니…"

① 일본의 가혹한 식민통치에 대하여 무장항일운동의 실천을 촉구하는 독립신문의 사설이다.
② 유학생들이 동경(東京)에서 조선의 독립을 요구하며 내건 2·8 독립선언의 결의문이다.
③ 을사조약이 체결되자, 장지연이 황성신문에 게재한 '시일야방성대곡(是日也放聲大哭)'의 내용이다.
④ 종교계를 중심으로 한 민족대표 33인이 발표한 3·1 독립선언서이다.

25 1894년 조선은 일본의 간섭 아래 정치·행정·사법·경제·신분과 관련된 대대적인 개혁을 단행하였고, 이를 갑오개혁(갑오경장)이라고 한다. 갑오개혁(갑오경장)에 관한 설명으로 옳지 않은 것은?

① 군국기무처를 설치하여 개혁을 추진하였다.
② 과거제도를 정비하여 새로운 관리를 임용하였다.
③ 개국기원을 사용하여 청과의 종속관계에서 벗어났다.
④ 양반·상민이나 문반·무반의 차별 등을 없앴다.

Aᴎsᴡᴇʀ 24.④ 25.②

24 제시된 내용은 민족대표 33인이 발표한 3·1 독립선언서이다.

25 ② 과거제도를 폐지하고, 새로운 관료 임용제도를 실시하였다.

2 관광자원해설

26 동굴이나 박물관 등 관광객이 많은 곳에 해설가가 고정 배치되어 해설 서비스를 제공하는 해설기법은?

① 이동식 해설기법

② 길잡이식 해설기법

③ 정지식 해설기법

④ 매체 이용 해설기법

27 여자가 혼인할 연령이 되면 올리던 성인례는?

① 관례

② 혼례

③ 제례

④ 계례

28 독도에 관한 설명으로 옳지 않은 것은?

① 독도는 크게 동도와 서도로 이루어져 있다.

② 독도는 천연기념물로 지정되어 있다.

③ 현재 독도경비대원만이 거주하고 있다.

④ 현재 행정구역은 경상북도 울릉군이다.

ANSWER 26.③ 27.④ 28.③

26 ① 이동식 해설기법 : 관광매력물을 돌아다니면서 관광객에게 해설 서비스를 제공하는 것으로 주로 박물관과 전시관에서 사용하는 해설 방식이다.

② 길잡이식 해설기법 : 관광객이 해설자의 도움 없이 독자적으로 관광매력물을 돌아보면서 제시된 안내문에 따라 그 내용을 숙지하고 인식수준을 높이는 방식이다.

④ 매체 이용 해설기법 : 재현에 효과적인 해설기법으로 여러 가지 매체들을 이용해 해설을 하는 방식이다.

27 계례 … 여자가 혼인할 연령이 되면 올리던 성인례로 남자의 관례(머리를 올려 상투를 틀고 관모를 쓰는 의식)와 같은 것이라고 볼 수 있다. 땋은 머리를 풀고 쪽을 찌어 비녀를 꽂는다.

28 현재 독도에는 40명의 경북지방경찰청 소속 독도경비대원, 5명의 등대 관리인, 그리고 독도 거주민과 울릉군청 독도관리사무소 직원 등 약 50여명이 거주한다.

29 충청남도에 소재한 온천으로 바르게 연결된 것은?

① 온양온천 – 수안보온천
② 온양온천 – 백암온천
③ 도고온천 – 덕산온천
④ 도고온천 – 덕구온천

30 국립공원으로 지정되어 있지 않은 곳은?

① 주왕산
② 월출산
③ 가야산
④ 팔공산

31 제주특별자치도에 소재한 관광자원이 아닌 것은?

① 소쇄원
② 성읍민속마을
③ 추사적거지
④ 정방폭포

32 '겨울연가'의 촬영지로서 일본 등 방한 아시아권 관광객이 많이 찾는 한류관광지는?

① 월미도
② 남이섬
③ 강화도
④ 태안

ANSWER 29.③ 30.④ 31.① 32.②

29 ① 수안보온천(충청북도)
② 백암온천(경상북도)
④ 덕구온천(경상북도)

30 국립공원으로 지정된 산은 지리산, 계룡산, 설악산, 속리산, 한라산, 내장산, 가야산, 덕유산, 오대산, 주왕산, 북한산, 치악산, 월악산, 소백산, 월출산, 무등산, 태백산의 17곳이다.

31 ① 소쇄원은 전라남도 담양군에 위치해 있다.

32 ② 남이섬은 드라마 '겨울연가'의 촬영지로 많은 관광객이 찾은 한류관광지이다.

33 비무장지대(DMZ)에 관한 설명 중 옳지 않은 것은?

① 1953년 휴전협정에 따라 설정되었다.

② 비무장지대의 길이는 155마일(약 248km)이다.

③ 군사분계선을 기준으로 남북 양쪽 5km씩 설정되었다.

④ 보호종, 위기종 등 서식 동식물의 생태학적 보존가치가 매우 높다.

34 슬로우시티로 지정된 곳과 그 곳의 전통산업이 바르게 연결된 것은?

① 전남 신안군(증도면) – 황토사과, 민물어죽

② 경남 하동군(악양면) – 대봉곶감, 야생녹차

③ 전북 전주시(한옥마을) – 죽공예, 바이오산업

④ 충북 제천시(수산면) – 전통주, 태극선

35 축제 개최지역과 축제 명칭이 바르게 연결되지 않은 것은?

① 충주 – 세계무술축제

② 안동 – 국제탈춤페스티벌

③ 수원 – 화성문화제

④ 무주 – 지평선축제

36 내국인의 출입이 허용된 카지노는?

① 파라다이스 카지노 워커힐

② 세븐럭 카지노 강남점

③ 강원랜드 카지노

④ 인터불고 대구 카지노

ANSWER 33.③ 34.② 35.④ 36.③

33 ③ 군사분계선을 기준으로 남북 양쪽 2km씩 설정되었다.

34 ① 전남 신안군(증도면) – 천일염
　　③ 전북 전주시(한옥마을) – 한국 고유의 건축양식
　　④ 충북 제천시(수산면) – 약초와 산채

35 지평선축제는 전북 김제 지역의 축제이다.

36 ③ 강원랜드 카지노는 내국인의 출입이 허용된 유일한 카지노이다.

37 창덕궁과 창경궁의 정문이 각각 바르게 연결된 것은?

① 광화문 – 대한문 ② 돈화문 – 홍화문

③ 광화문 – 홍화문 ④ 돈화문 – 건춘문

38 전통 목조건축물에 해당되는 것은?

① 유성룡 종가 문적 ② 백제금동대향로

③ 금동미륵보살반가상 ④ 봉정사 극락전

39 단청에 관한 설명 중 옳지 않은 것은?

① 황색, 적색, 청색 등의 다양한 색상을 사용한다.

② 단청의 목적은 건물의 미화와 보호이다.

③ 단청의 색상은 음양오행적 우주관에 기초하고 있다.

④ 단청은 조선시대부터 사용되기 시작했나.

40 한옥에 관한 설명 중 옳지 않은 것은?

① 전통 한옥은 2층 구조가 일반적이었다.

② 사랑채와 안채의 영역이 구분되었다.

③ 한식기와 등 자연재료로 마감된 전통적인 외관을 갖춘 건축물이다.

④ 한옥은 풍수지리를 바탕으로 배치되었다.

ANSWER 37.② 38.④ 39.④ 40.①

37 ① 광화문(경복궁 정문), 대한문(덕수궁 정문)
③ 홍화문(경희궁 정문)
④ 건춘문(경복궁 동문)

38 안동 봉정사 극락전 … 국보 제15호로 통일신라시대 건축양식을 이어받은 고려시대의 건물이다. 우리나라에 남아 있는 목조 건축물 중 가장 오래된 것이다.

39 우리나라 단청의 기원은 고구려 고분벽화에서 찾을 수 있으며 삼국시대를 거쳐 통일신라시대와 고려에 와서 정착되었다.

40 ① 전통 한옥은 1층 구조가 일반적이다.

41 우리나라 궁에 관한 설명으로 옳지 않은 것은?

① 경복궁은 '하늘이 내린 큰 복'이라는 뜻을 가진 궁이다.

② 창덕궁은 경복궁의 동쪽에 위치하여 창경궁과 더불어 동궐이라 불렸다.

③ 창경궁은 세조비 정희왕후, 예종계비 안순왕후, 덕종비 소혜왕후 세 분을 모시기 위해 창건된 궁이다.

④ 덕수궁의 본래 이름은 인경궁이었다.

42 원각사지 10층 석탑, 부석사 무량수전, 훈민정음, 석굴암 석굴의 공통점은?

① 국보
② 보물
③ 천연기념물
④ 중요무형문화재

43 문화재 유형별 제1호 대상 연결이 옳지 않은 것은?

① 국보 제1호 – 서울 숭례문

② 보물 제1호 – 서울 흥인지문

③ 천연기념물 제1호 – 서울 재동 백송

④ 중요무형문화재 제1호 – 종묘제례악

44 세계기록유산으로 바르게 연결된 것은?

① 직지심체요절 – 조선왕조의궤
② 동의보감 – 강릉단오제
③ 승정원일기 – 대동여지도
④ 훈민정음 – 묘법연화경

ANSWER   41.④   42.①   43.③   44.①

41 ④ 인경궁은 조선 광해군 때 인왕산 아래에 지었던 궁궐이다. 덕수궁의 본래 이름은 연경궁(延慶宮)이다.

42 원각사지 10층 석탑(국보 제2호), 부석사 무량수전(국보 제18호), 훈민정음(국보 제70호), 석굴암 석굴(국보 제24호)

43 ③ 천연기념물 제1호는 대구 도동 측백나무 숲이다. 서울 재동 백송은 천연기념물 제8호이다.

44 우리나라 세계기록유산으로는 훈민정음, 조선왕조실록, 직지심체요절, 승정원일기, 고려대장경판 및 제경판, 조선왕조의궤, 동의보감, 일성록, 5·18 민주화운동 기록물, 난중일기, 새마을운동 기록물, 한국의 유교책판, KBS특별생방송 '이산가족을 찾습니다' 기록물, 국채보상운동 기록물, 조선통신사에 관한 기록, 조선왕실 어보와 어책이 있다.

45 법보사찰로 국보 제52호 장경판전이 있는 사찰은?

① 송광사   ② 통도사

③ 법주사   ④ 해인사

46 국가지정문화재 유형 중 보물에 해당되지 않는 것은?

① 경주 석빙고   ② 경주 불국사 다보탑

③ 옛 보신각 동종   ④ 서울 원각사지 대원각사비

47 유네스코가 지정한 우리나라의 세계문화유산은?

① 고창 · 화순 · 강화 고인돌 유적   ② 익산 미륵사지 석탑

③ 강릉 오죽헌   ④ 성덕대왕 신종

48 판소리에 관한 설명으로 옳지 않은 것은?

① 판소리는 한 명의 소리꾼이 고수의 장단에 맞추어 이야기를 엮어가는 것이다.

② 판소리는 원래 궁궐에서 불리던 것인데 점차 하층민까지 퍼져 나갔다.

③ 판소리는 인류무형유산으로 지정되었다.

④ 전라도 동북지역의 판소리는 동편제로, 서남 지역의 판소리는 서편제로 불린다.

ANSWER 45.④ 46.② 47.① 48.②

45 법보종찰(法寶宗刹) 해인사는 불보사찰 통도사, 승보사찰 송광사와 더불어 한국의 삼대 사찰로 꼽는다. 한국 화엄종의 근본 도량이자 팔만대장경을 모신 사찰이다.

46 ② 경주 불국사 다보탑은 국보 제20호이다.

47 유네스코가 지정한 우리나라 세계문화유산으로는 해인사장경판전, 석굴암 · 불국사, 창덕궁, 수원화성, 고창 · 화순 · 강화 고인돌 유적, 경주역사유적지구, 제주 화산섬과 용암동굴, 조선왕릉, 하회마을과 양동마을, 남한산성, 백제역사유적지구, 산사, 한국의 산지승원, 한국의 서원이 있다.

48 ② 판소리는 광대 등 하층민에서 유래한 것으로 서민들 사이에 널리 유행하였다.

49 온돌에 관한 설명으로 옳은 것을 모두 고른 것은?

> ㉠ 열의 전도·복사·대류를 이용한 난방 방식이다.
> ㉡ 방바닥 밑의 구들장을 데워 방안을 따뜻하게 한다.
> ㉢ 일본에서 유래되었다.
> ㉣ 궁궐에서는 사용하지 않고 서민들만 이용한 난방방식이다.

① ㉠, ㉡   ② ㉠, ㉣
③ ㉡, ㉢   ④ ㉢, ㉣

50 다음을 설명하는 중요무형문화재는?

> 주로 추석날 밤에 여인들이 손을 잡고 둥 그렇게 원을 그리며 집단으로 추는 춤이다. 노래는 앞사람의
> 앞소리에 따라 나머지 사람들이 뒷소리로 받는다.

① 처용무   ② 강강술래
③ 봉산탈춤   ④ 꼭두각시 놀음

ANSWER 49.① 50.②

49 ㉢ 온돌은 우리나라 고유의 난방 방식이다.
　　㉣ 온돌은 궁궐에서도 사용되었다.

50 강강술래는 중요무형문화재 제8호이다.
　　① 처용무(중요무형문화재 제39호) : 처용 가면을 쓰고 추는 춤으로 궁중무용 중에서 유일하게 사람 형상의 가면을 쓰고
　　　추는 춤이다.
　　③ 봉산탈춤(중요무형문화재 제17호) : 약 200년 전부터 단오와 하지날 밤에 행해진 놀이로 4상좌춤·8목중춤·사당춤·
　　　노장춤·사자춤·양반춤·미얄춤의 7과장으로 구성되어 있다.
　　④ 꼭두각시 놀음 : 우리나라 전래의 민속인형극이다.

③ 관광법규

51 관광기본법의 목적을 달성하기 위하여 국가가 강구해야 할 것은?

① 관광진흥계획의 수립

② 법제상·재정상의 조치

③ 외국 관광객의 유치

④ 관광 종사자의 자질 향상

52 관광진흥개발기금법상 기금지출관이 관광진흥 개발기금의 계정을 설치하는 기관으로 옳은 것은?

① 한국산업은행　　　　　　　　　② 기금운용위원회

③ 한국외환은행　　　　　　　　　④ 한국은행

51 정부는 이 법의 목적을 달성하기 위하여 관광진흥에 관한 기본적이고 종합적인 시책을 강구하여야 한다. 〈관광기본법 제2조〉

52 문화체육관광부장관은 기금지출관으로 하여금 한국은행에 관광진흥개발기금의 계정(計定)을 설치하도록 하여야 한다. 〈관광진흥개발기금법 제10조〉

53 관광진흥법상 호텔업의 종류에 해당되지 않는 것으로 모두 고른 것은?

> ㉠ 의료관광호텔업 ㉡ 호스텔업
> ㉢ 소형호텔업 ㉣ 한옥체험업

① ㉠ ② ㉣
③ ㉡, ㉢ ④ ㉠, ㉢, ㉣

54 관광진흥법상 우수숙박시설로 지정된 숙박시설에 대하여 문화체육관광부장관이 지원할 수 있는 사항으로 옳지 않은 것은?

① 관광진흥개발기금법에 따른 관광진흥개발기금의 대여
② 국내 또는 국외에서의 홍보
③ 우수숙박시설로 지정된 숙박시설의 운영 및 개선을 위하여 필요한 사항
④ 가족호텔업의 시설 및 서비스의 수준을 효율적 유지 · 관리

ANSWER 53.② 54.④

53 ㉣ 한옥체험업은 관광객 이용시설업에 속한다.

54 우수숙박시설로 지정된 숙박시설에 대하여 문화체육관광부장관은 대통령령으로 정하는 바에 따라, 지방자치단체의 장은 조례로 정하는 바에 따라 다음 각 호의 지원을 할 수 있다.〈관광진흥법 제19조의2 제2항〉
㉠ 「관광진흥개발기금법」에 따른 관광진흥개발기금의 대여
㉡ 국내 또는 국외에서의 홍보
㉢ 그 밖에 숙박시설의 운영 및 개선을 위하여 필요한 사항
※ 관광진흥법 제19조의2 삭제〈2018.03.13.〉

55 관광진흥법상 호텔업 등록을 한 자가 등급 결정을 신청하여야 하는 사유에 해당하는 것은?

① 등급결정을 받은 날부터 60일이 지난 경우

② 등급결정을 받은 날부터 1년이 지난 경우

③ 등급결정을 받은 날부터 2년이 지난 경우

④ 등급결정을 받은 날부터 3년이 지난 경우

56 관광진흥법상 국외여행인솔자가 갖추어야 할 자격요건으로 옳지 않은 것은?

① 관광통역안내사 자격을 취득할 것

② 여행업체에서 6개월 이상 근무하고 국외여행 경험자로서 문화체육관광부장관이 정하는 소양 교육을 이수할 것

③ 문화체육관광부장관이 지정하는 교육기관에서 국외여행 인솔에 필요한 양성교육을 이수할 것

④ 여행업체에서 기획관련 업무로 1년 이상 근무할 것

55 ④ 등급결정을 받은 날부터 3년이 지난 경우 등급결정을 신청하여야 한다.

56 국외여행 인솔자의 자격요건〈관광진흥법 시행규칙 제22조 제1항〉

㉠ 관광통역안내사 자격을 취득할 것

㉡ 여행업체에서 6개월 이상 근무하고 국외여행 경험이 있는 자로서 문화체육관광부장관이 정하는 소양교육을 이수할 것

㉢ 문화체육관광부장관이 지정하는 교육기관에서 국외여행 인솔에 필요한 양성교육을 이수할 것

57 관광진흥법상 관광특구에 있는 관광숙박업 중 관광호텔업의 부대시설에서 카지노업을 하려는 경우의 허가요건으로 옳지 않은 것은?

① 해당 관광호텔업의 전년도 외래관광객 유치실적이 문화체육관광부장관이 공고하는 기준에 맞을 것
② 외래관광객 유치계획 및 장기수지전망 등을 포함한 사업계획서가 적정할 것
③ 이용객의 적절한 수용을 위해 해당 관광호텔에 반드시 150실 이상의 객실을 확보할 것
④ 현금 및 칩의 관리 등 영업거래에 관한 내부 통제방안이 수립되어 있을 것

58 관광진흥법상 여행업의 종류에 관한 설명으로 옳지 않은 것은?

① 일반여행업 : 국내외를 여행하는 내국인 및 외국인을 대상으로 하는 여행업으로 사증을 받는 절차를 대행하는 행위를 포함한다.
② 기획여행업 : 외국인을 대상으로 상품을 기획하여 판매하는 여행업으로 외국인 유치 업무 행위를 포함한다.
③ 국외여행업 : 국외를 여행하는 내국인을 대상으로 하는 여행업으로 사증을 받는 절차를 대행하는 행위를 포함한다.
④ 국내여행업 : 국내를 여행하는 내국인을 대상으로 하는 여행업을 말한다.

ANSWER 57.③ 58.②

57 관광호텔업이나 국제회의시설업의 부대시설에서 카지노업을 하려는 경우〈관광진흥법 시행령 제27조 제2항 제1호〉
※ 해당 관광호텔업이나 국제회의시설업의 전년도 외래관광객 유치실적이 문화체육관광부장관이 공고하는 기준에 맞을 것 - 삭제〈2015.08.04.〉
㉠ 외래관광객 유치계획 및 장기수지전망 등을 포함한 사업계획서가 적정할 것
㉡ ㉠에 규정된 사업계획의 수행에 필요한 재정능력이 있을 것
㉢ 현금 및 칩의 관리 등 영업거래에 관한 내부통제방안이 수립되어 있을 것
㉣ 그 밖에 카지노업의 건전한 운영과 관광산업의 진흥을 위하여 문화체육관광부장관이 공고하는 기준에 맞을 것

58 기획여행 … 여행업을 경영하는 자가 국외여행을 하려는 여행자를 위하여 여행의 목적지·일정, 여행자가 제공받을 운송 또는 숙박 등의 서비스 내용과 그 요금 등에 관한 사항을 미리 정하고 이에 참가하는 여행자를 모집하여 실시하는 여행을 말한다.

59 관광진흥법상 관광개발기본계획 수립시 포함되어야만 하는 사항으로 옳지 않은 것은?

① 관광사업의 추진에 관한 사항

② 관광권역의 설정에 관한 사항

③ 전국의 관광 수요와 공급에 관한 사항

④ 전국의 관광 여건과 관광 동향에 관한 사항

60 다음 (   )안에 들어갈 내용으로 옳은 것은?

> 관광진흥법상 유원시설업의 조건부 영업허가 기간은 일반유원시설업을 하려는 경우는 (㉠)년 이내이며, 종합유원시설업을 하려는 경우는 (㉡)년 이내이다.

① ㉠ : 1, ㉡ : 2

② ㉠ : 2, ㉡ : 3

③ ㉠ : 3, ㉡ : 5

④ ㉠ : 5, ㉡ : 7

59 문화체육관광부장관은 관광자원을 효율적으로 개발하고 관리하기 위하여 전국을 대상으로 다음과 같은 사항을 포함하는 관광개발기본계획을 수립하여야 한다.〈관광진흥법 제49조 제1항〉
  ㉠ 전국의 관광 여건과 관광 동향(動向)에 관한 사항
  ㉡ 전국의 관광 수요와 공급에 관한 사항
  ㉢ 관광자원 보호 · 개발 · 이용 · 관리 등에 관한 기본적인 사항
  ㉣ 관광권역의 설정에 관한 사항
  ㉤ 관광권역별 관광개발의 기본방향에 관한 사항
  ㉥ 그 밖에 관광개발에 관한 사항

60 유원시설업의 조건부 영업허가 기간〈관광진흥법 시행령 제31조 제1항〉
  ㉠ 종합유원시설업을 하려는 경우 : 5년 이내
  ㉡ 일반유원시설업을 하려는 경우 : 3년 이내

61 관광진흥법상 관광사업의 등록 등을 받거나 신고를 한 자가 결격사유에 해당되면 등록기관 등의 장이 그 등록 등 또는 사업계획의 승인을 취소하거나 영업소를 폐쇄하도록 정한 기간은?

① 1개월 이내   ② 2개월 이내

③ 3개월 이내   ④ 6개월 이내

62 관광진흥법상 외국인 의료관광 지원사항으로 옳지 않은 것은?

① 문화체육관광부장관은 외국인 의료관광 전문인력을 양성하는 전문 교육기관 중에서 우수전문교육 기관이나 우수 교육과정을 선정하여 지원할 수 있다.

② 문화체육관광부장관은 외국인 의료관광 안내에 대한 편의를 제공하기 위하여 국내외에 외국인 의료관광 유치 안내센터를 설치·운영할 수 있다.

③ 문화체육관광부장관은 의료관광의 활성화를 위하여 지방자치단체의 장이나 외국인환자 유치 의료기관 또는 유치업자와 공동으로 해외마케팅사업을 추진할 수 있다.

④ 문화체육관광부장관은 외국인 의료관광 시설의 규모에 따라서 예산을 차등 지원할 수 있다.

ANSWER   61.③   62.④

61 관광사업의 등록 등을 받거나 신고를 한 자 또는 사업계획의 승인을 받은 자가 결격사유의 어느 하나에 해당하면 문화체육관광부장관, 시·도지사 또는 시장·군수·구청장은 3개월 이내에 그 등록등 또는 사업계획의 승인을 취소하거나 영업소를 폐쇄하여야 한다. 다만, 법인의 임원 중 그 사유에 해당하는 자가 있는 경우 3개월 이내에 그 임원을 바꾸어 임명한 때에는 그러하지 아니하다.〈관광진흥법 제7조 제2항〉

62 외국인 의료관광 지원〈관광진흥법 시행령 제8조의3〉
　㉠ 문화체육관광부장관은 외국인 의료관광을 지원하기 위하여 외국인 의료관광 전문인력을 양성하는 전문교육기관 중에서 우수 전문교육기관이나 우수 교육과정을 선정하여 지원할 수 있다.
　㉡ 문화체육관광부장관은 외국인 의료관광 안내에 대한 편의를 제공하기 위하여 국내외에 외국인 의료관광 유치 안내센터를 설치·운영할 수 있다.
　㉢ 문화체육관광부장관은 의료관광의 활성화를 위하여 지방자치단체의 장이나 외국인환자 유치 의료기관 또는 유치업자와 공동으로 해외마케팅사업을 추진할 수 있다.

63 관광진흥법상 관광숙박업에 관한 등급을 정할 수 있는 자로 모두 고른 것은?

> ㉠ 문화체육관광부장관
> ㉡ 한국관광공사장
> ㉢ 시장 · 군수 · 구청장
> ㉣ 한국관광협회중앙회장

① ㉠   ② ㉡

③ ㉡, ㉣   ④ ㉢, ㉣

64 관광진흥법상 분양 또는 회원모집을 하는 관광사업자가 회원증을 발급하는 경우 그 회원증에 포함되어야 할 사항이 아닌 것은?

① 공유자 또는 회원의 번호
② 공유자 또는 회원의 지분 표시
③ 사업장의 상호 · 명칭 및 소재지
④ 분양일 또는 입회일

ANSWER 63.① 64.②

63 문화체육관광부장관은 관광숙박시설 및 야영장 이용자의 편의를 돕고, 관광숙박시설 · 야영장 및 서비스의 수준을 효율적으로 유지 · 관리하기 위하여 관광숙박업자 및 야영장업자의 신청을 받아 관광숙박업 및 야영장업에 대한 등급을 정할 수 있다. 〈관광진흥법 제19조 제1항〉

64 분양 또는 회원모집을 하는 관광사업자가 회원증을 발급하는 경우 그 회원증에는 다음 각 호의 사항이 포함되어야 한다. 〈관광진흥법 시행규칙 제28조 제1항〉
  ㉠ 공유자 또는 회원의 번호
  ㉡ 공유자 또는 회원의 성명과 주민등록번호
  ㉢ 사업장의 상호 · 명칭 및 소재지
  ㉣ 공유자와 회원의 구분
  ㉤ 면적
  ㉥ 분양일 또는 입회일
  ㉦ 발행일자

65 관광진흥법상 관광종사원 자격시험에 합격한 자는 합격한 날로부터 몇 일 이내에 등록을 신청하여야 하는가?

① 14일

② 30일

③ 60일

④ 90일

66 관광진흥법상 지정을 받을 수 있는 관광사업으로 옳은 것은?

① 대통령령으로 정하는 유원시설업

② 관광편의시설업

③ 대통령령으로 정하는 유원시설업 외의 유원시설업

④ 관광객 이용시설업

67 관광진흥법상 관광사업 등록기준에 따른 자본금 기준이 옳은 것으로 모두 고른 것은?

> ㉠ 국내여행업 – 2천만 원 이상일 것
> ㉡ 국내여행업 – 4천만 원 이상일 것
> ㉢ 국외여행업 – 5천만 원 이상일 것
> ㉣ 국외여행업 – 6천만 원 이상일 것

① ㉠

② ㉣

③ ㉡, ㉢

④ ㉡, ㉣

ANSWER 65.③ 66.② 67.②

65 시험에 합격한 자는 관광종사원 등록신청서에 사진(최근 6개월 이내에 모자를 쓰지 않고 촬영한 상반신 반명함판) 2매를 첨부하여 한국관광공사 및 한국관광협회중앙회에 등록을 신청하여야 한다. 〈관광진흥법 시행규칙 제53조 제1항〉〈2019. 8. 1. 개정〉

66 관광 편의시설업을 경영하려는 자는 문화체육관광부령으로 정하는 바에 따라 특별시장·광역시장·특별자치시장·도지사·특별자치도지사(이하 "시·도지사"라 한다)또는 시장·군수·구청장의 지정을 받아야 한다.〈관광진흥법 제6조〉〈2018. 6. 12. 개정〉

67 국내여행업의 자본금은 1천500만 원 이상이어야 하며, 국외여행업은 3천만 원 이상이어야 한다. 〈관광진흥법 시행령 제5조 [별표 1]〉〈2019. 11. 19. 개정〉

68 관광진흥법상 등록을 하기 전에 사업계획을 작성하여 승인을 받을 수 있는 관광사업이 아닌 것은?

① 전문휴양업
② 종합휴양업
③ 여객자동차터미널시설업
④ 국제회의시설업

69 관광진흥법상 카지노사업자의 연간 총매출액이 200억 원일 때 카지노사업자가 납부해야 하는 관광진흥개발기금은?

① 1억 원
② 10억 6천만 원
③ 14억 6천만 원
④ 20억 원

---

68 사업계획의 승인〈관광진흥법 제15조〉

㉠ 관광숙박업을 경영하려는 자는 등록을 하기 전에 그 사업에 대한 사업계획을 작성하여 특별자치시장·특별자치도지사·시장·군수·구청장의 승인을 받아야 한다. 승인을 받은 사업계획 중 부지, 대지 면적, 건축 연면적의 일정 규모 이상의 변경 등 대통령령으로 정하는 사항을 변경하려는 경우에도 또한 같다.

㉡ 대통령령으로 정하는 관광객 이용시설업이나 국제회의업을 경영하려는 자는 등록을 하기 전에 그 사업에 대한 사업계획을 작성하여 특별자치시장·특별자치도지사·시장·군수·구청장의 승인을 받을 수 있다. 승인을 받은 사업계획 중 부지, 대지 면적, 건축 연면적의 일정 규모 이상의 변경 등 대통령령으로 정하는 사항을 변경하려는 경우에도 또한 같다.

69 연간 총매출액이 100억 원을 초과하는 경우이므로, 4억 6천만 원에 총매출액 중 100억 원을 초과하는 금액의 100분의 10을 더한 금액을 관광진흥개발기금으로 납부해야 한다. 따라서 4억 6천만 원+100억 원의 100분의 10=14억 6천만 원

※ 관광진흥개발기금으로의 납부금 등〈관광진흥법 시행령 제30조 제2항〉 … 관광진흥개발기금 납부금의 징수비율은 다음 각 호의 어느 하나와 같다.

㉠ 연간 총매출액이 10억 원 이하인 경우 : 총매출액의 100분의 1

㉡ 연간 총매출액이 10억 원 초과 100억 원 이하인 경우 : 1천만 원+총매출액 중 10억 원을 초과하는 금액의 100분의 5

㉢ 연간 총매출액이 100억 원을 초과하는 경우 : 4억 6천만 원+총매출액 중 100억 원을 초과하는 금액의 100분의 10

70 관광진흥법상 안전성검사대상 유기기구 11종 이상 20종 이하를 운영하는 사업자가 상시 배치하여야 하는 안전관리자의 배치기준은?

① 1명 이상
② 2명 이상
③ 3명 이상
④ 4명 이상

71 관광진흥개발기금법상 관광진흥개발기금의 재원이 아닌 것은?

① 체육복권으로 인한 수익금
② 출국납부금
③ 기금의 운용에 따라 생기는 수익금과 그 밖의 재원
④ 정부로부터 받은 출연금

72 관광진흥개발기금법상 기금의 여유자금 운용방법으로 옳은 것은?

① 국·공채 등 유가증권의 매입
② 관광사업체 운영의 활성화
③ 관광진흥에 기여하는 문화예술사업 추진
④ 관광 관련 국제기구의 설치

ANSWER 70.② 71.① 72.①

70 안전관리자의 배치기준
  ㉠ 안전성검사 대상 유기기구 1종 이상 10종 이하를 운영하는 사업자 : 1명 이상
  ㉡ 안전성검사 대상 유기기구 11종 이상 20종 이하를 운영하는 사업자 : 2명 이상
  ㉢ 안전성검사 대상 유기기구 21종 이상을 운영하는 사업자 : 3명 이상

71 기금은 다음 각 호의 재원(財源)으로 조성한다.〈관광진흥개발기금법 제2조 제2항〉〈2017.11.28 개정〉
  ㉠ 정부로부터 받은 출연금
  ㉡「관광진흥법」에 따른 납부금
  ㉢ 출국납부금
  ㉣「관세법」에 따른 보세판매장 특허수수료의 100분의 50
  ㉤ 기금의 운용에 따라 생기는 수익금과 그 밖의 재원

72 문화체육관광부장관은 기금의 여유자금을 다음 각 호의 방법으로 운용할 수 있다.〈관광진흥개발기금법 시행령 제3조의2〉
  ㉠「은행법」과 그 밖의 법률에 따른 금융기관, 「우체국예금·보험에 관한 법률」에 따른 체신관서에 예치
  ㉡ 국·공채 등 유가증권의 매입
  ㉢ 그 밖의 금융상품의 매입

73 국제회의산업 육성에 관한 법률상 용어정의로 옳지 않은 것은?

① 국제회의산업 : 국제회의의 유치와 개최에 필요한 국제회의시설, 서비스 등과 관련된 산업

② 국제회의 : 상당수의 외국인이 참가하는 회의(세미나 · 토론회 · 전시회 등 포함)로서 대통령령으로 정하는 종류와 규모에 해당하는 것

③ 국제회의 전담조직 : 국제회의산업의 진흥을 위하여 각종사업을 수행하는 조직

④ 국제회의시설 : 국제회의의 개최에 필요한 회의시설, 전시시설 및 이와 관련된 부대시설 등으로서 지방자치단체가 정하는 종류와 규모에 해당하는 것

74 국제회의산업 육성에 관한 법률의 목적으로 옳은 것은?

① 국제회의의 유치 촉진과 원활한 개최 지원   ② 관광을 통한 외화 수입의 증대

③ 국제친선을 증진하고 국민복지 향상   ④ 관광여건의 조성과 관광자원 개발

75 국제회의산업 육성에 관한 법률상 국제회의 도시의 지정기준으로 옳지 않은 것은?

① 지정대상 도시가 관광특구로 지정되어 있을 것

② 지정대상 도시에 국제회의시설이 있고, 해당 특별시 · 광역시 또는 시에서 이를 활용한 국제회의산업 육성에 관한 계획을 수립하고 있을 것

③ 지정대상 도시에 숙박시설 · 교통시설 · 교통 안내체계 등 국제회의 참가자를 위한 편의시설이 갖추어져 있을 것

④ 지정대상 도시 또는 그 주변에 풍부한 관광자원이 있을 것

ANSWER 73.④ 74.① 75.①

73 ④ 국제회의시설이란 국제회의의 개최에 필요한 회의시설, 전시시설 및 이와 관련된 부대시설 등으로서 대통령령으로 정하는 종류와 규모에 해당하는 것을 말한다.

74 이 법은 국제회의의 유치를 촉진하고 그 원활한 개최를 지원하여 국제회의산업을 육성 · 진흥함으로써 관광산업의 발전과 국민경제의 향상 등에 이바지함을 목적으로 한다.〈국제회의산업 육성에 관한 법률 제1조〉

75 국제회의도시의 지정기준〈국제회의산업 육성에 관한 법률 시행령 제13조〉

ㄱ 지정대상 도시에 국제회의시설이 있고, 해당 특별시 · 광역시 또는 시에서 이를 활용한 국제회의산업 육성에 관한 계획을 수립하고 있을 것

ㄴ 지정대상 도시에 숙박시설 · 교통시설 · 교통안내체계 등 국제회의 참가자를 위한 편의시설이 갖추어져 있을 것

ㄷ 지정대상 도시 또는 그 주변에 풍부한 관광자원이 있을 것

④ 관광학개론

76 항공사의 Time Table에서 항공기의 도착예정시간을 의미하는 것은?

① ETD   ② ETA

③ ATD   ④ ATA

77 우리나라의 관세규정에 관한 설명으로 옳지 않은 것은?

① 현재 내국인의 구매한도는 3,000달러이다.

② 내국인의 반입물품 면세한도는 400달러 이하이다.

③ 외국인에게는 400달러의 반입물품 면세한도가 적용되지 않는다.

④ 내국인의 주류 면세한도는 1인당 1병으로 제한된다.

78 이(異)문화 존속 및 교류를 지향하는 관광은?

① Eco-Tourism

② Ethnic Tourism

③ Social Tourism

④ Special Interest Tourism

ANSWER 76.② 77.③ 78.②

76 ② ETA(estimated time of arrival) : 도착예정시간

① ETD(estimated time of departure) : 출발예정시간

③ ATD(actual time of departure) : 실제출발시간

④ ATA(actual time of arrival) : 실제도착시간

77 ③ 기본적으로 우리나라의 면세한도의 적용에는 내·외국인을 차별하여 가리지 않고 동일하게 적용된다.

※ 현재 면세한도는 1인당 600달러이다.

※ 현재 내국인의 구매한도는 5,000달러이다.

78 Ethnic Tourism(민족여행) … 여행객이 이국적인 것을 적극적으로 찾고자 하는 노력의 일환으로 여행자와는 다른 민족적·문화적 배경을 가진 사람들과 직접적으로 만남의 장을 가지려는 것을 목적으로 한다.

79 여행업의 특성으로 옳지 않은 것은?

① 고정자본의 투자가 적은 사업이다.

② 노동집약적 사업이다.

③ 계절적 의존도가 낮은 사업이다.

④ 경기변동에 민감한 사업이다.

80 관광마케팅의 STP전략에 관한 설명으로 옳은 것은?

① S는 Smart를 의미한다.

② S는 Segmentation을 의미한다.

③ P는 Purchasing을 의미한다.

④ P는 Pricing을 의미한다.

81 Plate Service로도 불리며, 고객주문에 따라 주방에서 조리된 음식을 접시에 담아 나가는 서비스는?

① American Service

② Russian Service

③ French Service

④ Counter Service

79 ③ 여행업은 계절적 의존도가 높은 사업이다.

80 STP전략 … S(Segmentation) 시장세분화, T(Targeting) 표적시장, P(Positioning) 포지셔닝의 약자로 소비자들을 세분화하여 핵심 타깃을 추출한 뒤 포지셔닝을 진행하는 마케팅 전략이다.

81 ② Russian service : 큰 플레터(Platter)에 담아 고객에게 보여준 후 서빙포크와 스푼으로 덜어 고객의 작은 접시에 직접 제공하는 서비스 방식이다.

③ French service : 고객 앞에서 간단한 음식을 직접 만들어 주기도 하고, 주방에서 만들어진 음식이라도 은쟁반(Silver Platter)에 담아 보여준 뒤 바퀴가 달려 이동 가능한 Gueridon(작은 탁자)에서 보온이 된 접시에 1인분씩 담아서 제공한다.

④ Counter service : 식당을 Open Kitchen으로 하고 앞의 Counter를 식탁으로 하여 요리를 제공한다.

82 국제회의 및 인센티브 단체 유치·개최지원, 국제기구와의 협력활동 등을 통해 MICE 산업을 종합적으로 지원하는 기관은?

① 한국관광공사
② 한국관광협회중앙회
③ 한국외국인관광시설협회
④ 한국관광호텔업협회

83 제시된 안건에 대해 전문가들이 연구결과를 중심으로 다수의 청중 앞에서 벌이는 공개 토론회는?

① 전시회   ② 클리닉
③ 콩그레스   ④ 심포지엄

84 ( ) 안에 들어갈 용어로 옳은 것은?

> 외래관광객에 의한 관광산업의 수입은 ( )이 일반산업과 비교하여 일반적으로 높게 나타나며, 계산 방법은 {국제관광수입 − (국제관광홍보비＋면세품구입가격)}/국제관광수입×100이다.

① 수입유발률   ② 외화가득률
③ 수출유발률   ④ 순이익비율

ANSWER   82.①   83.④   84.②

82 국제관광 진흥사업〈한국관광공사법 제12조 제1항 제1호〉
㉠ 외국인 관광객의 유치를 위한 홍보
㉡ 국제관광시장의 조사 및 개척
㉢ 관광에 관한 국제협력의 증진
㉣ 국제관광에 관한 지도 및 교육

83 ① 전시회 : 벤더에 의해 제공된 상품과 서비스의 전시모임
② 클리닉 : 소그룹을 위해 특별한 기술을 훈련하고 교육하는 모임
③ 콩그레스 : 컨벤션과 같은 의미를 가진 용어로, 유럽지역에서 사용되며 주로 국제규모의 회의

84 외화가득률 … 수출 상품 가격에서 수입 원자재 가격을 뺀 가격의 상품 수출가액에 대한 비율로, 외화획득률 이라고도 한다.

85 테마파크의 특성으로 옳은 것은?

① 테마성, 일상성　　　　　　　　② 역동성, 비통일성

③ 테마성, 통일성　　　　　　　　④ 역동성, 일상성

86 관광 관련 주요 행정기관의 기능으로 옳지 않은 것은?

① 문화체육관광부 – 관광정책 수립 및 홍보, 관광 진흥개발기금 관리

② 기획재정부 – 외국환 및 관광관련 정부출연금 관리

③ 외교부 – 여권발급, 비자면제 협정 체결

④ 안전행정부 – 여행자 출입국 관리

87 2012년 기준으로 세 번째로 많은 방한 외국인 관광객 수를 기록한 국가는?

① 미국　　　　　　　　　　　　② 일본

③ 중국　　　　　　　　　　　　④ 대만

88 아시아 · 태평양지역의 관광진흥 활동과 구미 관광객 유치를 위한 마케팅 목적으로 설립된 국제기구는?

① APEC　　　　　　　　　　　② ICCA

③ ASTA　　　　　　　　　　　④ PATA

ANSWER 85.③　86.④　87.①　88.④

85 테마파크의 특성으로는 테마성, 비일상성, 통일성, 배타성, 레저성, 독창성, 종합성 등이 있다.

86 ④ 여행자 출입국 관리는 외교부의 기능이다.

87 2012년 방한 외국인 관광객은 일본, 중국에 이어 미국이 세 번째로 많았다.

88 PATA(Pacific Area Travel Association) ··· 아태지역 관광인들의 제창에 의해 1951년 하와이에서 창설된 민관합동 국제기구로, 아시아태평양관광협회라고도 한다.

89 의료관광산업의 성장요인에 포함되지 않은 것은?

① 의료기술의 발전
② 의료서비스 제도의 발전
③ 의료관광정보 접근의 어려움
④ 노령인구 증가 및 건강에 대한 관심 증대

90 호텔요금에 관한 설명으로 옳지 않은 것은?

① 공표요금은 정상요금이라고도 한다.
② 컴플리멘터리는 영업 전략상 요금을 징수하지 않는 것을 말한다.
③ 유럽식 요금제도는 객실요금에 조식과 석식 요금을 포함한다.
④ 대륙식 요금제도는 객실요금에 조식요금을 포함한다.

91 공항(도시)코드가 일치하지 않는 것은?

① TAE - 대구
② PUS - 부산
③ ICN - 인천
④ KIP - 김포

92 여행사가 항공·숙박·음식점 등을 사전에 대량으로 예약하여 여행일정 및 가격을 책정하여 여행객을 모집하는 여행형태는?

① Incentive Tour
② Convention Tour
③ Fam Tour
④ Package Tour

Aɴꜱᴡᴇʀ 89.③ 90.③ 91.④ 92.④

89 ③ 의료관광정보 접근의 어려움은 의료관광산업의 성장 저해요인이다.

90 ③ 유럽식 요금제도는 객실요금과 식사요금을 분리하여 지급한다. 객실요금에 식사요금이 포함되어 있는 요금제도는 수정식 미국 요금제도이다.

91 ④ GMP - 김포

92 ① Incentive Tour : 보상 장려 여행
② Convention Tour : 관광을 겸한 회의 참석 여행
③ Fam Tour : Familiarization Tour의 약자, 시찰초대여행

93 세계 카지노산업의 동향으로 옳지 않은 것은?

① 카지노의 합법화와 확산추세

② 카지노의 대형화와 복합 단지화 추세

③ 카지노의 레저산업화

④ 카지노의 경쟁약화에 따른 수익성 증가

94 관광객의 교양이나 자기개발을 주목적으로 하는 관광으로 그랜드 투어나 수학여행을 포함하는 관광형태는?

① Dark Tourism

② Educational Tourism

③ Medical Tourism

④ Silver Tourism

95 유럽의 주요 시대 특징으로 옳지 않은 것은?

① 고대사회 - 식도락 · 요양 · 위락 목적

② 중세사회 - 교회를 중심으로 한 성지순례

③ 근대사회 - 교역상들의 숙박해결을 위해 숙박업 최초 등장

④ 현대사회 - 유급휴가제의 확산에 따른 관광의 대중화

ANSWER   93.④ 94.② 95.③

93 ④ 카지노의 경쟁심화에 따른 수익성이 감소하는 추세이다.

94 ① Dark Tourism : 잔혹한 참상이 벌어졌던 역사적 장소나 재난 · 재해 현장을 돌아보는 여행

③ Medical Tourism : 의료관광

④ Silver Tourism : 고령자들에 특화한 실버관광

95 근대사회는 신대륙 발견이 성황을 이뤘고 문예부흥기를 맞아 해외여행이 증가하였다. 1845년 근대적 개념의 세계 최초 여행사인 Thomas Cook & Son Ltd.가 창설되어 대량관광의 시대를 열었다.

96 공정관광(Fair Tourism)에 관한 설명으로 옳지 않은 것은?

① 책임관광, 녹색관광, 생태관광을 포함한다.
② 여행자와 여행 대상국의 국민이 평등한 관계를 맺는 여행이다.
③ 우리나라는 2007년 사회적 기업 육성법 제정으로 활성화되었다.
④ 55세 이상의 중장년층을 중심으로 하는 특별 흥미여행이다.

97 1인용 침대 2개를 갖춘 호텔객실의 종류는?

① 싱글 베드룸   ② 더블 베드룸
③ 트윈 베드룸   ④ 트리플 베드룸

98 소셜 투어리즘(Social Tourism)의 이념이 아닌 것은?

① 형평성   ② 비민주성
③ 공익성   ④ 문화성

ANSWER 96.④ 97.③ 98.②

96 공정관광(fair tourism) … 책임관광(responsible tourism) 또는 착한 여행이라고도 불린다. 관광지에서의 관광객이 경제적·환경적·사회적 측면에서의 부정적 영향을 최소화하고, 보다 적극적으로 지역민의 경제적 이득과 행복을 구현한다.

97 ① 1인용 침대가 한 개 있는 객실
② 2인용 침대가 한 개 있는 객실
④ 1인용 침대가 세 개 있는 객실

98 소셜 투어리즘의 이념 … 형평성, 민주성, 공익성, 문화성

99 2012년을 기준으로 전 세계 국가 중 외국인 관광객이 많이 방문한 국가의 순서로 옳게 나열한 것은?

① 프랑스 > 미국 > 중국 > 이탈리아
② 프랑스 > 미국 > 이탈리아 > 중국
③ 미국 > 프랑스 > 중국 > 이탈리아
④ 미국 > 프랑스 > 이탈리아 > 중국

100 제3차 관광개발기본계획(2012년 ~ 2021년)의 권역별 개발방향에 관한 설명으로 옳지 않은 것은?

① 호남관광권 – 생태 · 웰빙관광 및 동계 스포츠의 메카
② 대구 · 경북관광권 – 역사관광거점
③ 수도관광권 – 동북아 관광허브
④ 제주관광권 – 자연유산관광 및 MICE 산업의 중심

ANSWER 99.① 100.①

99 2012년 외국인 관광객이 가장 많이 방문한 국가는 프랑스 > 미국 > 중국 > 이탈리아 순이다.

100 ① 생태 · 웰빙관광 및 동계 스포츠의 메카는 강원관광권의 개발방향이다. 호남관광권의 개발방향은 아시아를 대표하는 문화관광 중추지역이다.

2014년 정기시험

 국사

1 ( )에 들어갈 인물을 순서대로 옳게 나열한 것은?

> • 고기(古記)에 이런 말이 있다. 옛날 환인의 아들 ( )이 천부인 3개와 3,000의 무리를 이끌고 태백
> 산 신단수아래에 내려왔는데, 이를 신시라 하였다.
> • 시조 동명성왕은 성이 고씨이며, 이름은 주몽이다. …… 부여의 ( )이 태백산 남쪽에서 한 여자를
> 만나게 되어 물으니, ( )의 딸 유화라 하였다.

① 단군, 하백, 금와왕 ② 환웅, 금와왕, 하백

③ 환웅, 하백, 금와왕 ④ 단군, 금와왕, 하백

2 선사 시대 대표적 유물의 연결로 옳은 것은?

① 구석기 시대 – 비파형 동검

② 신석기 시대 – 고인돌

③ 신석기 시대 – 반달(형) 돌칼

④ 청동기 시대 – 미송리식 토기

ANSWER 1.② 2.④

1 제시된 지문은 단군신화와 주몽신화의 일부이다. 환인의 아들은 환웅이며, 주몽은 해모수와 하백의 딸 유화 사이에서 태
어났다. 금와왕은 유화를 궁으로 데려온 인물이다.

2 비파형 동검, 고인돌, 반달 돌칼은 모두 청동기 시대의 유물이다.

3 선사 시대에 관한 설명으로 옳지 않은 것은?

① 구석기 시대 사람들은 불의 사용법을 알게 되었다.

② 신석기 시대에 비로소 토기를 사용하게 되었다.

③ 신석기 시대에 가락 바퀴나 뼈바늘을 만들어 썼다.

④ 청동기 시대에 이르러 비로소 토테미즘이 출현하였다.

4 (   )에 들어갈 나라를 순서대로 옳게 나열한 것은?

> • (   ) : 질 좋은 철을 생산하여 낙랑군 및 왜와 활발하게 무역을 하며 성장했으나 중앙집권 국가로 발전하지는 못하였다.
>
> • (   ) : 후기 가야연맹을 주도하였으나 백제와 신라의 압력으로 위축되었다.

① 금관가야, 대가야   ② 금관가야, 고령가야

③ 대가야, 금관가야   ④ 대가야, 고령가야

5 다음 설명에 해당하는 유적은?

> 1971년에 발견되었다. 많은 부장품이 무덤 안에서 출토되었는데, 왕과 왕비의 신분을 알 수 있는 유물이 발견되었다. 연대가 확실하게 알려진 무덤이다.

① 무령왕릉   ② 황남대총

③ 천마총   ④ 광개토왕릉

ANSWER 3.④ 4.① 5.①

3 ④ 토테미즘은 신석기 시대에 출현하였다.

4 금관가야와 대가야에 대한 설명이다. 금관가야는 수로왕 이래 491년간 계속되다가, 532년(법흥왕 19) 신라에게 멸망하였다. 대가야는 532년 진흥왕에게 멸망하였다.

5 무령왕릉 ⋯ 충청남도 공주시 금성동 송산리고분군 내에 있는 백제 제25대 무령왕과 왕비의 무덤으로 1971년 기존에 이미 조사가 끝난 송산리 5호~6호 무덤 사이의 배수로를 정비하는 과정에서 발견되었다. 무덤 내부에서는 무령왕과 왕비의 무덤임을 알리는 묘지석과 함께 2,900여 점의 유물이 출토되었다.

6 인물에 관한 설명으로 옳지 않은 것은?

① 원효는 십문화쟁론을 저술하였다.

② 의상은 화엄일승법계도를 저술하였다.

③ 원측은 세속오계를 만들었다.

④ 혜초는 왕오천축국전을 저술하였다.

7 백제의 대외관계에 관한 설명으로 옳지 않은 것은?

① 4세기 근초고왕 때 백제는 낙랑군과 대방군, 그리고 말갈족을 북으로 몰아내고 영토를 넓혔다.

② 5세기 고구려의 공격을 받아 한성이 함락되자 수도를 웅진으로 옮겼다.

③ 6세기 무령왕은 중국 남조의 양나라와 화친하였고, 왜국과 밀접한 관계를 맺었다.

④ 6세기 성왕은 사비로 천도하고 신라 진흥왕과 연합하여 한강유역을 회복하였다.

8 통일신라 시대의 유학의 관한 설명으로 옳지 않은 것은?

① 원성왕 때 독서삼품과가 설치되었다.

② 강수가 화왕계를 지었다.

③ 신문왕 때 국학이 설치되었다.

④ 최치원이 계원필경을 저술하였다.

ANSWER 6.③ 7.① 8.②

6 ③ 세속오계를 만든 사람은 원광스님이다.

7 ① 고구려 미천왕의 업적이다.

8 ② 「화왕계」는 설총의 작품이다.

9 다음에서 설명하는 발해의 왕은?

> 9세기 전반에 통치한 왕으로 이 시기에 발해는 대부분의 말갈족을 복속시키고 요동지역으로 진출하였다. 남쪽으로는 신라의 국경을 접할 정도로 넓은 영토를 차지하였고, 지방제도도 정비하였다.

① 선왕   ② 문왕

③ 고왕   ④ 무왕

10 고려시대의 대장경에 관한 설명으로 옳지 않은 것은?

① 초조대장경은 부처님의 힘을 빌려서 거란족을 물리치기 위해 현종 때 제작하기 시작하였다.
② 초조대장경은 그 경판(經板)을 부인사에 보관했는데 몽골의 침입 때 불타버리고 말았다.
③ 의천이 간행한 속장경은 교종과 선종에 관한 동아시아 각국의 불경을 집대성한 것이다.
④ 팔만대장경은 일본의 불교발전에 기여를 하였다.

11 위화도 회군을 전후하여 일어난 일로 옳지 않은 것은?

① 공민왕은 명으로부터 돌려받은 쌍성총관부에 철령위를 설치하였다.
② 이성계를 4불가론을 내세워 요동 정벌을 반대하였다.
③ 이성계는 위화도 회군 이후 우왕을 쫓아내고 창왕을 옹립하였다.
④ 최영은 요동정벌을 단행하여 8도도통사가 되었다.

ANSWER   9.①   10.③   11.①

9 선왕은 발해의 제10대 왕으로 818년부터 830년까지 왕위에 있었다. 동으로 신라와 접하고 고구려와 부여 등의 옛 영토까지 강토로 삼아 발해 전성기를 이끈 중흥군주(中興君主)로 해동성국(海東盛國)이라는 칭호를 얻었다.

10 ③ 속장경은 원효사상을 중심으로 한 신라불교의 전통을 재확인하고 각국의 불교학설을 광범위하게 종합하였다.

11 위화도 회군은 고려 말기인 1388년에 요동정벌군의 장수였던 이성계가 압록강의 위화도에서 군사를 돌려 정변을 일으키고 권력을 장악한 사건이다.
    ① 철령위는 고려 후기 명나라가 철령 이북의 땅에 설치하고자 했던 직할지이다.

12 각 국가별 지방제도에 관한 설명으로 옳지 않은 것은?

① 고구려 – 지방통치를 위해 22담로를 설치

② 통일신라 – 전국을 9주로 나누고 5소경을 설치

③ 고려 – 전국을 5도와 양계로 나누고 3경을 설치

④ 조선 – 전국을 8도로 나누어 관찰사를 파견

13 고려시대에 제작된 역사서는?

① 고려사

② 동국통감

③ 동국사략

④ 제왕운기

14 조선 과학기술의 발달에 관한 설명으로 옳지 않은 것은?

① 토지 측량 기구인 인지의와 규형을 제작하였다.

② 화기 제작과 그 사용법을 정리한 총통등록을 간행하였다.

③ 치료 예방법과 7백정의 국산 약재를 정리한 향약구급방을 세종 때 간행하였다.

④ 우리나라 역사상 최초로 서울을 기준으로 천체운동을 계산한 칠정산을 만들었다.

ANSWER   12.①   13.④   14.③

12 ① 22담로를 설치한 것은 백제의 일이다.

13 「고려사」, 「동국통감」, 「동국사략」은 조선시대에 제작된 역사서이다.

14 ③「향약구급방」의 초판은 고려시대 대장도감(大藏都監)에서 인쇄되었고, 중간은 1417년(태종 17년)에는 경상도 의흥에서, 그리고 1427년(세종 9년)에 충청도에서 다시 출판되었다. 현존하고 있는 것은 1417년에 출판된 책이다.

15 조선왕조실록에 관한 설명으로 옳은 것을 모두 고른 것은?

> ㉠ 임진왜란 이전에는 4부를 만들어 춘추관, 전주, 성주, 충주 사고에 보관하였다.
> ㉡ 사초(史草), 시정기 등을 바탕으로 편찬하였다.
> ㉢ 고종실록과 순종실록은 기전체 역사서로 총독부에서 편찬하였다.
> ㉣ 임진왜란 때 전주사고본만이 남고 나머지는 소실되었다.

① ㉠, ㉡   ② ㉡, ㉢
③ ㉠, ㉡, ㉣   ④ ㉠, ㉡, ㉢, ㉣

16 조선시대 경제상에 관한 설명으로 옳은 것을 모두 고른 것은?

> ㉠ 조선후기 국내 상업은 발달했으나 청나라와의 무역은 관무역과 사무역이 모두 금지되어 위축되었다.
> ㉡ 개인의 광산개발이 조선초기에는 허용되었으나 조선후기에는 금지되었다.
> ㉢ 조선후기 화폐 사용이 활발해졌으나 전황(錢荒)이 발생하는 부작용도 있었다.
> ㉣ 조선초기 관리에게 준 科田(과전)은 소유권이 아니라 수조권을 지급한 것이다.

① ㉠, ㉡   ② ㉠, ㉣
③ ㉡, ㉢   ④ ㉢, ㉣

15 1927년 4월 이왕직에서는 역대 실록의 예에 따라 고종과 순종의 실록을 편찬하기로 하였으며, 편찬위원들은 기술(記述)·체재·편책을 역대 실록, 특히 「철종실록」의 예에 따른다는 원칙을 세웠다. 고종실록과 순존실록은 편년체 역사서이다.

16 ㉠ 조선후기에는 관무역과 사무역이 모두 이루어졌다.
   ㉡ 조선후기에는 개인의 광산개발을 허용하고 세금을 받는 정책을 시행하였다.

17 다음 내용과 관련된 것은?

> 조선시대 최고(最高)의 국립 교육기관으로 입학 자격은 생원, 진사를 원칙으로 하였다. 도서관으로 존경각을 두었다.

① 향교 　　　　　　　　　　　② 성균관
③ 서원 　　　　　　　　　　　③ 동약

18 다음을 발생한 순서대로 옳게 나열한 것은?

> ㉠ 옥포해전 　　　　　　　　　㉡ 명량해전
> ㉢ 한산도대첩 　　　　　　　　㉣ 노량해전

① ㉠→㉡→㉣→㉢ 　　　　　② ㉠→㉢→㉡→㉣
③ ㉢→㉠→㉡→㉣ 　　　　　③ ㉢→㉣→㉠→㉡

19 영조와 정조 시대의 사회상에 관한 설명으로 옳지 않은 것은?

① 초계문신제도를 시행하였다.
② 시전 상인이 가지고 있던 금난전권이 폐지되었다.
③ 군역의 부담을 줄여주기 위하여 균역법을 시행하였다.
④ 주자소를 설치하고 처음으로 계미자를 주조하였다.

ANSWER 17.② 18.② 19.④

17 ① 향교 : 고려와 조선시대의 지방에서 유학을 교육하기 위하여 설립된 관학교육기관
　　③ 서원 : 조선 중기 이후 명현을 제사하고 인재를 키우기 위해 전국 곳곳에 세운 사설교육기관
　　④ 동약 : 조선 중기 이후 재지사족들이 자신들 중심의 신분질서를 유지하기 위해 만든 동 단위의 자치조직

18 옥포해전(1592.5) → 한산도대첩(1592.7) → 명량해전(1597) → 노량해전(1598)

19 ④ 주자소를 설치하고 계미자를 주조한 것은 태종 때의 일이다.

20 다음 내용과 관련된 인물에 관한 설명으로 옳지 않은 것은?

> 이제 농사짓는 사람은 토지를 가지게 하고, 농사짓지 않는 사람이 토지를 가지지 못하게 하려면 여전제(閭田制)를 실시해야 한다. 산골짜기와 시냇물의 지세를 기준으로 구역을 획정하여 경계를 삼고, 그 경계선 안에 포괄되어 있는 지역을 1여(閭)로 한다.

① 경세유표를 저술하였다.　　　　② 마과회통을 저술하였다.
③ 아방강역고를 저술하였다.　　　④ 열하일기를 저술하였다.

21 다음에서 설명하는 책을 저술한 인물은?

> 조선 영도 때 집필된 책으로 각 지역의 자연 환경과 물산, 풍속, 인심 등을 서술하고 어느 지역이 살기 좋은 곳인가를 논하였다.

① 심성호　　　　　　　　　　② 이능익
③ 이중환　　　　　　　　　　③ 한백겸

22 아관 파천 전후에 나타난 열강의 이권 침탈에 관한 설명으로 옳지 않은 것은?

① 미국은 운산 금광 채굴권 등의 이권을 차지하였다.
② 영국은 거문도를 점령하고 서울과 인천을 연결하는 철도부설권을 차지하였다.
③ 일본은 서울과 부산을 연결하는 철도부설권을 차지하였다.
④ 러시아는 삼림벌채권 등의 이권을 차지하였다.

23 다음 내용을 모두 포함하는 것은?

> • 귀천의 구별 없이 인재를 뽑아 등용한다.
> • 연좌법을 모두 폐지하여 죄인 자신 외에는 처벌하지 않는다.
> • 남녀의 조혼을 엄금하여, 남자는 20세, 여자는 16세가 될 때부터 혼인을 허락한다.
> • 과부의 재혼은 귀천을 막론하고 그 자유에 맡긴다.

① 갑오개혁의 개혁안
② 찬양회의 여성통문
③ 갑신정변 14개조 정령
④ 관민공동회의 헌의 6조

ANSWER 23.①

23 갑오개혁 개혁법령
　㉠ 현재 이후 국내외의 공사(公私) 문서에는 개국기원(開國紀元)을 사용할 것
　㉡ 문벌과 양반·상민 등의 계급을 타파하여 귀천에 구애됨이 없이 인재를 뽑아 쓸 것
　㉢ 문무존비(文武尊卑)의 구별을 철폐하고 다만 품계(品階)에 따라 상견의(相見儀)를 규정할 것
　㉣ 죄인 자신 이외 일체의 연좌율(緣坐律)을 폐지할 것
　㉤ 적실(嫡室)과 첩에 모두 아들이 없는 경우에 한하여 양자(養子)를 허가할 것
　㉥ 남녀의 조혼(早婚)을 엄금하여, 남자는 20세, 여자는 16세라야 비로소 결혼을 허락할 것
　㉦ 과부의 재혼은 귀천(貴賤)을 막론하고 자유에 맡길 것
　㉧ 공사노비법을 혁파하고 인신의 판매를 금할 것
　㉨ 비록 평민이라 하더라도 국가에 이익이 되고 백성을 편하게 할 수 있는 의견이 있다면 군국기무처에 상서토록 하여 토의에 부치게 할 것
　㉩ 각 아문의 조예(隷)는 그 수를 조절하여 상치(常置)케 할 것
　㉪ 공금 횡령한 관리에 대한 징계를 엄중히 하되 횡령한 공금을 변상 납입케 할 것
　㉫ 조관품급(朝官品級)의 정(正)·종(從)의 구별을 없이 하고, 각 아문이 마음대로 체포·시형(施刑)함을 금할 것
　㉬ 역인(驛人)·창우(倡優)와 피공(皮工) 등의 천민대우를 폐지할 것
　㉭ 관인이 휴관(休官)한 이후에 상업을 경영함은 그 자유에 맡길 것
　ⓐ 과거문장(科擧文章)으로만 취사(取士)함은 실재(實才)를 뽑아 쓰기 어려우니 임금의 재가를 주청하여 변통하되 따로 선용조례(選用條例)를 제정할 것
　ⓑ 각도의 부세(賦稅)·군보(軍保) 등으로 상납하는 대소의 쌀·콩·면포는 금납제(金納制)로 대치하도록 마련할 것

24 다음 중 가장 먼저 발생한 사건은?

① 안재홍, 정인보 등이 조선학 운동을 전개하여 민족중흥을 제창하였다.

② 여운형이 중심이 되어 건국동맹의 지하조직을 전국적으로 결성하였다.

③ 안창호 등은 신민회를 조직하여 국권회복을 위한 애국계몽운동을 전개하였다.

④ 고등교육기관으로서 대학을 설립해야 한다는 취지 아래 한규설, 이상재 등이 민립대학 설립기성회를 조직하였다.

25 동학농민운동에 관한 설명으로 옳지 않은 것은?

① 고부군수 조병갑의 탐학에 반발하여 일어났다.

② 지조법을 실시하고 혜상공국을 폐지하였다.

③ 농민군이 전주성을 점령하자 정부와 농민군 사이에 전주화약이 맺어졌다.

④ 청과 일본이 개입하면서 청일전쟁이 발발하였다.

ANSWER 24.③ 25.②

24 ① 1934년 ② 1944년 ③ 1907년 ④ 1922년

25 ② 갑신정변 개혁안에 포함된 내용이다.

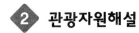

2 관광자원해설

26 다음에서 설명하는 박물관이 위치한 지역은?

> 한국 최초의 등대박물관으로 등대원 생활관, 운항 체험실, 등대유물관 등이 갖추고 있으며, 한국 등대의 발달사와 각종 해양 수산자료를 볼 수 있는 곳이다.

① 울릉도   ② 마라도
③ 포항   ④ 여수

27 유네스코 지정 한국 세계유산의 연결로 옳지 않은 것은?

① 세계문화유산 – 남한산성
② 세계자연유산 – 제주 용암동굴
③ 세계인류무형문화유산 – 매사냥
④ 세계기록유산 – 목민심서

28 관동팔경에 해당하지 않는 것은?

① 청간정   ② 삼일포
③ 하선암   ④ 망양정

ANSWER   26.③   27.④   28.③

26 우리나라 최초의 국립등대박물관은 경북 포항시 남구 호미곶면에 위치해 있다.

27 유네스코에 등재된 우리나라의 세계기록유산으로는 훈민정음, 조선왕조실록, 직지심체요절, 승정원일기, 고려대장경판 및 제경판, 조선왕조의궤, 동의보감, 일성록, 5·18 민주화운동 기록물, 난중일기, 새마을운동 기록물, 한국의 유교책판, KBS특별생방송 '이산가족을 찾습니다' 기록물, 국채보상운동 기록물, 조선통신사에 관한 기록, 조선왕실 어보와 어책이 있다.

28 관동팔경…고성 청간정, 강릉 경포대, 고성 삼일포, 삼척 죽서루, 양양 낙산사, 울진 망양정, 통천 총석정, 평해 월송정

29 다음에서 설명하는 국립공원은?

> 광주광역시와 담양군·화순군에 위치한 산으로 천왕봉·지왕봉·인왕봉 등 3개의 바위봉으로 이루어져 있고, 서석대·입석대 등 이름난 기암괴석이 있다.

① 내장산 국립공원
② 무등산 국립공원
③ 지리산 국립공원
④ 월출산 국립공원

30 관광자원에 관한 설명으로 옳은 것은?

① 형태가 없는 무형재는 자원의 가치를 갖지 못한다.
② 관광자원의 범위는 자연자원과 유형적 자원으로 한정되어 있다.
③ 관광자원은 관광객의 관광욕구와 동기를 일으키는 매력성이 있어야 한다.
④ 관광자원의 가치는 시대익 흐름과 관계없다.

31 한려해상 국립공원에 관한 설명으로 옳지 않은 것은?

① 경남 통영시와 전남 여수시에 걸쳐있다.
② 우리나라 국립공원 중 면적이 가장 넓다.
③ 한산도의 '한'과 여수의 '여'를 따서 명명되었다.
④ 우리나라 최초의 해상 국립공원으로 지정되었다.

ANSWER 29.② 30.③ 31.②

29 지문에 설명하고 있는 국립공원은 2012년 12월에 지정된 무등산 국립공원이다.

30 ① 무형재도 자원의 가치를 가진다.
　　② 관광자원은 자연자원과 유형적 자원뿐만 아니라 문화자원과 무형적 자원을 포함한다.
　　④ 관광자원의 가치는 시대의 흐름에 영향을 받는다.

31 ② 우리나라 국립공원 중 면적이 가장 넓은 곳은 다도해해상 국립공원이다.

32 우리나라 동굴관광자원 중 천연기념물로 지정되지 않은 것은?

① 영월 고씨굴   ② 울진 성류굴

③ 단양 노동동굴   ④ 태백 용연굴

33 우리나라 국립공원에 관한 설명으로 옳지 않은 것은?

① 산악형 16개소, 해상형 4개소, 사적형 1개소가 지정되었다.

② 최초의 국립공원은 지리산이다.

③ 국립공원의 지정권자는 문화체육관광부 장관이다.

④ 경주는 사적형 국립공원이다.

34 유형별 국가지정문화재의 사례로 옳지 않은 것은?

① 명승 – 명주 청학동의 소금강   ② 천연기념물 – 경주 포석정지

③ 사적 – 수원화성   ④ 중요무형문화재 – 종묘제례악

35 민속마을에 관한 설명으로 옳지 않은 것은?

① 안동 하회마을 – 풍산유씨 종가가옥, 양진당

② 경주 양동마을 – 세계문화유산 등재, 월성손씨, 여강이씨

③ 성읍 민속마을 – 제주도 표선면에 위치, 성곽, 동헌과 향교

④ 아산 외암마을 – 서민 가옥인 초가집으로만 구성, 성곽

ANSWER   32.④   33.①③   34.②   35.④

32 ④ 태백 용연굴은 강원도 시도기념물 제39호이다.

① 천연기념물 제219호   ② 천연기념물 제155호   ③ 천연기념물 제262호

33 ③ 국립공원은 환경부장관이 지정·관리하고, 도립공원은 도지사 또는 특별자치도지사가, 광역시립공원은 특별시장·광역시장·특별자치시장이 각각 지정·관리하며, 군립공원은 군수가, 시립공원은 시장이, 구립공원은 자치구의 구청장이 각각 지정·관리한다. 〈자연공원법 제4조 제1항〉

※ 2016년에 지정된 태백산 국립공원을 포함하면 현재 산악형 국립공원은 18개소이다.

34 ② 경주 포석정지는 사적 제1호이다.

35 ④ 중요민속문화재 제236호인 아산 외암마을에는 영암댁·참판댁·송화댁 등의 양반주택과 50여 가구의 초가 등 크고 작은 옛집들이 상당부분 원래모습을 유지한 채 남아 있다.

36 강과 그 유역에 건설된 댐이 바르게 연결된 것을 모두 고른 것은?

> ㉠ 한강 유역 – 의암댐
> ㉡ 낙동강 유역 – 합천댐
> ㉢ 영산강 유역 – 담양댐
> ㉣ 섬진강 유역 – 동복댐

① ㉠, ㉡, ㉢   ② ㉠, ㉡, ㉣

③ ㉡, ㉢, ㉣   ④ ㉠, ㉡, ㉢, ㉣

37 종묘에 관한 설명으로 옳지 않은 것은?

① 조선시대 역대 왕과 왕비의 신주를 모신 왕가의 사당이다.

② 유네스코 세계문화유산으로 지정되었다.

③ 왕의 생활공간 안에 만들어진 업무공간이다.

④ 유교적 전통인 제례문화를 보여주는 유교건축물이다.

38 경복궁에 관한 설명으로 옳지 않은 것은?

① 경복궁의 정전은 인정전이다.

② 사적 제 117호로 서울특별시 종로구에 위치해있다.

③ 임진왜란으로 소실되었다.

④ 조선 말기 고종 때 중건되었다.

ANSWER 36.④ 37.③ 38.①

36 ㉠ 한강 유역 – 의암댐, 충주댐, 화천댐, 춘천댐, 소양강댐, 의암댐, 팔당댐 등
    ㉡ 낙동강 유역 – 합천댐, 안동댐, 영천댐, 남강댐 등
    ㉢ 영산강 유역 – 담양댐, 광주댐, 장성댐, 나주댐 등
    ㉣ 섬진강 유역 – 동복댐, 섬진강댐, 동화댐, 하동댐 등

37 ③ 종묘는 조선왕조의 왕과 왕비, 그리고 죽은 후 왕으로 추존된 왕과 왕비의 신위를 모시는 사당이다. 본래의 건물인 정전과 별도의 사당인 영녕전을 비롯하여 여러 부속건물이 있다.

38 ① 경복궁의 정전은 근정전이다.

39 다음 설명에 해당하는 탑은?

> 선덕여왕 12년(643)에 자장 율사의 권유로 외적의 침입을 막기 위해 탑을 지었는데, 각 층마다 적국을 상징하도록 하였으며, 백제의 장인 아비지에 의하여 645년에 완공되었다.

① 원각사지 십층석탑   ② 황룡사 구층목탑
③ 불국사 삼층석탑   ④ 법주사 팔상전

40 목조건축의 기법을 사용하여 만든 우리나라 최고(最高)의 석탑은?

① 익산 미륵사지석탑   ② 분황사 석탑
③ 감은사지 삼층석탑   ④ 불국사 삼층석탑

41 우리나라 서원에 관한 설명으로 옳은 것을 모두 고른 것은?

> ㉠ 영주 소수서원은 우리나라 최초의 사액서원이다.
> ㉡ 안동 도산서원은 율곡 이이의 학문과 덕행을 추모하기 위해 설립되었다.
> ㉢ 서원은 학문연구와 선현제향(先賢祭享)을 위해 설립된 공립 교육기관이다.
> ㉣ 용인 심곡서원은 조광조의 학문과 덕행을 추모하기 위해 설립되었다.

① ㉠, ㉡   ② ㉠, ㉣
③ ㉠, ㉡, ㉢   ④ ㉠, ㉢, ㉣

42 우리나라 산성에 관한 설명으로 옳은 것은?

① 남한산성은 북한산성과 함께 수도 한양을 지키기 위한 조선시대의 산성이다.

② 강화읍을 에워싸고 있는 강화산성은 조선시대에 축조되었다.

③ 고양 행주산성은 석성으로서 임진왜란 때 권율장군의 행주대첩으로 알려진 곳이다.

④ 칠곡 가산산성은 험한 자연지세를 이용한 고려후기의 축성기법을 보여주고 있는 산성이다.

43 전통 건축양식 중 기둥 위에만 공포(栱包)를 배치하는 형식으로, 봉정사 극락전, 부석사 무량수전, 수덕사 대웅전 등에 쓰인 건축양식은?

① 다포(多包) 양식

② 익공(翼工) 양식

③ 하앙공포(下昻栱包) 양식

④ 주심포(柱心包) 양식

44 제주도의 전통가옥에서 주로 곡류 등을 항아리에 넣어 보관하는 창고는?

① 고팡

② 우데기

③ 행랑채

④ 정주간

42 ② 강화산성은 강화읍을 에워싸고 있는 고려시대의 산성이다.

③ 고양 행주산성은 임진왜란 때 권율 장군의 행주대첩으로 널리 알려진 곳으로, 흙을 이용하여 쌓은 토축산성이다.

④ 칠곡 가산산성은 임진왜란과 병자호란을 겪은 후 잇따른 외침에 대비하기 위해서 세워진 성이다. 험한 자연지세를 이용한 조선 후기의 축성기법을 잘 보여주고 있는 대표적인 산성이다.

43 ① 다포 양식 : 기둥과 기둥 사이에 창방(昌枋)과 평방(平枋)을 걸고 그 위에 포작(包作)을 짜 올리는 양식

② 익공 양식 : 기둥 상부 주두(柱枓) 밑에 돌출한 익공재를 놓고 그 위에서 보가 얹히도록 한 목조건축양식인 공포(栱包)의 일종

③ 하앙공포 양식 : 다포 양식 중에서도 도리 바로 밑에 있는 살미라는 건축부재가 서까래와 같은 기울기로 처마도리와 중도리를 지렛대 형식으로 떠받치는 공포

44 ② 우데기 : 울릉도의 민가에서 눈·비·바람 등을 막기 위해 본채의 벽 바깥쪽에 기둥을 세우고 새나 옥수숫대 등을 엮어 친 외벽

③ 행랑채 : 주택의 바깥 부분에 해당되는 주거 공간

④ 정주간 : 부엌과 안방 사이에 벽이 없이 부뚜막과 방바닥이 한 평면으로 된 큰 방

45 연례악에 관한 설명으로 옳은 것은?

① 절에서 주로 제를 올릴 때 사용되는 음악

② 궁중 조하(朝賀)와 연향에 쓰이던 음악

③ 민속음악에 속하는 기악독주곡 형태의 음악

④ 무속 종교 의식에 사용하는 음악

46 중요무형문화재 제27호로 불교적인 색채가 강하며 주로 머리에는 흰 고깔을 쓰고, 흰 장삼에 붉은 가사를 걸치고 추는 민속무용은?

① 한량무   ② 살풀이춤
③ 춘앵무   ④ 승무

47 조선시대 화가 신윤복에 관한 설명으로 옳지 않은 것은?

① 조선시대의 3대 풍속 화가로 지칭된다.

② 선이 가늘고 유연하며 부드러운 담채 바탕에 원색을 즐겨 사용했다.

③ 미인도, 단오풍정, 뱃놀이 등의 대표작이 있다.

④ 영조의 어진을 그렸으며, 호는 단원이다.

ANSWER   45.②   46.④   47.④

45 연례악 … 조선시대 궁중의 연향(宴享)과 조의(朝儀) 때 연주된 음악의 총칭

46 ① 한량무 : 경상남도 무형문화재 제3호로, 한량과 승려가 한 여인을 유혹하는 내용을 춤으로 표현한 무용극이다.
② 살풀이춤 : 중요무형문화재 제97호로, 우리나라 사람들이 그해의 나쁜 운을 풀기 위해 벌였던 굿판에서 무당이 나쁜 기운을 풀기 위해 추는 즉흥적인 춤이다.
③ 춘앵무 : 조선 순조 때 창작된 궁중무용의 하나로 순조의 아들 효명세자가 순원왕후의 탄신 40주년을 기념해 지은 춤이다. 버드나무에서 지저귀는 꾀꼬리의 모습을 보고 만든 춤으로 절제된 동작으로 움직임이 거의 느껴지지 않는 특징이 있다.

47 ④ 단원 김홍도에 대한 설명이다. 신윤복의 호는 혜원이다.

48 중요무형문화재 처용무에 관한 설명으로 옳은 것은?

① 춤의 내용은 음양오행설의 기본정신을 기초로 하여 악운을 쫓는 의미가 담겨있다.

② 궁중무용 중에서 유일하게 사자형상의 가면을 쓰고 추는 춤이다.

③ 황해도 봉산지방에서 전승되어 오던 가면극이다.

④ 경기지방과 호남지방에서 계승된 춤으로 허튼춤이라고도 한다.

49 북청사자놀음에 관한 설명으로 옳지 않은 것은?

① 중요무형문화재 제15호로 함경북도 북청지방에서 정월대보름에 행해지던 사자놀이이다.

② 연초에 잡귀를 쫓고 마을의 평안을 비는 행사로 널리 행해졌다.

③ 주제는 양반 계급에 대한 반감과 모욕, 파계승에 대한 풍자, 남녀 애정관계에서 오는 가정의 비극 등이다.

④ 북청사자놀음에 쓰이는 가면은 사자 · 양반 · 꺾쇠 · 꼽추 · 사령 등이다.

50 조선 중기 문신인 서애 유성룡이 임진왜란 때의 상황을 기록한 사료는?

① 징비록   ② 일성록
③ 묘법연화경찬술   ④ 난중일기

Answer   48.①   49.③   50.①

48 처용무 … 중요무형문화재 제39호로 처용 가면을 쓰고 추는 춤이며 궁중무용 중에서 유일하게 사람 형상의 가면을 쓰고 추는 춤이다.
② 사자무   ③ 봉산탈춤   ④ 살풀이춤

49 북청사자놀음은 함경남도 북청군에서 정월 대보름에 사자탈을 쓰고 놀던 민속놀이로, 사자에게는 사악한 것을 물리칠 힘이 있다고 믿어 잡귀를 쫓고 마을의 평안을 비는 행사로 널리 행해졌다.
③ 북청사자놀음은 대사의 묘미나 풍자적인 측면보다는 사자춤의 묘기와 흥겨움이 중심이 되어 다른 사자춤사위보다 교묘하고 힘찬 동작이 특징이다.

50 ② 일성록 : 1760년(영조 36) 1월부터 1910년(융희 4) 8월까지 조선후기 151년간의 국정에 관한 제반 사항들이 기록되어 있는 일기체의 연대기이다.
③ 묘법연화경찬술 : 우리나라 천태종의 근본경전으로 부처가 되는 길이 누구에나 열려 있다는 것을 기본 사상으로 하고 있다. 화엄경과 함께 우리나라 불교사상의 확립에 크게 영향을 끼쳤으며, 우리나라에서 유통된 불교경전 가운데 가장 많이 간행된 경전이다.
④ 난중일기 : 임진왜란 때에 이순신이 친필로 작성한 일기로 연도별로 7권이다.

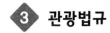 **관광법규**

51 관광기본법에 관한 설명으로 옳지 않은 것은?

① 국제친선의 증진, 국민경제와 국민복지의 향상, 건전한 국민관광의 발전을 도모하는 것을 목적으로 하고 있다.

② 1975년 12월 31일에 공포되었다.

③ 전문 25조 및 부칙으로 구성되어 있다.

④ 우리나라 관광진흥의 방향과 시책에 관한 사항을 규정하고 있다.

52 관광진흥법령상 관광단지에 관한 설명이다. 다음 (   )안에 들어갈 내용이 옳게 짝지어진 것은?

> 관광객의 다양한 관광 및 (㉠)을 위하여 각종 관광시설을 종합적으로 개발하는 관광 (㉡)으로서 관광진흥법에 따라 지정된 곳

① ㉠ : 오락, ㉡ : 특화지역

② ㉠ : 휴양, ㉡ : 거점지역

③ ㉠ : 오락, ㉡ : 거점지역

④ ㉠ : 휴양, ㉡ : 특화지역

ANSWER 51.③ 52.②

51 ③ 전문 15조와 부칙으로 구성되어 있다.
  ※ 2014년도 출제 당시 전문 15조와 부칙으로 구성되어 있었으나 관광기본법 제16조 신설〈2017.11.28.〉로 전문 16조와 부칙으로 구성되어 있다.

52 관광단지란 관광객의 다양한 관광 및 휴양을 위하여 각종 관광시설을 종합적으로 개발하는 관광 거점 지역으로서 관광진흥법에 따라 지정된 곳을 말한다.〈관광진흥법 제2조〉

53 관광진흥법령상 관광숙박업에서 관광사업자 등록대장의 기재사항이 아닌 것은?

① 객실 수

② 종업원 수

③ 대지면적 및 건축연면적

④ 사업계획에 포함된 부대영업을 하기 위하여 다른 법령에 따라 인·허가 등을 받았거나 신고 등을 한 사항

54 관광진흥법령상 기획여행을 실시하는 자가 광고를 하려는 경우 표시하여야 하는 사항에 해당되지 않는 것은?

① 여행사의 자본금

② 최저 여행인원

③ 여행경비

④ 여행일정 변경 시 여행자의 사전 동의 규정

ANSWER 53.② 54.①

53 관광숙박업 등록대장의 기재사항〈관광진흥법 시행규칙 제4조 제2호〉
 ㉠ 객실 수
 ㉡ 대지면적 및 건축연면적(폐선박을 이용하는 수상관광호텔업의 경우에는 폐선박의 총톤수·전체 길이 및 전체 너비)
 ㉢ 법에 따라 신고를 하였거나 인·허가 등을 받은 것으로 의제되는 사항
 ㉣ 사업계획에 포함된 부대영업을 하기 위하여 다른 법령에 따라 인·허가 등을 받았거나 신고 등을 한 사항
 ㉤ 등급(호텔업만 해당한다)
 ㉥ 운영의 형태(분양 또는 회원모집을 하는 휴양콘도미니엄업 및 호텔업만 해당한다)

54 기획여행을 실시하는 자가 광고를 하려는 경우에는 다음 각 호의 사항을 표시하여야 한다.〈관광진흥법 시행규칙 제21조〉
 ㉠ 여행업의 등록번호, 상호, 소재지 및 등록관청
 ㉡ 기획여행명·여행일정 및 주요 여행지
 ㉢ 여행경비
 ㉣ 교통·숙박 및 식사 등 여행자가 제공받을 서비스의 내용
 ㉤ 최저 여행인원
 ㉥ 보증보험등의 가입 또는 영업보증금의 예치 내용
 ㉦ 여행일정 변경 시 여행자의 사전 동의 규정
 ㉧ 여행목적지(국가 및 지역)의 여행경보단계

55 관광진흥법령상 국외여행 인솔자의 자격요건에 부합하는 자를 모두 고른 것은?

> ㉠ 관광통역안내사 자격을 취득한 자
> ㉡ 여행업체에서 6개월 이상 근무하고 국외여행 경험이 있는 자로서 문화체육관광부장관이 정하는 소양교육을 이수한 자
> ㉢ 문화체육관광부장관이 지정하는 교육기관에서 국외여행 인솔에 필요한 양성교육을 이수한 자

① ㉠

② ㉠, ㉡

③ ㉡, ㉢

④ ㉠, ㉡, ㉢

56 관광진흥법령상 문화관광해설사에 관한 설명으로 옳지 않은 것은?

① 문화관광해설사 양성을 위한 교육프로그램을 인증받으려는 자는 문화관광해설사 양성 교육프로그램 인증 신청서에 인증받으려는 교육프로그램에 관한 서류를 첨부하여 한국관광공사에 제출하여야 한다.

② 지방차치단체의 장은 문화관광해설사를 선발하는 경우 문화체육관광부령으로 정하는 바에 따라 이론 및 실습을 평가하고, 3개월 이상의 실무수습을 마친 자에게 자격을 부여할 수 있다.

③ 문화체육관광부장관은 관광자원에 대한 지식을 체계적으로 전달하고 지역문화에 대한 올바른 이해를 돕기 위하여 관광진흥법에 따라 인증을 받은 문화관광해설사 교육과정을 이수한 자를 문화관광해설사로 선발하여 활용할 수 있다.

④ 문화체육관광부장관은 문화관광해설사의 활동에 필요한 비용 등을 관광진흥개발기금에서 지원하여야 한다.

---

55 국외여행 인솔자의 자격요건〈관광진흥법 시행규칙 제22조 제1항〉
  ㉠ 관광통역안내사 자격을 취득할 것
  ㉡ 여행업체에서 6개월 이상 근무하고 국외여행 경험이 있는 자로서 문화체육관광부장관이 정하는 소양교육을 이수할 것
  ㉢ 문화체육관광부장관이 지정하는 교육기관에서 국외여행 인솔에 필요한 양성교육을 이수할 것

56 ① 관광진흥법 시행규칙 제57조의2 제2항 ※ 삭제〈2019. 4. 25.〉
  ② 관광진흥법 제48조의8 제2항
  ③ 관광진흥법 제48조의8 제1항

57 관광진흥법령상 호텔업의 등급결정 시 평가요소에 해당하지 않는 것은?

① 투숙객 현황
② 건축 · 설비 · 주차시설
③ 서비스 형태
④ 소비자 만족도

58 관광진흥법령상 관광특구에 관한 내용으로 옳지 않은 것은?

① 서울특별시의 경우 관광특구 지정시 문화체육관광부장관이 고시하는 기준을 갖춘 통계전문기관의 통계 결과 해당 지역의 최근 1년간 외국인 관광객 수가 50만명 이상이어야 한다.
② 특별자치도지사 · 시장 · 군수 · 구청장은 수립된 관광특구진흥계획에 대하여 10년마다 그 타당성을 검토 하고 관광특구진흥계획의 변경 등 필요한 조치를 하여야 한다.
③ 관광특구 지정시 상가시설로서 관광기념품전문 판매점, 백화점, 재래시장, 면세점 등의 시설 중 1개소 이상을 갖추어야 한다.
④ 시 · 도지사는 관광특구진흥계획의 집행 상황에 대한 평가 결과 관광특구의 지정요건에 3년 연속 미달 하여 개선될 여지가 없다고 판단되는 경우 관광특구 지정을 취소할 수 있다.

59 관광진흥법령상 관광특구 지정시 관광특구 전체 면적 중 임야 · 농지 · 공업용지 또는 택지 등 관광활동 과 직접적인 관련성이 없는 토지의 비율이 몇 %를 초과해서는 안되는가?

① 5%
② 10%
③ 15%
④ 20%

ANSWER　57.①　58.②　59.②

57 호텔업의 등급결정을 하는 경우에는 다음 각 호의 요소를 평가하여야 하며, 그 세부적인 기준 및 절차는 문화체육관광부 장관이 정하여 고시한다.
　㉠ 서비스 상태
　㉡ 객실 및 부대시설의 상태
　㉢ 안전 관리 등에 관한 법령 준수 여부

58 ② 특별자치시장 · 특별자치도지사 · 시장 · 군수 · 구청장은 수립된 진흥계획에 대하여 5년마다 그 타당성을 검토하고 진흥 계획의 변경 등 필요한 조치를 하여야 한다.〈관광진흥법 시행령 제59조 제3항〉

59 관광특구 전체 면적 중 관광활동과 직접적인 관련성이 없는 토지가 차지하는 비율이 10퍼센트인 것을 말한다.〈관광진흥 법 시행령 제58조 제2항〉

60 관광진흥법령상 직전 사업년도 매출액이 50억 원 이상 100억 원 미만인 국외여행업자 중 기획여행을 실시하려는 자가 추가로 가입하거나 예치하고 유지하여야 할 보증보험 등의 가입금액 또는 영업보증금의 예치금액은?

① 180,000천 원

② 200,000천 원

③ 250,000천 원

④ 300,000천 원

61 관광진흥법령상 특별자치도지사·시장·군수·구청장의 허가를 받아야 경영할 수 있는 관광사업을 모두 고른 것은?

㉠ 카지노업	㉡ 종합유원시설업
㉢ 일반유원시설업	㉣ 기타유원시설업

① ㉠, ㉡

② ㉠, ㉢

③ ㉡, ㉢

④ ㉢, ㉣

ANSWER 60.④ 61.③

60 보증보험 등 가입금액(영업보증금 예치금액) 기준〈관광진흥법 시행규칙 별표 3〉

(단위 : 천 원)

여행업의 종류 (기획여행 포함) 직전 사업연도 매출액	국내여행업	국외여행업	일반여행업	국외여행업의 기획여행	일반여행업의 기획여행
1억 원 미만	20,000	30,000	50,000		
1억 원 이상 5억 원 미만	30,000	40,000	65,000	200,000	200,000
5억 원 이상 10억 원 미만	45,000	55,000	85,000		
10억 원 이상 50억 원 미만	85,000	100,000	150,000		
50억 원 이상 100억 원 미만	140,000	180,000	250,000	300,000	300,000
100억 원 이상 1,000억 원 미만	450,000	750,000	1,000,000	500,000	500,000
1000억 원 이상	750,000	1,250,000	1,510,000	700,000	700,000

61 ㉠ 카지노업을 경영하려는 자는 전용영업장 등 문화체육관광부령으로 정하는 시설과 기구를 갖추어 문화체육관광부장관의 허가를 받아야 한다.

㉣ 대통령령으로 정하는 유원시설업(종합유원시설업, 일반유원시설업) 외의 유원시설업을 경영하려는 자는 문화체육관광부령으로 정하는 시설과 설비를 갖추어 특별자치시장·특별자치도지사·시장·군수·구청장에게 신고하여야 한다.

62 관광진흥법령상 국내외를 여행하는 내국인 및 외국인을 대상으로 하는 여행업은?

① 국제여행업
② 일반여행업
③ 국외여행업
④ 국내외여행업

63 관광진흥법령상 관광 편의시설업자 지정대장의 기재사항을 모두 고른 것은?

㉠ 상호 또는 명칭	㉡ 사업장의 소재지
㉢ 대표자의 성명 · 주소	㉣ 임원의 성명 · 주소

① ㉠, ㉡
② ㉡, ㉢
③ ㉡, ㉢, ㉣
④ ㉠, ㉡, ㉢, ㉣

ANSWER 62.② 63.④

62 여행업의 종류
  ㉠ 일반여행업 : 국내외를 여행하는 내국인 및 외국인을 대상으로 하는 여행업[사증(査證)을 받는 절차를 대행하는 행위를 포함한다]
  ㉡ 국외여행업 : 국외를 여행하는 내국인을 대상으로 하는 여행업(사증을 받는 절차를 대행하는 행위를 포함한다)
  ㉢ 국내여행업 : 국내를 여행하는 내국인을 대상으로 하는 여행업

63 특별자치시장 · 특별자치도지사 · 시장 · 군수 · 구청장 또는 지역별 관광협회는 관광 편의시설업의 지정신청을 받은 경우 그 신청내용이 지정기준에 적합하다고 인정되는 경우에는 관광 편의시설업 지정증을 신청인에게 발급하고, 관광 편의시설업자 지정대장에 다음 각 호의 사항을 기재하여야 한다. 〈관광진흥법 시행규칙 제14조 제4항〉
  ㉠ 상호 또는 명칭
  ㉡ 대표자 및 임원의 성명 · 주소
  ㉢ 사업장의 소재지

64 관광진흥법령상 관광객을 위하여 음식·운동·오락·휴양·문화·예술 또는 레저 등에 적합한 시설을 갖추어 이를 관광객에게 이용하게 하는 업은?

① 관광객 이용시설업
② 관광 편의시설업
③ 유원시설업
④ 휴양 콘도미니엄업

65 관광진흥법령상 관광종사원의 자격을 반드시 취소하여야 하는 경우는?

① 관광진흥법을 위반하여 징역 이상의 실형을 선고받고 그 형의 집행유예 기간 중에 있는 경우
② 파산선고를 받고 복권되지 않은 경우
③ 직무를 수행하는 데에 부정 또는 비위(非違)사실이 있는 경우
④ 거짓이나 그 밖의 부정한 방법으로 자격을 취득한 경우

64 ② 관광 편의시설업 : 여행업, 관광숙박업, 관광객 이용시설업, 국제회의업, 카지노업, 유원시설업 외에 관광 진흥에 이바지할 수 있다고 인정되는 사업이나 시설 등을 운영하는 업
③ 유원시설업 : 유기시설이나 유기기구를 갖추어 이를 관광객에게 이용하게 하는 업(다른 영업을 경영하면서 관광객의 유치 또는 광고 등을 목적으로 유기시설이나 유기기구를 설치하여 이를 이용하게 하는 경우를 포함한다)
④ 휴양 콘도미니엄업 : 관광객의 숙박과 취사에 적합한 시설을 갖추어 이를 그 시설의 회원이나 공유자, 그 밖의 관광객에게 제공하거나 숙박에 딸리는 음식·운동·오락·휴양·공연 또는 연수에 적합한 시설 등을 함께 갖추어 이를 이용하게 하는 업

65 문화체육관광부장관(관광종사원 중 대통령령으로 정하는 관광종사원에 대하여는 시·도지사)은 자격을 가진 관광종사원이 다음 각 호의 어느 하나에 해당하면 문화체육관광부령으로 정하는 바에 따라 그 자격을 취소하거나 6개월 이내의 기간을 정하여 자격의 정지를 명할 수 있다. 다만, ㉠ 또는 ㉣에 해당하면 그 자격을 취소하여야 한다.〈관광진흥법 제40조〉〈2016.02.03. 개정〉
㉠ 거짓이나 그 밖의 부정한 방법으로 자격을 취득한 경우
㉡ 피성년후견인·피한정후견인, 파산선고를 받고 복권되지 아니한 자, 관광진흥법에 따라 등록등 또는 사업계획의 승인이 취소되거나 영업소가 폐쇄된 후 2년이 지나지 아니한 자, 관광진흥법을 위반하여 징역 이상의 실형을 선고받고 그 집행이 끝나거나 집행을 받지 아니하기로 확정된 후 2년이 지나지 아니한 자 또는 형의 집행유예 기간 중에 있는 자에 해당하게 된 경우
㉢ 관광종사원으로서 직무를 수행하는 데에 부정 또는 비위(非違) 사실이 있는 경우
㉣ 다른 사람에게 관광종사원 자격증을 대여한 경우

66 관광진흥법에 따른 등록을 하지 아니하고 여행업을 경영한 자가 받게 되는 벌칙기준으로 옳은 것은?

① 1년 이하의 징역 또는 1천만 원 이하의 벌금

② 2년 이하의 징역 또는 2천만 원 이하의 벌금

③ 3년 이하의 징역 또는 3천만 원 이하의 벌금

④ 5년 이하의 징역 또는 5천만 원 이하의 벌금

67 관광진흥법령상 관광펜션업의 지정기준으로 옳지 않은 것은?

① 객실이 30실 이하일 것

② 자연 및 주변환경과 조화를 이루는 3층 이하의 건축물일 것

③ 취사 · 숙박 및 운동에 필요한 설비를 갖출 것

④ 숙박시설 및 이용시설에 대하여 외국어 안내표기를 할 것

ANSWER   66.③   67.③

66 다음 각 호의 어느 하나에 해당하는 자는 3년 이하의 징역 또는 3천만 원 이하의 벌금에 처한다. 이 경우 징역과 벌금은 병과할 수 있다. 〈관광진흥법 제82조〉 〈2015. 5. 18. 개정〉
  ㉠ 등록을 하지 아니하고 여행업 · 관광숙박업(사업계획의 승인을 받은 관광숙박업만 해당한다) · 국제회의업 및 대통령령으로 정하는 2종 이상의 시설과 관광숙박업의 시설 등을 함께 갖추어 이를 회원이나 그 밖의 관광객에게 이용하게 하는 업을 경영한 자
  ㉡ 허가를 받지 아니하고 유원시설업을 경영한 자
  ㉢ 법을 위반하여 시설을 분양하거나 회원을 모집한 자
  ㉣ 사용중지 등의 명령을 위반한 자

67 관광펜션업의 지정기준
  ㉠ 자연 및 주변환경과 조화를 이루는 3층(다만, 2018년 6월 30일까지는 4층으로 한다) 이하의 건축물일 것
  ㉡ 객실이 30실 이하일 것
  ㉢ 취사 및 숙박에 필요한 설비를 갖출 것
  ㉣ 바비큐장, 캠프파이어장 등 주인의 환대가 가능한 1종류 이상의 이용시설을 갖추고 있을 것(다만, 관광펜션이 수개의 건물 동으로 이루어진 경우에는 그 시설을 공동으로 설치할 수 있다)
  ㉤ 숙박시설 및 이용시설에 대하여 외국어 안내 표기를 할 것

68 관광진흥법령상 관광사업의 등록기준 및 지정기준으로 옳지 않은 것은?

① 관광궤도업은 안내방송 등 외국어 안내서비스가 가능한 체제를 갖추어야 한다.
② 외국인관광 도시민박업은 건물의 연면적이 230제곱미터 이상 330제곱미터 미만이어야 한다.
③ 관광유흥음식점업은 영업장 내부의 노래소리 등이 외부에 들리지 아니하도록 방음장치를 갖추어야 한다.
④ 자동차야영장업은 차량 1대당 80제곱미터 이상의 주차 및 휴식공간을 확보하여야 한다.

69 관광진흥법령상 휴양 콘도미니엄업 및 제 2종 종합휴양업의 분양 또는 회원을 모집하는 경우 해당 시설 공사의 총 공사 공정이 몇 % 이상 진행된 때부터 가능한가?

① 5%   ② 10%
③ 15%   ④ 20%

68 ② 외국인관광 도시민박업은 건물의 연면적이 230제곱미터 미만이어야 한다.
  • 주택의 연면적이 230제곱미터 미만일 것 〈2016.03.22. 개정〉
  • 관광유흥음식점업은 영업장 내부의 노랫소리 등이 외부에 들리지 아니하도록 할 것 〈2015.12.30. 개정〉
  • 자동차야영장업은 차량 1대당 50제곱미터 이상의 야영공간(차량을 주차하고 그 옆에 야영장비 등을 설치할 수 있는 공간을 말한다)을 확보하여야 한다. 〈2014.11.28. 개정〉

69 휴양 콘도미니엄업 및 제2종 종합휴양업의 경우 해당 시설공사의 총 공사 공정이 문화체육관광부령으로 정하는 공정률 (20%) 이상 진행된 때부터 분양 또는 회원모집을 하되, 분양 또는 회원을 모집하려는 총 객실 중 공정률에 해당하는 객실을 대상으로 분양 또는 회원을 모집해야 한다.

70 관광진흥법령상 다음 ( )안에 들어갈 내용은?

> 유원시설업의 허가 또는 변경허가를 받으려는 자는 안전성검사 대상 유기시설·유기기구에 대하여 검사항목별로 안전성검사를 받아야 하며, 허가를 받은 다음 연도부터는 연 ( )회 이상 안전성 검사를 받아야 한다.

① 1   ② 2

③ 3   ④ 5

71 관광진흥개발기금법령상 3세의 어린이가 국내 항만에서 선박을 이용하여 출국할 경우 기금에 납부하여야 할 금액은?

① 0원   ② 1천 원

③ 5천 원   ④ 1만 원

Aɴꜱᴡᴇʀ 70.① 71.①

70 유원시설업의 허가 또는 변경허가를 받으려는 자는 안전성검사 대상 유기시설 또는 유기기구에 대하여 허가 또는 변경허가 전에 안전성검사를 받아야 하며, 허가 또는 변경허가를 받은 다음 연도부터는 연 1회 이상 정기 안전성검사를 받아야 한다. 다만 최초로 안전성검사를 받은 지 10년이 지난 유기시설·유기기구[관광진흥법 시행규칙 별표 11 제1호 나목 2)]에 대하여는 반기별로 1회 이상 안전성 검사를 받아야 한다〈관광진흥법 시행규칙 제40조 제2항〉.〈2016.12.30. 개정〉

71 국내 공항과 항만을 통하여 출국하는 자로서 다음의 어느 하나에 해당하는 자를 제외한 자는 1만 원의 범위에서 대통령령으로 정하는 금액을 기금에 납부하여야 한다.(납부금은 1만 원으로 한다. 다만, 선박을 이용하는 경우에는 1천 원으로 한다.)
ㄱ 외교관여권이 있는 자
ㄴ 2세(선박을 이용하는 경우에는 6세) 미만인 어린이
ㄷ 국외로 입양되는 어린이와 그 호송인
ㄹ 대한민국에 주둔하는 외국의 군인 및 군무원
ㅁ 입국이 허용되지 아니하거나 거부되어 출국하는 자
ㅂ 「출입국관리법」에 따른 강제퇴거 대상자 중 국비로 강제 출국되는 외국인
ㅅ 공항통과 여객으로서 다음의 어느 하나에 해당되어 보세구역을 벗어난 후 출국하는 여객
 • 항공기 탑승이 불가능하여 어쩔 수 없이 당일이나 그 다음 날 출국하는 경우
 • 공항이 폐쇄되거나 기상이 악화되어 항공기의 출발이 지연되는 경우
 • 항공기의 고장·납치, 긴급환자 발생 등 부득이한 사유로 항공기가 불시착한 경우
 • 관광을 목적으로 보세구역을 벗어난 후 24시간 이내에 다시 보세구역으로 들어오는 경우
ㅇ 국제선 항공기 및 국제선 선박을 운항하는 승무원과 승무교대를 위하여 출국하는 승무원

72 관광진흥개발기금법령상 관광진흥개발기금의 관리에 관한 설명으로 옳지 않은 것은?

① 기금의 관리자는 문화체육관광부장관이다.

② 민간 전문가는 계약직으로 하며, 계약기간은 2년을 원칙으로 한다.

③ 민간 전문가 고용시 필요한 경비는 기금에서 사용할 수 있다.

④ 기금의 집행·평가·결산 및 여유자금 관리 등을 효율적으로 수행하기 위하여 15명 이상의 민간 전문가를 고용한다.

73 국제회의산업 육성에 관한 법령상 국제회의 시설 중 전문회의시설이 갖추어야 할 요건에 해당하지 않는 것은?

① 2천 명 이상의 인원을 수용할 수 있는 대회의실이 있을 것

② 옥내와 옥외의 전시면적을 합쳐서 2천 제곱미터 이상 확보하고 있을 것

③ 1천 명 이상의 인원을 수용할 수 있는 공연장이 있을 것

④ 30명 이상의 인원을 수용할 수 있는 중·소회의실이 10실 이상 있을 것

74 국제회의산업 육성에 관한 법령상 국제회의도시를 지정할 수 있는 자는?

① 문화체육관광부장관 ② 시·도지사
③ 시장·군수·구청장 ④ 한국관광공사 사장

ANSWER 72.④ 73.③ 74.①

72 ④ 문화체육관광부장관은 기금의 집행·평가·결산 및 여유자금 관리 등을 효율적으로 수행하기 위하여 10명 이내의 민간 전문가를 고용한다. 이 경우 필요한 경비는 기금에서 사용할 수 있다. 〈관광진흥개발기금법 제3조 제2항〉

73 전문회의시설은 다음 각 호의 요건을 모두 갖추어야 한다. 〈국제회의산업 육성에 관한 법률 시행령 제3조 제2항〉
　㉠ 2천 명 이상의 인원을 수용할 수 있는 대회의실이 있을 것
　㉡ 30명 이상의 인원을 수용할 수 있는 중·소회의실이 10실 이상 있을 것
　㉢ 옥내와 옥외의 전시면적을 합쳐서 2천제곱미터 이상 확보하고 있을 것

74 문화체육관광부장관은 대통령령으로 정하는 국제회의도시 지정기준에 맞는 특별시·광역시 및 시를 국제회의도시로 지정할 수 있다. 〈국제회의산업 육성에 관한 법률 제14조 제1항〉

75 다음 ( )안에 들어갈 내용으로 옳게 짝지어진 것은?

국제회의산업 육성에 관한 법령상의 국제회의는 국제기구에 가입하지 않은 단체가 개최하는 회의일 경우 아래의 요건을 모두 갖춘 회의이다.
- 회의 참가자 중 외국인이 (㉠)명 이상일 것
- (㉡)일 이상 진행되는 회의일 것

---

① ㉠ : 100, ㉡ : 2   ② ㉠ : 100, ㉡ : 3

③ ㉠ : 150, ㉡ : 2   ④ ㉠ : 150, ㉡ : 3

ANSWER) 75.③

75 국제회의의 종류 · 규모
  ㉠ 국제기구나 국제기구에 가입한 기관 또는 법인 · 단체가 개최하는 회의로서 다음 각 목의 요건을 모두 갖춘 회의
  - 해당 회의에 5개국 이상의 외국인이 참가할 것
  - 회의 참가자가 300명 이상이고 그 중 외국인이 100명 이상일 것
  - 3일 이상 진행되는 회의일 것
  ㉡ 국제기구에 가입하지 아니한 기관 또는 법인 · 단체가 개최하는 회의로서 다음 각 목의 요건을 모두 갖춘 회의
  - 회의 참가자 중 외국인이 150명 이상일 것
  - 2일 이상 진행되는 회의일 것

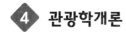 **관광학개론**

76 관광의 구성요소가 바르게 연결된 것은?

① 관광매체 − 향토음식
② 관광객체 − 관광객
③ 관광주체 − 자연자원
④ 관광매체 − 여행업

77 내·외국인 관광객들에게 국내여행에 대한 다양한 정보를 안내해 주는 우리나라 관광안내 대표 전화번호는?

① 1330
② 1331
③ 1332
④ 1333

78 국제관광의 경제적 효과에 해당되지 않는 것은?

① 고용창출
② 인구구조 변화
③ 국민소득 증대
④ 국제수지 개선

79 관광과 유사한 개념으로 사용되는 용어가 아닌 것은?

① 여가
② 여행
③ 이민
④ 레크리에이션

ANSWER 76.④ 77.① 78.② 79.③

76 관광의 구성요소
   ㄱ **관광주체** : 관광을 하는 사람, 관광을 행하는 주체
   ㄴ **관광객체** : 관광객의 다양한 욕구를 불러일으키게 하고 욕구를 충족시켜 주는 대상
   ㄷ **관광매체** : 관광주체와 관광객체를 결부시키는 기능

77 관광안내전화는 1330이다.

78 ② 인구구조의 변화는 관광의 사회적 효과에 해당한다.

79 관광과 유사한 개념으로 사용되는 용어로는 여행, 위락(레크리에이션), 여가, 놀이 등이 있다.

80 UNWTO(세계관광기구)에서 관광객을 통계적 목적으로 분류할 때 관광객으로 분류되는 것은?

① 이주자   ② 통과승객

③ 승무원   ④ 망명자

81 다음 중 관광정책의 특성이 아닌 것은?

① 공공성   ② 미래지향성

③ 영리추구성   ④ 규범성

82 관광의 발전요인이 아닌 것은?

① 물가의 상승   ② 교통수단의 발달

③ 여가시간의 증가   ④ 대중매체의 발달

83 약어와 조직명이 바르게 연결된 것은?

① IATA - 경제협력개발도구

② WATA - 세계여행업자협회

③ PATA - 세계관광기구

④ ASTA - 아시아 · 태평양관광협회

ANSWER   80.③   81.③   82.①   83.②

80 ③ 세계관광기구에서는 선박여행객, 당일방문자, 선원, 승무원 등을 당일관광객으로 분류하고 있다.

81 관광정책이란 한 나라의 관광행정 활동을 종합적으로 조정하고 추진하기 위한 시정의 기본방향이며 관광을 촉진하기 위하여 조직체가 취하는 여러 가지 방안을 말한다.
③ 관광정책은 영리보다 공익을 추구해야 한다.

82 ① 물가의 상승은 관광 발전의 저해요인이 될 수 있다.

83 ① IATA - 국제항공운송협회
③ PATA - 아시아태평양관광협회
④ ASTA - 미국여행업협회

84 외국관광객 유치를 위한 국제관광 진흥정책으로 옳지 않은 것은?

① 입국절차 강화   ② 여행시설 확충

③ 해외홍보 강화   ④ 관광상품 개발

85 다음 중 잘못 연결된 것은?

① 1960년대 – 국제관광공사 설립

② 1970년대 – 관광기본법 제정

③ 1980년대 – 서울 올림픽 개최

④ 1990년대 – 부산 아시안게임 개최

86 우리나라 최초 관광법규인 관광사업진흥법이 제정된 연도는?

① 1961년   ② 1962년

③ 1963년   ④ 1964년

87 소셜 투어리즘(Social Tourism)의 대상으로 옳지 않은 것은?

① 장애자   ② 근로청소년

③ 저소득층   ④ 대기업 CEO

ANSWER   84.①   85.④   86.①   87.④

84 ① 외국인관광객 유치를 위해서는 입국절차를 간소화하는 것이 좋다.

85 ④ 부산 아시안게임은 2002년에 개최되었다.

86 관광사업진흥법은 1961년에 제정 · 공포되었다.

87 소셜 투어리즘(복지관광) ··· 여행자금과 시간이 여의치 않아 관광을 못하는 계층을 대상으로 정부나 공공단체가 편의를 제공하여 여행을 할 수 있도록 하는 관광의 형태

88 문화체육관광부 지원 하에 한국관광공사가 사업을 추진하고 있는 한국형 비즈니스호텔급 체인 브랜드는?

① 베니키아(BENIKIA)
② 굿스테이(Good Stay)
③ 코리아스테이(Korea Stay)
④ 베스트웨스턴(Best Western)

89 다음에서 설명하는 관광숙박업의 종류는?

> • 관광객의 숙박과 취사에 적합한 시설을 갖추어 이를 당해 시설의 회원, 공유자 기타 관광객에게 제공
> • 숙박에 부수되는 음식, 운동, 오락, 휴양, 공연 또는 연수에 적합한 시설 제공

① 관광호텔업
② 휴양콘도미니엄업
③ 가족호텔업
④ 한국전통호텔업

90 관광수요의 유인요인(Pull factor)으로 옳지 않은 것은?

① 역사 유적지
② 아름다운 해변
③ 문화 행사
④ 휴식

ANSWER 88.① 89.② 90.④

88 베니키아(BENIKEA) … 한국형 비지니스호텔급 체인브랜드로 '베스트 나이트 인 코리아(Best Night in Korea)'의 머리글자를 조합한 것이다. 한국관광공사는 문화체육관광부의 지원 하에 국내외 여행객들에게 편안한 쉼터를 제공하기 위해 합리적인 가격, 우수한 서비스와 시설의 베니키아 비지니스호텔 체인브랜드 사업을 추진하고 있다.

89 휴양 콘도미니엄업 … 관광객의 숙박과 취사에 적합한 시설을 갖추어 이를 그 시설의 회원이나 공유자, 그 밖의 관광객에게 제공하거나 숙박에 딸리는 음식·운동·오락·휴양·공연 또는 연수에 적합한 시설 등을 함께 갖추어 이를 이용하게 하는 업

90 ④ 휴식은 동기요인에 해당한다.

91 국내 주요 컨벤션센터 명과 소재 지역이 바르게 연결된 것은?

① BEXCO − 대전　　　　　　　② CECO − 제주

③ EXCO − 대구　　　　　　　④ KINTEX − 창원

92 위탁운영호텔(Management contract hotel)의 설명으로 옳지 않은 것은?

① 소유와 경영이 분리된 전문경영의 형태

② 소유주가 자본 투자

③ 소유주가 위탁운영회사에 경영수수료를 지불

④ 위탁운영회사가 경영 손실 발생 시 배상

93 여행객 단독으로 여행하는 개별자유여행객을 뜻하는 용어는?

① FCT　　　　　　　　　　② FIT

③ FOC　　　　　　　　　　④ ICT

94 다음은 무엇에 관한 설명인가?

> 호텔 임원의 숙소로 사용되거나 호텔 사무실이 부족하여 객실을 사무실로 사용

① Turn over　　　　　　　　② House use room

③ Complimentary room　　　　④ Day use

ANSWER 　91.③　92.④　93.②　94.②

91 ① BEXCO − 부산
　　② CECO − 창원
　　④ KINTEX − 고양

92 ④ 위탁운영회사는 위험이나 손실에 대해서는 책임을 지지 않는다.

93 FIT(Free Independent Travelers) … 개별자유여행객

94 ① 재고회전(율) 또는 좌석회전(율)
　　③ 무료투숙객실
　　④ 객실의 시간 사용

95 다음에서 발포성 와인(Spakling Wine)으로만 묶여진 것은?

㉠ Champagne	㉡ Rot Wein
㉢ Shiraz	㉣ Spumante
㉤ Sekt	㉥ Riesling

① ㉠, ㉡, ㉢　　　　　　　　② ㉠, ㉡, ㉣

③ ㉠, ㉣, ㉤　　　　　　　　④ ㉠, ㉤, ㉥

96 관광마케팅에서 자사제품을 경쟁사 제품에 비해 차별적으로 인식시키는 것은 무엇인가?

① 포지셔닝(Positioning)

② 시장 세분화(Market segmentation)

③ SWOT분석

④ 표적시장 선정(Target marketing)

97 관광객 구매의사 결정과정을 바르게 나열한 것은?

① 정보탐색 – 문제인식 – 대안평가 – 구매결정 – 구매후 평가

② 문제인식 – 대안평가 – 정보탐색 – 구매결정 – 구매후 평가

③ 문제인식 – 정보탐색 – 대안평가 – 구매결정 – 구매후 평가

④ 정보탐색 – 대안평가 – 구매결정 – 문제인식 – 구매후 평가

ANSWER 95.③　96.①　97.③

95 ㉡㉢㉥은 비발포성와인(Still Wine)이다.

96 포지셔닝 … 소비자에게 자사제품이나 기업의 이미지를 경쟁사에 비해 차별적이고 유리한 포지션에 있도록 인식시키는 과정

97 관광객 구매의사 결정과정
문제인식 → 정보탐색 → 대안평가 → 구매결정 → 구매 후 평가

98 항공사의 ICAO 항공코드와 IATA 항공코드가 바르게 연결된 것은?

① AAL – AC

② AFR – AZ

③ KLM – KE

④ CPA – CX

99 양조주(Fermented beverage)에 해당되지 않는 것은?

① 맥주

② 와인

③ 막걸리

④ 브랜디

ANSWER 98.④ 99.④

98 ④ 케세이퍼시픽항공의 ICAO 항공코드와 IATA 항공코드이다.

① AAL(아메리칸항공) – AC(에어캐나다)

② AFR(에어프랑스) – AZ(알이탈리아항공)

③ KLM(KLM네덜란드항공) – KE(대한항공)

※ 우리나라 항공사 코드

항공사		ICAO	IATA
대한항공	Korean Air	KAL	KE
아시아나항공	Asiana Airlines	AAR	OZ
제주항공	Jeju Air	JJA	7C
에어부산	Air Busan	ABL	BX
진에어	Jin Air	JNA	LJ
이스타항공	Eastar Jet	ESR	ZE
티웨이항공	T'way Air	TWB	TW

99 양조주 … 탁주 · 양주 · 청주 · 맥주 · 사오싱주 등 곡류를 원료로 당화시켜서 발효시킨 술 및 포도 · 사과 등 당분이 있는 것을 그대로 발효시켜 만든 술

④ 브랜디는 증류주이다.

100항공운송사업의 특성에 과한 설명으로 옳지 않은 것은?

① 안전성 : 다른 교통수단에 비해 훨씬 안전하지만, 세계의 각 항공사들은 안전성 확보를 경영활동에서 최고의 중요시책으로 삼고 있다.

② 수요의 고정성 : 항공운송사업은 예약기반으로 운영되는 사업으로 일정한 수요일 고정성이 확보되는 사업이다.

③ 자본 집약성 : 항공기 도입과 같은 거대한 고정자본의 투하, 감가상각, 부품의 공급, 정비에 필요한 시설 등에 막대한 자본이 필요하다.

④ 정시성 : 항공사 서비스에서 가장 중요한 품질이므로 항공사는 공표된 시간표를 준수한다.

ANSWER 100.②

100 ② 항공운송사업의 경영상 문제점으로 수급 불균형의 문제를 들 수 있다.

※ 항공운성사업의 특성

  ㉠ 안정성 : 항공기 운항 및 정비기술의 발달로 어느 정도의 안정성이 확보되었다. 항공기 사고의 경우 빈도는 적으나 규모가 크다.

  ㉡ 고속성 : 타 교통기관에 비해 고속성을 가진다.

  ㉢ 정시성 : 타 교통기관에 비하여 항공기 정비, 기상조건 등에 영향을 받는다.

  ㉣ 쾌적성 : 쾌적성의 요소로 객실내의 시설, 기내서비스, 비행 등의 요소가 있다.

  ㉤ 간이성 : 타 교통기관가 같은 도로나 궤도 건설이 필요치 않다.

  ㉥ 경제성 : 운임 저렴화 문제가 발생할 수 있다.

  ㉦ 기타 : 공공성, 자본집약성, 국제성 등

관광통역
안내사

2015년 특별시험

 국사

1 다음 내용의 인물과 관련이 없는 것은?

> 그는 당나라에 유학하여 빈공과에 합격하고, 이름을 날린 뒤 고국에 돌아와 자신의 뜻을 펴보려 했으나, 출세하지 못하고 외직으로 나가 태수가 되었다. 시무책(時務策) 10개 조를 올렸으나 받아들여지지 않았다.

① 골품제라는 신분제 때문에 정치활동에 제약이 많았다.
② 3최(崔) 중 한 사람으로 문집 계원필경 20권을 저술하였다.
③ 득난이라고도 하여 진골 다음가는 일반 귀족 신분이었다.
④ 북원(원주)지방의 도적 집단을 규합하여 호족이 되었다.

2 발해에 관한 설명으로 옳지 않은 것은?

① 중앙 정치조직은 정당성, 선조성, 중대성으로 편성되었다.
② 중앙군인 9서당에는 고구려와 말갈 출신이 함께 편제되었다.
③ 5경은 전략적 요충지에 설치되었고, 지방행정의 중심에는 15부를 두었다.
④ 무왕 때 영토 확장에 힘을 기울여 동북방의 여러 세력을 복속하고 북만주 일대를 장악하였다.

ANSWER 1.④ 2.②

1 제시문은 최치원에 대한 내용이다.
④ 궁예에 대한 설명이다.

2 ② 9서당은 통일신라시대의 핵심적인 중앙 군사조직이다.

3 고구려의 남하정책과 관련이 없는 사실은?

① 백제 문주왕이 웅진으로 도읍을 옮겼다.

② 5세기 중반 충북 중원군에 고구려비가 건립되었다.

③ 신라와 백제는 동맹을 맺었다.

④ 관산성 전투에서 성왕이 전사하였다.

4 고려의 대외 관계를 시대순으로 바르게 나열한 것은?

> ㉠ 강감찬은 귀주에서 거란의 침략을 막아냈다.
> ㉡ 서희는 거란의 소손녕과 외교적 담판을하여 강동6주를 획득하였다.
> ㉢ 몽고는 저고여의 피살을 핑계로 고려를 침략하였다.
> ㉣ 윤관의 건의에 따라 별무반을 조직하여 여진족을 몰아내고 동북 9성을 쌓았다.

① ㉠→㉡→㉢→㉣   ② ㉡→㉠→㉢→㉣

③ ㉡→㉠→㉣→㉢   ④ ㉣→㉠→㉡→㉢

5 고려 성종대 최승로의 시무책에 관한 설명으로 옳은 것을 모두 고른 것은?

> ㉠ 유교 사상을 치국의 기본으로 삼아 사회개혁과 새로운 문화의 창조를 추구하였다.
> ㉡ 태조~경종에 이르는 5대 왕의 치적평가를 통해 교훈으로 삼았다.
> ㉢ 후세의 국왕, 공후, 왕비, 대관들이 사원을 증축하지 못하게 하였다.
> ㉣ 시무책 28조 모두가 전해진다.
> ㉤ 연등회, 팔관회의 과도한 노역 등 불교의 폐단을 지적하였다.

① ㉠, ㉡, ㉢   ② ㉠, ㉡, ㉤

③ ㉡, ㉢, ㉣   ④ ㉡, ㉣, ㉤

6 고려의 인쇄술에 관한 설명으로 옳은 것은?

① 의천은 대장도감을 설치하여 소위 '속장경'을 편찬하였다.
② 해인사에 보관 중인 팔만대장경은 거란의 침입때인 현종 때 만들어졌다.
③ 상정고금예문은 서양의 최초 금속활자보다 200여년 앞선 것이다.
④ 청주 흥덕사에서 직지심체요절을 1234년에 금속활자로 인쇄하였다.

ANSWER   5.②   6.③

5 ㉢ 16조에서 승려가 사찰을 마구 짓지 못하게 할 것을 언급하고 있다.
    ㉣ 28조 중 현재 알 수 있는 내용은 22조뿐이며, 나머지 6조의 내용은 전하지 않는다.

6 ① 의천은 흥왕사에 교장도감을 설치하고 속장경을 간행했다.
    ② 몽고의 침입 때인 고종 때 만들어졌다.
    ④ 직지심체요절은 1377년에 인쇄되었다.

7 고려시대 경제에 관한 설명으로 옳지 않은 것은?

① 나전칠기, 서적, 자기, 인삼, 먹 등을 송나라에서 수입하였다.

② 민전은 매매·상속·증여가 가능한 토지였고, 국가에 10분의 1의 조를 부담하였다.

③ 숙종 때에는 동전과 활구라는 은전을 만들었으나 널리 유통되지 못하였다.

④ 조세의 원활한 운반을 위해 전국에 13개 조창을 설치하고 조운제를 운영하였다.

8 삼국시대 대외 관계에 관한 설명으로 옳은 것은?

① 고구려 미천왕은 낙랑군을 축출하여 대동강 유역을 차지하였다.

② 백제 동성왕은 수군을 정비하여 중국 요서지방에 진출하였다.

③ 신라 내물왕은 백제를 통해 중국 전진과 외교관계를 맺었다.

④ 전기 가야연맹은 백제와 왜의 공격을 받아 연맹이 무너졌다.

ANSWER   7.① 8.①

7 ① 고려는 송나라에서 비단, 서적, 자기, 양재 등 주로 왕실과 귀족의 수요품을 수입하고, 금·은, 나전칠기, 종이, 인삼, 먹 등 수공업품과 토산품을 수출하였다.

8 ② 백제 근초고왕에 대한 설명이다.
③ 고구려를 통해 중국 전진과 외교관계를 맺었다.
④ 전기 가야연맹은 금관가야를 중심으로 한 것으로 고구려 광개토대왕의 공격으로 약화되어 신라 법흥왕에게 정복당했다.

9 고려 초기 중앙집권 체제를 구축하기 위해 시행한 정책을 바르게 나열한 것은?

① 노비안검법 – 음서제
② 백관의 공복 제정 – 광덕 연호 사용
③ 기인제 – 정동행성 설치
④ 과거제 – 교정도감 설치

10 백제 사비 시대의 문화를 엿볼 수 있는 유적지가 아닌 곳은?

① 무령왕릉
② 정림사지
③ 궁남지
④ 능산리고분

11 다음의 무덤이 만들어진 시대에 관한 설명으로 옳은 것은?

① 붉은 간토기, 바퀴날 도끼 등을 사용하였다.
② 혈연을 바탕으로 씨족을 기본 단위로 한 부족사회였다.
③ 창원 다호리 유적지에서 붓이 출토되었다.
④ 주요 농기구로 돌보습, 돌낫 등이 있다.

9 고려 광종 때 왕권강화의 일환으로 과거제, 사색공복제, 칭제건원, 노비안검법 등의 정책을 시행하였다.

10 ① 무령왕릉은 백제 웅진 시대의 무덤이다.

11 제시된 무덤은 청동기 시대의 고인돌이다.
②④ 신석기 ③ 철기

12 다음의 유물이 등장하는 시대 생활상에 관한 설명으로 옳은 것은?

> • 평양 남경 유적의 탄화된 좁쌀
> • 강원 고성 문암리의 덧무늬 토기

① 조, 보리, 콩 등 밭작물과 벼농사를 본격적으로 지었다.

② 뗸석기와 뼈 도구를 가지고 사냥과 채집을 하였다.

③ 움집 중앙에 화덕이 설치되고, 출입문은 남쪽에 내었다.

④ 거푸집을 이용하여 비파형 동검을 만들었다.

13 다음 나라의 풍습에 관한 설명으로 옳은 것은?

> 삼국지 위서 동이전에는 다음과 같이 전한다. 이 나라는 구릉과 넓은 못이 많아서 동이 지역 중에서 가장 넓고 평탄한 곳이다.
>
> ―중략―
>
> 사람들 체격이 매우 크고, 성품이 강직하고 용맹하며, 근엄하고 후덕하여 다른 나라를 노략질하지 않았다. 한편, 왕 아래 마가, 우가, 저가, 구가 등의 관리가 있었다.

① 추수감사제인 동맹이라는 제천 행사가 있었다.

② 10월에 무천이라는 제천 행사가 있었다.

③ 민며느리제라는 결혼 풍속이 있었다.

④ 12월에 영고라는 제천 행사가 있었다.

14 어느 박물관의 철기시대 전시실에 들어갔다. 전시실에서 볼 수 있는 유물을 모두 고른 것은?

> ㉠ 오수전　　　　　　　　㉡ 빗살무늬 토기
> ㉢ 독무덤　　　　　　　　㉣ 가락바퀴
> ㉤ 슴베찌르개

① ㉠, ㉡　　　　　　　　　　② ㉠, ㉢

③ ㉡, ㉣　　　　　　　　　　④ ㉢, ㉤

15 다음에서 설명하고 있는 상인의 명칭은?

> • 생산자와 소비자를 이어주는 역할을 한 행상이었다.
> • 이들을 보호하기 위한 기관으로 혜상공국이 설치되었다.
> • 일정 지역 안이나 전국적인 장시를 무대로 활동하였다.

① 사상　　　　　　　　　　② 공인

③ 보부상　　　　　　　　　④ 객주 · 여각

ANSWER　14.②　15.③

14 ㉡㉣ 신석기　㉤ 구석기

15 상인의 종류

관상 (관허상인)	서울	시전상인	육의전 중심의 독점판매
		공인	국가 수요품 조달
	지방	보부상	장시 거점
사상 (자유상인)	서울	난전	시전 장부에 등록이 안 된 무허가 상인
	지방	경강상인	한강을 중심으로 선상, 수송 판매
		송상	개성상인, 청 · 일본 간 중계무역
		만상	의주상인, 대청 무역
		내상	동래상인, 대일본 무역
		객주 · 여상	중간 상인, 금융 · 창고 · 숙박업

16 다음이 설명하는 군사 기구는?

> • 임진왜란 중에 설치한 군사기구
> • 포수 · 사수 · 살수의 삼수병으로 편제

① 장용영

② 어영청

③ 총융청

④ 훈련도감

17 조선의 중앙 통치 체제에 관한 설명으로 옳지 않은 것은?

① 한성부에서는 서울의 치안과 행정을 담당하였다.

② 승정원은 왕의 명령을 출납하는 비서기관이었다.

③ 의금부에서는 왕명에 의해 중대한 사건의 죄인을 다스렸다.

④ 삼사로 불린 사헌부, 홍문관, 춘추관은 왕권을 견제하였다.

18 1910년대 국내에서 조직된 독립 운동 단체를 모두 고른 것은?

> ㉠ 권업회   ㉡ 독립의군부
> ㉢ 대한광복회   ㉣ 경학사

① ㉠, ㉡

② ㉠, ㉣

③ ㉡, ㉢

④ ㉢, ㉣

Answer 16.④ 17.④ 18.③

16 ① **장용영** : 조선 정조 때 개편한 국왕 호위 군대
② **어영청** : 조선 후기 중앙에 설치된 오군영 중 왕을 호위하던 군영
③ **총융청** : 오군영의 하나로, 서울의 외곽인 경기 일대의 경비를 담당

17 ④ 삼사는 조선시대 언론을 담당한 사헌부 · 사간원 · 홍문관을 합하여 부른 것으로 주요 임무는 잘못되는 정치 전반에 걸친 비판이었다.

18 ㉠ 러시아 블라디보스토크에 조직된 독립 운동 단체이다.
㉣ 만주에 조직된 독립 운동 단체이다.

19 갑오개혁기 홍범 14조의 내용으로 옳은 것을 모두 고른 것은?

> ㉠ 토지를 평균하여 분작한다.
> ㉡ 공사채를 막론하고 지난 것은 모두 무효로 한다.
> ㉢ 조세의 과징과 경비의 지출은 모두 탁지 아문에서 관할한다.
> ㉣ 나라의 총명한 젊은이들을 파견하여 외국의 학술과 기예를 전습한다.

① ㉠, ㉡   ② ㉠, ㉢
③ ㉡, ㉣   ④ ㉢, ㉣

20 조선 후기의 농업에 관한 설명으로 옳지 않은 것은?

① 담배, 인삼과 같은 상품 작물이 재배되었다.
② 밭고랑에 곡식을 심는 견종법이 보급되었다.
③ 농사직설, 금양잡록과 같은 농서가 간행되었다.
④ 농법 개량으로 노동력이 절감되어 광작이 성행하였다.

21 (   )에 들어갈 실학자는?

> (   )은 한 가정의 생활을 유지하는 데 필요한 규모의 토지를 영업전으로 정한 다음, 영업전은 법으로 매매를 금지하고 나머지 토지만 매매를 허락하여 점진적으로 토지균등을 이루도록 하는 한전론(限田論)을 주장하였다.

① 이익   ② 정약용
③ 유형원   ④ 홍대용

ANSWER   19.④ 20.③ 21.①

19 ㉠㉡ 동학농민운동의 폐정개혁안 12조에 포함된 내용이다.

20 ③ 「농사직설」은 조선 세종 때, 「금양잡록」은 조선 성종 때 간행된 농서이다.

21 ② 정약용은 여전론을 주장하였다.
     ③ 유형원은 균전론을 주장하였다.
     ④ 홍대용은 균전제를 주장하였다.

22 (   )에 들어갈 지도는?

> 조선 후기에는 중국을 통해 전래된 서양의 과학기술을 수용하여 과학 기술면에서도 큰 진전이 있었다. 이 시기에 전래된 (   )는 세계지도로서 이를 통해 지리학에서 보다 과학적인 지식을 가지게 되었고, 조선 사람들의 세계관이 확대될 수 있었다.

① 혼일강리역대국도지도

② 곤여만국전도

③ 대동여지도

④ 동국지도

23 다음이 설명하는 단체는?

> • 만민공동회와 관민공동회를 개최하였다.
> • 중국 사신을 맞던 영은문 자리에 독립문을 세웠다.
> • 강연회와 토론회 등을 통하여 민중에게 근대적 지식과 국권·민권 사상을 고취시켰다.

① 신민회   ② 신간회

③ 대한협회   ④ 독립협회

ANSWER 22.② 23.④

22 지문에 설명하고 있는 지도는 곤여만국전도이다.

23 ① 신민회 : 개화자강파들이 국권회복을 목적으로 창건한 전국 규모의 비밀결사단체
② 신간회 : 좌우익 세력이 합작하여 결성된 대표적인 항일단체
③ 대한협회 : 1907년 창립된 한말의 정치단체

24 다음 내용의 인물과 관련이 있는 것은?

> 그는 왕이 성군이 되기를 바라는 뜻에서 10개의 도표(圖表)와 그에 대한 체계적인 해설이 있는 글을 저술하였다. 여기에서 제1 태극도는 우주의 생성 원리를, 제8 심학도는 마음 수련법을 구체적으로 제시하고 있다.

① 동호문답과 성학집요를 저술하였다.

② 지행합일의 실천성을 강조하는 양명학을 연구하였다.

③ 유성룡, 김성일 등의 영남학파에 영향을 끼쳤다.

④ 주자의 학문 체계를 비판하여 사문난적으로 몰렸다.

25 조선 세종 때 만들어진 것은?

① 칠정산   ② 계미자

③ 동의보감   ④ 원각사지 10층석탑

ANSWER   24.③   25.①

24 지문은 이황의 성학십도에 대한 설명이다.
    ① 이이에 대한 설명이다.
    ② 강화학파에 대한 설명이다.
    ④ 사문난적으로 몰린 대표적인 사례로 송시열이 윤휴를 사문난적으로 몰았던 것을 들 수 있다.

25 ② 태종   ③ 광해군   ④ 세조

② 관광자원해설

26 우리나라의 관광권 설정순서로 올바른 것은?

> ㉠ 5대 관광권
> ㉡ 7대 문화관광권
> ㉢ 10대 관광권

① ㉠ - ㉡ - ㉢　　　　　　　　② ㉡ - ㉢ - ㉠
③ ㉢ - ㉠ - ㉡　　　　　　　　④ ㉢ - ㉡ - ㉠

27 다음 설명에 해당하는 안보관광자원은?

> • 경기도 파주시에 위치한다.
> • 1972년 북한 실향민을 위해 세워졌다.
> • 망배단, 미얀마 아웅산 순국외교사절 위령탑 등이 설치되어 있다.

① 삼청각　　　　　　　　　② 판문점
③ 임진각　　　　　　　　　④ 도라전망대

ANSWER　26.③　27.③

26 ㉢ 1972년 → ㉠ 1990년 → ㉡ 1999년

27 지문은 임진각에 대한 설명이다.
　① 삼청각 : 서울 성북구에 있는 전통 문화공연장
　② 판문점 : 경기도 파주시의 군사분계선상에 있는 취락
　④ 도라전망대 : 서부전선 한반도의 군사 분계선 최북단에 위치한 전망대

28 다음은 무엇에 관한 설명인가?

> • 제주특별자치도 전통취락구조 중 집의 대문과 같은 기능을 한다.
> • 긴 나무 3개를 양쪽 돌담 사이에 가로로 끼워 넣고 집주인의 외출여부 등을 알려준다.

① 통시   ② 정낭

③ 안거리   ④ 모거리

29 우리나라 천연기념물 제1호와 소재지가 맞게 연결된 것은?

① 백송(白松) – 서울특별시

② 측백나무 숲 – 대구광역시

③ 무태장어 서식지 – 제주특별자치도

④ 미조리 상록수림 – 경상남도 남해군

30 다음 중 경상북도에 소재한 온천을 모두 고른 것은?

> ㉠ 수안보온천   ㉡ 백암온천
> ㉢ 온양온천   ㉣ 덕구온천

① ㉠, ㉡   ② ㉡, ㉢

③ ㉡, ㉣   ④ ㉢, ㉣

ANSWER   28.②   29.②   30.③

28 ① 통시 : 측간(대소변을 배설하는 장소로 만든 집이나 시설) 아래쪽의 분뇨 저장 공간에 돼지우리를 둔 뒷간
    ③ 안거리 : 안채
    ④ 모거리 : 안채와 바깥채의 모에 자리한 별채

29 천연기념물 제1호는 대구 도동 측백나무 숲이다.
    ① 천연기념물 제8호
    ③ 천연기념물 제27호
    ④ 천연기념물 제29호

30 ㉠ 충청북도 소재   ㉢ 충청남도 소재

31 강원도에 위치한 국립공원으로 바르게 짝지어진 것은?

㉠ 한라산   ㉡ 월악산
㉢ 북한산   ㉣ 치악산
㉤ 오대산

① ㉠, ㉡   ② ㉡, ㉢
③ ㉢, ㉣   ④ ㉣, ㉤

32 다음 중 해수욕장 – 동굴이 행정구역상 모두 같은 도(道)에 위치한 것은?

① 변산 해수욕장 – 성류굴
② 협재 해수욕장 – 만장굴
③ 경포 해수욕장 – 고수동굴
④ 구룡포 해수욕장 – 고씨굴

33 지역의 특산물을 이용한 지역문화축제와 개최지로 옳지 않은 것은?

① 인삼축제 – 금산   ② 딸기축제 – 논산
③ 멸치축제 – 강릉   ④ 산천어축제 – 화천

ANSWER   31.④   32.②   33.③

31 ㉠ 제주특별자치도   ㉡ 충청북도   ㉢ 경기도

32 ② 협재 해수욕장과 만장굴은 제주특별자치도에 위치해 있다.
    ① 변산 해수욕장(전라북도) – 성류굴(경상북도)
    ③ 경포 해수욕장(강원도) – 고수동굴(충청북도)
    ④ 구룡포 해수욕장(경상북도) – 고씨굴(강원도)

33 ③ 멸치축제는 부산 기장군에서 개최되는 지역문화축제이다.

34 스키장을 갖춘 리조트 중 경기도에 위치한 리조트가 아닌 곳은?

① 베어스타운   ② 곤지암리조트
③ 한솔 오크밸리   ④ 지산포레스트리조트

35 다음 설명에 해당하는 곳은?

• 전라남도에 위치한다.
• 1397년 절제사 김빈길이 흙으로 성을 쌓았다.
• 남부지방 특유의 주거양식을 볼 수 있으며, 부엌·토방·툇마루 등이 원형대로 보존되어 있다.

① 외암마을   ② 왕곡마을
③ 양동마을   ④ 낙안읍성

36 박물관과 소재지의 연결이 옳지 않은 것은?

① 철도박물관 – 정선   ② 한지박물관 – 전주
③ 동강사진박물관 – 영월   ④ 하회동탈박물관 – 안동

ANSWER 34.③ 35.④ 36.①

34 ③ 한솔 오크밸리는 강원도 원주시에 위치해 있다.

35 제시문은 낙안읍성 민속마을에 대한 내용이다.
① 충청남도 아산시 ② 강원도 고성군 ③ 경상북도 경주시

36 ① 철도박물관은 경기도 의왕시에 있다.

37 불상에서 '나발'은 무엇을 뜻하는가?

① 부처님의 머리카락

② 정수리에서 나오는 광명

③ 오른쪽 소매를 벗어서 어깨를 드러낸 것

④ 부처님의 정수리에 솟은 상투 모양의 머리

38 다음 사액서원 중 경상북도에 위치하지 않은 것은?

① 필암서원   ② 옥동서원

③ 도산서원   ④ 옥산서원

39 중요무형문화재로 땅과 곡식의 신에게 드리는 국가적인 제사의 명칭은?

① 석전대제   ② 사직대제

③ 종묘대제   ④ 별신대제

40 다음 문화재 중 국보가 아닌 것은?

① 경주 불국사 사리탑

② 경주 분황사 모전석탑

③ 서울 원각사지 십층석탑

④ 보은 법주사 쌍사자 석등

ANSWER 37.① 38.① 39.② 40.①

37 ② 광배 ③ 편단우견 ④ 육계

38 ① 필암서원은 전라남도에 위치해 있다.

39 ① 석전대제 : 공자를 모시는 사당인 문묘에서 지내는 제사

③ 종묘대제 : 조선 왕조의 역대 제왕과 왕후에게 지내는 제사

④ 별신대제 : 마을 수호신에게 지내는 제사

40 ① 경주 불국사 사리탑은 보물 제61호이다.

② 국보 제30호 ③ 국보 제2호 ④ 국보 제5호

41 분청사기의 제작기법 중 귀얄기법에 관한 설명으로 옳은 것은?

① 넓고 굵은 붓으로 형체가 완성된 그릇에 백토를 바르는 기법

② 백토를 묽게 한 것에 그릇을 덤벙 담가 전체를 도장하는 기법

③ 조각칼로 그릇에 문양을 새긴 다음 자토와 백토로 문양을 메우는 기법

④ 그릇의 표면에 백토를 입힌 후 문양을 선각하고 바탕의 백토를 긁어내는 기법

42 다음 중 유네스코 세계유산 등재기준의 기본원칙으로 적절하지 않은 것은?

① 진정성   ② 완전성

③ 홍보전략   ④ 뛰어난 보편적 가치

ANSWER 41.① 42.③

41 ② 담금(덤벙)기법 ③ 상감기법 ④ 박지기법

42 유네스코 세계유산 등재기준

구분	기준	사례
문화 유산	인간의 창의성으로 빚어진 걸작을 대표할 것	호주 오페라 하우스
	오랜 세월에 걸쳐 또는 세계의 일정 문화권 내에서 건축이나 기술 발전, 기념물 제작, 도시 계획이나 조경 디자인에 있어 인간 가치의 중요한 교환을 반영	러시아 콜로멘스코이 성당
	현존하거나 이미 사라진 문화적 전통이나 문명의 독보적 또는 적어도 특출한 증거일 것	태국 아유타야 유적
	인류 역사에 있어 중요 단계를 예증하는 건물, 건축이나 기술의 총체, 경관 유형의 대표적 사례일 것	종묘
	특히 번복할 수 없는 변화의 영향으로 취약해졌을 때 환경이나 인간의 상호 작용이나 문화를 대변하는 전통적 정주지나 육지·바다의 사용을 예증하는 대표 사례	리비아 가다메스 옛도시
	특히 번복할 수 없는 변화의 영향으로 취약해졌을 때 환경이나 인간의 상호 작용이나 문화를 대변하는 전통적 정주지나 육지·바다의 사용을 예증하는 대표 사례	일본 히로시마 원폭돔
	※ 모든 문화유산은 진정성(authenticity ; 재질, 기법 등에서 원래 가치 보유) 필요	
자연 유산	최상의 자연 현상이나 뛰어난 자연미와 미학적 중요성을 지닌 지역을 포함할 것	케냐 국립공원, 제주 용암동굴·화산섬
	생명의 기록이나, 지형 발전상의 지질학적 주요 진행과정, 지형학이나 자연지리학적 측면의 중요 특징을 포함해 지구 역사상 주요단계를 입증하는 대표적 사례	제주 용암동굴·화산섬
	육상, 민물, 해안 및 해양 생태계와 동·식물 군락의 진화 및 발전에 있어 생태학적, 생물학적 주요 진행 과정을 입증하는 대표적 사례일 것	케냐 국립공원
	과학이나 보존 관점에서 볼 때 보편적 가치가 탁월하고 현재 멸종 위기에 처한 종을 포함한 생물학적 다양성의 현장 보존을 위해 가장 중요하고 의미가 큰 자연 서식지를 포괄	중국 쓰촨 자이언트팬더 보호구역
공통	• 완전성(integrity) : 유산의 가치를 충분히 보여줄 수 있는 충분한 제반 요소 보유 • 보호 및 관리체계 : 법적, 행정적 보호 제도, 완충지역(buffer zone) 설정 등	

43 다음 중 무형문화재가 아닌 것은?

① 연극   ② 음악

③ 무용   ④ 회화

44 유네스코 세계문화유산으로 등재된 산성은?

① 행주산성   ② 북한산성

③ 남한산성   ④ 금정산성

45 서울특별시에 위치한 청계천과 관련된 내용으로 옳지 않은 것은?

① 청계천의 총 복원 길이는 3.8km이다.

② 청계천 복원공사는 2005년에 완료되었다.

③ 청계광장과 가장 가까운 다리는 모전교이다.

④ 청계천 주변에는 광장시장과 동대문시장 등 다양한 시장이 있다.

ANSWER   43.④   44.③   45.①

43 ④ 회화는 건조물, 서적, 고문서, 조각, 공예품 등과 함께 유형문화재에 속한다.

44 ③ 남한산성은 2014년 유네스코 세계문화유산으로 등재되었다.

45 ① 청계천의 총 복원 길이는 5.8km이다.

46 다음은 무엇에 관한 설명인가?

> • 중요무형문화재 제10호로 지정
> • 공정상 바탕이 되는 목기나 유기 또는 도자기 위에 헝겊을 입히고 그 위에 옻을 올리고 자개를 박아 윤을 내는 것

① 갓일   ② 나전장
③ 매듭장   ④ 조각장

47 다음의 내용은 어느 사적을 설명한 것인가?

> 사적 제197호이며, 조선 세조와 그 비인 정희왕후의 능으로 경기도 남양주시에 위치하고 있다. 이 능은 정자각을 중심으로 좌우 언덕에 세조의 능과 정희왕후의 능이 각각 단릉의 형식을 갖고 있으며, 봉분에 병풍석을 두르지 않았고, 석실과 석곽도 사용하지 않았다.

① 장릉   ② 광릉
③ 영영릉   ④ 헌인릉

48 정월대보름의 세시풍속과 관련이 없는 것은?

① 쥐불놀이   ② 부럼깨기
③ 더위팔기   ④ 창포로 머리감기

ANSWER   46.②   47.②   48.④

46 ① 중요무형문화재 제4호
③ 중요무형문화재 제22호
④ 중요무형문화재 제35호

47 제시문에 설명하고 있는 사적은 광릉이다.

48 ④ 창포로 머리감기는 단오의 세시풍속이다.

49 영주 부석사에 관한 설명으로 옳지 않은 것은?

① 부석이란 '뜬 바위'란 뜻이다.

② 신라의 의상대사가 창건한 사찰이다.

③ 선묘각은 선묘라는 여인의 초상화를 모신 사당이다.

④ 무량수전은 우리나라 최고(最古)의 목조건축물로 팔작지붕에 다포 양식이다.

50 전통 건축물에서 기와에 관한 설명으로 옳지 않은 것은?

① 막새 – 지붕의 추녀 끝에 사용되는 기와로 수막새와 암막새가 있다.

② 치미 – 용마루의 양 끝에 높게 부착하던 대형의 장식기와이다.

③ 곱새 – 원통형이나 약간 굽은 형태로 내림마루와 귀마루 끝단에 사용되는 기와이다.

④ 취두 – 추녀마루 위에 올리는 사람모양과 동물 형상의 장식기와이다.

49 ④ 무량수전은 우리나라 최고의 목조건축물로 팔작지붕에 주심포 양식이다.

50 취두 … 지붕마루 중에서 격식이 있는 건물의 용마루 양쪽 끝단에 얹어놓는 장식기와
　　 ④ 잡상에 대한 설명이다.

관광법규

51 관광기본법상 외국 관광객 유치를 촉진하기 위하여 정부가 강구해야 할 시책으로 명시된 것을 모두 고른 것은?

> ㉠ 국민복지의 향상
> ㉡ 해외 홍보의 강화
> ㉢ 출입국 절차의 개선
> ㉣ 관광사업의 지도 · 감독

① ㉠, ㉡
② ㉡, ㉢
③ ㉡, ㉣
④ ㉢, ㉣

52 관광진흥법령상 관광객 이용시설업에 해당하는 것을 모두 고른 것은?

> ㉠ 크루즈업
> ㉡ 전문휴양업
> ㉢ 관광공연장업
> ㉣ 일반야영장업

① ㉡, ㉢
② ㉢, ㉣
③ ㉠, ㉡, ㉣
④ ㉠, ㉡, ㉢, ㉣

51 정부는 외국 관광객의 유치를 촉진하기 위하여 해외 홍보를 강화하고 출입국 절차를 개선하며 그 밖에 필요한 시책을 강구하여야 한다. 〈관광기본법 제7조〉

52 관광객 이용시설업에는 전문휴양업, 종합휴양업, 야영장업, 관광유람선업, 관광공연장업, 외국인관광 도시민박업, 한옥체험업이 있다.

53 관광진흥법령상 등록을 하기 전에 그 사업에 대한 사업계획을 작성하여 승인권자의 승인을 받아야 하는 관광사업은?

① 휴양 콘도미니엄업　　　　　　　　② 국제회의기획업

③ 야영장업　　　　　　　　　　　　④ 국외여행업

54 관광진흥법령상 관광사업의 등록기준에 별도로 정한 객실 수에 대한 기준이 있는 호텔업을 모두 고른 것은?

㉠ 수상관광호텔업	㉡ 한국전통호텔업
㉢ 가족호텔업	㉣ 호스텔업

① ㉠, ㉡　　　　　　　　　　　　② ㉠, ㉢

③ ㉡, ㉣　　　　　　　　　　　　④ ㉢, ㉣

55 관광진흥법령상 관광호텔업의 등급결정을 하는 경우에 평가하여야 하는 요소로 명시되지 않은 것은?

① 안전관리 등에 관한 법령 준수 여부

② 서비스 상태

③ 영업 및 재무상태

④ 객실 및 부대시설의 상태

ANSWER　53.①　54.②　55.③

53 관광숙박업을 경영하려는 자는 등록을 하기 전에 그 사업에 대한 사업계획을 작성하여 특별자치시장·특별자치도지사·시장·군수·구청장의 승인을 받아야 한다. 승인을 받은 사업계획 중 부지, 대지 면적, 건축 연면적의 일정 규모 이상의 변경 등 대통령령으로 정하는 사항을 변경하려는 경우에도 또한 같다.〈관광진흥법 제15조 제1항〉

54 수상관광호텔업과 가족호텔업은 관광사업 등록기준에 별도로 '욕실이나 샤워시설을 갖춘 객실이 30실 이상일 것'이라는 객실 수에 대한 기준이 있다.

55 호텔업의 등급결정을 하는 경우에는 다음 각 호의 요소를 평가하여야 하며, 그 세부적인 기준 및 절차는 문화체육관광부장관이 정하여 고시한다.
　㉠ 서비스 상태
　㉡ 객실 및 부대시설의 상태
　㉢ 안전 관리 등에 관한 법령 준수 여부

56 관광진흥법령상 기획여행을 실시하는 자가 광고를 하려는 경우에 표시하여야 하는 사항이 아닌 것은?

① 여행경비

② 최대 여행인원

③ 여행업의 등록번호

④ 여행일정 변경시 여행자의 사전 동의 규정

57 관광진흥법령상 분양 또는 회원모집을 하는 관광사업자가 회원증을 발급하는 경우에 그 회원증에 포함되어야 하는 사항으로 명시되지 않은 것은?

① 회원권 가격   ② 면적

③ 발행일자   ④ 분양일 또는 입회일

56 기획여행을 실시하는 자가 광고를 하려는 경우에는 다음 각 호의 사항을 표시하여야 한다. 다만, 2 이상의 기획여행을 동시에 광고하는 경우에는 다음 각 호의 사항 중 내용이 동일한 것은 공통으로 표시할 수 있다〈관광진흥법 시행규칙 제21조〉.
㉠ 여행업의 등록번호, 상호, 소재지 및 등록관청
㉡ 기획여행명 · 여행일정 및 주요 여행지
㉢ 여행경비
㉣ 교통 · 숙박 및 식사 등 여행자가 제공받을 서비스의 내용
㉤ 최저 여행인원
㉥ 보증보험등의 가입 또는 영업보증금의 예치 내용
㉦ 여행일정 변경 시 여행자의 사전 동의 규정
㉧ 여행목적지(국가 및 지역)의 여행경보단계

57 분양 또는 회원모집을 하는 관광사업자가 회원증을 발급하는 경우 그 회원증에는 다음 각 호의 사항이 포함되어야 한다.〈관광진흥법 시행규칙 제28조 제1항〉
㉠ 공유자 또는 회원의 번호
㉡ 공유자 또는 회원의 성명과 주민등록번호
㉢ 사업장의 상호 · 명칭 및 소재지
㉣ 공유자와 회원의 구분
㉤ 면적
㉥ 분양일 또는 입회일
㉦ 발행일자

58 관광진흥법령상 호텔업의 등록을 한 자가 등급 결정을 신청해야 하는 호텔업의 종류에 해당하지 않는 것은?

① 의료관광호텔업 ② 한국전통호텔업
③ 수상관광호텔업 ④ 가족호텔업

59 관광진흥법령상 관광통역안내사 자격을 취득한 자를 종사하게 하여야 하는 관광 업무는?

① 의료관광호텔업의 총괄관리 및 경영 업무
② 국내여행업자의 내국인의 국내여행을 위한 안내 업무
③ 외국인 관광객을 대상으로 하는 여행업자의 외국인 관광객의 국내여행을 위한 안내 업무
④ 4성급 이상 관광호텔업의 총괄관리 및 경영 업무

60 관광진흥법령상 우수숙박시설의 지정기준으로 옳지 않은 것은?

① 안내데스크에 요금표를 게시하고 신용카드 결제가 가능할 것
② 조명, 소방 및 안전 관리 등은 관련 법령으로 정한 기준에 적합하게 유지하고, 정기적으로 점검하고 관리할 것
③ 관광객을 맞이하는 프론트 등의 접객공간이 개방형 구조일 것
④ 주차장에 차단막이 있을 것

ANSWER **58.**④ **59.**③ **60.**④

58 호텔업을 등록한 자 중 관광호텔업, 수상관광호텔업, 한국전통호텔업, 소형호텔업 또는 의료관광호텔업의 등록을 한 자는 등급결정을 신청하여야 한다.

59 ③ 관광진흥법 시행령 별표 4에 따르면 외국인 관광객의 국내여행을 위한 안내는 관광통역안내사 자격을 취득한 자를 종사하게 하여야 한다.

60 우수숙박시설의 지정 기준〈관광진흥법 시행령 별표 1의2〉
  ㉠ 외국인에게 서비스(숙박요금 등 이용 정보 안내서비스 등을 말한다)를 제공할 수 있는 체제를 갖추고 있을 것
  ㉡ 안내데스크에 요금표를 게시하고 신용카드 결제가 가능할 것
  ㉢ 조명, 소방 및 안전 관리 등은 관련 법령으로 정한 기준에 적합하게 유지하고, 정기적으로 점검하고 관리할 것
  ㉣ 관광객을 맞이하는 프론트 등의 접객공간이 개방형 구조일 것
  ㉤ 주차장에 차단막 등 폐쇄형 구조물이 없을 것
  ㉥ 건물 내부 및 외부에 대실 영업에 대한 공지를 하지 아니할 것
  ㉦ 성인방송을 제공하는 경우에는 청소년의 이용을 제한할 수 있는 등의 제어기능 장치를 갖추고 있을 것
  ※ 관광진흥법 시행령 별표 1의2 삭제〈2018.06.05.〉

61 관광진흥법상 다음에서 정의하고 있는 용어는?

> 자연적 또는 문화적 관광자원을 갖추고 관광객을 위한 기본적인 편의시설을 설치하는 지역으로서 이 법에 따라 지정된 곳을 말한다.

① 관광지   ② 관광시설
③ 관광단지   ④ 관광특구

62 관광진흥법상 관광종사원에 관한 설명으로 옳은 것은?

① 파산선고를 받고 복권되지 아니한 자는 관광 종사원의 자격을 취득하지 못한다.
② 문화체육관광부장관은 관광종사원의 자격시험에 합격한 후 신고를 한 자에게 관광종사원 자격증을 내줄 수 있다.
③ 관광종사원 자격증을 3회 이상 분실한 경우 문화체육관광부장관은 그 자격증을 취소할 수 있다.
④ 관광종사원의 자격을 취득하려는 자는 문화체육관광부장관이 실시하는 시험에 합격한 후 문화체육관광부장관에게 신고하여야 한다.

ANSWER   61.①   62.①

61 ③ 관광단지 : 관광객의 다양한 관광 및 휴양을 위하여 각종 관광시설을 종합적으로 개발하는 관광 거점 지역으로서 이 법에 따라 지정된 곳을 말한다.
   ④ 관광특구 : 외국인 관광객의 유치 촉진 등을 위하여 관광 활동과 관련된 관계 법령의 적용이 배제되거나 완화되고, 관광 활동과 관련된 서비스·안내 체계 및 홍보 등 관광 여건을 집중적으로 조성할 필요가 있는 지역으로 이 법에 따라 지정된 곳을 말한다.

62 ② 문화체육관광부장관이 실시하는 시험에 합격한 후 문화체육관광부장관에게 등록을 한 자에게 관광종사원 자격증을 내주어야 한다.
   ③ 문화체육관광부장관(관광종사원 중 대통령령으로 정하는 관광종사원에 대하여는 시·도지사)은 자격을 가진 관광종사원이 거짓이나 그 밖의 부정한 방법으로 자격을 취득한 경우, 다른 사람에게 관광종사원 자격증을 대여한 경우에 해당하면 그 자격을 취소하여야 한다.
   ④ 관광종사원의 자격을 취득하려는 자는 문화체육관광부령으로 정하는 바에 따라 문화체육관광부장관이 실시하는 시험에 합격한 후 문화체육관광부장관에게 등록하여야 한다.

63 관광진흥법령상 여행업으로 인한 직전 사업 연도의 매출액(손익계산서에 표시된 매출액)이 5억 원 이상 10억 원 미만인 경우, 국내여행업을 하는 여행업자의 보증보험등의 가입금액 또는 영업보증금의 예치금액 기준으로 옳은 것은?

① 3,000만 원　　　　　　　　　　　② 4,000만 원
③ 4,500만 원　　　　　　　　　　　④ 5,500만 원

64 관광진흥법령상 관광통역안내사 시험의 면제기준에 관한 내용이다. (　　)에 들어갈 숫자로 옳은 것은?

> 4년 이상 해당 언어권의 외국에서 근무하거나 유학을 한 경력이 있는 자 및 「초·중등교육법」에 따른 중·고등학교 또는 고등기술학교에서 해당 외국어를 (　　)년 이상 계속하여 강의한 자에 대하여 해당 외국어시험을 면제할 수 있다.

① 2　　　　　　　　　　　　　　　② 3
③ 4　　　　　　　　　　　　　　　④ 5

63 보증보험 등 가입금액(영업보증금 예치금액) 기준〈관광진흥법 시행규칙 별표 3〉

(단위 : 천 원)

직전 사업연도 매출액 ＼ 여행업의 종류 (기획여행 포함)	국내여행업	국외여행업	일반여행업	국외여행업의 기획여행	일반여행업의 기획여행
1억 원 미만	20,000	30,000	50,000		
1억 원 이상 5억 원 미만	30,000	40,000	65,000	200,000	200,000
5억 원 이상 10억 원 미만	45,000	55,000	85,000		
10억 원 이상 50억 원 미만	85,000	100,000	150,000		
50억 원 이상 100억 원 미만	140,000	180,000	250,000	300,000	300,000
100억 원 이상 1,000억 원 미만	450,000	750,000	1,000,000	500,000	500,000
1000억 원 이상	750,000	1,250,000	1,510,000	700,000	700,000

64 4년 이상 해당 언어권의 외국에서 근무하거나 유학을 한 경력이 있는 자 및 「초·중등교육법」에 따른 중·고등학교 또는 고등기술학교에서 해당 외국어를 5년 이상 계속하여 강의한 자에 대하여 해당 외국어 시험을 면제〈관광진흥법 시행규칙 별표 16 시험의 면제기준 참조〉

65 관광진흥법령상 관광숙박업이나 관광객 이용 시설업으로서 대통령령으로 정하는 종류의 관광사업을 등록한 자는 회원 모집을 할 수 있다. 이에 해당하는 관광사업만 묶은 것은?

① 호텔업, 일반야영장업

② 호스텔업, 관광공연장업

③ 휴양콘도미니엄업, 제1종 종합휴양업

④ 호텔업, 제2종 종합휴양업

66 관광진흥법령상 자격정지처분권한이 시·도지사에게 있는 관광종사원은?

① 관광통역안내사   ② 호텔서비스사

③ 호텔경영사   ④ 호텔관리사

67 관광진흥법령상 관광특구의 지정요건으로 옳지 않은 것은?

① 외국인 관광객 수가 20만 명(서울특별시는 50만 명) 이상일 것

② 관광특구의 지정신청 대상지역이 서로 분리되어 있지 아니할 것

③ 관광특구 전체 면적 중 임야·농지·공업용지 또는 택지 등 관광활동과 직접적인 관련성이 없는 토지의 비율이 10%를 초과하지 아니할 것

④ 문화체육관광부령으로 정하는 바에 따라 관광 안내시설, 공공편익시설 및 숙박시설 등이 갖추어져 외국인 관광객의 관광수요를 충족시킬 수 있는 지역일 것

ANSWER   65.④ 66.② 67.①

65 관광숙박업이나 관광객 이용시설업으로서 휴양 콘도미니엄업 및 호텔업, 관광객 이용시설업 중 제2종 종합휴양업을 등록한 자 또는 그 사업계획의 승인을 받은 자가 아니면 그 관광사업의 시설에 대하여 분양(휴양 콘도미니엄만 해당한다) 또는 회원 모집을 하여서는 아니 된다.

66 ② 호텔서비스사의 자격정지처분권한은 시·도지사에게 있다.

67 ① 외국인 관광객 수가 10만 명(서울특별시는 50만 명) 이상일 것

68 관광진흥법상 장애인의 여행 기회를 확대하고 장애인의 관광 활동을 장려 · 지원하기 위하여 관련 시설을 설치하는 등 필요한 시책을 강구하여야 하는 주체는?

① 국가 및 장애인고용공단   ② 공기업 및 사회적 기업
③ 국가 및 지방자치단체   ④ 장애인고용공단 및 지방자치단체

69 관광진흥법령상 문화관광축제의 지정 기준을 정할 때 문화체육관광부장관이 고려하여야 할 사항으로 명시되지 않은 것은?

① 축제의 특성 및 콘텐츠   ② 축제의 운영능력
③ 축제 방문객의 연령   ④ 관광객 유치효과 및 경제적 파급효과

70 관광진흥개발기금법령상 공항통과 여객으로서 보세구역을 벗어난 후 출국하는 여객 중 출국 납부금의 납부제외대상에 해당하지 않는 경우는?

① 항공기의 고장 · 납치, 긴급환자 발생 등 부득이한 사유로 항공기가 불시착한 경우
② 기상이 악화되어 항공기의 출발이 지연되는 경우
③ 항공기 탑승이 불가능하여 어쩔 수 없이 당일이나 그 다음 날 출국하는 경우
④ 사업을 목적으로 보세구역을 벗어난 후 24시간 이내에 다시 보세구역으로 들어오는 경우

ANSWER   68.③   69.③   70.④

68 국가 및 지방자치단체는 장애인의 여행 기회를 확대하고 장애인의 관광 활동을 장려 · 지원하기 위하여 관련 시설을 설치하는 등 필요한 시책을 강구하여야 한다.〈관광진흥법 제47조의3 제1항〉

69 문화관광축제의 지정 기준〈관광진흥법 시행령 제41조의7〉
    ㉠ 축제의 특성 및 콘텐츠
    ㉡ 축제의 운영능력
    ㉢ 관광객 유치 효과 및 경제적 파급효과
    ㉣ 그 밖에 문화체육관광부장관이 정하는 사항

70 공항통과 여객으로서 다음 각 목의 어느 하나에 해당되어 보세구역을 벗어난 후 출국하는 여객은 출국납부금의 납부제외대상에 해당한다.〈관광진흥개발기금법 시행령 제1조의2 제1항 제7호〉
    ㉠ 항공기 탑승이 불가능하여 어쩔 수 없이 당일이나 그 다음 날 출국하는 경우
    ㉡ 공항이 폐쇄되거나 기상이 악화되어 항공기의 출발이 지연되는 경우
    ㉢ 항공기의 고장 · 납치, 긴급환자 발생 등 부득이한 사유로 항공기가 불시착한 경우
    ㉣ 관광을 목적으로 보세구역을 벗어난 후 24시간 이내에 다시 보세구역으로 들어오는 경우

71 관광진흥개발기금법령상 국내 공항과 항만을 통하여 출국하는 자로서 관광진흥개발기금의 납부대상자가 아닌 자를 모두 고른 것은?

> ○ 외교관여권이 있는 자
> ○ 국외로 입양되는 어린이와 그 호송인
> ○ 항공기를 이용하는 6세 미만인 어린이
> ○ 입국이 허용되지 아니하거나 거부되어 출국하는 자
> ○ 외국에 주둔하는 외국 군인

① ㉠, ㉡, ㉢　　　　　　　　　② ㉠, ㉡, ㉣
③ ㉡, ㉢, ㉣　　　　　　　　　④ ㉢, ㉣, ㉤

71 납부금의 납부대상 및 금액 … 「관광진흥개발기금」에 따라 다음 각 호의 어느 하나에 해당하는 자를 제외한 자는 출국납부금을 기금에 납부하여야 한다. 〈관광진흥개발기금법 시행령 제1조의2 제1항〉

㉠ 외교관여권이 있는 자
㉡ 2세(선박을 이용하는 경우에는 6세) 미만인 어린이
㉢ 국외로 입양되는 어린이와 그 호송인
㉣ 대한민국에 주둔하는 외국의 군인 및 군무원
㉤ 입국이 허용되지 아니하거나 거부되어 출국하는 자
㉥ 「출입국관리법」에 따른 강제퇴거 대상자 중 국비로 강제 출국되는 외국인
㉦ 공항통과 여객으로서 다음 각 목의 어느 하나에 해당되어 보세구역을 벗어난 후 출국하는 여객
　• 항공기 탑승이 불가능하여 어쩔 수 없이 당일이나 그 다음 날 출국하는 경우
　• 공항이 폐쇄되거나 기상이 악화되어 항공기의 출발이 지연되는 경우
　• 항공기의 고장 · 납치, 긴급환자 발생 등 부득이한 사유로 항공기가 불시착한 경우
　• 관광을 목적으로 보세구역을 벗어난 후 24시간 이내에 다시 보세구역으로 들어오는 경우
㉧ 국제선 항공기 및 국제선 선박을 운항하는 승무원과 승무교대를 위하여 출국하는 승무원

72 관광진흥개발기금법상 관광진흥개발기금을 대여하거나 보조할 수 있는 사업으로 명시되지 않은 것은?

① 관광상품 개발 및 지원사업

② 지역축제의 육성 및 활성화사업

③ 전통관광자원 개발 및 지원사업

④ 국내외 관광안내체계의 개선 및 관광홍보사업

73 국제회의산업 육성에 관한 법률상 국제회의산업육성기본계획에 포함되어야 할 사항으로 명시되지 않은 것은?

① 국제회의의 유치와 촉진에 관한 사항

② 국제회의의 원활한 개최에 관한 사항

③ 국제회의시설의 개별 부지 면적에 관한 사항

④ 국제회의시설의 설치와 확충에 관한 사항

72 기금의 용도〈관광진흥개발기금법 제5조 제3항〉

기금은 다음 각 호의 어느 하나에 해당하는 사업에 대여하거나 보조할 수 있다.

㉠ 국외 여행자의 건전한 관광을 위한 교육 및 관광정보의 제공사업

㉡ 국내외 관광안내체계의 개선 및 관광홍보사업

㉢ 관광사업 종사자 및 관계자에 대한 교육훈련사업

㉣ 국민관광 진흥사업 및 외래관광객 유치 지원사업

㉤ 관광상품 개발 및 지원사업

㉥ 관광지·관광단지 및 관광특구에서의 공공 편익시설 설치사업

㉦ 국제회의의 유치 및 개최사업

㉧ 장애인 등 소외계층에 대한 국민관광 복지사업

㉨ 전통관광자원 개발 및 지원사업

㉩ 그 밖에 관광사업의 발전을 위하여 필요한 것으로서 대통령령으로 정하는 사업

73 문화체육관광부장관은 국제회의산업의 육성·진흥을 위하여 다음 각 호의 사항이 포함되는 국제회의산업육성기본계획을 5년마다 수립·시행하여야 한다.〈국제회의산업 육성에 관한 법률 제6조 제1항〉

㉠ 국제회의의 유치와 촉진에 관한 사항

㉡ 국제회의의 원활한 개최에 관한 사항

㉢ 국제회의에 필요한 인력의 양성에 관한 사항

㉣ 국제회의시설의 설치와 확충에 관한 사항

㉤ 그 밖에 국제회의산업의 육성·진흥에 관한 중요 사항

74 국제회의산업 육성에 관한 법률상 재정 지원에 관한 내용이다. (   )에 들어갈 숫자로 옳은 것은?

> 문화체육관광부장관은 이 법의 목적을 달성하기 위하여 「관광진흥개발기금법」 제2조 제2항 제3호에
> 따른 국외 여행자의 출국납부금 총액의 100분의 (   )에 해당하는 금액의 범위에서 국제회의산업의
> 육성재원을 지원할 수 있다.

① 5   ② 10

③ 15   ④ 20

75 국제회의산업 육성에 관한 법령상 국제회의 시설 중 전문회의시설이 갖추어야 할 요건에 해당하지 않는
것은?

① 5개국어 이상의 동시통역시스템을 갖출 것

② 2,000명 이상의 인원을 수용할 수 있는 대회의실이 있을 것

③ 30명 이상의 인원을 수용할 수 있는 중·소 회의실이 10실 이상 있을 것

④ 옥내와 옥외의 전시면적을 합쳐서 2천제곱미터 이상 확보하고 있을 것

ANSWER   74.②   75.①

74 문화체육관광부장관은 이 법의 목적을 달성하기 위하여 「관광진흥개발기금법」 제2조 제2항 제3호에 따른 국외 여행자의
출국납부금 총액의 100분의 10에 해당하는 금액의 범위에서 국제회의산업의 육성재원을 지원할 수 있다. 〈국제회의산업
육성에 관한 법률 제16조 제1항〉

75 전문회의시설은 다음 각 호의 요건을 모두 갖추어야 한다. 〈국제회의산업 육성에 관한 법률 시행령 제3조 제2항〉
  ㉠ 2천 명 이상의 인원을 수용할 수 있는 대회의실이 있을 것
  ㉡ 30명 이상의 인원을 수용할 수 있는 중·소회의실이 10실 이상 있을 것
  ㉢ 옥내와 옥외의 전시면적을 합쳐서 2천제곱미터 이상 확보하고 있을 것

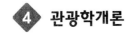 **관광학개론**

76 관광의 일반적 개념에 관한 설명으로 옳지 않은 것은?

　① 일상 생활권을 벗어난 장소적 이동을 전제로 한다.
　② 관광이 종료되면 주거지로 돌아오는 회귀성이 있다.
　③ 여가활동의 한 형태이다.
　④ 취업을 목적으로 방문하는 경우도 포함한다.

77 해외여행 시에 쉥겐(Schengen)협약이 적용되어지는 지역은?

　① 남태평양　　　　　　　　　　② 북미
　③ 남미　　　　　　　　　　　　④ 유럽

78 세계관광기구(UNWTO)의 설명으로 옳지 않은 것은?

　① 세계 각국의 정부기관이 회원으로 가입되어 있는 정부간 관광기구이다.
　② 스페인의 수도 마드리드에 본부를 두고 있다.
　③ 세계적인 여행업계의 발전과 권익보호를 위하여 설립된 기구이다.
　④ 국제간의 관광여행 촉진, 각 회원국 간의 관광 경제 발전 등을 목적으로 한다.

ANSWER　76.④　77.④　78.③

　76 ④ 관광의 목적으로는 견문, 위락, 휴양, 상용, 친지방문, 종교 등이 해당한다. 취업을 목적으로 방문하는 경우 관광의
　　　　일반적 개념에 포함되지 않는다.

　77 쉥겐협약(Schengen agreement) … 유럽연합 회원국들 간에 체결된 국경개방조약

　78 ③ 세계관광기구는 관광의 진흥·개발을 촉진하여 경제성장과 사회적 기여를 극대화하는 데 있다.

79 2002년부터 2013년까지 정부가 관광 활성화와 범국민적인 공감대 확산을 위해 실시한 캠페인이 아닌 것은?

① 가보자 코리아
② 내나라 사랑여행, Love Korea
③ 구석구석 캠페인
④ 내나라 먼저보기

80 다음에서 설명하고 있는 카지노게임은?

> 딜러가 쉐이커 내에 있는 주사위 3개를 흔들어 주사위가 나타내는 숫자의 합 또는 조합을 알아 맞추는 참가자에게 소정의 당첨금을 지불하는 방식의 게임

① 다이사이
② 블랙잭
③ 바카라
④ 룰렛

81 국제관광의 새로운 이미지 창출을 위한 국가 이미지·홍보의 슬로건·캠페인('Korea, Sparkling') 등을 할 경우 지향하여야 할 사항이 아닌 것은?

① 지속성이 있어야 한다.
② 통일성을 지녀야 한다.
③ 독창성이 있어야 한다.
④ 이벤트성을 지녀야 한다.

ANSWER 79.① 80.① 81.④

79 ② 내나라 사랑여행, Love Korea : 매년 코엑스에서 개최된 여행박람회이다. 해외여행의 수요를 국내여행으로 전환시키고 우리 문화와 관광에 대한 새로운 인식을 심어주며, 국내여행 소비자와 공급자간의 상호작용 및 지방 관광의 활성화를 목적으로 개최되었다.
③ 구석구석 캠페인 : 한국관광공사에서 추진한 캠페인으로, 잘 알려지지 않은 우리나라의 관광명소를 발굴하여 국민들에게 알리고 국내 관광에 대한 새로운 인식 전환의 계기를 마련하기 위해 전개하였다.
④ 내나라 먼저보기 : 주5일 근무제가 확대 시행되어 감에 따라 증가하는 해외여행에 앞서 내나라 먼저보기 분위기를 고취하기 위해 진행된 캠페인이다.

80 ② 블랙잭 : 딜러와 참가자가 함께 카드의 숫자를 겨루는 것으로 2장 이상의 카드를 꺼내어 그 합계를 21점에 가깝도록 만들어 딜러의 점수와 승부한다.
③ 바카라 : 카지노 게임의 왕이라고 불리며, 딜러와 참가자의 어느 한쪽을 택하여 9 이하의 높은 점수로 승부하는 카드게임이다.
④ 룰렛 : 룰렛 휠을 가지고 룰렛 테이블에서 진행하는 게임으로, 룰렛 볼이 어느 눈금 위에 멎느냐에 돈을 건다.

81 ④ 일회적인 이벤트성을 지향하기 보다는 지속적인 이미지 창출을 위해 노력해야 한다.

82 외국인 전용 카지노가 설치되어 있지 않은 지역은?

① 대구   ② 강원

③ 경기   ④ 부산

83 다음에서 설명하는 회의는?

> 대개 30명 이하의 규모이며, 주로 교육목적을 띤 회의로서 전문가의 주도하에 특정분야에 대한 각자의 지식이나 경험을 발표·토의한다. 발표자가 우월한 위치에서 지식의 전달자로서 역할을 한다.

① 포럼(forum)

② 세미나(seminar)

③ 패널토의(panel discussion)

④ 컨퍼런스(conference)

84 객실 2개가 연결되어 있고 내부에 문이 있는 룸은?

① studio room   ② adjoining room

③ suite room   ④ connecting room

ANSWER   82.③   83.②   84.④

82 우리나라에 카지노가 설치되어 있는 지역은 서울, 부산, 인천, 강원, 대구, 제주이며 이 중 강원랜드카지노를 제외한 나머지 16개 업체는 모두 외국인을 대상으로 한다.

83 ① 포럼 : 제시된 한 가지 주제에 대해 전문가들이 사회자의 주도하에 청중 앞에서 벌이는 공개토론회로서 청중이 자유롭게 질의에 참여할 수 있다.
    ③ 패널토의 : 참가자들이 주제에 대하여 자유 토의를 하고, 토의가 끝난 후에는 청중이 참여하여 질문을 하거나 의견을 제시하는 방법으로 전체 토의가 이루어진다.
    ④ 컨퍼런스 : 통상적으로 컨벤션에 비해 회의 진행상 토론회가 많이 열리고, 회의 참가자들에게 토론참여 기회가 많이 주어진다.

84 ① studio room : 주간에는 소파로, 야간에는 침대로 변형시켜 사용할 수 있는 다목적 침대가 설치되어 있는 객실
    ② adjoining room : 두 개의 객실 사이에 통로는 없지만 연결되어 있는 객실
    ③ suite room : 하나 또는 그 이상의 침대와 거실이 있는 객실

85 관광 구성요소에 관한 설명으로 옳은 것은?

① 관광매체는 관광사업으로 호텔업, 여행업, 교통업 등이 있다.
② 관광주체는 관광대상으로 자연자원, 문화자원, 위락자원 등이 있다.
③ 관광객체는 관광을 행하는 관광객을 의미한다.
④ 관광주체는 관광목적지를 의미한다.

86 관광의 경제적 효과로 볼 수 없는 것은?

① 국제수지 개선의 효과가 있다.
② 국제친선에 기여하는 효과가 있다.
③ 지역사회 개발에 기여하는 효과가 있다.
④ 고용증대의 효과가 있다.

87 관광동향에 관한 연차보고서에 따른 2013년 관광 방문객 수가 높은 국가 순으로 연결된 것은?

① 이탈리아 – 독일 – 중국
② 중국 – 미국 – 스페인
③ 미국 – 영국 – 이탈리아
④ 스페인 – 이탈리아 – 영국

ANSWER 85.① 86.② 87.④

85 관광의 구성요소
   ㉠ **관광주체** : 관광을 하는 사람, 관광을 행하는 주체
   ㉡ **관광객체** : 관광객의 다양한 욕구를 불러일으키게 하고 욕구를 충족시켜 주는 대상
   ㉢ **관광매체** : 관광주체와 관광객체를 결부시키는 기능

86 ② 관광의 사회적 효과이다.

87 2013년 관광 방문객 수가 높은 국가는 프랑스 – 미국 – 스페인 – 중국 – 이탈리아 – 터키 – 독일 – 영국 – 러시아 – 태국 순이다.

88 18세기 유럽에서 유행했던 그랜드 투어(grand tour)에 관한 설명으로 옳지 않은 것은?

① 여행 기간은 1~2개월의 단기여행이었다.

② 참여동기는 교육목적이 주류를 이루었다.

③ 이탈리아, 프랑스, 독일 등을 여행목적지로 하였다.

④ 젊은 상류계층이 여행의 주체이었다.

89 한국관광공사의 업무가 아닌 것은?

① 외국인 관광객의 유치 · 선전을 위한 홍보

② 관광활성화를 위한 관광관련법규의 제 · 개정

③ 국민관광에 관한 지도 및 교육

④ 관광단지의 조성 및 관광시설의 개발을 위한 시범사업

90 어떤 음료에 데미따스(demi tasse)가 사용되어 지는가?

① Brandy   ② Whisky

③ Espresso   ④ Fruit Punch

91 우리나라의 2013년도 국적별 외국인 관광객 입국 현황 중 전년도와 대비하여 방한 관광객이 감소한 나라는?

① 중국   ② 일본

③ 미국   ④ 인도네시아

ANSWER 88.① 89.② 90.③ 91.②

88 ① 여행 기간은 2~3년에 이르는 장기여행이었다.

89 ② 관광활성화를 위한 관광관련법규의 재 · 개정은 정부의 역할이다.

90 데미따스 … 작은 커피 잔 또는 이 컵에 제공되는 에스프레소와 같은 매우 강한 커피. 데미따스(demi tasse)의 어원은 demi(반)와 tasse(잔)을 뜻하는 프랑스어의 합성어로 보통 사용하는 커피 잔의 반 정도라고 해서 붙은 이름이다.

91 ② 2013년 중국, 미국, 인도네시아 국적의 방한 관광객은 증가한 반면, 일본 국적의 방한 관광객은 감소하였다.

92 외교부에서 해외여행을 하는 국민에게 제시하는 여행경보제도의 단계별 내용으로 옳지 않은 것은?

① 남색경보 – 여행유의

② 황색경보 – 여행자제

③ 적색경보 – 여행경고

④ 흑색경보 – 여행금지

93 다음에서 설명하고 있는 국제기구의 명칭은?

> 미주지역 여행업자 권익보호와 전문성 제고를 목적으로 1931년에 설립되었고, 미주지역이라는 거대한 시장을 배경으로 세계 140 개국 2만 여명에 달하는 회원을 거느린 세계 최대의 여행업협회이다.

① ASTA   ② PATA
③ UNWTO   ④ WTTC

ANSWER 92.③   93.①

92 여행경보제도
  ㉠ 남색경보 : 여행유의
    • 신변안전유의
  ㉡ 황색경보 : 여행자제
    • 신변안전 특별유의
    • 여행필요성 신중 검토
  ㉢ 적색경보 : 철수권고
    • 긴급용무가 아닌 한 귀국
    • 가급적 여행 취소, 연기
  ㉣ 흑색경보 : 여행금지
    • 즉시 대피, 철수
    • 여행 금지

93 ② 아시아태평양관광협회
  ③ 세계관광기구
  ④ 세계여행관광협회

94 관광동기의 성격 분류가 옳지 않은 것은?

① 나이트 라이프 – pull factor

② 소득 – pull factor

③ 스트레스 – push factor

④ 쾌적한 기후 – pull factor

95 유네스코가 지정한 세계문화유산에 해당하지 않는 것은?

① 경복궁   ② 수원 화성

③ 창덕궁   ④ 하회와 양동마을

96 항공사와 코드의 연결이 옳지 않은 것은?

① JEJU AIR – 7C

② BRITISH AIRWAYS – BR

③ THAI AIRWAYS – TG

④ JIN AIR – LJ

97 관광진흥법령상 관광 편의시설업이 아닌 것은?

① 관광펜션업   ② 일반유원시설업

③ 한옥체험업   ④ 외국인관광 도시민박업

ANSWER | 94.② 95.① 96.② 97.②

94 ② 소득은 push factor(배출요인)이다.

95 유네스코가 지정한 우리나라 세계문화유산으로는 해인사장경판전, 석굴암·불국사, 창덕궁, 수원화성, 고창·화순·강화 고인돌 유적, 경주역사유적지구, 제주 화산섬과 용암동굴, 조선왕릉, 하회마을과 양동마을, 남한산성이 있다.

96 ② BRITISH AIRLINES의 항공사 코드는 BA이다.

97 ② 일반유원시설업은 유원시설업에 해당한다.
　　※ 관광객 이용시설업에 외국인관광 도시민박업과 한옥체험업이 포함되었다. 〈2020. 4. 28. 개정〉

98 단독경영 호텔들이 체인호텔에 대항하기 위하여 상호 연합한 형태의 호텔경영 방식은?

① 프랜차이즈(franchise) 방식

② 위탁경영(management contract) 방식

③ 리퍼럴(referral) 방식

④ 업무제휴(alliance) 방식

99 FIT를 대상으로 하는 경우 아웃바운드 여행사의 수입원이 되기 어려운 것은?

① 선택관광 알선 수수료

② 숙박시설 알선 수수료

③ 쇼핑 알선 수수료

④ 항공권 판매 수수료

100 관광상품의 특성과 그에 따른 대응방안을 상호 연결한 것으로 옳지 않은 것은?

① 무형성 – 관광목적지의 안내책자 및 사진 준비

② 생산과 소비의 동시성 – 서비스인력의 숙련도 제고

③ 소멸성 – 초과예약

④ 계절성 – 성수기 가격할인

ANSWER 98.③ 99.③ 100.④

98 리퍼럴 경영 … 단독경영 호텔들이 프랜차이즈 호텔과 경쟁하기 위하여 상호협력을 목적으로 연합조직을 결성한 것이다. 호텔경영의 독립성을 유지하면서 공동마케팅 등을 통하여 이윤을 추가할 수 있는 장점이 있다.

99 FIT(Free Independent Travelers)는 개별자유여행객으로 쇼핑 알선 수수료는 여행사의 수입원이 되기 어렵다.

100 ④ 계절성 – 비수기 가격할인

2015년 정기시험

 국사

1 구석기 유적으로 옳지 않은 것은?

① 양양 오산리 유적　　　　　　　　　② 연천 전곡리 유적

③ 공주 석장리 유적　　　　　　　　　④ 상원 검은모루 유적

2 (　　)에 들어갈 내용을 옳게 나열한 것은?

> • 신석기 시대에는 대자연의 모든 만물에 영혼이 있다고 믿는 (㉠)이 등장하였다.
> • 청동기 시대의 (㉡)은 중국 요령성 지역에서 집중적으로 출토되고 있지만, 한반도 남부에서도 많이 확인되었다.

① ㉠ – 토테미즘, ㉡ – 세형 동검　　　② ㉠ – 애니미즘, ㉡ – 비파형 동검

③ ㉠ – 샤머니즘, ㉡ – 반달돌칼　　　④ ㉠ – 토테미즘, ㉡ – 명도전

ANSWER　1.①　2.②

1 양양 오산리 유적 … 강원도 양양군 손양면 오산리에 있는 한반도 최고(最古)의 신석기 시대 집터 유적
②③④ 구석기 시대 유적이다.

2 • 신석기 시대에는 대자연의 모든 만물에 영혼이 있다고 믿는 <u>애니미즘</u>이 등장하였다.
　• 청동기 시대의 <u>비파형 동검</u>은 중국 요령성 지역에서 집중적으로 출토되고 있지만, 한반도 남부에서도 많이 확인되었다.
　※ 원시신앙
　　㉠ 토테미즘 : 혈연적 집단이 자연물이나 동·식물과 공통의 기원을 갖는다고 믿어 그것을 집단의 상징으로 삼고 숭배하는 원시신앙
　　㉡ 애니미즘 : 자연계의 모든 사물에 생명이 있다고 보아 자연 현상을 그 생명의 작용으로 보는 원시신앙
　　㉢ 샤머니즘 : 조상신 같은 초자연적 존재와 직접적인 교류를 할 수 있는 샤먼을 매개로 하여 길흉화복을 점치는 원시신앙

3 2015년 7월 세계유산위원회(World Heritage Committee)가 유네스코 세계유산목록에 등재하기로 결정한 '백제역사유적지구'에 포함되지 않는 것은?

① 공주 수촌리 고분군　　　　　　　② 공주 공산성

③ 부여 부소산성　　　　　　　　　④ 익산 미륵사지

4 삼국과 일본의 문화 교류 내용으로 옳지 않은 것은?

① 백제의 노리사치계는 불교를 전해주었다.

② 신라는 조선술과 축제술 등을 전해주었다.

③ 백제의 왕인은 천자문과 논어를 전해주었다.

④ 고구려의 담징은 천문학과 역법을 전해주었다.

5 삼국 시대 금석문 자료에 관한 설명으로 옳은 것은?

① 사택지적비를 통해 백제인들의 유학 사상을 알 수 있다.

② 단양 적성비를 통해 진흥왕 대의 정복 사업을 알 수 있다.

③ 임신서기석을 통해 신라인들이 도교를 숭배했음을 알 수 있다.

④ 광개토왕릉비를 통해 장수왕의 평양 천도사실을 알 수 있다.

ANSWER　3.①　4.④　5.②

3 백제역사유적지구 … 백제역사유적지구는 공주시, 부여군, 익산시 3개 지역에 분포된 8개 고고학 유적지로 이루어져 있다.
　　㉠ 공주 웅진성과 연관된 공산성과 송산리 고분군
　　㉡ 부여 사비성과 관련된 관북리 유적(관북리 왕궁지) 및 부소산성, 정림사지, 능산리 고분군, 부여 나성
　　㉢ 익산시 지역의 왕궁리 유적, 미륵사지

4 ④ 담징은 고구려의 승려이자 화가로, 일본에 건너가 불법을 가르치고 채화 및 맷돌·종이·먹 등의 제조법을 가르쳤다. 일본에 천문학과 역법을 전해준 사람은 백제의 승려인 관륵이다.

5 ② 단양 적성비는 신라 진흥왕 때 고구려 영토인 적성 지역을 점령한 후에 세운 비석이다.
　　① 사택지적비는 백제 의자왕 때 활약했던 사택지적이 남긴 비석으로, 비문의 내용은 늙어가는 것을 탄식하여, 불교에 귀의하고 원찰을 건립했다는 것이다.
　　③ 임신서기석은 신라시대의 비석으로 두 사람이 하느님 앞에 충성을 맹세하는 내용을 담고 있다.
　　④ 광개토대왕릉비는 중국 지린성 지방에 있는 고구려 제19대 광개토대왕의 능비로, 비문의 내용은 고구려의 건국신화와 광개토대왕 시기 이루어진 정복활동 및 영토관리 등이다. 장수왕의 평양 천도와 관련 있는 것은 중원고구려비이다.

6 백제시대의 왕과 주요 업적을 연결한 것으로 옳은 것은?

① 근초고왕 – 서기 편찬

② 문주왕 – 사비 천도

③ 무령왕 – 동진과 교류

④ 성왕 – 미륵사 창건

7 신라의 전통적인 왕호가 아닌 것은?

① 이사금(尼師今)　　　　　　　② 대대로(大對盧)

③ 차차웅(次次雄)　　　　　　　④ 거서간(居西干)

8 고구려와 당의 전쟁에 관한 내용으로 옳은 것을 모두 고른 것은?

㉠ 고구려는 요서지방을 선제공격하였다.
㉡ 양만춘은 안시성에서 당군을 격퇴하였다.
㉢ 연개소문은 당의 침략에 대비하기 위해 천리장성을 축조하였다.
㉣ 을지문덕은 당 태종에 의한 2차 침입 때 살수대첩으로 막아내었다.

① ㉠, ㉡　　　　　　　　　　② ㉠, ㉣

③ ㉡, ㉢　　　　　　　　　　④ ㉢, ㉣

ANSWER 6.① 7.② 8.③

6 ① 근초고왕은 박사 고흥으로 하여금 역사서인 「서기」를 편찬하게 하였다.

② 웅진에서 사비로 도읍을 옮긴 것은 백제 성왕 때의 일이다.

③ 동진과 활발한 교류를 보였던 것은 백제 근초고왕 때이다.

④ 미륵사는 백제 무왕 때 창건되었다.

7 신라의 왕호는 거서간(居西干) – 차차웅(次次雄) – 이사금(尼師今) – 마립간(麻立干) – 왕의 순으로 변하였다.

③ 대대로는 고구려의 최고 관직이다.

8 ㉠ 고구려의 영양왕이 요서지방을 선제공격한 것은 수나라와의 전쟁이다.

㉣ 을지문덕의 살수대첩은 수나라 양제에 의한 2차 침입 때이다.

9 고려시대의 토지 종류와 그 대상을 연결한 것으로 옳은 것은?

① 과전 – 농민

② 민전 – 향리

③ 공해전 – 관청

④ 내장전 – 군인

10 호족에 대한 고려 태조의 정책으로 옳지 않은 것은?

① 귀순한 호족에게 왕씨 성을 주었다.

② 유력한 호족의 딸을 왕비로 맞이하였다.

③ 공을 세운 호족들을 공신으로 책봉하였다.

④ 향리의 자제를 개경에 불러 사심관으로 삼았다.

ANSWER   9.③   10.④

9 고려시대의 토지 종류

  ㉠ 공전
  • 내장전 : 왕실의 경비 충당을 위해 지급하였다.
  • 공해전 : 중앙과 지방의 관청 운영을 위해 지급하였다.
  • 학전 : 관학의 유지로 배당되는 토지였다.
  • 둔전 : 변경지대나 군사상 요지에 둔 토지였다.

  ㉡ 사전
  • 과전 : 관직 복무의 대가로 지급한 수조권으로 사망 · 퇴직 시 반납하였다.
  • 공음전 : 5품 이상의 고위 관리에게 지급하였고 세습이 가능하였다.
  • 한인전 : 관직에 오르지 못한 6품 이하 하급 관료의 자제에게 지급하였다.
  • 구분전 : 하급 관료, 군인의 유가족에게 지급하였다.
  • 군인전 : 군역의 대가로 지급하는 것으로 군역이 세습 가능하였다.
  • 사원전 : 사원의 운영을 위해 지급하였다.
  • 별사전 : 승려 개인에게 지급한 토지이다.
  • 외역전 : 향리에게 분급되는 토지로, 향리직이 계승되면 세습되었다.
  • 공신전 : 전시과 규정에 따라 문무 관리에게 차등 있게 분급되던 토지로 세습되었다.

  ㉢ 민전 : 조상으로부터 세습된 땅으로 매매, 상속, 기증, 임대가 가능한 농민의 사유지이다.

10 사심관 제도 ⋯ 고려 태조 때 지방 호족 세력을 약화시키려고 실시한 왕권 강화책으로, 해당 지방 출신의 관리를 그 지방의 사심관으로 임명하여 지방에서 반역의 일이 발생하면 연대 책임을 지게 함으로써 지방 세력을 약화시키는 것이다.

11 고려시대의 팔관회에 관한 설명으로 옳은 것을 모두 고른 것은?

> ㉠ 불교와 유교가 융합된 행사였다.
> ㉡ 태조의 훈요 10조에서 강조되었다.
> ㉢ 매년 정월 대보름에 전국적으로 거행되었다.
> ㉣ 주변국의 상인과 사신들이 와서 조공을 바쳤다.

① ㉠, ㉢　　　　　　　　　　　　② ㉡, ㉣

③ ㉢, ㉣　　　　　　　　　　　　④ ㉡, ㉢, ㉣

12 묘청의 난에 관한 설명으로 옳지 않은 것은?

① 윤관에 의해 진압되었다.　　　　② 풍수도참설이 이용되었다.

③ 금나라 정벌을 주장하였다.　　　④ 칭제건원(稱帝建元)을 주장하였다.

13 신진 사대부에 관한 설명으로 옳지 않은 것은?

① 조선 왕조 건국의 주역이 되었다.

② 성리학을 수용하여 학문적 기반으로 삼았다.

③ 최고의 정치 기구로 교정도감을 설치하였다.

④ 공민왕의 개혁정치 과정에서 정계진출이 확대되었다.

ANSWER 11.② 12.① 13.③

11 ㉠ 팔관회는 불교에서 말하는 살생·도둑질·간음·거짓말·음주를 금하는 오대계(五大戒)에 사치하지 말고, 높은 곳에 앉지 않고, 오후에는 금식해야 한다는 세 가지를 덧붙인 8가지의 계율을 엄격히 지키게 하는 불교의식이다.
　㉢ 팔관회는 개경에서는 11월 15일 즉 중동(仲冬)에, 서경에서는 10월 15일에 베풀어졌다.

12 묘청의 난 … 1135년(인종 13) 묘청을 중심으로 서경천도파가 개경 문벌귀족에 대항해 일으킨 정변으로, 관군에 의해 서경성이 함락되면서 진압되었다.
　① 윤관은 1107년(예종 2) 20만 대군을 이끌고 여진을 정벌, 9성을 설치하였다.

13 신진사대부 … 고려 말 새롭게 등장한 정치세력으로, 충선왕과 공민왕의 개혁정치를 통해 본격적으로 정계에 진출하였다. 성리학을 수용하여 학문적 기반으로 삼았으며 조선 건국의 주역이 되었다.
　③ 교정도감은 고려시대 무신정권의 최고 권력기관으로, 최충헌이 반대파를 숙청하기 위해 설치하였던 것이 관리 감찰은 물론 인사 행정 및 지방의 공부(貢賦)와 조세(租稅) 징수권까지 장악하면서 최고의 정치기관이 되었다.

14 조선시대 관리 등용제도에 관한 설명으로 옳지 않은 것은?

① 무과 예비 시험으로 소과가 있었다.

② 잡과는 분야별로 합격 정원이 있었다.

③ 과거, 음서, 천거를 통해 관리를 선발하였다.

④ 권력의 집중과 부정을 막기 위해 상피제를 실시하였다.

15 조선 전기 정치상황에 관한 설명으로 옳은 것을 모두 고른 것은?

> ㉠ 정도전은 민본적 통치규범을 마련하여 재상 권한을 축소시켰다.
> ㉡ 성종은 사병을 혁파하고 호패법을 실시하였다.
> ㉢ 세종은 의정부 서사제를 채택하여 왕의 권한을 분산시켰다.
> ㉣ 태종은 6조 직계제를 채택하고 사간원을 독립시켜 대신들을 견제하였다.

① ㉠, ㉡　　　　　　　　　② ㉠, ㉣

③ ㉡, ㉢　　　　　　　　　④ ㉢, ㉣

16 조선 정조 대에 편찬된 법전은?

① 속대전　　　　　　　　　② 경국대전

③ 대전통편　　　　　　　　④ 대전회통

ANSWER　14.①　15.④　16.③

14 ① 과거는 문과와 무과로 나뉘었으며, 문과는 다시 대과(大科)와 소과(생진과시)로 나뉘었다. 소과에는 초시와 복시의 두 단계가 있어 합격한 자는 대과에 응할 자격을 얻었다.

15 ㉠ 정도전은 민본적 통치 규범을 마련하고 재상 중심의 정치를 주장하였다.
　　㉡ 사병을 혁파하고 호패법을 실시한 것은 태종이다.

16 ③ 대전통편 : 1785년(정조 9)에 「경국대전」과 「속대전」 등 법령집을 통합하여 편찬한 법전
　　① 속대전 : 1746년(영조 22)에 「경국대전」 시행 후 공포된 법령 중 시행할 법령을 추려 편찬한 통일 법전
　　② 경국대전 : 조선시대에 나라를 다스리는 기준이 된 최고 법전으로, 세조 때 집필을 시작하여 1476년(성종 7)에 완성, 1485년에 펴냈다.
　　④ 대전회통 : 1865년(고종 2) 왕명에 따라 편찬한 조선시대 마지막 법전

17 다음의 내용과 관련된 것은?

> 조선시대 전국 8도에 각각 임명되었으며, 감찰권, 행정권, 사법권, 군사권을 가진 중요한 직책이었다.

① 갑사(甲士)　　　　　　　　　　② 삼사(三司)
③ 관찰사　　　　　　　　　　　　④ 암행어사

18 조선 전기 문화상에 관한 설명으로 옳은 것은?

① 정간보의 창안　　　　　　　　② 향약구급방의 편찬
③ 판소리와 탈춤의 성행　　　　　④ 오주연문장전산고의 편찬

_ANSWER　17.③　18.①

17 제시된 내용은 조선시대 지방 행정의 최고 책임자인 관찰사에 대한 설명이다.
　　① 갑사 : 조선시대 오위제의 중위(中衛)에 속했던 군인
　　② 삼사 : 조선시대 언론을 담당한 사헌부 · 사간원 · 홍문관
　　④ 암행어사 : 조선시대에 왕의 특명을 받고 지방군현에 비밀리에 파견되어 암행을 하던 특명사신

18 ① 정간보는 조선 세종이 창안한 동양 최고(最古)의 유량악보이다.
　　② 향약구급방은 우리나라에서 나는 한약을 가지고 질병을 치료하는 처방들을 묶어 놓은 책으로 정확한 연대는 알 수 없으나 1236~1251년(고려 고종)으로 추정된다.
　　③ 판소리와 탈춤은 조선 후기에 성행하였다.
　　④ 오주연문장전산고는 19세기의 학자 이규경이 쓴 백과사전 형식의 책이다.

19 조선 후기 사회모습에 관한 설명으로 옳은 것을 모두 고른 것은?

> ㉠ 경제적으로 몰락한 양반들은 잔반이 되었다.
> ㉡ 혼인 후 남자가 여자 집에서 생활하는 경우가 많았다.
> ㉢ 부농층이 공명첩을 구매하여 신분 상승을 꾀하였다.
> ㉣ 서얼 출신들이 규장각 검서관으로 등용되기도 하였다.

① ㉠

② ㉡, ㉢

③ ㉡, ㉣

④ ㉠, ㉢, ㉣

20 조선 후기 인물과 작품이 바르게 연결된 것은?

① 강희안 – 송하보월도

② 김정호 – 대동여지도

③ 안 견 – 몽유도원도

④ 이상좌 – 고사관수도

21 조선 후기 경제상황에 관한 설명으로 옳지 않은 것은?

① 대규모 경작의 성행

② 타조제에서 도조제로 변화

③ 직파법에서 이앙법으로 변화

④ 해동통보의 보급과 성행

ANSWER   19.④ 20.② 21.④

19 ㉡ 조선 전기에는 고려시대의 영향으로 혼인 후 남자가 여자 집에서 생활하는 남귀여가혼의 풍습이 그대로 전해졌지만, 조선 후기에는 부계 중심의 가족제도가 확립되면서 신랑이 처갓집으로 신부를 맞으러 가서 데려오는 제도인 친영제도가 정착되었다.

20 ② 대동여지도는 조선 철종 12년(1861)에 김정호가 제작한 우리나라의 대축척 지도이다.
　① 송하보월도는 조선 전기의 화가 이상좌가 그린 산수화이다.
　③ 몽유도원도는 조선 전기의 화가 안견의 산수화이다.
　④ 고사관수도는 조선 초기의 화가 강희안이 그린 산수인물화이다.

21 ④ 해동통보는 고려시대 금속화폐(동전)로, 화폐 유통에 적극적인 경제정책을 추진하였던 숙종 7년(1102)에 주조되었다.

22 독립협회에 관한 설명으로 옳지 않은 것은?

① 개화파 지식인들이 중심이 되어 설립하였다.

② 회원자격에 제한을 두지 않아 사회적으로 천대받던 계층도 참여하였다.

③ 지방에도 지회가 조직되어 전국적인 단체로 발전하였다.

④ 황국협회와 협력하여 개혁을 추구하였다.

23 다음의 내용과 관련된 사건으로 옳은 것은?

> • 청과의 의례적 사대 관계를 폐지하고 입헌 군주제적 정치 구조를 지향하였다.
> • 혜상공국을 폐지하여 자유로운 상업의 발전을 꾀하였다.
> • 지조법을 실시하고 호조로 재정을 일원화 하였다.

① 갑신정변   ② 갑오개혁
③ 임오군란   ④ 105인 사건

24 다음에서 설명하는 책을 저술한 인물은?

> 1895년 간행된 책으로 서양의 여러 나라를 돌아보면서 듣고 본 역사, 지리, 산업, 정치, 풍속 등을 기록하였다.

① 김윤식   ② 박은식
③ 유길준   ④ 최남선

ANSWER 22.④ 23.① 24.③

22 ④ 황국협회는 독립협회에 대항하고 황권을 강화하기 위해 1898년 조직된 어용단체로 친일적 성격의 단체이다.

23 ② 갑오개혁 : 1894년(고종 31) 7월부터 1896년 2월까지 약 19개월간 3차에 걸쳐 추진된 우리나라 최초의 근대적 개혁
③ 임오군란 : 1882년(고종 19) 6월 일본식 군제 도입과 민씨정권에 대한 불만으로 일어난 구식군대의 정변
④ 105인 사건 : 1911년 일본총독부가 조선의 독립운동을 탄압하기 위하여 데라우치 마사타케 총독의 암살미수사건을 조작하여 105인의 독립운동가를 감옥에 가둔 사건

24 제시된 내용은 조선 후기의 정치가 유길준이 저술한 서양 기행문인 「서유견문」에 대한 설명이다.

25 ( )에 들어갈 내용으로 옳은 것은?

> 일제는 근대적 토지 소유 관계 확립을 명분으로 ( )을/를 실시하여 식민지 경제 정책의 기반을 마련하였다.

① 방곡령
② 회사령
③ 국가 총동원법
④ 토지 조사 사업

25 ④ **토지 조사 사업** : 1910~1918년 일본이 우리나라의 식민지적 토지관계를 확립하기 위하여 시행한 대규모의 국토조사사업
　　① **방곡령** : 조선 고종 때 식량난을 해소하기 위해 일본에 대한 곡물의 수출을 금지한 명령
　　② **회사령** : 조선에서 회사를 설립할 경우에 조선총독부의 허가를 받도록 규정한 조령
　　③ **국가 총동원법** : 1938년 4월에 일제가 전쟁 수행을 위한 인적·물적 자원의 총동원을 위해 제정·공포한 전시통제의
　　　기본법

2 관광자원해설

26 관광자원의 유형별 특징에 관한 설명으로 옳지 않은 것은?

① 산업적관광자원은 1차, 2차, 3차 산업현장을 관광 대상으로 한 자원으로 재래시장이 한 예이다.

② 위락적관광자원은 이용자의 자주적, 자기발전적 성향을 충족시킬 수 있는 동태적 관광자원이다.

③ 사회적관광자원은 한 나라에 대한 객관적 이해와 경험을 바탕으로 관광객의 자아확대 욕구를 충족시켜 준다.

④ 자연적관광자원은 자연 그대로의 모습이 관광자원 역할을 하는 것으로 해변, 계곡, 목장, 어촌 등을 포함한다.

27 민속마을 – 온천 – 해수욕장이 행정구역상 모두 같은 도(道)에 위치하는 것은?

① 외암민속마을 – 도고온천 – 함덕해수욕장

② 양동민속마을 – 백암온천 – 구룡포해수욕장

③ 왕곡민속마을 – 수안보온천 – 선유도해수욕장

④ 낙안읍성민속마을 – 담양온천 – 무창포해수욕장

ANSWER 26.④ 27.②

26 ④ 자연적관광자원은 인간의 노동력, 자본, 기술이 투여되지 않은 자연적 소산의 상태를 의미하는 자원으로, 자연 그대로의 모습이 관광 객체인 자원의 역할을 하는 것을 말한다. 목장, 어촌은 자연적관광자원으로 보기 어렵다.

27 ② 양동민속마을 : 경상북도 경주시
백암온천 : 경상북도 울진군
구룡포해수욕장 : 경상북도 포항시
① 외암민속마을 : 충청남도 아산시
도고온천 : 충청남도 아산시
함덕해수욕장 : 제주특별자치도 제주시
③ 왕곡민속마을 : 강원도 고성군
수안보온천 : 충청북도 충주시
선유도해수욕장 : 전라북도 군산시
④ 낙안읍성민속마을 : 전라남도 순천시
담양온천 : 전라남도 담양군
무창포해수욕장 : 충청남도 보령시

28 관광자원해설에 관한 설명으로 옳지 않은 것은?

① 단순한 정보를 제공하는 것이 아니라 관광 대상의 가치를 높여 주는 교육적 활동이다.

② 관광지에서 적정한 관광행동을 할 수 있도록 공간을 유지·관리하는 일련의 활동이다.

③ 자원보전적 활동으로서 관광대상과 환경 간의 상호관련성을 파악하고 이해시키는 행위이다.

④ 해설사가 직접 의사를 전달하는 인적기법과 시설 및 매체를 활용하는 비인적기법이 있다.

29 우리나라 국립공원이 지정된 순서대로 나열한 것은?

㉠ 다도해상	㉡ 계룡산
㉢ 무등산	㉣ 지리산
㉤ 오대산	

① ㉡ - ㉣ - ㉠ - ㉢ - ㉤

② ㉡ - ㉣ - ㉤ - ㉢ - ㉠

③ ㉣ - ㉡ - ㉢ - ㉤ - ㉠

④ ㉣ - ㉡ - ㉤ - ㉠ - ㉢

ANSWER 28.② 29.④

28 관광자원해설은 관광객의 호기심을 자극하여 단순한 방문이 아닌 의미 있는 경험이 될 수 있도록 하는 것이다. 방문지에 대한 정보만을 전달하는 것을 넘어 관광자원이 가지는 문화·역사적 가치를 인식할 수 있도록 돕는 활동이다.
　　　② 관광지 관리에 대한 설명에 가깝다.

29 ㉣ 지리산국립공원 : 1967년 12월 29일, 우리나라 최초의 국립공원으로 지정
　　　㉡ 계룡산국립공원 : 1968년 12월 31일, 지리산에 이어 두 번째 국립공원으로 지정
　　　㉤ 오대산국립공원 : 1975년 2월 1일
　　　㉠ 다도해해상국립공원 : 1981년 12월 23일, 14번째 국립공원으로 지정
　　　㉢ 무등산국립공원 : 1972년 5월 22일 도립공원으로 지정, 2013년 3월 4일 국립공원 제21호로 지정

30 천연기념물만으로 짝지어진 것이 아닌 것은?

① 쇠똥구리, 오소리, 사향노루

② 한라산천연보호구역, 홍도천연보호구역

③ 대구 도동 측백나무 숲, 김해 신천리 이팝나무

④ 제주 서귀포층 패류화석 산지, 의령 서동리 함안층 빗방울 자국

31 석회동굴 – 용암동굴 – 해식동굴의 순서대로 바르게 나열한 것은?

① 영월 고씨동굴 – 제주 만장굴 – 제주 협재굴

② 제주 김녕사굴 – 제주 만장굴 – 제주 산방굴

③ 단양 고수동굴 – 제주 협재굴 – 제주 산방굴

④ 삼척 환선굴 – 단양 온달동굴 – 제주 정방굴

30 ① 사향노루(제216호)는 천연기념물이지만, 쇠똥구리, 오소리는 천연기념물이 아니다.

② 한라산천연보호구역(제182호), 홍도천연보호구역(제170호)

③ 대구 도동 측백나무 숲(제1호), 김해 신천리 이팝나무(제185호)

④ 제주 서귀포층 패류화석 산지(제195호), 의령 서동리 함안층 빗방울 자국(제196호)

31 동굴의 종류

㉠ 석회동굴 : 석회암의 용식작용과 침식작용으로 만들어진 동굴

ex. 영월 고씨동굴, 단양 고수동굴, 삼척 환선굴, 단양 온양동굴 등

㉡ 용암동굴 : 화화산 작용으로 유동성이 강한 염기성 용암이 흘러 생긴 동굴

ex. 제주 만장굴, 제주 협재굴, 제주 김녕사굴

㉢ 해식동굴 : 해안지대에서 파도의 침식 작용으로 만들어진 동굴

ex. 제주 산방굴, 제주 정방굴

32 지역과 컨벤션센터의 연결이 옳지 않은 것은?

① 서울 – COEX

② 부산 – BEXCO

③ 대구 – DEXCO

④ 제주 – ICC JEJU

33 경복궁 근정전 앞 품계석에 관한 설명으로 옳지 않은 것은?

① 벼슬의 높낮이 순서대로 관계(官階)의 품(品)을 새겨 세운 돌이다.

② 근정전까지 이어진 삼도(三道)를 따라 좌우에 세워져 있다.

③ 동편에는 무관, 서편에는 문관이 위치한다.

④ 1품에서 3품까지는 정(正), 종(從P)으로 구분하였다.

32 ③ 대구시 북구에 위치한 컨벤션센터는 엑스코(EXCO)로, theater type 기준 최대 수용인원이 7900명이다.

33 품계석… 조선시대에는 벼슬의 높고 낮음에 따라 정1품에서 종9품까지 18등급으로 품계를 나누었다. 품계석은 그 품계를
돌에 새긴 것으로 경복궁 근정전 앞마당에 품계의 순서에 따라 나열하였다.
　③ 근정전을 정면으로 바라보며 동편인 오른쪽에는 문관(文官), 서편인 왼쪽에는 무관(武官)이 정렬하였다.

34 성곽에 관한 설명으로 옳지 않은 것은?

① 간문은 눈에 잘 띄지 않는 은밀한 곳에 내는 작은 성문이다.

② 현안은 성벽에 가까이 다가온 적을 공격하기 위해 성벽 외벽 면을 수직에 가깝게 뚫은 시설이다.

③ 여장은 성체 위에 설치하는 구조물로 적으로부터 몸을 보호하기 위하여 낮게 쌓은 담장이다.

④ 적대는 성문 좌우에 바깥쪽으로 튀어나오게 쌓은 성벽으로 성문을 공격하는 적을 옆에서 공격하기 위한 시설이다.

35 한 꼭짓점에서 지붕골이 만나는 형태로 주로 정자에 사용되는 지붕은?

① 모임지붕   ② 팔작지붕

③ 맞배지붕   ④ 우진각지붕

36 서울소재 공원과 관련 인물의 연결이 옳지 않은 것은?

① 효창공원 – 김구   ② 구암공원 – 이제마

③ 도산공원 – 안창호   ④ 낙성대공원 – 강감찬

ANSWER   34.①   35.①   36.②

34 ① 간문은 도성의 정문인 동·서·남·북의 4대문 사이에 있는 작은 문을 말한다.

35 ② 팔작지붕 : 지붕 위까지 박공이 달려 용마루 부분이 삼각형의 벽을 이룬다. 맞배지붕과 함께 한옥에 많이 쓰는 지붕의 형태이다.

     ③ 맞배지붕 : 지붕의 완각이 잘려진 가장 간단한 형식의 지붕으로, 지붕면이 양면으로 경사를 지어 八자형으로 되어있다.

     ④ 우진각지붕 : 지붕면이 사방으로 경사를 짓고 있는 형식으로, 정면은 사다리꼴, 측면은 삼각형 모양으로 보이는 지붕이다.

     ※ 지붕의 모양

팔작지붕   맞배지붕   우진각지붕

36 ② 구암공원은 서울특별시 강서구 가양동 1471번지에 있는 공원으로, 구암 허준을 기념하기 위한 공원이다.

37 2015년 문화체육관광부 지정 문화관광축제 중 대표축제를 모두 고른 것은?

> ㉠ 화천산천어축제   ㉡ 이천쌀문화축제
> ㉢ 강진청자축제   ㉣ 김제지평선축제

① ㉠, ㉡   ② ㉠, ㉣

③ ㉡, ㉢   ④ ㉢, ㉣

38 불교에서 말하는 삼보(三寶)에 해당하지 않는 것은?

① 진리를 깨친 모든 부처님

② 모범이 되고 바른 부처님의 교법

③ 부처님의 가르침대로 수행하는 사람

④ 스님들이 업보로 돌아가 수행하는 공간

ANSWER   37.②   38.④

37 문화체육관광부는 2014년 12월 우리나라 농경문화를 보여주는 '김제지평선축제'와 세계 겨울의 7대 불가사의로 소개된 '화천산천어축제'를 2015년도 대한민국 대표축제로 선정했으며, 그 밖에 '광주7080충장축제' 등 최우수축제 9개와 우수축제 10개, 유망 축제 23개를 문화관광축제로 선정하였다.

※ 2015년 문화관광축제 선정 내역

등급	축제
대표(2개)	화천산천어축제, 김제지평선축제
최우수(9개)	추억의7080충장축제, 이천쌀문화축제, 자라섬재즈페스티벌, 강경젓갈축제, 무주반딧불축제, 강진청자축제, 진도신비의바닷길축제, 문경찻사발축제, 산청한방약초축제
우수(10개)	평창효석문화제, 한산모시문화제, 부여서동연꽃축제, 순창장류축제, 담양대나무축제, 고령대가야체험축제, 봉화은어축제, 통영한산대첩축제, 창원가고파국화축제, 제주들불축제
유망(23개)	한성백제문화제, 성북다문화음식축제, 동래읍성역사축제, 대구약령시한방축제, 인천펜타포트축제, 광산우리밀축제, 대전효문화뿌리축제, 여주오곡나루축제, 춘천국제마임축제, 강원고성명태축제, 괴산고추축제, 충주세계무술축제, 해미읍성역사체험축제, 금강여울축제, 홍성역사인물축제, 완주와일드푸드축제, 보성다향제/녹차대축제, 목포해양문화축제, 정남진장흥물축제, 영암왕인문화축제, 포항불빛축제, 경주신라소리축제, 도두오래물축제

38 삼보(三寶) … 세상에서 가장 소중한 세 가지 보물이라는 뜻으로, 불교도가 궁극적으로 귀의해야 할 것인 불보(佛寶)·법보(法寶)·승보(僧寶)를 말한다.
㉠ 불보 : 진리를 깨친 모든 부처님
㉡ 법보 : 모범되고 바른 부처님의 교법
㉢ 승보 : 부처님의 가르침대로 수행하는 사람

39 사천왕상의 이름과 수호지역 방향이 올바르게 연결된 것은?

① 광목천왕 – 동쪽

② 다문천왕 – 서쪽

③ 증장천왕 – 남쪽

④ 지국천왕 – 북쪽

40 꽃벽돌로 장식된 아미산 굴뚝과 자경전 십장생 굴뚝이 있는 궁(宮)은?

① 창덕궁

② 경희궁

③ 덕수궁

④ 경복궁

41 다음이 설명하는 인물은?

> 한국적 정서가 물씬 풍기는 풍속화 및 진경산수화를 즐겨 그렸으며, 영조의 어진(御眞)과 왕세자(훗날 정조)의 초상화를 비롯하여 무동, 병진년화첩, 무이귀도도 등의 작품을 남겼다.

① 강세황

② 김정희

③ 장승업

④ 김홍도

---

39 사천왕상은 우주의 사방을 지키는 수호신을 형상화한 상으로, 사천왕은 동방 지국천(持國天), 서방 광목천(廣目天), 남방 증장천(增長天), 북방 다문천(多聞天)의 수호신을 말한다.

40 • 경복궁 교태전 아미산 굴뚝 : 경복궁 교태전의 후원에 있는 굴뚝으로, 보물 제811호로 지정되었다. 십장생, 사군자 등의 무늬 및 화마 악귀를 막는 짐승들이 표현되어 있다.

  • 경복궁 자경전 십장생 굴뚝 : 경복궁 자경전 뒷마당 화문담에 덧붙여 만든 굴뚝으로, 보물 제810호로 지정되었다. 십장생 무늬를 조형전으로 만들어 배치하였다.

41 ① 강세황 : 조선 후기의 화가이며 평론가이다. 그림 제작과 평론 활동을 주로 했다. 진경산수화를 발전시키고, 풍속화 · 인물화를 유행시켰다.

② 김정희 : 조선 후기의 문신이자 서화가이다. 추사체를 대성시켰으며, 예서 · 행서에 새 지평을 열었다.

③ 장승업 : 조선 말기의 화가로, 안견, 김홍도와 함께 조선시대 3대 화가로 불린다. 호방한 필묵과 정교한 묘사로 산수화, 인물화는 물론 화조영모화, 기명절지화 등 모든 분야에 재능이 뛰어났다.

42 국보 제36호로 국내 현존하는 최고(最古)의 범종은?

① 상원사 동종   ② 용주사 동종

③ 성덕대왕신종   ④ 옛 보신각 동종

43 유네스코에 등재된 무형문화유산이 아닌 것은?

① 판소리   ② 봉산탈춤

③ 강릉단오제   ④ 남사당놀이

44 사찰에 관한 설명으로 옳지 않은 것은?

① 화엄사 – 주 건물은 각황전으로 비로자나불을 모시고 있다.

② 통도사 – 대웅전 안에 불상을 모시지 않고 불단만 마련해 놓았다.

③ 송광사 – 의상대사에 의해 창건되었고 원효, 서산대사 등이 수도하였다.

④ 해인사 – 합천 해인사 대장경판, 합천 해인사장경판전이 있으며 법보사찰이라고 한다.

ANSWER   42.①   43.②   44.③

42 상원사 동종 … 강원도 평창군 진부면 상원사에 있는 통일신라시대(725년)의 범종으로, 국내 현존하는 최고(最古)의 범종이다. 1962년 국보 제36호로 지정되었다.

② 용주사 동종 : 경기도 화성시 용주사에 있는 국보 제120호로, 신라 종 양식을 보이는 고려시대 초기의 범종이다.

③ 성덕대왕신종 : 우리나라에 남아있는 가장 큰 종으로 국보 제29호로 지정되었다. 현재 경북 경주시 국립경주박물관에 소장되어 있다.

④ 옛 보신각 동종 : 조선시대에 만들어진 종으로 보물 제2호로 지정되었다. 1985년까지 종로의 보신각에서 제야의 종을 칠 때 사용되었다.

43 유네스코에 등재된 우리나라의 무형문화유산은 종묘제례 및 종묘제례악(2001), 판소리(2003), 강릉단오제(2005), 처용무(2009), 강강술래(2009), 제주 칠머리당 영등굿(2009), 남사당놀이(2009), 영산재(2009), 대목장(2010), 매사냥(2010), 가곡(2010), 줄타기(2011), 택견(2011), 한산 모시짜기(2011), 아리랑(2012), 김장(2013), 농악(2014), 줄다리기(2015), 제주해녀문화(2016), 한국의 전통 레슬링(씨름)(2018)등 20개이다.

44 ③ 기록에 의하면 송광사는 신라 말 혜린선사에 의해 창건되었으며, 창건 당시의 이름은 송광산 길상사(吉祥寺)였다. 길상사가 한국 불교의 중심이 될 수 있었던 것은 보조국사 지눌스님의 정혜결사가 이곳으로 옮겨지면서부터이다.

45 서원이나 향교를 비롯해 능(陵) 앞에 설치되며, 신성한 구역임을 알리는 상징적 구조물은?

① 고직사

② 전사청

③ 연화문

④ 홍살문

46 문양을 그리지 않고 바탕색으로 마무리하는 단순한 형태의 단청은?

① 모로단청

② 얼금단청

③ 긋기단청

④ 가칠단청

47 왕이 궁궐을 떠나 지방에서 임시로 머무르는 궁(宮)은?

① 동궁

② 행궁

③ 중궁

④ 서궁

ANSWER 45.④ 46.④ 47.②

45 ① 고직사 : 서원의 제반 업무를 관리하고 식사를 준비하기 위한 건물
② 전사청 : 나라의 제사와 증시(贈諡) 등을 맡아보던 관청
③ 연화문 : 연꽃의 형태를 일정한 형식으로 도안화한 무늬

46 단청의 종류
㉠ 가칠단청 : 무늬 없이 단색으로 칠한 단청
㉡ 긋기단청 : 가칠단청 위에 선만을 그어 마무리한 단청
㉢ 모로단청 : 부재 끝부분에만 문양을 넣고 가운데는 긋기로 마무리한 단청
㉣ 얼금단청 : 금단청과 모로단청의 절충형인 단청
㉤ 금단청 : 모로단청의 중간 긋기 부분인 계풍에 금문(錦紋)이나 별화(別畵)로 장식한 단청
㉥ 갖은금단청 : 금단청보다 더욱 화려하게 각종 문양을 치밀하게 장식한 단청

47 ① 동궁 : 황태자, 태자 또는 왕세자가 머무는 궁으로 경복궁의 동쪽에 위치하여 생긴 명칭이다.
③ 중궁 : 왕후가 거처하는 궁전인 중궁전을 일컫는 말
④ 서궁 : 덕수궁을 달리 이르던 말

48 석탑의 구성 중 상륜부에 해당하지 않는 것은?

① 탱주   ② 찰주

③ 수연   ④ 보주

49 통상 사찰 뒤쪽에 위치하며 독성, 산신, 칠성신을 모신 곳은?

① 나한전   ② 대웅전

③ 삼성각   ④ 약사전

50 다음이 설명하는 것은?

> 한국의 전통음악에 속하는 기악독주곡의 하나로, 느린 장단으로부터 빠른 장단으로 연주하는 민속음악
> 이다. 장구 반주가 따르며, 무속 음악과 시나위에 기교가 더해져 19세기 무렵에 만들어졌다.

① 산조   ② 가사

③ 제례악   ④ 연례악

ANSWER 48.① 49.③ 50.①

48 탑의 상륜부는 아래로부터 노반, 복발, 앙화, 보륜, 보개, 수연, 보주·용차, 찰주 순으로 이루어진다.
  ① 탱주는 석탑의 기단부에서 중간에 일정한 간격으로 세운 기둥을 말한다.

49 ① 나한전 : 부처님의 제자인 나한을 모신 법당
  ② 대웅전 : 석가모니불을 본존불로 모시는 당우
  ④ 약사전 : 약사여래불을 봉안해 놓은 법당

50 ② 가사 : 정통 성악곡의 하나로 민요처럼 화려한 전통 정가이다.
  ③ 제례악 : 천신·지신 등 등 제향(祭享)에 사용되는 의식 음악을 말한다.
  ④ 연례악 : 궁중의 연향과 조정의식 때 연주되던 음악을 말한다.

③ 관광법규

51 관광진흥법령상 관광 편의시설업으로 옳은 것은?

① 외국인전용 유흥음식점업   ② 관광공연장업

③ 호스텔업   ④ 일반관광유람선업

ANSWER 51.①

51 관광 편의시설업의 종류〈관광진흥법 시행령 제2조 제1항 제6호〉〈2020. 4. 28. 개정〉

㉠ **관광유흥음식점업** : 식품위생 법령에 따른 유흥주점 영업의 허가를 받은 자가 관광객이 이용하기 적합한 한국 전통 분위기의 시설을 갖추어 그 시설을 이용하는 자에게 음식을 제공하고 노래와 춤을 감상하게 하거나 춤을 추게 하는 업

㉡ **관광극장유흥업** : 식품위생 법령에 따른 유흥주점 영업의 허가를 받은 자가 관광객이 이용하기 적합한 무도(舞蹈)시설을 갖추어 그 시설을 이용하는 자에게 음식을 제공하고 노래와 춤을 감상하게 하거나 춤을 추게 하는 업

㉢ **외국인전용 유흥음식점업** : 식품위생 법령에 따른 유흥주점 영업의 허가를 받은 자가 외국인이 이용하기 적합한 시설을 갖추어 외국인만을 대상으로 주류나 그 밖의 음식을 제공하고 노래와 춤을 감상하게 하거나 춤을 추게 하는 업

㉣ **관광식당업** : 식품위생 법령에 따른 일반음식점영업의 허가를 받은 자가 관광객이 이용하기 적합한 음식 제공시설을 갖추고 관광객에게 특정 국가의 음식을 전문적으로 제공하는 업

㉤ **관광순환버스업** : 「여객자동차 운수사업법」에 따른 여객자동차운송사업의 면허를 받거나 등록을 한 자가 버스를 이용하여 관광객에게 시내와 그 주변 관광지를 정기적으로 순회하면서 관광할 수 있도록 하는 업

㉥ **관광사진업** : 외국인 관광객과 동행하며 기념사진을 촬영하여 판매하는 업

㉦ **여객자동차터미널시설업** : 「여객자동차 운수사업법」에 따른 여객자동차터미널사업의 면허를 받은 자가 관광객이 이용하기 적합한 여객자동차터미널시설을 갖추고 이들에게 휴게시설·안내시설 등 편익시설을 제공하는 업

㉧ **관광펜션업** : 숙박시설을 운영하고 있는 자가 자연·문화 체험관광에 적합한 시설을 갖추어 관광객에게 이용하게 하는 업

㉨ **관광궤도업** : 「궤도운송법」에 따른 궤도사업의 허가를 받은 자가 주변 관람과 운송에 적합한 시설을 갖추어 관광객에게 이용하게 하는 업

㉩ **관광면세업** : 다음의 어느 하나에 해당하는 자가 판매시설을 갖추고 관광객에게 면세물품을 판매하는 업
• 「관세법」에 따른 보세판매장의 특허를 받은 자
• 「외국인관광객 등에 대한 부가가치세 및 개별소비세 특례규정」에 따라 면세판매장의 지정을 받은 자

㉪ **관광지원서비스업** : 주로 관광객 또는 관광사업자 등을 위하여 사업이나 시설 등을 운영하는 업으로서 문화체육관광부장관이 「통계법」 제22조제2항 단서에 따라 관광 관련 산업으로 분류한 쇼핑업, 운수업, 숙박업, 음식점업, 문화·오락·레저스포츠업, 건설업, 자동차임대업 및 교육서비스업 등. 다만, 법에 따라 등록·허가 또는 지정을 받거나 신고를 해야 하는 관광사업은 제외한다.

52 관광진흥법령상 분양 및 회원 모집을 할 수 있는 관광사업으로 옳은 것은?

① 야영장업

② 제2종 종합휴양업

③ 전문휴양업

④ 종합유원시설업

53 국제회의산업 육성에 관한 법령상 국제회의 도시의 지정기준으로 옳은 것은?

① 지정대상 도시에 숙박시설·교통시설·교통 안내체계 등 국제회의 참가자를 위한 편의시설이 갖추어져 있을 것

② 지정대상 도시에 국제회의시설의 조성계획이 있고, 해당 시에서 관광개발계획을 수립하고 있을 것

③ 지정대상 도시의 국제회의 유치실적이 연간 30건 이상일 것

④ 지정대상 도시의 외래 관광객 방문자 수가 연간 100만 명 이상일 것

52 분양 및 회원 모집〈관광진흥법 제20조 제1항〉 ··· 관광숙박업이나 관광객 이용시설업으로서 <u>대통령령으로 정하는 종류의 관광사업</u>을 등록한 자 또는 그 사업계획의 승인을 받은 자가 아니면 그 관광사업의 시설에 대하여 분양(휴양 콘도미니엄만 해당한다) 또는 회원 모집을 하여서는 아니 된다.

  ※ 대통령령으로 정하는 종류의 관광사업〈관광진흥법 시행령 제23조 제1항〉 ··· 법 제20조 제1항 및 제2항 제1호에서 "대통령령으로 정하는 종류의 관광사업"이란 다음 각 호의 사업을 말한다.
   ㉠ 휴양 콘도미니엄업 및 호텔업
   ㉡ 관광객 이용시설업 중 제2종 종합휴양업

53 국제회의도시의 지정기준〈국제회의산업 육성에 관한 법률 시행령 제13조〉 ··· 법 제14조 제1항에 따른 국제회의도시의 지정기준은 다음 각 호와 같다.
   ㉠ 지정대상 도시에 국제회의시설이 있고, 해당 특별시·광역시 또는 시에서 이를 활용한 국제회의산업 육성에 관한 계획을 수립하고 있을 것
   ㉡ 지정대상 도시에 숙박시설·교통시설·교통안내체계 등 국제회의 참가자를 위한 편의시설이 갖추어져 있을 것
   ㉢ 지정대상 도시 또는 그 주변에 풍부한 관광자원이 있을 것

54 관광진흥법령상 폐광지역 카지노사업자의 영업준칙으로 옳지 않은 것은?

① 카지노 이용자에게 자금을 대여하여서는 아니된다.

② 머신게임의 이론적 배당률을 60% 이상으로 하여야 한다.

③ 매일 오전 6시부터 오전 10시까지는 영업을 하여서는 아니 된다.

④ 회원용이 아닌 일반 영업장에서는 주류를 판매하거나 제공하여서는 아니 된다.

55 관광진흥법령상 도시지역의 주민이 거주하고 있는 주택을 이용하여 외국인 관광객에게 한국의 가정 문화를 체험할 수 있도록 숙식 등을 제공하는 업은?

① 한옥체험업   ② 관광식당업

③ 한국전통호텔업   ④ 외국인관광 도시민박업

ANSWER   54.②   55.④

54 ② 머신게임을 운영하는 사업자는 투명성 및 내부통제를 위한 기구·시설·조직 및 인원을 갖추어 운영하여야 하며, 머신게임의 이론적 배당률을 75% 이상으로 하고 배당률과 실제 배당률이 5% 이상 차이가 있는 경우 카지노검사기관에 즉시 통보하여 카지노검사기관의 조치에 응하여야 한다.〈관광진흥법 시행규칙 별표 9 카지노업 영업준칙〉폐광지역 카지노사업자 역시 별표 9의 카지노업 영업준칙을 지켜야 한다.

  ① 관광진흥법 시행규칙 별표 10 폐광지역 카지노사업자의 영업준칙 7

  ③ 관광진흥법 시행규칙 별표 10 폐광지역 카지노사업자의 영업준칙 3

  ④ 관광진흥법 시행규칙 별표 10 폐광지역 카지노사업자의 영업준칙 2

55 ① 한옥체험업 : 한옥(「한옥 등 건축자산의 진흥에 관한 법률」 제2조제2호에 따른 한옥을 말한다)에 관광객의 숙박 체험에 적합한 시설을 갖추고 관광객에게 이용하게 하거나, 전통 놀이 및 공예 등 전통문화 체험에 적합한 시설을 갖추어 관광객에게 이용하게 하는 업

  ② 관광식당업 : 식품위생 법령에 따른 일반음식점영업의 허가를 받은 자가 관광객이 이용하기 적합한 음식 제공시설을 갖추고 관광객에게 특정 국가의 음식을 전문적으로 제공하는 업

  ③ 한국전통호텔업 : 한국전통의 건축물에 관광객의 숙박에 적합한 시설을 갖추거나 부대시설을 함께 갖추어 관광객에게 이용하게 하는 업

56 관광진흥법상 여행이용권의 지급 및 관리에 관한 설명으로 옳지 않은 것은?

① 국가 및 지방자치단체는 대통령령으로 정하는 관광 취약계층에게 여행이용권을 지급할 수 있다.

② 국가 및 지방자치단체는 여행이용권의 수급자격 및 자격유지의 적정성을 확인하기 위하여 필요한 가족 관계증명 자료 등 대통령령으로 정하는 자료를 관계 기관의 장에게 요청할 수 있다.

③ 국가 및 지방자치단체는 여행이용권의 발급 등 여행이용권 업무의 효율적 수행을 위하여 전담기관을 지정할 수 있다.

④ 국가 및 지방자치단체는 여행이용권의 이용기회 확대 및 지원 업무의 효율성을 제고하기 위하여 여행이용권과 문화이용권을 통합하여 운영할 수 있다.

57 관광진흥법상 관광체험교육프로그램을 개발 · 보급할 수 있는 자로 옳은 것은?

① 한국관광공사의 사장

② 관광협회중앙회의 회장

③ 일반여행업협회의 회장

④ 지방자치단체의 장

56 ④ 문화체육관광부장관은 여행이용권의 이용 기회 확대 및 지원 업무의 효율성을 제고하기 위하여 여행이용권을 「문화예술진흥법」에 따른 문화이용권 등 문화체육관광부령으로 정하는 이용권과 통합하여 운영할 수 있다.〈관광진흥법 제47조의5 제6항〉
　① 관광진흥법 제47조의5 제1항
　② 관광진흥법 제47조의5 제2항
　③ 관광진흥법 제47조의5 제4항

57 관광체험교육프로그램 개발〈관광진흥법 제48조의5〉 … 문화체육관광부장관 또는 지방자치단체의 장은 관광객에게 역사 · 문화 · 예술 · 자연 등의 관광자원과 연계한 체험기회를 제공하고, 관광을 활성화하기 위하여 관광체험교육프로그램을 개발 · 보급할 수 있다. 이 경우 장애인을 위한 관광체험교육프로그램을 개발하여야 한다.

58 관광기본법의 목적으로 옳은 것을 모두 고른 것은?

> ㉠ 관광 여건의 조성　　　　　㉡ 국제친선을 증진
> ㉢ 국민경제와 국민복지를 향상　㉣ 지역의 균형발전

① ㉠, ㉡　　　　　　　　　　② ㉠, ㉣

③ ㉡, ㉢　　　　　　　　　　④ ㉡, ㉣

59 관광진흥법령상 외국인 의료관광 지원과 관련된 내용으로 옳지 않은 것은?

① 문화체육관광부장관이 정하는 기준을 충족하는 외국인 의료관광 관련 기관에 관광진흥개발 기금을 대여할 수 있다.

② 문화체육관광부장관은 외국인 의료관광 전문인력을 양성하는 전문교육기관 중에서 우수전문교육기관이나 우수 교육과정을 선정하여 지원할 수 있다.

③ 문화체육관광부장관은 외국인 의료관광 안내에 대한 편의를 제공하기 위하여 국내외에 외국인 의료관광 유치 안내센터를 설치·운영할 수 있다.

④ 문화체육관광부장관은 의료관광의 활성화를 위하여 지방자치단체의 장이나 외국인환자 유치 의료기관 또는 유치업자와 공동으로 해외마케팅사업을 추진할 수 있다.

ANSWER　**58.③　59.①**

58 관광기본법의 목적〈관광기본법 제1조〉… 이 법은 관광진흥의 방향과 시책에 관한 사항을 규정함으로써 국제친선을 증진하고 국민경제와 국민복지를 향상시키며 건전한 국민관광의 발전을 도모하는 것을 목적으로 한다.

59 ① 문화체육관광부장관은 외국인 의료관광 활성화를 위하여 대통령령으로 정하는 기준을 충족하는 외국인 의료관광 유치·지원 관련 기관에 「관광진흥개발기금법」에 따른 관광진흥개발기금을 대여하거나 보조할 수 있다.〈관광진흥법 제12조의2(의료관광 활성화) 제1항〉
　　② 관광진흥법 시행령 제8조의3 제1항
　　③ 관광진흥법 시행령 제8조의3 제2항
　　④ 관광진흥법 시행령 제8조의3 제3항

60 관광진흥법상 여행이용권의 지급대상으로 옳은 것은?

① 관광사업자　　　　　　　　　　② 관광종사원

③ 관광취약계층　　　　　　　　　　④ 외국인 관광객

61 국제회의산업 육성에 관한 법령상 (　　) 안에 들어갈 내용으로 옳은 것은?

> 국제기구나 국제기구에 가입한 기관 또는 법인·단체가 개최하는 회의로서 아래 요건을 모두 갖춘 회의를 국제회의라고 말한다.
> – 해당 회의에 (　㉠　) 이상의 외국인이 참가 할 것
> – 회의 참가자가 (　㉡　) 이상이고 그 중 외국인이 (　㉢　) 이상일 것
> – (　㉣　) 이상 진행되는 회의일 것

① ㉠ : 5개국 ㉡ : 300명 ㉢ : 100명 ㉣ : 3일

② ㉠ : 3개국 ㉡ : 300명 ㉢ : 150명 ㉣ : 5일

③ ㉠ : 5개국 ㉡ : 500명 ㉢ : 100명 ㉣ : 3일

④ ㉠ : 3개국 ㉡ : 500명 ㉢ : 150명 ㉣ : 5일

62 관광진흥법령상 관광숙박업의 사업계획 변경에 관한 승인을 받아야 하는 경우로 옳지 않은 것은?

① 휴양 콘도미니엄업의 객실 수 또는 객실면적을 변경하려는 경우

② 부지 및 대지 면적을 변경할 때에 그 변경하려는 면적이 당초 승인받은 계획면적의 100분의 10 이상이 되는 경우

③ 건축 연면적을 변경할 때에 그 변경하려는 연면적이 당초 승인받은 계획면적의 100분의 5 이상이 되는 경우

④ 변경하려는 업종의 등록기준에 맞는 경우로서, 호텔업과 휴양 콘도미니엄업 간의 업종변경

63 관광진흥법령상 국외여행 인솔자의 자격요건으로 옳은 것은?

① 여행업체에서 3개월 이상 근무하고 국외여행 경험이 있는 자

② 관광통역안내사 자격을 취득한 자

③ 여행업체에서 근무하고 국외여행 경험이 있는 자로서 시·도지사가 지정하는 양성교육을 이수한 자

④ 대통령령으로 정하는 교육기관에서 국외여행 인솔에 필요한 양성교육을 이수한 자

ANSWER 62.③ 63.②

62 사업계획 변경승인〈관광진흥법 시행령 제9조 제1항〉… 관광숙박업의 사업계획 변경에 관한 승인을 받아야 하는 경우는 다음 각 호와 같다.
　⊙ 부지 및 대지 면적을 변경할 때에 그 변경하려는 면적이 당초 승인받은 계획면적의 100분의 10 이상이 되는 경우
　ⓛ 건축 연면적을 변경할 때에 그 변경하려는 연면적이 당초 승인받은 계획면적의 100분의 10 이상이 되는 경우
　ⓒ 객실 수 또는 객실면적을 변경하려는 경우(휴양 콘도미니엄업만 해당한다)
　ⓔ 변경하려는 업종의 등록기준에 맞는 경우로서, 호텔업과 휴양 콘도미니엄업 간의 업종변경 또는 호텔업 종류 간의 업종 변경

63 국외여행 인솔자의 자격요건〈관광진흥법 시행규칙 제22조 제1항〉… 국외여행을 인솔하는 자는 다음 각 호의 어느 하나에 해당하는 자격요건을 갖추어야 한다.
　⊙ 관광통역안내사 자격을 취득할 것
　ⓛ 여행업체에서 6개월 이상 근무하고 국외여행 경험이 있는 자로서 문화체육관광부장관이 정하는 소양교육을 이수할 것
　ⓒ 문화체육관광부장관이 지정하는 교육기관에서 국외여행 인솔에 필요한 양성교육을 이수할 것

64 관광진흥법상 과태료의 부과 대상으로 옳지 않은 것은?

① 문화체육관광부령으로 정하는 영업준칙을 지키지 아니한 카지노사업자

② 문화체육관광부장관의 인증을 받지 아니한 문화관광해설사 양성을 위한 교육프로그램에 인증표시를 한 자

③ 관광사업자가 아닌 자가 문화체육관광부령으로 정하는 관광표지를 사업장에 붙인 경우

④ 관광숙박업으로 등록하지 않거나 사업계획의 승인을 받지 않은 자가 그 사업의 시설에 대하여 회원모집을 한 경우

64.④

---

64 과태료〈관광진흥법 제86조 제1항, 제2항〉〈2019. 12. 3. 신설 및 개정〉

① 다음 각 호의 어느 하나에 해당하는 자에게는 500만원 이하의 과태료를 부과한다.

  ㉠ 제33조의2제1항(유원시설업자는 그가 관리하는 유기시설 또는 유기기구로 인하여 대통령령으로 정하는 중대한 사고가 발생한 때에는 즉시 사용중지 등 필요한 조치를 취하고 문화체육관광부령으로 정하는 바에 따라 특별자치시장·특별자치도지사·시장·군수·구청장에게 통보하여야 한다.)에 따른 통보를 하지 아니한 자

  ㉡ 제38조제6항(관광통역안내의 자격이 없는 사람은 외국인 관광객을 대상으로 하는 관광안내를 하여서는 아니 된다.〈2016. 2. 3. 신설〉)을 위반하여 관광통역안내를 한 자

② 다음 각 호의 어느 하나에 해당하는 자에게는 100만 원 이하의 과태료를 부과한다.

  ㉠ 제10조 제3항(관광사업자가 아닌 자는 관광표지를 사업장에 붙이지 못하며, 관광사업자로 잘못 알아볼 우려가 있는 경우에는 관광사업의 명칭 중 전부 또는 일부가 포함되는 상호를 사용할 수 없다)을 위반한 자

  ㉡ 제28조 제2항 전단(카지노사업자는 카지노업의 건전한 육성·발전을 위하여 필요하다고 인정하여 문화체육관광부령으로 정하는 영업준칙을 지켜야 한다)을 위반하여 영업준칙을 지키지 아니한 자

  ㉢ 제33조 제3항(안전관리자는 문화체육관광부장관이 실시하는 유기시설 및 유기기구의 안전관리에 관한 교육을 정기적으로 받아야 한다)을 위반하여 안전교육을 받지 아니한 자

  ㉣ 제33조 제4항(유원시설업자는 안전관리자가 안전교육을 받도록 하여야 한다)을 위반하여 안전관리자에게 안전교육을 받도록 하지 아니한 자

  ㉤ 제38조 제7항(관광통역안내의 자격을 가진 사람이 관광안내를 하는 경우에는 자격증을 패용하여야 한다)을 위반하여 자격증을 패용하지 아니한 자

  ㉥ 제48조의10 제3항(한국관광 품질인증을 받은 자가 아니면 인증표지 또는 이와 유사한 표지를 하거나 한국관광 품질인증을 받은 것으로 홍보하여서는 아니 된다)을 위반하여 인증표지 또는 이와 유사한 표지를 하거나 한국관광 품질인증을 받은 것으로 홍보한 자〈2018.03.13. 신설〉

65 관광진흥법령상 호텔업의 등급결정에 관한 설명으로 옳지 않은 것은?

① 문화체육관광부장관은 등급결정권을 위탁할 수 있다.

② 관광숙박업 중 호텔업의 등급은 5성급 · 4성급 · 3성급 · 2성급 및 1성급으로 구분한다.

③ 관광호텔업의 등록을 한 자는 호텔을 신규등록 한 경우 그 사유가 발생한 날부터 60일 이내에 등급결정을 신청하여야 한다.

④ 가족호텔업, 의료관광호텔업의 등록을 한 자는 등급결정을 신청하여야 한다.

66 관광진흥법령상 소형호텔업의 등록기준에 관한 설명으로 옳은 것을 모두 고른 것은?

> ㉠ 욕실이나 샤워시설을 갖춘 객실을 20실 이상 30실 미만으로 갖추고 있을 것
> ㉡ 부대시설의 면적 합계가 건축 연면적의 50퍼센트 이하일 것
> ㉢ 한 종류 이상의 부대시설을 갖출 것

① ㉠, ㉡   ② ㉠, ㉡, ㉢

③ ㉠, ㉢   ④ ㉡, ㉢

ANSWER 65.④ 66.①

65 ④ 관광호텔업, 수상관광호텔업, 한국전통호텔업, 소형호텔업 또는 의료관광호텔업의 등록을 한 자는 등급결정을 신청하여야 한다.

※ 관광진흥법 시행령 제22조 제1항(호텔업의 등급결정)…법 제19조제1항 단서에서 "대통령령으로 정하는 자"란 관광호텔업, 수상관광호텔업, 한국전통호텔업, 가족호텔업, 소형호텔업 또는 의료관광호텔업의 등록을 한 자를 말한다. 〈2019. 11. 19. 개정〉

① 관광진흥법 시행령 제66조 제1항
② 관광진흥법 시행령 제22조 제2항
③ 관광진흥법 시행규칙 제25조 제1항

66 소형호텔업 등록기준〈관광진흥법 시행령 별표 1 관광사업의 등록기준〉

㉠ 욕실이나 샤워시설을 갖춘 객실을 20실 이상 30실 미만으로 갖추고 있을 것
㉡ 부대시설의 면적 합계가 건축 연면적의 50퍼센트 이하일 것
㉢ 두 종류 이상의 부대시설을 갖출 것. 다만, 「식품위생법 시행령」에 따른 단란주점영업, 유흥주점영업 및 「사행행위 등 규제 및 처벌 특례법」 제2조 제1호에 따른 사행행위를 위한 시설은 둘 수 없다.
㉣ 조식 제공, 외국어 구사인력 고용 등 외국인에게 서비스를 제공할 수 있는 체제를 갖추고 있을 것
㉤ 대지 및 건물이 소유권 또는 사용권을 확보하고 있을 것. 다만, 회원을 모집하는 경우에는 소유권을 확보하여야 한다.

67 관광진흥개발기금법상 기금의 용도로서 옳지 않은 것은?

① 해외자본의 유치를 위하여 필요한 경우 문화체육관광부령으로 정하는 사업에 투자할 수 있다.

② 관광을 위한 교통수단의 확보 또는 개수(改修)에 대여할 수 있다.

③ 관광정책에 관하여 조사·연구하는 법인의 기본재산 형성 및 조사·연구사업, 그 밖의 운영에 필요한 경비를 보조할 수 있다.

④ 국내외 관광안내체계의 개선 및 관광홍보사업에 대여하거나 보조할 수 있다.

ANSWER 67.①

67 기금의 용도〈관광진흥개발기금법 제5조〉

ㄱ 기금은 다음 각 호의 어느 하나에 해당하는 용도로 대여(貸與)할 수 있다.
- 호텔을 비롯한 각종 관광시설의 건설 또는 개수(改修)
- 관광을 위한 교통수단의 확보 또는 개수
- 관광사업의 발전을 위한 기반시설의 건설 또는 개수
- 관광지·관광단지 및 관광특구에서의 관광 편의시설의 건설 또는 개수

ㄴ 문화체육관광부장관은 기금에서 관광정책에 관하여 조사·연구하는 법인의 기본재산 형성 및 조사·연구사업, 그 밖의 운영에 필요한 경비를 보조할 수 있다.

ㄷ 기금은 다음 각 호의 어느 하나에 해당하는 사업에 대여하거나 보조할 수 있다.
- 국외 여행자의 건전한 관광을 위한 교육 및 관광정보의 제공사업
- 국내외 관광안내체계의 개선 및 관광홍보사업
- 관광사업 종사자 및 관계자에 대한 교육훈련사업
- 국민관광 진흥사업 및 외래관광객 유치 지원사업
- 관광상품 개발 및 지원사업
- 관광지·관광단지 및 관광특구에서의 공공 편익시설 설치사업
- 국제회의의 유치 및 개최사업
- 장애인 등 소외계층에 대한 국민관광 복지사업
- 전통관광자원 개발 및 지원사업
- 그 밖에 관광사업의 발전을 위하여 필요한 것으로서 대통령령으로 정하는 사업

ㄹ 기금은 민간자본의 유치를 위하여 필요한 경우 다음 각 호의 어느 하나의 사업이나 투자조합에 출자(出資)할 수 있다.
- 「관광진흥법」 제2조 제6호 및 제7호에 따른 관광지 및 관광단지의 조성사업
- 「국제회의산업 육성에 관한 법률」 제2조 제3호에 따른 국제회의시설의 건립 및 확충 사업
- 관광사업에 투자하는 것을 목적으로 하는 투자조합
- 그 밖에 관광사업의 발전을 위하여 필요한 것으로서 대통령령으로 정하는 사업

ㅁ 기금은 신용보증을 통한 대여를 활성화하기 위하여 예산의 범위에서 다음 각 호의 기관에 출연할 수 있다. 〈2018.12.24. 신설〉
- 「신용보증기금법」에 따른 신용보증기금
- 「지역신용보증재단법」에 따른 신용보증재단중앙회

68 관광진흥법령상 권한의 위탁에 관한 설명으로 옳은 것은?

① 국외여행 인솔자의 등록 및 자격증 발급에 관한 권한은 지역별 관광협회에 위탁한다.

② 우수숙박시설의 지정 및 지정취소에 관한 권한은 한국관광공사에 위탁한다.

③ 관광통역안내사의 자격시험, 등록 및 자격증의 발급에 관한 권한은 한국산업인력공단에 위탁한다.

④ 문화관광해설사의 양성교육과정 등의 인증 및 인증의 취소에 관한 권한은 업종별 관광협회에 위탁한다.

ANSWER 68.②

68 권한의 위탁〈관광진흥법 시행령 제65조 제1항〉… 등록기관등의 장은 법에 따라 다음 각 호의 권한을 한국관광공사, 협회, 지역별·업종별 관광협회, 전문 연구·검사기관, 자격검정기관 또는 교육기관에 각각 위탁한다. 이 경우 문화체육관광부 장관 또는 시·도지사는 ⑩, ⑭, ⊗ 및 ㋅의 경우 위탁한 업종별 관광협회, 전문 연구·검사기관 또는 관광 관련 교육기 관의 명칭·주소 및 대표자 등을 고시해야 한다. 〈2020. 6. 2. 개정〉

㉠ 관광 편의시설업 중 관광식당업·관광사진업 및 여객자동차터미널시설업의 지정 및 지정취소에 관한 권한 : 지역별 관광협회

㉡ 국외여행 인솔자의 등록 및 자격증 발급에 관한 권한 : 업종별 관광협회

㉢ 삭제 〈2018. 6. 5.〉

㉣ 카지노기구의 검사에 관한 권한 : 법 제25조제2항에 따라 문화체육관광부장관이 지정하는 검사기관(이하 "카지노기구 검 사기관"이라 한다)

㉤ 유기시설 또는 유기기구의 안전성검사 및 안전성검사 대상에 해당되지 아니함을 확인하는 검사에 관한 권한 : 문화체육관광 부령으로 정하는 인력과 시설 등을 갖추고 문화체육관광부령으로 정하는 바에 따라 문화체육관광부장관이 지정한 업 종별 관광협회 또는 전문 연구·검사기관

㉥ 안전관리자의 안전교육에 관한 권한 : 업종별 관광협회 또는 안전 관련 전문 연구·검사기관

㉦ 관광종사원 중 관광통역안내사·호텔경영사 및 호텔관리사의 자격시험, 등록 및 자격증의 발급에 관한 권한 : 한국관광공사. 다만, 자격시험의 출제, 시행, 채점 등 자격시험의 관리에 관한 업무는 「한국산업인력공단법」에 따른 한국산업인력공 단에 위탁한다.

㉧ 관광종사원 중 국내여행안내사 및 호텔서비스사의 자격시험, 등록 및 자격증의 발급에 관한 권한 : 협회. 다만, 자격시험의 출제, 시행, 채점 등 자격시험의 관리에 관한 업무는 「한국산업인력공단법」에 따른 한국산업인력공단에 위탁한다.

㉨ 문화관광해설사 양성을 위한 교육과정의 개설·운영에 관한 권한 : 한국관광공사 또는 다음 각 목의 요건을 모두 갖춘 관 광 관련 교육기관

• 기본소양, 전문지식, 현장실무 등 문화관광해설사 양성교육(이하 이 호에서 "양성교육"이라 한다)에 필요한 교육과정 및 교육내용을 갖추고 있을 것

• 강사 등 양성교육에 필요한 인력과 조직을 갖추고 있을 것

• 강의실, 회의실 등 양성교육에 필요한 시설과 장비를 갖추고 있을 것

㉩ 한국관광 품질인증 및 그 취소에 관한 업무 : 한국관광공사

㉪ 관광특구에 대한 평가 : 관광진흥법 시행령 제58조의2 각 호에 따른 조사·분석 전문기관

69 관광진흥개발기금법상 기금의 재원으로 옳은 것을 모두 고른 것은?

> ⊙ 관광사업자의 과태료　　　　　ⓛ 정부로부터 받은 출연금
> ⓒ 카지노사업자의 납부금　　　　ⓔ 관광복권사업자의 납부금

① ⊙, ⓛ

② ⊙, ⓔ

③ ⓛ, ⓒ

④ ⓒ, ⓔ

70 관광진흥법령상 관광종사원의 자격 등에 관한 내용으로 옳지 않은 것은?

① 파산선고를 받고 복권되지 아니한 자는 취득하지 못한다.

② 관광종사원의 자격을 취득하려는 자는 문화체육관광부장관이 실시하는 시험에 합격한 후 문화체육관광부장관에게 등록하여야 한다.

③ 관광종사원의 자격증을 분실하게 되면 한국관광공사의 사장에게 재교부를 신청하여야 한다.

④ 관할 등록기관등의 장은 대통령령으로 정하는 관광 업무에는 관광종사원의 자격을 가진 자가 종사하도록 해당 관광사업자에게 권고할 수 있다.

71 관광진흥개발기금법의 목적으로 옳은 것은?

① 문화관광축제 활성화

② 관광을 통한 외화 수입의 증대

③ 관광개발의 진흥

④ 국제수지 향상

ANSWER 69.③ 70.③ 71.②

69 기금의 재원〈관광진흥개발기금법 제2조 제2항〉… 기금은 다음 각 호의 재원(財源)으로 조성한다.〈2017. 11. 28. 개정〉
　⊙ 정부로부터 받은 출연금
　ⓛ 「관광진흥법」 제30조(기금 납부)에 따른 납부금
　ⓒ 출국납부금
　ⓔ 「관세법」에 따른 보세판매장 특허수수료의 100분의 50
　ⓜ 기금의 운용에 따라 생기는 수익금과 그 밖의 재원

70 ③ 관광종사원 자격증을 가진 자는 그 자격증을 잃어버리거나 못 쓰게 되면 문화체육관광부장관에게 그 자격증의 재교부를 신청할 수 있다.〈관광진흥법 제38조 제4항〉

71 관광진흥개발기금법의 목적 … 이 법은 관광사업을 효율적으로 발전시키고 관광을 통한 외화 수입의 증대에 이바지하기 위하여 관광진흥개발기금을 설치하는 것을 목적으로 한다.〈관광진흥개발기금법 제1조〉

72 관광진흥법령상에 제시된 내용 중 사업시행자가 조성사업의 시행에 따른 토지·물건 또는 권리를 제공함으로써 생활의 근거를 잃게 되는 자를 위하여 수립하는 이주대책으로 옳지 않은 것은?

① 택지 조성 및 주택 건설
② 이주대책에 따른 비용
③ 이주방법 및 이주시기
④ 생계해결을 위한 직업교육 비용

73 관광진흥법령상 유원시설업자 중 물놀이형 유기 시설 또는 유기기구를 설치한 자가 지켜야 하는 안전·위생기준으로 옳지 않은 것은?

① 영업 중인 사업장에 의사를 1명 이상 배치하여야 한다.
② 이용자가 쉽게 볼 수 있는 곳에 수심 표시를 하여야 한다.
③ 풀의 물이 1일 3회 이상 여과기를 통과하도록 하여야 한다.
④ 음주 등으로 정상적인 이용이 곤란하다고 판단될 때에는 음주자 등의 이용을 제한하여야 한다.

ANSWER 72.④ 73.①

72 이주대책의 내용〈관광진흥법 시행령 제57조〉… 사업시행자가 법에 따라 수립하는 이주대책에는 다음 각 호의 사항이 포함되어야 한다.
㉠ 택지 및 농경지의 매입
㉡ 택지 조성 및 주택 건설
㉢ 이주보상금
㉣ 이주방법 및 이주시기
㉤ 이주대책에 따른 비용
㉥ 그 밖에 필요한 사항

73 의무 시설을 설치한 사업자는 의무 시설에 「의료법」에 따른 간호사 또는 「응급의료에 관한 법률」에 따른 응급구조사 또는 「간호조무사 및 의료유사업자에 관한 규칙」에 따른 간호조무사를 1명 이상 배치하여야 한다.〈관광진흥법 시행규칙 별표 10의2 물놀이형 유원시설업자의 안전·위생기준 제6호〉〈2016. 12. 30. 개정〉

74 국제회의산업 육성에 관한 법령상 국제회의 전담조직에 대한 내용으로 옳은 것은?

① 외교부장관은 국제회의 유치·개최의 지원업무를 국제회의 전담조직에 위탁할 수 있다.

② 산업통상자원부장관이 국제회의 전담조직을 지정한다.

③ 국제회의 전담조직은 국제회의 관련 정보의 수집 및 배포업무를 담당한다.

④ 국제회의 전담조직은 국제회의도시를 지정할 수 있다.

75 관광진흥법령상 관광통계 작성 범위로 옳지 않은 것은?

① 국민의 관광행태에 관한 사항

② 외국인 방한 관광객의 경제수준에 관한 사항

③ 관광사업자의 경영에 관한 사항

④ 관광지와 관광단지의 현황 및 관리에 관한 사항

Aɴꜱᴡᴇʀ 74.③ 75.②

74 ① 문화체육관광부장관은 국제회의 유치·개최의 지원에 관한 업무를 대통령령으로 정하는 바에 따라 법인이나 단체에 위탁할 수 있다. 〈국제회의산업 육성에 관한 법률 제18조 제1항〉

② 문화체육관광부장관은 국제회의산업의 육성을 위하여 필요하면 국제회의 전담조직을 지정할 수 있다. 〈국제회의산업 육성에 관한 법률 제5조 제1항〉

④ 문화체육관광부장관은 대통령령으로 정하는 국제회의도시 지정기준에 맞는 특별시·광역시 및 시를 국제회의도시로 지정할 수 있다. 〈국제회의산업 육성에 관한 법률 제14조 제1항〉

75 관광통계 작성 범위〈관광진흥법 시행령 제41조의2〉 … 법에 따른 관광통계의 작성 범위는 다음 각 호와 같다.

㉠ 외국인 방한(訪韓) 관광객의 관광행태에 관한 사항

㉡ 국민의 관광행태에 관한 사항

㉢ 관광사업자의 경영에 관한 사항

㉣ 관광지와 관광단지의 현황 및 관리에 관한 사항

㉤ 그 밖에 문화체육관광부장관 또는 지방자치단체의 장이 관광산업의 발전을 위하여 필요하다고 인정하는 사항

76 매킨토시(R. W. McIntosh)가 분류한 관광동기가 아닌 것은?

① 신체적 동기 ② 문화적 동기
③ 대인적 동기 ④ 자아실현 동기

ANSWER 76.④

76 매킨토시의 관광동기
  ㉠ 신체적 · 물리적 동기
   • 육체적 · 정신적 기분 전환
   • 건강 목적 추구
   • 스포츠 행사 참여
   • 즐거움, 흥분감, 낭만, 오락
  ㉡ 문화적 동기
   • 외국 및 외국인, 관광지에 대한 호기심
   • 미술, 음악, 건축, 민속 등에 대한 관심
   • 역사적 유적지에 대한 관심
   • 국제적 행사 참석
  ㉢ 대인적 동기
   • 친인척 방문
   • 새로운 사람과의 만남, 새로운 친구와의 사귐
   • 새롭고 색다른 체험 추구
   • 자신의 사회적 환경으로부터 탈출
   • 여행을 통한 개인적 즐거움 각성
   • 영적인 목적으로 성지 방문
   • 여행을 위한 여행
  ㉣ 지위 · 위세 동기
   • 취미활동 추구
   • 교육 및 학습
   • 사업 및 직업적 목적 추구
   • 자아 향상
   • 쾌락적 탐닉

77 환경보호와 자연 보존을 중시하는 지속가능한 관광의 유형으로 옳지 않은 것은?

① 생태관광   ② 녹색관광

③ 연성관광   ④ 위락관광

78 호텔 객실요금에 식비가 전혀 포함되지 않은 요금제도는?

① American Plan   ② European Plan

③ Continental Plan   ④ Modified American Plan

79 여행업의 특성으로 옳지 않은 것은?

① 창업이 용이하다.   ② 수요 탄력성이 높다.

③ 고정자산의 비중이 높다.   ④ 노동집약적이다.

ANSWER   77.④   78.②   79.③

77 ④ 위락관광은 경제발전으로 인한 오락시설에 대한 수요 증가로 등장한 관광자원으로 주제공원 등이 대표적이다. 위락관광은 환경보호와 자연 보존보다는 개발과 관련된다.

78 ② European Plan : 객실료와 식사대를 분리하여 각각 별도의 계산을 하는 방식으로, 우리나라 호텔에서 일반적으로 적용하는 요금제도이다.
　① American Plan : 북아메리카에서 처음 발생한 호텔상품으로, 고객이 식사를 하든 안 하든 상관없이 객실요금과 아침, 점심, 저녁이 포함된 요금제도이다.
　③ Continental Plan(대륙식 요금제도) : 유럽에서 일반적으로 사용되는 제도로, 객실요금에 아침식대만 포함된 요금제도이다.
　④ Modified American Plan(수정식 아메리칸 방식) : 아메리칸 플랜을 수정하여 주로 아침과 저녁만 실료에 포함시켜 요금제도이다.

79 ③ 신용사업으로 고정자산의 비중이 낮다.
　※ 여행업의 특징
　　㉠ 위험부담이 적다.
　　㉡ 신용사업이다.
　　㉢ 다품종·대량생산이다.
　　㉣ 노동집약적이다.
　　㉤ 계절적으로 수요 탄력적이다.
　　㉥ 과다경쟁의 위험이 있다.
　　㉦ 공익성을 지닌다.
　　㉧ 생산과 소비의 동시성이 가능하다.
　　㉨ 입지 위주의 사업이다.

80 다음에서 설명하고 있는 호텔경영 방식은?

> 본사와 가맹점 간 계약을 맺어 본사는 상표권과 전반적 시스템 및 경영노하우를 제공하고, 가맹점은 그에 따른 수수료를 지불하는 형태로 가맹점의 경영권은 독립성이 유지된다.

① 단독경영
② 임차경영
③ 위탁경영
④ 프랜차이즈경영

81 항공기 위탁수하물로 반입이 가능한 물품은?

① 연료가 포함된 라이터
② 70도(%)이상의 알코올성 음료
③ 공기가 1/3이상 주입된 축구공
④ 출발 신호용 총

80 ① 단독경영 : 개인이 호텔 하나만을 운영하는 경우나 그룹사의 겨우 호텔업에 투자하여 관리인으로 하여금 단독경영을 하게 하는 형태
② 임차경영 : 호텔 건물의 건설 자금이 부족한 호텔기업이 개인 소유의 건물을 빌려서 호텔로 활용하는 방식
③ 위탁경영 : 경영협약체인 경영협약에 의해서 총 경영을 책임지는 것으로 호텔회사는 리스경영에 있어서와 같이 경영주체가 되지 않고 그 시설의 관리운영만을 계약에 의해 수탁하는 방식

81 ④ 창·도검류, 총기류·무술호신용품, 스포츠용품류, 공구류 등은 기내반입은 제한되지만 위탁수하물로는 반입이 가능하다.
※ 기내반입 및 수하물위탁 제한물품
  ㉠ 폭발물류 : 수류탄, 다이너마이트, 화학류, 연막탄, 조병탄, 폭죽, 지뢰, 뇌관, 신관, 도화선, 발파캡 등 폭발장치
  ㉡ 인화성 물질 : 성냥, 라이터, 부탄가스 등 인화성 가스, 휘발유·페인트 등 인화성 액체, 70% 이상의 알코올성 음료 등(단, 소형안전성냥 및 휴대용 라이터는 각 1개에 한해 객실 반입 가능)
  ㉢ 방사능·전염성·독성 물질 : 염소, 표백제, 산화제, 수은, 하수구 청소재제, 독극물, 의료용·상업용 동위원소, 전염성·생물학적 위험물질 등
  ㉣ 기타 위험 물질 : 소화기, 드라이아이스, 최루가스 등(드라이아이스는 1인당 2.5kg에 한해 이산화탄소 배출이 용이하도록 안전하게 포장된 경우 항공사 승인 하에 반입 가능)

82 호텔정보시스템 중 다음의 업무를 처리하는 것은?

> • 인사/급여관리　　　　　　　　　• 구매/자재관리
> • 원가관리　　　　　　　　　　　　• 시설관리

① 프론트 오피스 시스템(front office system)
② 백 오피스 시스템(back office system)
③ 인터페이스 시스템(interface system)
④ 포스 시스템(POS system)

82

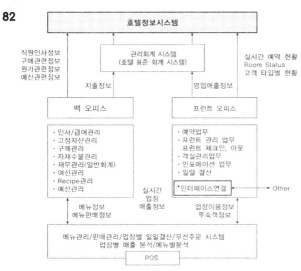

83 국제회의 산업의 파급효과 중 사회문화적 효과로 옳지 않은 것은?

① 세수(稅收) 증대
② 국제친선 도모
③ 지역문화 발전
④ 상호이해 증진

84 테마파크의 본질적 특성으로 옳지 않은 것은?

① 주제성
② 이미지 통일성
③ 일상성
④ 배타성

85 관광수요의 정성적 수요예측방법이 아닌 것은?

① 시계열법
② 델파이법
③ 전문가 패널
④ 시나리오 설정법

86 Intrabound 관광의 범위로 옳은 것은?

① 국내거주 외국인 국내관광 + 외국인 국내관광
② 국내거주 외국인 국내관광 + 내국인 국내관광
③ 내국인 국내관광 + 내국인 국외관광
④ 외국인 국외관광 + 내국인 국외관광

ANSWER 83.① 84.③ 85.① 86.②

83 ① 세수 증대는 국제회의 산업의 경제적 파급효과에 해당한다.

84 ③ 테마파크는 특정한 주제에 따른 테마성과 현실 세계와는 다른 비일상적인 공간을 제공해야 한다.

85 ① 시계열법은 정량적 수요예측방법이다.
　※ 수요예측기법
　　㉠ 정성적 예측기법 : 전문가 의견법, 시장조사법, 수명주기 유추법, 델파이법
　　㉡ 정량적 예측기법 : 시계열 예측법, 인과형 예측법
　　㉢ 기타 : 회귀분석법, 이동평균법

86 Intrabound travel(인트라바운드 여행) … 내국인의 국내여행을 뜻하는 신조어로, 여기서 내국인이란 국내에 거주하고 있는 외국인을 포함한다. 이러한 인트라바운드 여행을 즐기는 사람들을 'Intrabound traveler' 또는 '내나라 여행족'이라고도 한다.

87 유네스코(UNESCO) 등재유산의 분류 유형으로 옳지 않은 것은?

① 종교유산   ② 세계유산

③ 인류무형유산   ④ 세계기록유산

88 문화체육관광부가 수립하는 관광개발기본계획에 관한 설명으로 옳지 않은 것은?

① 1992년에 시작되었다.

② 5년 주기로 수립한다.

③ 현재 제3차 기본계획이 실행 중에 있다.

④ 법정계획으로 규정되어 있다.

89 다음 설명에 해당하는 제도는?

> 해외여행을 하는 우리 국민들을 위해 세계 각 국가와 지역의 위험수준에 따라 단기적인 위험상황이 발생하는 경우에 발령한다.

① 여행경보신호등제도   ② 특별여행경보제도

③ 여행금지제도   ④ 여행자사전등록제도

ANSWER   87.①   88.②   89.②

87 유네스코의 등재유산은 세계유산(문화유산 + 자연유산), 인류무형문화유산, 세계기록유산으로 구분된다.

88 ② 10년을 주기로 수립한다.
※ 관광개발기본계획
    ㉠ 제1차 : 1992~2001년
    ㉡ 제2차 : 2002~2011년
    ㉢ 제3차 : 2012~2021년

89 특별여행경보제도 … 여행경보제도와는 별개로 단기적인 위험상황이 발생하는 경우에 발령한다.
    ㉠ 특별여행주의보(특별여행경보 1단계) : 해당 국가 전체 또는 일부 지역에 적색경보(철수권고)에 준하는 효과가 발생한다.
    ㉡ 특별 여행경보(특별여행경보 2단계) : 기존의 여행경보단계와는 관계없이 해당 국가 전체 또는 일부 지역에 '즉시 대피'에 해당하는 효과가 발생한다.

90 신속해외송금제도에서 허용하고 있는 송금 한도액으로 옳은 것은?

① 미화 1,000달러 이하

② 미화 2,000달러 이하

③ 미화 3,000달러 이하

④ 미화 5,000달러 이하

91 다음에서 설명하고 있는 서비스 제공 방식은?

> • 고객이 직접 조리과정을 보면서 식사를 할 수 있는 형태
>
> • 주로 바, 라운지, 스낵바 등에서 볼 수 있음
>
> • 조리사가 요리를 직접 제공함

① 카운터 서비스(counter service)

② 러시안 서비스(Russian service)

③ 뷔페 서비스(buffet service)

④ 플레이트 서비스(plate service)

ANSWER 90.③ 91.①

90 신속해외송금제도 … 해외여행 중, 도난 및 분실 등으로 일시적 궁핍한 상황에 놓였을 경우 국내에 있는 지인이 외교부 계좌로 입금(최대 3,000불 이하)하면, 해당 재외공관(대사관, 총영사관)에서 현지화로 전달하는 제도

ㄱ 지원대상
• 해외여행을 하는 대한민국 국민 중
• 해외여행 중 현금, 신용카드 등 분실하거나 도난당한 경우
• 교통사고 등 갑작스런 사고를 당하거나 질병을 앓게 된 경우
• 불가피하게 해외 여행기간을 연장하게 된 경우, 기타 자연재해 등 긴급 상황이 발생한 경우
• 마약, 도박 등 불법 또는 탈법 목적, 상업적 목적, 정기적 송금 목적의 지원은 불가

ㄴ 지원한도 : 1회, 미화 3천 불 상당

ㄷ 신속해외송금 지원받는 방법
• 여행자가 재외공관(대사관 혹은 총영사관)이나 영사콜센터를 통해 신속해외송금지원제도 신청
• 국내연고자가 외교부 구좌(농협 혹은 수협)로 수수료를 포함한 원화 입금
• 재외공관(대사관 혹은 총영사관)에서는 여행자에게 현지화로 긴급경비 전달

91 ② 러시안 서비스 : 큰 플레터(Platter)에 담아 고객에게 보여준 후 서빙포크와 스푼으로 덜어 고객의 작은 접시에 직접 제공하는 서비스 방식

③ 뷔페 서비스 : 고객이 식당에 들어오기 전에 여러 음식들을 미리 준비해서 고객의 기호에 맞는 요리를 자기의 양만큼 직접 가져다 먹도록 하는 서비스 방식

④ 플레이트 서비스 : 고객 주문에 따라 주방에서 조리된 음식을 접시에 담아 나가는 서비스 방식

92 '항공운임 등 총액표시제'에 관한 설명으로 옳지 않은 것은?

① 항공권 및 항공권이 포함된 여행상품의 구매·선택에 중요한 영향을 미치는 가격정보를 총액으로 제공 토록 의무화한 것이다.

② 항공운임 및 요금, 공항시설사용료, 해외공항의 시설사용료, 출국납부금, 국제빈곤퇴치기여금 등이 포 함된다.

③ '항공운임 등 총액표시제' 이행대상 상품은 국제 항공권 및 국제 항공권이 포함되어 있는 여행상품으로 제한하고 있다.

④ 항공 소비자 편익 강화를 위해 2014년 7월 15일부터 시행되고 있다.

93 공금으로 하는 관용여행 중 호화 유람여행을 일컫는 용어는?

① junket

② pilgrimage

③ jaunt

④ voyage

92 항공운임 등 총액표시제 … 항공권 또는 항공권이 포함된 여행상품 표시·광고·안내 시 소비자가 지불해야 할 총 금액을 소비자가 쉽게 알 수 있도록 유류할증료, 공항시설사용료 등이 포함된 총액으로 제공토록 의무화한 제도

ⓖ 표시·광고·안내되는 내용
- 항공운임 등 총액 : 세부운임 정보 등과 차별되게 강조(여행상품의 경우, 여행상품 가격에 포함하여 표시 가능)
- 편도 또는 왕복인지 여부
- 유류할증료 등 변동가능 여부
- 유류할증료 금액(구체적 일정이 명시된 경우)

ⓛ '항공운임 등 총액'의 세부내역
- 「항공법」 제117조에 따른 운임 및 요금(항공운임＋유류할증료)
- 「항공법」 제107조에 따른 공항시설사용료
- 해외 공항의 시설사용료
- 「관광진흥개발기금법」 제2조에 따른 출국납부금
- 「한국국제협력단법」 제18조의2에 따른 국제빈곤퇴치기여금
- 그 밖에 항공운송사업자가 제공하는 항공교통서비스를 이용하기 위하여 항공교통이용자가 납부하여야 하는 금액

ⓒ 이행대상
- 국적 항공사(국내·국제항공운송사업자)
- 외국계 항공사(외국인 국제항공운송사업자)
- 항공운송총대리점업자
- 여행업자(관광진흥법 제4조에 따라 여행업 등록을 한 자)

93 ② pilgrimage : 순례, 성지 참배
③ jaunt : 놀기 위한 짧은 여행, 위안 여행
④ voyage : 장거리의 선박여행, 항공여행

94 우리나라 관세법령상 기본면세 범위에 관한 설명이다. (   )안에 들어갈 내용으로 옳은 것은?

> 관세의 면제 한도는 여행자 1명의 휴대품 또는 별송품으로서 각 물품의 과세가격 합계 기준으로 미화 (   )
> 이하로 한다.

① 400달러   ② 500달러
③ 600달러   ④ 800달러

95 자동출입국심사(Smart Entry Service)에 관한 설명으로 옳지 않은 것은?

① 사전에 여권정보와 바이오정보(지문, 안면)를 등록한 후 자동출입국심사대에서 출입국심사가 진행된다.
② 심사관의 대면심사를 대신해 자동출입국심사대를 이용하여 출입국 심사가 이루어지는 시스템이다.
③ 복수여권 소지자는 물론 단수여권 소지자도 자동출입국심사대를 이용할 수 있다.
④ 취득한 바이오 정보로 본인확인이 가능해야 하며 바이오 정보 제공 및 활용에 동의하여야 한다.

ANSWER 94.③ 95.③

94 2014년 9월부터 기존 400달러였던 면세 한도가 600달러로 상향되었다.
  ※ 관세법 시행규칙 제48조(관세가 면제되는 휴대품 등) 제2항 … 관세의 면제 한도는 여행자 1명의 휴대품 또는 별송품으
    로서 각 물품(세관장이 반출 확인한 물품으로서 재반입되는 물품은 제외한다)의 과세가격 합계 기준으로 미화 600달
    러 이하로 한다. 다만, 농림축산물 등 관세청장이 정하는 물품이 휴대품 또는 별송품에 포함되어 있는 경우에는 기본
    면세 범위에서 해당 농림축산물 등에 대하여 관세청장이 따로 정한 면세한도를 적용할 수 있다.

95 자동출입국심사(Smart Entry Service) … SES는 대한민국 자동출입국심사시스템의 명칭으로 사전에 여권정보와 바이오정
    보(지문, 안면)를 등록한 후 Smart Entry Service 게이트에서 이를 활용하여 출입국심사를 진행하는 첨단 출입국심사시스
    템이다. Smart Entry Service 가입 희망자는 다음의 조건을 만족해야 한다.
    • 7세 이상이어야 한다.(단, 7세 이상 14세 미만의 아동은 법정대리인의 동의를 받아 등록 가능)
    • 여권자동판독이 가능한 복수여권을 소지하여야 한다.
    • 지문 취득 및 얼굴사진 촬영이 가능하고 취득한 바이오 정보로 본인확인이 가능해야 한다.
    • 바이오 정보의 제공 및 활용에 동의하여야 한다.

96 다음에서 설명하고 있는 여행형태는?

> 여행 출발시 안내원을 동반하지 않고 목적지에 도착 후 현지 가이드 서비스를 받는 형태

① FIT여행(Foreign Independent Tour) ② IIT여행(Inclusive Independent Tour)
③ ICT여행(Inclusive Conducted Tour) ④ PT여행(Package Tour)

97 항공권 예약 담당자의 비행편 스케줄 확인방법으로 옳지 않은 것은?

① 항공사별 비행 시간표(Time Table) 이용
② OAG(Official Airlines Guide) 이용
③ BSP(Bank Settlement Plan) 이용
④ CRS(Computer Reservation System) 이용

98 행정기관과 관광 관련 주요 기능의 연결이 옳지 않은 것은?

① 법무부 – 여행자의 출입국 관리
② 외교부 – 비자면제 협정체결
③ 관세청 – 여행자의 휴대품 통관업무
④ 문화체육관광부 – 항공협정의 체결

ANSWER 96.② 97.③ 98.④

96 ① FIT여행 : 안내원을 동반하지 않고 개별적으로 하는 자유 여행
③ ICT여행 : 안내원이 여행의 전 과정을 안내하는 여행
④ PT여행 : 여행사가 일괄적으로 정한 일정 · 코스 · 교통편 · 비용에 따르는 형식의 단체 여행

97 ③ BSP(Bank Settlement Plan) : 어음 교환창구인 여행업체가 호텔 예약 시 요금을 해당 호텔에 바로 지급하는 창구방식
① 항공사별 비행 시간표(Time Table) : 각 항공사의 비행 일정 안내를 위한 시간표
② OAG(Official Airline Guide) : 전 세계의 국내, 국제선 시간표를 중심으로 운임, 통화, 환산표 등 여행에 필요한 자료가 수록된 간행물
④ CRS(Computer Reservation System) : 항공 좌석이나 패키지여행, 호텔 등의 상황 자료를 호스트 컴퓨터에 등록시켜 두고 여행 대리점 등에 놓인 단말기 등을 전용선을 통해 접속함으로써 즉시 예약, 검색할 수 있도록 한 시스템

98 ④ 항공협정의 체결과 관련된 행정기관은 국토교통부이다.

99 다음 설명에 해당하는 호텔 객실은?

> • 여행객 갑(甲)과 을(乙)이 옆방으로 나란히 객실을 배정받고 싶을 때 이용된다.
> • 객실 간 내부 연결통로가 없다.

① 커넥팅 룸(connecting room)
② 핸디캡 룸(handicap room)
③ 팔러 룸(parlour room)
④ 어드조이닝 룸(adjoining room)

100 관광객의 다양한 관광 및 휴양을 위하여 각종 관광시설을 종합적으로 개발하는 관광거점 지역으로서, 관광진흥법에 의해 지정된 곳은?

① 관광단지
② 자연공원
③ 관광지
④ 관광특구

ANSWER 99.④ 100.①

99 ① 커넥팅 룸 : 복도를 통하지 않고서도 사이에 문이 있어 출입이 가능한 객실
② 핸디캡 룸 : 객실에 비치된 시설장치, 구조, 가구 및 비품 등이 물질적으로 손상되어 있는 객실
③ 팔러 룸 : 특실에 부수되는 응접실

100 ① 관광단지 : 관광객의 다양한 관광 및 휴양을 위하여 각종 관광시설을 종합적으로 개발하는 관광 거점 지역으로서 「관광진흥법」에 따라 지정된 곳을 말한다. 〈관광진흥법 제2조 제7호〉
② 자연공원 : 국립공원·도립공원·군립공원 및 지질공원을 말한다. 〈자연공원법 제2조 제1호〉
③ 관광지 : 자연적 또는 문화적 관광자원을 갖추고 관광객을 위한 기본적인 편의시설을 설치하는 지역으로서 「관광진흥법」에 따라 지정된 곳을 말한다. 〈관광진흥법 제2조 제6호〉
④ 관광특구 : 외국인 관광객의 유치 촉진 등을 위하여 관광 활동과 관련된 관계 법령의 적용이 배제되거나 완화되고, 관광 활동과 관련된 서비스·안내 체계 및 홍보 등 관광 여건을 집중적으로 조성할 필요가 있는 지역으로 「관광진흥법」에 따라 지정된 곳을 말한다. 〈관광진흥법 제2조 제11호〉

2016년 특별시험

 국사

1 **구석기 문화에 관한 설명으로 옳은 것은?**

① 석기인 격지, 팔매돌, 밀개는 조리 도구이다.

② 움집에 거주하였으며 난방을 위한 화덕이 있었다.

③ 석기 제작 기법은 간석기에서 뗀석기로 발전하였다.

④ 연천 전곡리 유적에서 주먹도끼 등의 유물이 출토되었다.

2 **다음 유적지와 관련된 시대에 관한 설명으로 옳지 않은 것은?**

• 양양 오산리	• 부산 동삼동
• 봉산 지탑리	• 인천 소이도

① 가락바퀴를 이용하여 고기잡이를 하였다.

② 종교적인 필요에 의해 조개껍데기 가면이 제작되었다.

③ 진흙을 빚어 불에 구워 만든 빗살무늬토기를 사용하였다.

④ 탄화된 곡식이 출토되어 식량 생산 단계였음을 알 수 있다.

ANSWER 1.④ 2.①

1 ① 격지는 몸돌이나 대형석기를 만드는 과정에서 떼어진 모든 1차 생산물로, 격지를 손질하여 긁개, 밀개, 톱니날, 홈날, 찌르개, 뚜르개 등을 만들었다. 팔매돌은 사냥 도구이다.

② 신석기

③ 뗀석기에서 간석기로 발전하였다.

2 제시된 곳은 신석기 시대의 유적지이다.

① 가락바퀴는 솜이나 털 따위의 섬유를 자아서 실을 잣는 데 쓰는 가락에 끼워 그 회전을 돕는 바퀴로, 원시적인 방적 구의 하나이다.

3 고조선 사회에 관한 설명으로 옳지 않은 것은?

① 순장 풍습이 존재하였다.　　　　　② 형벌과 노비가 존재하였다.

③ 사유재산을 중시하고 보호하였다.　　④ 소도라는 신성 지역이 존재하였다.

4 다음 기록에 해당하는 국가에 관한 설명으로 옳은 것은?

> 큰 산과 깊은 골짜기가 많고 평원과 연못이 없어서 계곡을 따라 살며, 골짜기 물을 식수로 마셨다. 좋은 밭이 없어서 힘들여 일구어도 배를 채우기는 부족하였다. 사람들의 성품은 흉악하고 급해서 노략질하기를 좋아하였다.
>
> – 삼국지 위서 동이전 –

① 책화라는 제도가 존재하였다.

② 서옥제라는 풍습이 존재하였다.

③ 행정구획인 사출도가 존재하였다.

④ 신지, 읍차 등의 지배자가 존재하였다.

5 삼국의 관등제도에 관한 설명으로 옳지 않은 것은?

① 고구려의 관등조직은 '형'계열과 '사자'계열로 분화 편제되었다.

② 백제는 16관품을 세 단계로 구분하고 공복 색깔로 구별하였다.

③ 신라는 골품에 따른 관등의 제한을 두었는데 이를 득난이라 한다.

④ 삼국의 관등 정비는 중앙집권적인 국가를 형성하기 위한 조치였다.

ANSWER　3.④　4.②　5.③

3　④ 소도는 삼한시대에 천신을 제사지낸 지역의 명칭이다.

4　제시된 기록은 고구려에 대한 내용이다.
　　② 서옥제는 고구려 때 남성을 여성의 집에 머물게 한 제도이다.
　　① 동예　③ 부여　④ 삼한

5　③ 득난은 6두품 신분을 일컫는 다른 말이다. 출신 성분에 따라 골과 품으로 등급을 나누는 신라의 신분 제도는 골품제도이다.

6 삼국시대 예술에 관한 설명으로 옳은 것은?

① 천마도는 솔거가 그렸다.
② 12악곡은 왕산악이 지었다.
③ 거문고는 우륵이 만들었다.
④ 방아타령은 백결선생이 지었다.

7 6세기 중엽 관산성 전투에 관한 설명으로 옳은 것을 모두 고른 것은?

> ㉠ 신라와 백제의 동맹이 깨졌다.
> ㉡ 백제의 공격에 의해 김무력 장군이 전사하였다.
> ㉢ 신라는 한강 하류 유역의 지배를 공고히 하게 되었다.

① ㉠, ㉡
② ㉠, ㉢
③ ㉡, ㉢
④ ㉠, ㉡, ㉢

8 고구려와 수·당 전쟁 과정을 순서대로 바르게 나열한 것은?

> ㉠ 고구려 영양왕의 수 요서지방 공격
> ㉡ 연개소문의 보장왕 옹립
> ㉢ 을지문덕 장군의 살수 대첩 승리
> ㉣ 당 태종의 안시성 공격

① ㉠ - ㉡ - ㉢ - ㉣
② ㉠ - ㉢ - ㉡ - ㉣
③ ㉢ - ㉣ - ㉡ - ㉠
④ ㉢ - ㉠ - ㉣ - ㉡

ANSWER   6.④   7.②   8.②

6 ① 천마도는 작자 미상이다. 솔거가 그린 그림으로는 황룡사 벽의 '노송도'가 유명하다.
　 ② 12악곡을 지은 사람은 가야금을 만든 우륵이다.
　 ③ 거문고를 만든 사람은 왕산악이다.

7 ㉡ 신라의 김무력 장군에 의해 백제 성왕이 전사하였다.

8 ㉠ 598년 → ㉢ 612년 → ㉡ 642년 → ㉣ 645년

9 통일신라의 지방행정에 관한 설명으로 옳은 것은?

① 정복한 국가의 귀족들을 소경으로 이주시켜 감시하였다.

② 지방관 감찰을 위해 관리를 파견하는 상수리 제도를 실시하였다.

③ 행정적 기능보다 군사적 기능을 강화하여 전국을 9주로 나누었다.

④ 경주의 지역적 편협성을 보완하기 위해 고구려와 백제 지역에 5소경을 설치하였다.

ANSWER 9.①

9 ② 상수리 제도는 신라시대 중앙정부가 일종의 볼모를 이용해 지방 세력을 통제하던 방식이다.

③ 9주 5소경은 신라는 삼국 통일 후 넓어진 영토를 효율적으로 통치하기 위해 지방 통치 조직을 새롭게 정비한 행정
구획이다.

④ 5소경을 둔 것은 신라의 수도 금성이 남동쪽에 치우쳐 있는 것을 보완하고, 지방 세력의 성장을 감시하기 위한 것이
었다. 5소경의 위치는 지도와 같다.

10 통일신라시대 말기에 관한 설명으로 옳지 않은 것을 모두 고른 것은?

> ㉠ 웅주 도독 김헌창이 반란을 일으켰다.
> ㉡ 군진세력은 유력한 중앙귀족 세력 중 하나이다.
> ㉢ 선종 9산문은 경상도를 중심으로 분포되었다.
> ㉣ 북원의 양길, 완산의 견훤 등이 대표적인 반란군이다.

① ㉠, ㉢   ② ㉠, ㉣

③ ㉡, ㉢   ④ ㉡, ㉣

ANSWER   10.③

10 ㉡ 군진세력은 국경지역 요새지를 방어하던 세력이다.
     ㉢ 선종 9산문은 경기, 강원, 충청, 경상, 전라 전 지역에 고루 분포되었다. 선종 9산문의 위치는 지도와 같다.

11 고려 태조가 시행한 정책으로 옳은 것을 모두 고른 것은?

> ㉠ 지방 호족의 자제를 뽑아 인질로 개경에 머물게 하였다.
> ㉡ 왕에 대한 충성도를 기준으로 토지를 나누어 주었다.
> ㉢ 「계백료서」를 지어 군주로서 지켜야 할 교훈을 남겼다.
> ㉣ 신라 경순왕이 귀순해 오자 그를 경주의 사심관으로 삼았다.

① ㉠, ㉡, ㉢   ② ㉠, ㉡, ㉣
③ ㉠, ㉢, ㉣   ④ ㉡, ㉢, ㉣

12 고려시대의 대간제도와 관련 있는 기구는?

① 어사대   ② 중추원
③ 도병마사   ④ 동녕부

13 고려의 경제 제도에 관한 설명으로 옳지 않은 것은?

① 한인전은 6품 이하 관리의 자제에게 지급하였다.
② 국가 재정 확충을 위하여 소금전매제를 시행하였다.
③ 민전은 매매, 상속, 기증, 임대 등이 가능한 토지였다.
④ 양계의 조세는 13개 조창에 의해 개경으로 운송되었다.

ANSWER 11.② 12.① 13.④

11 ㉢ 「계백료서」는 936년(고려 태조 19)에 왕건이 신하들의 예법을 바로잡기 위하여 쓴 예절서이다.

12 고려시대의 대간제도는 중서문하성의 낭사에는 간관을, 어사대에는 대관을 두어 국왕에 대한 보좌와 견제를 함께 수행한 제도이다. 간관과 대관을 합해 대간으로 불렀다.

13 ④ 양계의 조세는 개경으로 보내지 않고 양계에서 사용되었다.

14 고려 무인집권기에 설치된 기구에 관한 설명으로 옳지 않은 것은?

① 대장경을 간행하기 위해 교장도감을 설치하였다.

② 사병기관인 도방을 설치하여 신변을 경호하였다.

③ 문인들의 전문적인 지식을 활용하기 위해 서방을 설치하였다.

④ 반대 세력을 제거하고 비위를 감찰하기 위해 교정도감을 설치하였다.

15 조선 전기 통치 체제 정비와 관련된 사실을 순서대로 바르게 나열한 것은?

㉠ 호패법 실시	㉡ 직전법 실시
㉢ 집현전 설치	

① ㉠ - ㉡ - ㉢

② ㉠ - ㉢ - ㉡

③ ㉡ - ㉠ - ㉢

④ ㉢ - ㉠ - ㉡

16 조선 전기 천문학의 발달과 관련이 있는 것을 모두 고른 것은?

㉠ 간의	㉡ 칠정산
㉢ 시헌력	㉣ 인지의

① ㉠, ㉡

② ㉠, ㉣

③ ㉡, ㉢

④ ㉢, ㉣

ANSWER 14.① 15.② 16.①

14 ① 교장도감은 고려시대 속장경의 판각사무를 관장하던 관서로, 송나라에 다녀온 의천의 요청으로 선종 3년(1086)에 흥왕사에 설치하였다.

15 ㉠ 호패법 실시(조선 태종)
㉢ 집현전 설치(조선 세종)
㉡ 직전법 실시(조선 세조)

16 ㉠ 간의 : 조선시대 천문대에 설치되었던 중요한 천문관측기기들 가운데 하나
㉡ 칠정산 : 세종 때 우리 하늘에서 일어나는 각종 천문현상 및 북극고도 관측과 각종 역법이론을 연구하여 만든 우리 실정에 맞는 역법
㉢ 시헌력 : 태음력에 태양력의 원리를 적용하여 24절기의 시각과 하루의 시각을 정밀하게 계산하여 만든 역법
㉣ 인지의 : 세조가 고안, 제작하였던 땅의 원근을 측량하는 기구

17 조선 시대 공납의 폐단을 해결하기 위해 제시된 방안으로 옳은 것을 모두 고른 것은?

㉠ 방납	㉡ 환곡제
㉢ 수미법	㉣ 대동법

① ㉠, ㉡   ② ㉠, ㉣

③ ㉡, ㉢   ④ ㉢, ㉣

18 조선 시대 중인 신분에 해당하지 않는 것은?

① 향리   ② 역관

③ 도고   ④ 서리

19 다음에 해당하는 국왕의 업적으로 옳은 것은?

> 1789년 아버지인 사도세자의 묘를 당시 수원 읍성이 있던 지역으로 옮겼다. 그 대신 수원 읍성은 오늘날의 수원으로 옮기고 이름을 화성부라 하였다.

① 장용영 설치   ② 별기군 설치

③ 금위영 설치   ④ 훈련도감 설치

ANSWER 17.④ 18.③ 19.①

17 ㉠ 방납은 조선시대 공납제의 전개 과정에서 공물의 납부를 대행함으로써 중간 이윤을 취하던 행위로 폐단이 많았다.
　　㉡ 환곡제는 흉년이나 춘궁기에 곡식을 빈민에게 대여하고 추수기에 이를 환수하던 진휼제도이다.

18 ③ 도고는 조선 후기 상품의 매점매석을 통하여 이윤의 극대화를 노리던 상인이다.

19 제시된 내용에 해당하는 국왕은 조선의 정조이다.
　　① 1784년 정조는 생부 사도세자의 존호를 장헌세자로 바꾸고, 이를 축하하기 위한 경과를 실시한다. 1785년 홍복영의 역모사건을 계기로 왕의 호위를 강화하기 위해 장용위를 설치하고, 1788년 이를 장용영으로 개칭한다.
　　② 조선 고종 ③ 조선 숙종 ④ 조선 선조

20 조선 후기 상품 화폐 경제의 발달에 관한 설명으로 옳지 않은 것은?

① 철전인 건원중보를 만들었으며, 삼한통보, 해동통보 등의 동전도 사용하였다.

② 개성의 송상은 전국에 지점을 설치하고 대외무역에도 깊이 관여하여 부를 축적하였다.

③ 동전의 발행량이 늘어났지만 제대로 유통되지 않아 동전 부족 현상이 발생하기도 했다.

④ 상품 매매를 중개하고 운송, 보관, 숙박, 금융 등의 영업을 하는 객주와 여각이 존재하였다.

21 조선 후기 그림에서 나타난 새로운 경향으로 옳지 않은 것은?

① 우리의 자연을 사실적으로 그리는 화풍이 등장하였다.

② 안견 등 화원 출신 화가들의 작품 활동이 활발하였다.

③ 서양화의 기법을 반영하여 사물을 실감나게 표현하였다.

④ 서민들의 생활과 감정이 잘 나타나는 민화가 유행하였다.

22 다음 농민 봉기에 관한 설명으로 옳은 것은?

> 임술년(1862년) 2월 19일, 진주민 수만 명이 머리에 흰 수건을 두르고 손에는 몽둥이를 들고 무리를 지어 진주 읍내에 모여서리들의 가옥 수십 호를 불사르고 부수어, 그 움직임이 결코 가볍지 않았다.
>
> – 임술록 –

① 농민자치조직인 집강소를 설치하여 개혁을 주장하였다.

② 경상우병사인 백낙신의 수탈에 반발하여 일으킨 것이다.

③ 만적 등 천민의 신분 해방 운동을 촉진하는 요인이 되었다.

④ 홍경래의 지휘 아래 영세 농민, 중소 상인 등이 합세하였다.

ANSWER 20.① 21.② 22.②

20 ① 건원중보, 삼한통보, 해동통보는 모두 고려시대의 화폐이다.

21 ② 안견은 조선 초기 세종부터 세조 때까지 활동한 화가이다.

22 제시된 내용은 1862년 삼남지역을 중심으로 발생한 임술 농민 봉기(임술민란 또는 진주민란)에 대한 기록이다.
　① 집강소는 1894년 동학 농민 운동 때 설치한 행정적 성격의 농민 자치 기구이다.
　③ 만적의 난은 1198년(고려 신종 1) 만적이 중심이 되어 일으키려다 미수에 그친 노비해방운동이다.
　④ 홍경래의 난은 1811년 12월부터 이듬해 4월까지 약 5개월간에 걸쳐 홍경래·우군칙 등의 주도로 평안도에서 일어난 농민항쟁이다.

23 신민회의 활동으로 옳은 것을 모두 고른 것은?

> ㉠ 만민공동회 개최   ㉡ 연통제 실시
> ㉢ 대성학교 설립   ㉣ 독립군 기지 건설

① ㉠, ㉡   ② ㉠, ㉢

③ ㉡, ㉣   ④ ㉢, ㉣

24 민립대학 설립 운동이 시작된 시기에 해당하는 일제 통치 정책으로 옳은 것은?

① 창씨개명을 강요하였다.   ② 헌병경찰제를 실시하였다.

③ 산미증식계획을 실시하였다.   ④ 황국신민화 정책을 실시하였다.

25 광복 직후 정부 수립을 위한 활동을 순서대로 바르게 나열한 것은?

> ㉠ 남북협상회의 개최
> ㉡ 조선건국준비위원회 결성
> ㉢ 신탁통치반대 국민총동원위원회 결성

① ㉠ - ㉡ - ㉢   ② ㉠ - ㉢ - ㉡

③ ㉡ - ㉢ - ㉠   ④ ㉢ - ㉡ - ㉠

ANSWER   23.④   24.③   25.③

23 ㉠ 만민공동회를 개최한 것은 독립협회이다.
     ㉡ 연통제를 실시한 것은 대한민국임시정부이다.

24 민립대학 설립 운동은 1920년대 초반 실력양성운동의 일환으로 이상재 · 윤치호 등이 고등교육기관인 민립대학을 설립하려고 전개한 운동이다.
     ③ 산미증식계획은 일제가 조선을 일본의 식량공급지로 만들기 위해 1920~1934년 실시한 농업정책이다.
     ① 1930년대   ② 1910년대   ④ 1930년대

25 ㉡ 1945년 8월 → ㉢ 1945년 12월 → ㉠ 1948년 2월

② 관광자원해설

26 천연기념물로 지정된 동굴을 모두 고른 것은?

㉠ 제주 만장굴	㉡ 익산 천호동굴
㉢ 태백 용연굴	㉣ 정선 화암굴

① ㉠, ㉡   ② ㉠, ㉣

③ ㉡, ㉢   ④ ㉢, ㉣

27 자연공원에 관한 설명으로 옳은 것은?

① 금오산은 1967년 지정된 최초의 도립공원이다.

② 천마산은 1983년 지정된 도립공원으로 스키장으로 잘 알려져 있다.

③ 소백산은 1980년 지정된 국립공원으로 단양군과 영주시에 걸쳐 있다.

④ 남한산성은 1971년 지정된 도립공원이다.

ANSWER 26.① 27.④

26 ㉠ 천연기념물 제98호

㉡ 천연기념물 제177호

㉢ 강원도시도기념물 제39호

㉣ 강원도시도기념물 제33호

27 ① 금오산은 1970년에 우리나라 최초의 도립공원으로 지정되었다.

② 천마산은 1983년에 자연생태계·풍경지 보호를 위해 군립공원으로 지정되었다.

③ 소백산은 행정구역상으로 충청북도 단양군의 1개 읍·3개 면, 그리고 경상북도 영주시의 1개 읍·4개 면과 봉화군의 1개 면에 걸쳐 있는 우리나라 12대 명산 중의 하나로 1987년에 우리나라 국립공원 제18호로 지정되었다.

28 비인적 해설기법 중 단방향 해설매체(길잡이식 해설)에 관한 설명으로 옳지 않은 것은?

① 안내판, 키오스크, 멀티미디어시스템 등이 포함된다.

② 문자형과 상징형 등으로 나눌 수 있다.

③ 이용자의 선호에 따라 취사선택이 가능하다.

④ 이용자의 정보해독 능력에 따라 다른 학습효과를 낼 수 있다.

29 지역과 해수욕장의 연결이 옳지 않은 것은?

① 전라북도 – 격포 해수욕장

② 인천광역시 – 하나개 해수욕장

③ 경상남도 – 춘장대 해수욕장

④ 경상북도 – 구룡포 해수욕장

30 람사르 습지 목록에 등재된 곳을 모두 고른 것은?

⊙ 보령 갯벌   ⓒ 여수 여자만
ⓒ 신안 장도습지   ⓔ 강화 매화마름군락지

① ㉠, ㉡   ② ㉠, ㉣
③ ㉡, ㉢   ④ ㉢, ㉣

ANSWER 30.④

30 우리나라 람사르 습지 등록현황(2018년 12월 기준)

지역명	위치	면적(㎢)	등록일자
대암산용늪	강원 인제군 서화면 심적리 대암산 일원	1.06	1997.03.28
우포늪	경남 창녕군 대합면 · 이방면 · 유어면 · 대지면 일원	8.54	1998.03.02
신안장도 산지습지	전남 신안군 흑산면 비리 장도(섬) 일원	0.090	2005.03.30
순천만 · 보성갯벌	전남 순천시 별양면 · 해룡면 · 도사동 일대, 전남 보성군 벌교읍 해안가 일대	35.5	2006.01.20
물영아리오름 습지	제주 서귀포시 남원읍 수망리 수령산 일대 분화구	0.309	2006.10.18
무제치늪	울산 울주군 삼동면 조일리 정족산 일원	0.04	2007.12.20
두웅습지	충남 태안군 원동면 신두리	0.065	2007.12.20
무안갯벌	전남 무안군 해제면 · 현경면 일대	35.89	2008.01.14
물장오리오름 습지	제주 제주시 봉개동	0.628	2008.10.13
오대산 국립공원 습지	강원 평창군 대관령면 횡계리 일대(소황병산늪, 질뫼늪), 홍천군 내면 명개리 일대(조개동늪)	0.017	2008.10.13
강화 매화마름 군락지	인천 강화군 길상면 초지리	0.003	2008.10.13
1100고지 습지	제주 서귀포시 색달동 · 중문동~제주시 광령리	0.126	2009.10.12
서천갯벌	충남 서천군 서면, 유부도 일대	15.3	2009.12.02
고창 · 부안갯벌	전북 부안군 줄포면 · 보안면, 고창군 부안면 · 심원면 일대	45.5	2010.02.01
제주 동백동산 습지	제주 제주시 조천읍 선흘리	0.590	2011.03.14
고창 운곡습지	전북 고창군 아산면 운곡리	1.797	2011.04.07
증도갯벌	전남 신안군 증도면 증도 및 병풍도 일대	31.3	2011.07.29
한강밤섬	서울시 영등포구 여의도동	0.273	2012.06.20
송도갯벌	인천 연수구 송도	6.11	2014.07.10
제주 숨은물뱅듸	제주 제주시 광령리	1.175	2015.05.13
한반도습지	강원 영월군 한반도면	1.915	2015.05.13
순천 동천하구	전남 순천시 도사동, 해룡면, 별양면 일원	5.399	2016.01.20
대부도갯벌	경기 안산시 단원구 대부남동 일원	4.53	2018.10.25

31 관광진흥법에 의해 지정된 관광특구가 아닌 것은?

① 평택시 송탄

② 서울특별시 잠실

③ 창녕군 부곡온천

④ 공주시 백제문화지구

32 국가지질공원으로 지정된 곳이 아닌 것은?

① 부산

② 청송

③ 지리산권

④ 강원평화지역

ANSWER 31.④ 32.③

31 우리나라 관광특구 지정현황(2020년 5월 기준)

㉠ 서울(6) : 명동 · 남대문 · 북창, 이태원, 동대문 패션타운, 종로 · 청계, 잠실, 강남 마이스

㉡ 부산(2) : 해운대, 용두산 · 자갈치

㉢ 인천(1) : 월미

㉣ 대전(1) : 유성

㉤ 경기(5) : 동두천, 평택시 송탄, 고양, 수원 화성, 통일동산

㉥ 강원(2) : 설악, 대관령

㉦ 충북(3) : 수안보온천, 속리산, 단양

㉧ 충남(2) : 아산시온천, 보령해수욕장

㉨ 전북(2) : 무주 구천동, 정읍 내장산

㉩ 전남(2) : 구례, 목포

㉪ 경북(4) : 경주시, 백암온천, 문경, 포항 영일만

㉫ 경남(2) : 부곡온천, 미륵도

㉬ 제주(1) : 제주도

32 국가지질공원은 지구과학적으로 의미가 있고 경관도 뛰어난 지형을 자연공원법에 따라 국가가 인증해 관리하는 곳이다. 국가지질공원으로 인증이 완료된 곳으로는 강원평화지역, 울릉도 · 독도, 청송, 무등산권, 부산, 제주도, 한탄강, 강원고생대, 경북동해안, 전북서해안권, 백령 · 대청, 진안 · 무주, 단양이 있다.

33 관광농원에 관한 설명으로 옳지 않은 것은?

① 농업인의 소득증대를 도모하는 사업이다.

② 숙박시설은 설치할 수 없다.

③ 사업규모는 100,000m² 미만이어야 한다.

④ 농촌의 쾌적한 자연환경과 전통문화 등을 농촌 체험 · 관광자원으로 개발하는 사업이다.

34 유네스코 인류무형유산에 등재된 순서대로 바르게 나열한 것은?

① 강강술래 – 판소리 – 처용무 – 영산재

② 강릉단오제 – 아리랑 – 가곡 – 줄타기

③ 남사당놀이 – 대목장 – 한산모시짜기 – 농악

④ 제주칠머리당영등굿 – 대목장 – 처용무 – 가곡

35 무형문화재와 소재지의 연결이 옳지 않은 것은?

① 줄타기 – 경기
② 강강술래 – 전남
③ 봉산탈춤 – 강원
④ 은산별신제 – 충남

ANSWER　33.②　34.③　35.③

33 ② 관광농원사업 : 농어촌의 자연자원과 농림수산 생산기반을 이용하여 지역특산물 판매시설, 영농 체험시설, 체육시설, 휴양시설, 숙박시설, 음식 또는 용역을 제공하거나 그 밖에 이에 딸린 시설을 갖추어 이용하게 하는 사업이다.

34 등재 연도별 한국의 인류무형문화유산
　㉠ 2001년 : 종묘제례 및 종묘제례악
　㉡ 2003년 : 판소리
　㉢ 2005년 : 강릉단오제
　㉣ 2009년 : 처용무, 강강술래, 제주 칠머리당 영등굿, 남사당놀이, 영산재
　㉤ 2010년 : 대목장, 매사냥, 가곡
　㉥ 2011년 : 줄타기, 택견, 한산 모시짜기
　㉦ 2012년 : 아리랑
　㉧ 2013년 : 김장
　㉨ 2014년 : 농악
　㉩ 2015년 : 줄다리기
　㉠ 2016년 : 제주해녀문화
　㉤ 2018년 : 씨름

35 ③ 국가무형문화재 제17호 봉산탈춤의 소재지는 서울이다.

36 택견에 관한 설명으로 옳지 않은 것은?

① 2011년 유네스코 인류무형유산에 등재되었다.

② 1980년 국가무형문화재로 지정되면서 정부가 보호하고 있다.

③ 택견의 수련은 혼자익히기, 마주메기기, 견주기로 나눌 수 있다.

④ 우리나라 전통무술의 하나로, 고구려 고분인 무용총 벽화에 그려져 있다.

37 무형문화재에 관한 설명으로 옳은 것은?

① 무형문화재는 관광진흥법에 의해 지정·보장되는 제도이다.

② 무형문화재에는 전통지식·기술·서적·의례 등이 포함된다.

③ 무형문화재에는 국가무형문화재와 시·군 지정 무형문화재로 구분된다.

④ 국가무형문화재는 문화재청장이 무형문화재 위원회의 심의를 거쳐 지정한다.

38 국가무형문화재가 아닌 것은?

① 한산소곡주   ② 안동차전놀이

③ 북청사자놀음   ④ 조선왕조궁중음식

39 단오의 풍속이 아닌 것은?

① 강강술래   ② 그네뛰기와 씨름

③ 창포물에 머리감기   ④ 대추나무 시집보내기

ANSWER   36.②   37.④   38.①   39.①

36 ② 택견은 국가무형문화재 제76호로 1983년에 지정되었다.

37 ① 무형문화재는 문화재보호법에 의해 지정·보장되는 제도이다.
     ② 무형문화재에는 국가무형문화재와 시·도 지정 무형문화재로 구분된다.
     ③ 국가무형문화재는 문화재청장이 문화재보호법에 의하여 문화재위원회의 심의를 거쳐 지정한다.

38 ① 한산소곡주는 충청남도 시도무형문화재 제3호이다.

39 ① 강강술래는 주로 음력 8월 한가위에 연행된다.

40 카지노에 관한 설명으로 옳지 않은 것은?

① 1994년 관광진흥법 개정에 의해 관광사업으로 규정되었다.

② 국내 최초의 카지노는 1967년 개설된 서울 파라다이스워커힐카지노이다.

③ 강원랜드 카지노는 2000년 10월 개장했다.

④ 강원랜드 카지노는 내국인출입이 가능하다.

41 유형문화재 중 보물로 지정된 것은?

① 부여 정림사지 오층석탑   ② 상원사 동종

③ 보은 법주사 사천왕 석등   ④ 강릉 임영관 삼문

42 다음 설명에 해당하는 것은?

• 1983년 사적 302호로 지정됨
• 객사, 노거수 은행나무, 임경업장군비각이 있음

---

① 아산 외암마을   ② 고성 왕곡마을

③ 경주 양동마을   ④ 낙안읍성 민속마을

ANSWER   40.②   41.③   42.④

40 ② 국내 최초의 카지노는 1967년 인천 올림포스호텔카지노이다. 서울의 파라다이스워커힐카지노는 1968년 개장하였다.

41 ③ 보은 법주사 사천왕 석등은 보물 제15호이다.
   ① 국보 제9호   ② 국보 제36호   ④ 국보 제51호

42 제시된 내용은 낙안읍성 민속마을에 대한 설명이다.
   ① 중요민속문화재 제236호
   ② 중요민속문화재 제235호
   ③ 중요민속문화재 제189호

43 국보의 명칭과 지정번호의 연결이 옳지 않은 것은?

① 서울 원각사지 십층석탑 – 국보 제2호

② 경주 불국사 다보탑 – 국보 제21호

③ 익산 미륵사지 석탑 – 국보 제11호

④ 보은 법주사 쌍사자 석등 – 국보 제5호

44 문화재에 관한 설명으로 옳지 않은 것은?

① 부도는 승려의 사리를 안치한 묘탑이다.

② 석조는 주로 사찰에서 돌을 넓게 파서 물을 받아 사용하도록 만든 것이다.

③ 석등은 다른 마을과의 경계를 표시하기 위해 설치된 돌로 만든 구조물이다.

④ 당간지주는 사찰입구의 당간을 세우는 기둥이다.

45 다음 설명에 해당하는 것은?

> ㉠ 관학(官學)으로 지방의 중등교육기관
> ㉡ 조선시대 학문연구와 성리학적 인재양성을 위해 설립되었던 지방의 사설 교육기관

① ㉠ : 향교, ㉡ : 서원   ② ㉠ : 서원, ㉡ : 사고

③ ㉠ : 향교, ㉡ : 객사   ④ ㉠ : 서원, ㉡ : 향교

ANSWER   43.② 44.③ 45.①

43 ② 경주 불국사 다보탑 – 국보 제20호

44 ③ 석등은 사원 경내나, 능묘·정원 등에 불을 밝히기 위해 만들어 두는 등기이다.

45 ㉠은 향교, ㉡은 서원이다.

46 유형문화재에 관한 설명으로 옳지 않은 것은?

① 유형문화재는 건조물, 전적, 회화, 조각, 공예품 등 유형의 문화적 소산으로 역사적·예술적 또는 학술적 가치가 큰 것과 이에 준하는 고고자료이다.

② 문화재청장은 문화재위원회의 심의를 거쳐 유형문화재 중 중요한 것을 보물로 지정할 수 있다.

③ 국보는 시·도유형문화재 중 인류문화의 견지에서 가치가 크고 유례가 드문 것을 대상으로 한다.

④ 보물 제1호에서 제3호까지는 모두 서울에 소재해 있다.

47 다음 설명에 해당하는 것은?

> ㉠ 국보 제223호로 지정되어 있으며, 왕이 신하들의 조례를 받던 곳
> ㉡ 경복궁의 정문이며 남문에 해당함

① ㉠ : 근정전, ㉡ : 건춘문

② ㉠ : 사정전, ㉡ : 광화문

③ ㉠ : 경회루, ㉡ : 신무문

④ ㉠ : 근정전, ㉡ : 광화문

ANSWER 46.③ 47.④

46 ③ 국보는 보물로 지정될 가치가 있는 것 중에 제작연대가 오래 되고 시대를 대표하거나, 유례가 드물고 우수하며 특이하거나, 역사적 인물과 관련이 있는 것을 지정한다.

47 ㉠ 근정전, ㉡ 광화문

48 건축양식과 건축물이 바르게 연결된 것은?

① 주심포양식 – 숭례문

② 주심포양식 – 봉정사 극락전

③ 다포양식 – 부석사 무량수전

④ 다포양식 – 수덕사 대웅전

49 다음 설명에 해당하는 것은?

• 성문 보호를 목적으로 성문 밖에 쌓은 성벽
• 모양이 마치 항아리와 같다고 해서 붙여진 명칭
---

① 옹성

② 해자

③ 여장

④ 적대

50 양양 낙산사에 관한 설명으로 옳은 것은?

㉠ 낙산사홍련암은 1994년 강원도문화재자료로 지정됨
㉡ 2005년 화재로 인해 큰 피해를 입음
㉢ 신라 문무왕 때 의상대사에 의해 창건됨
㉣ 양양 낙산사 건칠관음보살좌상은 2003년 국보로 지정됨
---

① ㉠, ㉡

② ㉠, ㉣

③ ㉡, ㉢

④ ㉢, ㉣

48 ② 봉정사 극락전 기둥은 배흘림 형태이며, 처마 내밀기를 길게 하기 위해 기둥 위에 올린 공포가 기둥 위에만 있는 주심포 양식이다.

49 제시된 내용은 옹성에 대한 설명이다.
② 해자 : 적의 침입을 막기 위해 성 밖을 둘러 파서 못으로 만든 곳
③ 여장 : 성벽 위에서 적의 공격으로부터 은신할 수 있는 방패의 역할을 하면서 활이나 총을 쏘기 위해 구멍이나 사이를 띄어서 쌓은 작은 성벽
④ 적대 : 적의 정세를 살피는 망대

50 ㉠ 낙산사홍련암은 1984년 강원도 문화재자료 제36호로 지정되었다.
㉣ 양양 낙산사 건칠관음보살좌상은 2003년 보물 제1362호로 지정되었다.

3 관광법규

51 관광기본법의 내용으로 옳지 않은 것은?

① 정부는 관광진흥장기계획과 연도별 계획을 각각 수립하여야 한다.

② 정부는 매년 관광진흥에 관한 시책의 추진성과를 정기국회가 폐회되기 전까지 국회에 보고하여야 한다.

③ 지방자치단체는 관광에 관한 국가시책에 필요한 시책을 강구하여야 한다.

④ 정부는 관광진흥을 위하여 관광진흥개발기금을 설치하여야 한다.

52 관광진흥법의 목적으로 명시되지 않은 것은?

① 관광경제 활성화　　　　　　　　② 관광자원 개발

③ 관광사업 육성　　　　　　　　　④ 관광 여건 조성

53 관광진흥법령상 관광객 이용시설업에 해당하지 않는 것은?

① 외국인관광 도시민박업　　　　　② 관광공연장업

③ 관광유람선업　　　　　　　　　④ 관광펜션업

ANSWER 　51.②　52.①　53.④

51 ② 정부는 매년 관광진흥에 관한 시책과 동향에 대한 보고서를 정기국회가 시작하기 전까지 국회에 제출하여야 한다〈관광기본법 제4조〉.

① 정부는 관광진흥의 기반을 조성하고 관광산업의 경쟁력을 강화하기 위하여 관광진흥에 관한 기본계획을 5년마다 수립·시행하여야 한다〈관광기본법 제3조 제1항〉. 〈2017.11.28. 개정〉

52 관광진흥법의 목적〈관광진흥법 제1조〉 … 이 법은 관광 여건을 조성하고 관광자원을 개발하며 관광사업을 육성하여 관광진흥에 이바지하는 것을 목적으로 한다.

53 관광객 이용시설업〈관광진흥법 시행령 제2조 제1항〉
　㉠ 전문휴양업
　㉡ 종합휴양업
　㉢ 야영장업 : 일반야영장업, 자동차야영장업
　㉣ 관광유람선업 : 일반관광유람선업, 크루즈업
　㉤ 관광공연장업
　㉥ 외국인관광 도시민박업
　㉦ 한옥체험업

54 관광진흥법령상 관광숙박업 및 관광객 이용시설업 등록심의위원회(이하 "위원회"라 함)에 관한 내용으로 옳지 않은 것은?

① 위원회는 위원장과 부위원장 각 1명을 포함한 위원 10명 이내로 구성한다.

② 위원회를 군수 소속으로 둘 경우 부군수가 부위원장이 된다.

③ 위원회의 회의는 재적위원 3분의 2 이상의 출석과 출석위원 3분의 2 이상의 찬성으로 의결한다.

④ 위원회의 서무를 처리하기 위하여 위원회에 간사 1명을 둔다.

55 관광진흥법령상 유기기구의 안전성검사 등에 관한 내용이다. ( )에 들어갈 내용이 순서대로 옳은 것은?

> 안전성검사를 받은 유기기구 중 ( ) 이상 운행을 정지하거나 최근 ( )간의 운행정지기간의 합산일이
> ( ) 이상인 유기기구는 재검사를 받아야 한다.

① 30일, 3개월, 30일

② 30일, 6개월, 3개월

③ 3개월, 6개월, 3개월

④ 3개월, 1년, 3개월

ANSWER   54.② 55.③

54 ② 위원회는 위원장과 부위원장 각 1명을 포함한 위원 10명 이내로 구성하되, 위원장은 특별자치시·특별자치도·시·군·구(자치구만 해당)의 부지사·부시장·부군수·부구청장이 되고, 부위원장은 위원 중에서 위원장이 지정하는 자가 되며, 위원은 신고 또는 인·허가 등의 소관 기관의 직원이 된다〈관광진흥법 제17조 제2항〉.

55 안전성검사를 받은 유기기구 중 3개월 이상 운행을 정지하거나 최근 6개월간의 운행정지기간의 합산일이 3개월 이상인 유기시설 또는 유기기구는 재검사를 받아야 한다〈관광진흥법 시행규칙 제40조 제3항 제3호〉.
   ※ 2016. 12. 30. '3개월 이상 운행을 정지한 유기시설 또는 유기기구'로 개정되었다.

56 관광진흥법상 카지노사업자가 준수하여야 하는 영업준칙에 포함되어야 하는 것을 모두 고른 것은?

> ㉠ 1일 최대 영업시간
> ㉡ 게임 테이블의 집전함(集錢函) 부착 및 내기금액 한도액의 표시 의무
> ㉢ 슬롯머신 및 비디오게임의 최소배당률
> ㉣ 카지노 종사원의 게임참여 불가 등 행위금지사항

① ㉠, ㉢

② ㉡, ㉣

③ ㉡, ㉢, ㉣

④ ㉠, ㉡, ㉢, ㉣

ANSWER 56.③

56 카지노업 영업준칙 포함 사항〈관광진흥법 제28조 제2항〉
 ㉠ 1일 최소 영업시간
 ㉡ 게임 테이블의 집전함 부착 및 내기금액 한도액의 표시 의무
 ㉢ 슬롯머신 및 비디오게임의 최소배당률
 ㉣ 전산시설 · 환전소 · 계산실 · 폐쇄회로의 관리기록 및 회계와 관련된 기록의 유지 의무
 ㉤ 카지노 종사원의 게임참여 불가 등 행위금지사항

57 관광진흥법상 카지노사업자에게 금지되는 행위가 아닌 것은?

① 카지노영업소에 입장하는 자의 신분 확인에 필요한 사항을 묻는 행위

② 총매출액을 누락시켜 관광진흥개발기금 납부 금액을 감소시키는 행위

③ 선량한 풍속을 해칠 우려가 있는 광고를 하는 행위

④ 19세 미만인 자를 입장시키는 행위

58 관광진흥법령상 관광숙박업에 대한 사업계획의 승인을 받은 경우, 그 사업계획에 따른 관광숙박시설을 학교환경위생 정화구역 내에 설치할 수 있는 요건에 해당하지 않는 것은?

① 관광숙박시설의 객실이 100실 이상일 것

② 특별시 또는 광역시 내에 위치할 것

③ 관광숙박시설 내 공용공간을 개방형 구조로 할 것

④ 학교보건법에 따른 학교 출입문 또는 학교설립예정지 출입문으로부터 직선거리로 75미터 이상에 위치할 것

ANSWER 57.① 58.②

57 카지노사업자에게 금지되는 행위〈관광진흥법 제28조 제1항〉
- ㉠ 법령에 위반되는 카지노기구를 설치하거나 사용하는 행위
- ㉡ 법령을 위반하여 카지노기구 또는 시설을 변조하거나 변조된 카지노기구 또는 시설을 사용하는 행위
- ㉢ 허가받은 전용영업장 외에서 영업을 하는 행위
- ㉣ 내국인(「해외이주법」에 따른 해외이주자는 제외)을 입장하게 하는 행위
- ㉤ 지나친 사행심을 유발하는 등 선량한 풍속을 해칠 우려가 있는 광고나 선전을 하는 행위
- ㉥ 법에 따른 영업 종류에 해당하지 아니하는 영업을 하거나 영업 방법 및 배당금 등에 관한 신고를 하지 아니하고 영업하는 행위
- ㉦ 총매출액을 누락시켜 관광진흥개발기금 납부금액을 감소시키는 행위
- ㉧ 19세 미만인 자를 입장시키는 행위
- ㉨ 정당한 사유 없이 그 연도 안에 60일 이상 휴업하는 행위

58 사업계획의 승인 또는 변경승인을 받은 경우 그 사업계획에 따른 관광숙박시설로서 다음 각 호에 적합한 시설에 대해서는 「학교보건법」 제6조(학교환경위생 정화구역에서의 금지행위 등)를 적용하지 아니한다.〈관광진흥법 제16조 제7항〉
※ 「학교보건법」 제6조 삭제〈2016.02.03〉
- ㉠ 관광숙박시설에서 「학교보건법」 제6조 제1항 제12호, 제14호부터 제16호까지 또는 제18호부터 제20호까지의 규정에 따른 행위 및 시설 중 어느 하나에 해당하는 행위 및 시설이 없을 것
- ㉡ 관광숙박시설의 객실이 100실 이상일 것
- ㉢ 대통령령으로 정하는 지역 내 위치할 것
- ㉣ 대통령령으로 정하는 바에 따라 관광숙박시설 내 공용공간을 개방형 구조로 할 것
- ㉤ 「학교보건법」에 따른 학교 출입문 또는 학교설립예정지 출입문으로부터 직선거리로 75미터 이상에 위치할 것

59 관광진흥법상 관할 등록기관등의 장이 등록등 또는 사업계획의 승인을 취소할 수 있는 경우가 아닌 것은?

① 기획여행의 실시방법을 위반하여 기획여행을 실시한 경우

② 관광표지에 기재되는 내용을 사실과 다르게 표시 또는 광고하는 행위를 한 경우

③ 여행자의 사전 동의 없이 여행일정을 변경하는 경우

④ 국외여행 인솔자의 등록을 하지 아니한 자에게 국외여행을 인솔하게 한 경우

60 관광진흥법령상 특별자치도지사 · 시장 · 군수 · 구청장(자치구의 구청장을 말함)의 허가가 필요한 관광사업의 종류는?

① 국제회의시설업   ② 국외여행업
③ 일반유원시설업   ④ 전문휴양업

61 관광진흥법령상 관광숙박업의 등급에 관한 내용으로 옳지 않은 것은?

① 문화체육관광부장관은 관광숙박업에 대한 등급 결정을 하는 경우 유효기간을 정하여 등급을 정할 수 있다.

② 관광숙박업 중 호텔업의 등급은 5성급 · 4성급 · 3성급 · 2성급 및 1성급으로 구분한다.

③ 문화체육관광부장관은 관광숙박업에 대한 등급 결정 결과에 관한 사항을 공표할 수 있다.

④ 의료관광호텔업의 등록을 한 자는 등급결정을 받은 날로부터 2년이 지난 경우 희망하는 등급을 정하여 등급결정을 신청해야 한다.

ANSWER 59.④ 60.③ 61.④

59 ④ 등록을 하지 않은 자에게 국외여행을 인솔하게 한 경우 1차 사업정지 10일, 2차 사업정지 20일, 3차 사업정지 1개월, 4차 사업정지 3개월의 행정처분을 받는다.

60 ③ 유원시설업 중 대통령령으로 정하는 유원시설업을 경영하려는 자는 문화체육관광부령으로 정하는 시설과 설비를 갖추어 특별자치시장 · 특별자치도지사 · 시장 · 군수 · 구청장의 <u>허가</u>를 받아야 한다.
①②④ 여행업, 관광숙박업, 관광객 이용시설업 및 국제회의업을 경영하려는 자는 특별자치시장 · 특별자치도지사 · 시장 · 군수 · 구청장에게 <u>등록</u>하여야 한다.

61 ④ 의료관광호텔업의 등록을 한 자는 호텔업 등급결정의 유효기간(등급결정을 받은 날부터 3년) 만료 전 150일부터 90일까지의 기간 이내에 희망하는 등급을 정하여 등급결정을 신청해야 한다.〈2017.06.07. 개정〉

62 관광진흥법령상 의료관광호텔업의 등록기준의 내용으로 옳지 않은 것은?

① 욕실이나 샤워시설을 갖춘 객실을 20실 이상 30실 미만으로 갖추고 있을 것
② 외국어 구사인력 고용 등 외국인에게 서비스를 제공할 수 있는 체제를 갖추고 있을 것
③ 객실별 면적이 19제곱미터 이상일 것
④ 대지 및 건물의 소유권 또는 사용권을 확보하고 있을 것

63 관광진흥법상 관광종사원에 관한 내용으로 옳지 않은 것은?

① 외국인 관광객을 대상으로 하는 여행업자는 관광통역안내의 자격을 가진 사람을 관광안내에 종사하게 하여야 한다.
② 관광종사원 자격증을 가진 자는 그 자격증을 못 쓰게 되면 문화체육관광부장관에게 그 자격증의 재교부를 신청할 수 있다.
③ 관광종사원이 거짓이나 그 밖의 부정한 방법으로 자격을 취득한 경우에는 그 자격을 취소하여야 한다.
④ 관광종사원으로서 직무를 수행하는 데에 비위(非違) 사실이 있는 경우에는 1년 이내의 기간을 정하여 그 관광종사원의 자격의 정지를 명하여야 한다.

62 ① 욕실이나 샤워시설을 갖춘 객실이 20실 이상일 것

63 자격취소 등〈관광진흥법 제40조〉… 문화체육관광부장관(관광종사원 중 대통령령으로 정하는 관광종사원에 대하여는 시·도지사)은 자격을 가진 관광종사원이 다음 각 호의 어느 하나에 해당하면 문화체육관광부령으로 정하는 바에 따라 그 자격을 취소하거나 <u>6개월</u> 이내의 기간을 정하여 자격의 정지를 명할 수 있다. 다만, ㉠ 및 ㉤에 해당하면 그 자격을 취소하여야 한다.
㉠ 거짓이나 그 밖의 부정한 방법으로 자격을 취득한 경우
㉡ 결격사유의 어느 하나에 해당하게 된 경우
㉢ 관광종사원으로서 직무를 수행하는 데에 부정 또는 비위(非違) 사실이 있는 경우
㉣ 삭제〈2007.7.19.〉
㉤ 다른 사람에게 관광종사원 자격증을 대여한 경우

64 관광진흥법상 국외여행 인솔자의 자격요건으로 옳은 것을 모두 고른 것은?

> ㉠ 국내여행안내사 자격을 취득할 것
> ㉡ 관광통역안내사 자격을 취득할 것
> ㉢ 여행업체에서 3개월 이상 근무하고 국외여행 경험이 있는 자로서 문화체육관광부장관이 정하는 소양교육을 이수할 것
> ㉣ 문화체육관광부장관이 지정하는 교육기관에서 국외여행 인솔에 필요한 양성교육을 이수할 것

① ㉠, ㉢   ② ㉡, ㉣
③ ㉠, ㉡, ㉣   ④ ㉡, ㉢, ㉣

65 관광진흥법상 한국관광협회중앙회가 수행하는 업무로 명시된 것을 모두 고른 것은?

> ㉠ 관광통계   ㉡ 관광종사원의 교육과 사후관리
> ㉢ 관광 수용태세 개선   ㉣ 관광안내소의 운영
> ㉤ 관광 홍보 및 마케팅 지원

① ㉠, ㉡, ㉢   ② ㉠, ㉡, ㉣
③ ㉡, ㉣, ㉤   ④ ㉢, ㉣, ㉤

64 국외여행 인솔자의 자격요건〈관광진흥법 시행규칙 제22조 제1항〉
   ㉠ 관광통역안내사 자격을 취득할 것
   ㉡ 여행업체에서 6개월 이상 근무하고 국외여행 경험이 있는 자로서 문화체육관광부장관이 정하는 소양교육을 이수할 것
   ㉢ 문화체육관광부장관이 지정하는 교육기관에서 국외여행 인솔에 필요한 양성교육을 이수할 것

65 한국관광협회중앙회의 업무〈관광진흥법 제43조 제1항〉
   ㉠ 관광사업의 발전을 위한 업무
   ㉡ 관광사업 진흥에 필요한 조사·연구 및 홍보
   ㉢ 관광 통계
   ㉣ 관광종사원의 교육과 사후관리
   ㉤ 회원의 공제사업
   ㉥ 국가나 지방자치단체로부터 위탁받은 업무
   ㉦ 관광안내소의 운영
   ㉧ ㉠부터 ㉦까지의 규정에 의한 업무에 따르는 수익사업

66 관광진흥법상 우수숙박시설로 지정된 숙박시설이 문화체육관광부장관 또는 지방자치단체의 장으로부터 지원받을 수 있는 사항으로 명시되지 않은 것은?

① 관광진흥개발법에 따른 관광진흥개발기금의 대여
② 국내 또는 국외에서의 홍보
③ 숙박시설의 운영 및 개선을 위하여 필요한 사항
④ 숙박시설 등급의 상향 조정

67 관광진흥법령상 관광지 등의 개발에 관한 내용으로 옳은 것은?

① 관광지 및 관광단지는 시·도지사의 신청에 의하여 문화체육관광부장관이 지정한다.
② 관광지로 지정·고시된 날부터 5년 이내에 조성계획의 승인신청이 없으면 그 고시일로부터 5년이 지난 다음 날에 그 지정의 효력이 상실된다.
③ 사업시행자는 그가 개발하는 토지를 분양받으려는 자와 그 금액 및 납부방법에 관한 협의를 거쳐 그 대금의 전부 또는 일부를 미리 받을 수 있다.
④ 관광단지 조성사업의 시행자의 요청에 따라 관광단지에 전기를 공급하는 자가 설치하는 전기간선시설의 설치비용은 관광단지 조성사업의 시행자가 부담한다.

66 우수숙박시설의 지원〈관광진흥법 제19조의2 제2항〉 ··· 우수숙박시설로 지정된 숙박시설에 대하여 문화체육관광부장관은 대통령령으로 정하는 바에 따라, 지방자치단체의 장은 조례로 정하는 바에 따라 다음 각 호의 지원을 할 수 있다.
ㄱ「관광진흥개발기금법」에 따른 관광진흥개발기금의 대여
ㄴ 국내 또는 국외에서의 홍보
ㄷ 그 밖에 숙박시설의 운영 및 개선을 위하여 필요한 사항
※ 관광진흥법 제19조의2 삭제〈2018.03.13.〉

67 ① 관광지 및 관광단지는 문화체육관광부령으로 정하는 바에 따라 시장·군수·구청장의 신청에 의하여 시·도지사가 지정한다. 다만, 특별자치시 및 특별자치도의 경우에는 특별자치시장 및 특별자치도지사가 지정한다〈관광진흥법 제52조 제1항〉.
② 관광지등으로 지정·고시된 관광지등에 대하여 그 고시일부터 2년 이내에 조성계획의 승인신청이 없으면 그 고시일부터 2년이 지난 다음 날에 그 관광지등 지정은 효력을 상실한다〈관광진흥법 제56조 제1항〉.
④ 관광단지에 전기를 공급하는 전기간선시설 및 배전시설의 설치비용은 전기를 공급하는 자가 부담한다. 다만, 관광단지 조성사업의 시행자·입주기업·지방자치단체 등의 요청에 의하여 전기간선시설 및 배전시설을 땅속에 설치하는 경우에는 전기를 공급하는 자와 땅속에 설치할 것을 요청하는 자가 각각 100분의 50의 비율로 설치비용을 부담한다〈관광진흥법 제57조의2 제2항〉.

68 관광진흥법령상 관광특구의 지정요건 중 하나이다. ( )에 들어갈 숫자가 순서대로 옳은 것은? (단, 서울특별시 이외의 지역임)

> 문화체육관광부장관이 고시하는 기준을 갖춘 통계전문기관의 통계결과 해당 지역의 최근 ( )년간 외국인 관광객 수가 ( )만 명 이상일 것

① 1, 10   ② 1, 20
③ 2, 30   ④ 2, 50

69 관광진흥법상 청문을 하여야 하는 처분으로 명시되지 않은 것은?

① 관광사업의 등록 취소
② 관광종사원 자격의 취소
③ 우수숙박시설 지정의 취소
④ 민간개발자에 대한 관광단지 조성계획 승인의 취소

ANSWER 68.① 69.③

68 문화체육관광부장관이 고시하는 기준을 갖춘 통계전문기관의 통계결과 해당 지역의 최근 <u>1</u>년간 외국인 관광객 수가 <u>10</u>만 명(서울특별시는 50만 명)인 것을 말한다〈관광진흥법 시행령 제58조 제1항〉.

69 청문〈관광진흥법 제77조〉 … 관할 등록기관등의 장은 다음 각 호의 어느 하나에 해당하는 처분을 하려면 청문을 하여야 한다.
㉠ 국외여행 인솔자 자격의 취소
㉡ 관광사업의 등록등이나 사업계획승인의 취소
㉢ 관광종사원 자격의 취소
㉣ 한국관광 품질인증의 취소
㉤ 조성계획 승인의 취소
㉥ 카지노기구의 검사 등의 위탁 취소

70 관광진흥개발기금법령상 국내 공항과 항만을 통하여 출국하는 자로서 출국납부금의 납부대상자는?

① 대한민국에 주둔하는 외국 군인의 배우자

② 선박을 이용하여 출국하는 6세 미만인 어린이

③ 항공기를 이용하여 출국하는 2세 미만인 어린이

④ 입국이 거부되어 출국하는 자

71 관광진흥개발기금법령상 기금에 관한 내용으로 옳지 않은 것은?

① 기금은 문화체육관광부장관이 관리한다.

② 기금의 회계연도는 정부의 회계연도에 따른다.

③ 기금운용위원회의 위원장은 문화체육관광부장관이 된다.

④ 기금은 관광진흥법에 따라 카지노업을 허가받은 자의 해외지사 설치 사업에 대여하거나 보조할 수 있다.

ANSWER   70.① 71.③

70 출국납부금의 납부대상이 아닌 자〈관광진흥개발기금법 시행령 제1조의2 제1항〉

ⓐ 외교관여권이 있는 자

ⓑ 2세(선박을 이용하는 경우에는 6세) 미만인 어린이

ⓒ 국외로 입양되는 어린이와 그 호송인

ⓓ 대한민국에 주둔하는 외국의 군인 및 군무원

ⓔ 입국이 허용되지 아니하거나 거부되어 출국하는 자

ⓕ 「출입국관리법」에 따른 강제퇴거 대상자 중 국비로 강제 출국되는 외국인

ⓖ 공항통과 여객으로서 다음 각 목의 어느 하나에 해당되어 보세구역을 벗어난 후 출국하는 여객

• 항공기 탑승이 불가능하여 어쩔 수 없이 당일이나 그 다음 날 출국하는 경우

• 공항이 폐쇄되거나 기상이 악화되어 항공기의 출발이 지연되는 경우

• 항공기의 고장·납치, 긴급환자 발생 등 부득이한 사유로 항공기가 불시착한 경우

• 관광을 목적으로 보세구역을 벗어난 후 24시간 이내에 다시 보세구역으로 들어오는 경우

ⓗ 국제선 항공기 및 국제선 선박을 운항하는 승무원과 승무교대를 위하여 출국하는 승무원

71 ③ 기금운용위원회의 위원장은 문화체육관광부 제1차관이 된다. 〈2017. 9. 4. 개정〉

72 관광진흥개발기금법령상 기금 대여의 취소 및 회수에 관한 내용으로 옳은 것은?

① 기금을 목적 외의 용도에 사용한 자는 그 사실이 발각된 날부터 3년 이내에 기금을 대여 받을 수 없다.

② 대여금 또는 보조금의 반환 통지를 받은 자는 그 통지를 받은 날부터 2개월 이내에 해당 대여금 또는 보조금을 반환하여야 한다.

③ 대여조건을 이행하지 아니하였음을 이유로 그 대여를 취소하거나 지출된 기금을 회수할 수 없다.

④ 기금을 보조받은 자는 문화체육관광부장관의 승인을 얻은 경우에 한하여 지정된 목적 외의 용도에 기금을 사용할 수 있다.

73 국제회의산업 육성에 관한 법령상 국제회의 복합지구에 관한 설명으로 옳지 않은 것은?

① 국제회의복합지구의 지정요건 중 하나로 지정 대상 지역 내에 전문회의시설이 있을 것을 요한다.

② 국제회의복합지구의 지정면적은 400만 제곱미터 이내로 한다.

③ 시·도지사는 국제회의복합지구를 지정한 날로부터 1개월 내에 국제회의복합지구 육성·진흥계획을 수립하여 문화체육관광부장관의 승인을 받아야 한다.

④ 시·도지사는 수립된 국제회의복합지구 육성·진흥계획에 대하여 5년마다 그 타당성을 검토하여야 한다.

ANSWER 72.② 73.③

72 ① 기금을 목적 외의 용도에 사용한 자는 <u>해당 기금을 대여받거나 보조받은 날부터</u> 3년 이내에 기금을 대여받거나 보조받을 수 없다.
③ 대여조건을 이행하지 아니한 경우 그 대여를 취소하고 지출된 기금의 전부 또는 일부를 <u>회수할 수 있다</u>.
④ 기금을 대여받거나 보조받은 자는 대여받거나 보조받을 때에 지정된 목적 외의 용도에 기금을 <u>사용하지 못한다</u>.

73 ③ 시·도지사는 국제회의복합지구를 지정할 때에는 국제회의복합지구 육성·진흥계획을 수립하여 문화체육관광부장관의 승인을 받아야 한다. 대통령령으로 정하는 중요한 사항을 변경할 때에도 또한 같다〈국제회의산업 육성에 관한 법률 제15조의2 제2항〉.

74 국제회의산업 육성에 관한 법령상 국제회의복합지구의 국제회의시설에 대하여 감면할 수 있는 부담금을 모두 고른 것은?

> ㉠ 초지법에 따른 대체초지조성비   ㉡ 농지법에 따른 농지보전부담금
> ㉢ 산지관리법에 따른 대체산림자원조성비   ㉣ 도시교통정비 촉진법에 따른 교통유발부담금

① ㉢, ㉣

② ㉠, ㉡, ㉢

③ ㉠, ㉡, ㉣

④ ㉠, ㉡, ㉢, ㉣

75 국제회의산업 육성에 관한 법령상 국제회의에 관한 설명으로 옳지 않은 것은?

① 국제기구나 국제기구에 가입한 기관 또는 법인·단체가 개최하는 회의의 경우에는 3일 이상 진행되는 회의일 것을 요한다.

② 국제기구에 가입하지 아니한 기관 또는 법인·단체가 개최하는 회의의 경우에는 5개국 이상의 외국인이 참가할 것을 요한다.

③ 2일 이상 진행되지 않는 회의는 국제회의에 해당하지 않는다.

④ 회의 참가자 중 외국인이 100명 미만인 회의는 국제회의에 해당하지 않는다.

ANSWER 74.④ 75.②

74 부담금의 감면 등〈국제회의산업 육성에 관한 법률 제15조의4 제1항〉
국가 및 지방자치단체는 국제회의복합지구 육성·진흥사업을 원활하게 시행하기 위하여 필요한 경우에는 국제회의복합지구의 국제회의시설 및 국제회의집적시설에 대하여 관련 법률에서 정하는 바에 따라 다음 각 호의 부담금을 감면할 수 있다.
㉠ 「개발이익 환수에 관한 법률」 제3조에 따른 개발부담금
㉡ 「산지관리법」에 따른 대체산림자원조성비
㉢ 「농지법」에 따른 농지보전부담금
㉣ 「초지법」에 따른 대체초지조성비
㉤ 「도시교통정비 촉진법」에 따른 교통유발부담금

75 ② 국제기구에 가입하지 아니한 기관 또는 법인·단체가 개최하는 회의의 경우 회의 참가자 중 외국인이 150명 이상이며 2일 이상 진행되는 회의여야 한다.

4 관광학개론

76 매킨토시(R. W. McIntosh)가 분류한 관광동기 유형 중 대인적 동기에 해당되는 것은?

① 육체적 휴식

② 온천의 이용

③ 스포츠참여

④ 친구나 친지방문

77 관광주체와 관광객체 사이를 연결해주는 관광매체가 아닌 것은?

① 관광목적지

② 여행사

③ 관광안내소

④ 교통수단

ANSWER 76.④ 77.①

76 매킨토시의 관광 동기 유형
- ㉠ 신체적 동기 : 휴식, 스포츠, 해변 등지에서의 오락 등
- ㉡ 문화적 동기 : 문화, 예술, 언어, 종교 등
- ㉢ 대인관계 동기 : 친지방문, 일상생활에서의 탈피 등
- ㉣ 지위와 명예 동기 : 자기만족, 발전, 존경심, 명예 등

77 ① 관광목적지는 관광객체에 해당한다.

78 세계관광기구(UNWTO)에서 정한 관광객 범주에 포함되는 자를 모두 고른 것은?

> ㉠ 2주간의 국제회의 참석자   ㉡ 1개월간의 성지순례자
>
> ㉢ 3개월 재직 중인 외교관   ㉣ 1주간의 스포츠행사 참가자
>
> ㉤ 4시간 이내의 국경통과자

① ㉠, ㉡, ㉤   ② ㉠, ㉡, ㉣

③ ㉠, ㉢, ㉣   ④ ㉢, ㉣, ㉤

79 관광의 환경적 측면에서의 효과가 아닌 것은?

① 관광자원의 보호와 복원

② 환경정비와 보전

③ 관광승수효과

④ 환경에 대한 인식증대

ANSWER 78.② 79.③

78 세계관광기구는 관광객, 방문자, 당일관광객으로 분류하고 그 외에 관광에서 제외되는 자로 구분하여 국제관광객에 대해
세부적으로 분류한다.

　㉠ **관광객** : 타국에서 국경을 넘어 유입되어 방문국에서 24시간 이상 체재하는 방문객으로서의 위락, 휴가, 스포츠, 사업,
　　친척 · 친지방문, 공적인 업무, 회의참가, 연수, 종교, 스포츠행사 참가 등의 목적으로 여행하는 자

　㉡ **방문자** : 자기의 통상거주지가 아닌 국가를 방문하는 외국인, 해외에 거주하는 국민, 승무원(방문국의 숙박시설 이용
　　자) 등

　㉢ **당일관광객** : 방문객 중 방문국에서 24시간 미만 체재하는 자(선박여행객, 당일방문자, 선원, 승무원 등)

79 ③ 관광승수효과는 관광의 경제적 효과이다.

　※ **관광의 환경적 효과와 영향**

　　㉠ **긍정적 효과** : 대기, 수질, 교통, 청결 및 소음 정도 등 각종 환경조건은 관광행위의 질을 좌우하는 중요한 요소로
　　　작용한다. 관광행위에 영향을 주는 자연환경의 질은 관광에 매우 중요한 요소로 인식된다.

　　㉡ **부정적 영향** : 대량관광과 대중관광으로 인한 폐해는 환경 파괴이다. 관광객에 의한 유적지 훼손, 지역문화의 붕괴
　　　와 주민 유대관계의 약화, 소비행태 변화와 같은 다양한 부정적 결과를 가져온다.

80 1970년대 한국관광발전사의 주요 내용이 아닌 것은?

① 교통부 관광과를 관광국으로 승격

② 관광호텔의 등급심사제도 도입

③ 세계관광기구(UNWTO) 가입

④ 경주 보문관광단지 개장

81 세계관광 발전사 단계 중 'Mass Tourism' 시기에 관한 설명이 아닌 것은?

① 시기는 1840년대 초부터 제1차 세계대전까지이다.

② 대상은 대중을 포함한 전 국민이다.

③ 조직자는 기업, 국가, 공공단체로 확대되었다.

④ 조직 동기는 이윤추구와 국민후생증대 중심이다.

ANSWER 80.① 81.①

80 ① 교통부 관광과가 관광국으로 승격된 것은 1963년이다.

81 관광의 발전단계

단계 구분	시기	관광 계층	관광 동기
tour 시대	고대~1830년대	귀족, 수도자, 특권계층	종교적 이유
tourism 시대	1840년대~ 2차 세계대전 이전	특권계층, 부유층	호기심과 지식욕구
대중관광(mass tourism), 복지관광(social tourism)	2차 세계대전 이후 ~1990년	모든 계층	위락 및 휴양
신관광시대 (new tourism)	1990년 이후~	모든 계층	참여와 다양한 개성추구

82 한국관광공사의 국제관광진흥 사업이 아닌것은?

① 외국인 관광객의 유치를 위한 홍보   ② 국제관광시장의 조사 및 개척

③ 국제관광에 관한 지도 및 교육   ④ 국제관광정책의 심의 및 의결

83 관광정책과정을 단계별로 옳게 나열한 것은?

① 정책 의제설정 → 정책 집행 → 정책 평가 → 정책 결정

② 정책 의제설정 → 정책 평가 → 정책 집행 → 정책 결정

③ 정책 의제설정 → 정책 결정 → 정책 집행 → 정책 평가

④ 정책 수요파악 → 정책 평가 → 정책 집행 → 정책 결정

84 다음 설명에 해당하는 것은?

> 전 국민이 일상 생활권을 벗어나 자력 또는 정책적 지원으로 국내·외를 여행하거나 체제하면서 관광하는 행위로, 그 목적은 국민 삶의 질을 제고하는 데 있음

① 대안관광   ② 국민관광

③ 보전관광   ④ 국내관광

ANSWER   82.④   83.③   84.②

82 국제관광 진흥사업〈한국관광공사법 제12조 제1항 제1호〉

㉠ 외국인 관광객의 유치를 위한 홍보

㉡ 국제관광시장의 조사 및 개척

㉢ 관광에 관한 국제협력의 증진

㉣ 국제관광에 관한 지도 및 교육

83 관광정책과정

정책 의제설정 → 정책 결정 → 정책 집행 → 정책 평가

84 제시된 내용은 국민관광에 대한 설명이다.

① 대안관광 : 자기계발, 신기술 결합, 환경적 지식이 바탕이 된 관광 형태

③ 보전관광 : 관광 자원과 생태계 보전을 전제하며 기획된 관광 형태

④ 국내관광 : 자국 내의 관광 자원을 관광하는 것

85 다음 설명에 해당하는 것은?

> 1980년 세계관광기구(UNWTO) 107개 회원국 대표단이 참석한 가운데 개최된 세계관광대회(WTC)에서 관광활동은 인간 존엄성의 정신에 입각하여 보장되어야 하며 세계평화에 기여해야 함을 결의함

① 마닐라 선언　　　　　　　　　　② 시카고 조약
③ 교토 협약　　　　　　　　　　　④ 리우 회의

86 문화체육관광부의 외국인 의료관광 활성화를 위한 지원사업 내용이 아닌 것은?

① 외국인 의료관광 전문인력을 양성하는 우수 교육기관 지원
② 외국인 의료관광 유치 안내센터의 설치 운영
③ 의료관광 전담 여행사 선정 및 평가관리
④ 외국인환자 유치 의료기관과 공동으로 해외 마케팅사업 추진

87 관광관련 국제기구 중 동아시아관광협회를 뜻하는 용어는?

① ESTA　　　　　　　　　　　　② ASTA
③ EATA　　　　　　　　　　　　④ PATA

ANSWER　85.①　86.③　87.③

85 제시된 내용은 마닐라 선언에 대한 설명이다.

86 외국인 의료관광 지원〈관광진흥법 시행령 제8조의3〉
　㉠ 문화체육관광부장관은 법에 따라 외국인 의료관광을 지원하기 위하여 외국인 의료관광 전문인력을 양성하는 전문교육기관 중에서 우수 전문교육기관이나 우수 교육과정을 선정하여 지원할 수 있다.
　㉡ 문화체육관광부장관은 외국인 의료관광 안내에 대한 편의를 제공하기 위하여 국내외에 외국인 의료관광 유치 안내센터를 설치 · 운영할 수 있다.
　㉢ 문화체육관광부장관은 의료관광의 활성화를 위하여 지방자치단체의 장이나 외국인환자 유치 의료기관 또는 유치업자와 공동으로 해외마케팅사업을 추진할 수 있다.

87 동아시아 관광협회(EATA) … 동아시아지역의 관광기관 대표가 지역의 공동선전 활동을 하기 위해 1966년 도쿄에서 회합을 가진 뒤 탄생한 관광기관이다.
　㉠ 회원국 및 약내 관광왕래의 촉진
　㉡ 공동의 선전활동
　㉢ 간행물의 제작
　㉣ 회원국 간 출입국 절차의 간소화를 위한 활동 및 회원국 간 관광정보 교환

88 문화체육관광부에서 선정한 '2016년도 문화 관광 대표축제'만으로 묶인 것은?

> ㉠ 김제지평선축제   ㉡ 화천산천어축제
> ㉢ 춘천마임축제   ㉣ 영덕대게축제
> ㉤ 자라섬국제재즈페스티벌

① ㉠, ㉡, ㉢   ② ㉠, ㉡, ㉤

③ ㉠, ㉢, ㉣   ④ ㉡, ㉣, ㉤

89 관광진흥법령상 여행업 등록을 위한 자본금 기준으로 옳은 것은?

① 일반여행업 – 1억 5천만 원 이상   ② 일반여행업 – 1억 원 이상

③ 국외여행업 – 5천만 원 이상   ④ 국내여행업 – 3천만 원 이상

ANSWER   **88.②**   **89.④**

88 2016년도 문화관광축제 선정
- ㉠ 대표축제(3개) : 김제지평선축제, 자라섬국제재즈페스티벌, 화천산천어축제
- ㉡ 최우수축제(7개) : 강진청자축제, 무주반딧불축제, 문경전통찻사발축제, 산청한방약초축제, 이천쌀문화축제, 진도신비의 바닷길축제, 추억의7080충장축제
- ㉢ 우수축제(10개) : 강경젓갈축제, 고령대가야체험축제, 담양대나무축제, 봉화은어축제, 부여서동연꽃축제, 순창장류축제, 정남진장흥물축제, 제주들불축제, 통영한산대첩축제, 평창효석문화제
- ㉣ 유망축제(23개) : 괴산고추축제, 대구약령시한방문화축제, 대전효문화뿌리축제, 동래읍성역사축제, 마산가고파국화축제, 목포항구축제, 보성다향대축제, 서산해미읍성역사체험축제, 여주오곡나루축제, 영암왕인문화축제, 완주와일드푸드축제, 인천펜타포트음악축제, 춘천마임축제, 포항국제불빛축제, 한산모시문화제, 한성백제문화제, 고창모양성제, 광안리어방축제, 안성맞춤남사당바우덕이축제, 영덕대게축제, 울산옹기축제, 원주다이내믹댄싱카니발, 함양산삼축제

89 여행업 등록기준〈관광진흥법 시행령 별표 1〉
- ㉠ 일반여행업
  - 자본금(개인의 경우에는 자산평가액) : 1억 원 이상일 것〈2018.07.02. 개정〉
  - 사무실 : 소유권이나 사용권이 있을 것
- ㉡ 국외여행업
  - 자본금(개인의 경우에는 자산평가액) : 3천만 원 이상일 것〈2018.07.02. 개정〉
  - 사무실 : 소유권이나 사용권이 있을 것
- ㉢ 국내여행업
  - 자본금(개인의 경우에는 자산평가액) : 1천 5백만 원 이상일 것〈2018.07.02. 개정〉
  - 사무실 : 소유권이나 사용권이 있을 것

90 2016년 4월 기준 인천공항 이용시 항공기 내 반입 가능한 휴대수하물이 아닌 것은?

① 휴대용 담배 라이터 1개 ② 휴대용 일반 소형 배터리
③ 접이식 칼 ④ 와인 오프너

91 인천공항을 통한 출입국시 다음 설명 중 옳지 않은 것은?

① 출국하는 내국인의 외환신고 대상은 미화 1만 달러를 초과하는 경우이다.
② 출국하는 내국인의 구입한도 면세물품은 미화 600달러까지이다.
③ 입국하는 외국인의 면세범위는 미화 600달러까지이다.
④ 입국하는 내국인의 면세범위는 미화 600달러까지이다.

92 다음에서 설명하는 용어는?

> 국제회의 개최와 관련한 다양한 업무를 주최 측으로부터 위임받아 부분적 또는 전체적으로 대행해 주는 영리업체

① CVB ② NTO
③ TIC ④ PCO

ANSWER 90.③ 91.② 92.④

90 ③ 접이식 칼은 위탁 수하물은 가능하나 기내 반입이 안 되는 창·도검류에 해당한다.
① 소형안전성냥 및 휴대용 라이터는 각 1개에 한해 객실 반입이 가능하다.
② 건전지 및 개인용 휴대 전자장비는 기내 반입이 가능하다.
④ 와인 오프너는 생활도구류로 기내 반입이 가능하다.

91 ② 출국하는 내국인의 구입한도 면세물품은 미화 5,000달러까지이다.

92 PCO(Professional Convention Organizer) … 각종 국제회의 개최 관련 업무를 위임 받아 종합 대행해주면서 행사 개최에 따른 인력과 예산 관리, 세련된 회의진행을 가능케 해주는 영리업체

93 IATA 기준 우리나라 항공사 코드가 아닌 것은?

① 8B
② ZE
③ 7C
④ LJ

94 항공기 탑승시 타고 왔던 비행기가 아닌 다른 비행기로 갈아타는 환승을 뜻하는 용어는?

① transit
② transfer
③ stop-over
④ code share

95 2015년 변경된 호텔 신등급(별등급)에서 등급별 표지 연결이 옳지 않은 것은?

등급	별개수	표지바탕색상
① 5성급	별 5개	고궁갈색
② 4성급	별 4개	고궁갈색
③ 3성급	별 3개	전통감청색
④ 2성급	별 2개	전통감청색

93 ① 8B는 태국 business air의 항공사 코드이다.
② 이스타 항공 ③ 제주항공 ④ 진에어

94 ② 환승은 transfer이다.
① 경유(중간 기착지에서 머무는 시간이 24시간 이내)
③ 경유(중간 기착지에서 머무는 시간이 24시간 이상)
④ 항공사 간 대표적인 제휴 방식 가운데 하나로, 편명 공유 · 좌석공유 또는 기내 좌석공유를 말한다.

95 2015년 전까지 사용했던 무궁화등급제도에서 특 1등급은 5성에 해당하고 특 2등급(무궁화 5개)은 4성, 1등급(무궁화 4개)은 3성, 2등급(무궁화 3개)은 2성, 3등급(무궁화 2개)은 1성에 해당한다. 바탕색은 전통감청색으로 5성급에만 고급스러움, 고귀함, 웅장미를 상징하는 고궁갈색이 적용된다.
② 4성급 - 별 4개 - 전통감청색

96 저가항공사의 일반적 특성이 아닌 것은?

① point to point 운영

② secondary airport 이용

③ online sale 활용

④ hub & spoke 운영

97 예약한 좌석을 이용하지 않는 노쇼(no-show)에 대비한 항공사의 대응책은?

① tariff

② travel's check

③ security check

④ overbooking

98 국제회의의 형태별 분류 중 다음 설명에 해당하는 것은?

> 문제해결능력의 일환으로서 참여를 강조하고 소집단(30~35명) 정도의 인원이 특정문제나 과제에 관해 새로운 지식·기술·아이디어 등을 교환하는 회의로서 강력한 교육적 프로그램

① 세미나(seminar)

② 컨퍼런스(conference)

③ 포럼(forum)

④ 워크숍(workshop)

ANSWER   96.④ 97.④ 98.④

96 ④ 저가 항공사는 point to point 방식으로 운영된다.
  ※ Hub & Spoke 방식 … Hub는 자전거 바퀴의 축을 말하고 Spoke는 바퀴살을 의미한다. 즉, 바퀴의 축에 해당하는 허브 공항을 두고 스포크 모양의 노선을 통해 승객들은 지역공항에서 탑승하고 허브공항에서 최종 목적지로 환승할 수 있는 구조이다. 이는 선발 항공사들이 전략적으로 주로 채택한다.

97 overbooking은 예약을 초과로 받는 것으로 노쇼에 대비한 항공사의 대응책이라고 할 수 있다.

98 제시된 내용은 워크숍에 대한 설명이다.

99 이벤트의 분류상 홀마크 이벤트(hallmark event)가 아닌 것은?

① 세계육상선수권대회

② 브라질리우축제

③ 뮌헨옥토버페스트

④ 청도소싸움축제

100 관광산업에서 고객에게 직접 서비스를 제공하는 직원을 대상으로 하는 마케팅 용어는?

① 포지셔닝 전략(positioning strategy)

② 관계 마케팅(relationship marketing)

③ 내부 마케팅(internal marketing)

④ 직접 마케팅(direct marketing)

ANSWER 99.① 100.③

99 홀마크 이벤트(Hallmark Event) ⋯ 지역이나 관광지의 매력과 인지도를 높이기 위해 반복적 또는 정례적으로 치러지는 이벤트의 형태이다. 홀마크 이벤트의 고전적인 예로 브라질 리우 데자네이루의 삼바축제, 독일 뮌헨에서 열리는 10월 축제와 스코틀랜드의 에든버러 축제 등을 꼽을 수 있다.

100 ③ 고객에게 서비스를 제공하는 직원을 대상으로 하는 마케팅은 내부 마케팅이다.

2016년 정기시험

 국사

1 부여에 있었던 4조목의 법에 관한 내용으로 옳지 않은 것은?

① 간음을 한 자는 사형에 처한다.

② 남에게 상해를 입힌 자는 곡물로써 배상한다.

③ 살인자는 사형에 처하고 그 가족은 노비로 삼는다.

④ 남의 물건을 훔쳤을 때에는 물건 값의 12배를 배상한다.

2 다음 시를 지은 고구려의 인물과 관련된 사건으로 옳은 것은?

> 신묘한 계책은 천문을 꿰뚫어 볼 만하고 오묘한 전술은 땅의 이치를 다 알았도다. 전쟁에서 이겨 공이 이미 높아졌으니 만족함을 알거든 그만두기를 바라노라.

① 안시성에서 당 나라 군대를 격퇴하였다. ② 살수에서 수 나라 군대를 물리쳤다.

③ 아차산성 전투에서 전사하였다. ④ 천리장성을 축조하였다.

ANSWER 1.② 2.②

1 부여의 4조목

ㄱ 살인 : 살인자는 사형에 처하고 그 가족은 노비로 삼는다.

ㄴ 절도 : 훔친 물건 값의 12배를 보상한다.

ㄷ 간음 : 간음한 자는 사형에 처하고 그 시체를 산에다 버린다.

ㄹ 투기 : 투기한 자는 사형에 처하고 그 시체를 산에다 버린다.

2 제시된 시는 을지문덕의 여수장우중문시(與隋將于仲文詩)이다.

3 신라에 있었던 사건을 시기순으로 바르게 나열한 것은?

> ㉠ 율령의 반포 ㉡ 국호를 '신라'로 변경
>
> ㉢ 고령의 대가야 정복 ㉣ 황룡사 9층탑 건립

① ㉠→㉡→㉢→㉣ ② ㉡→㉠→㉢→㉣

③ ㉢→㉣→㉠→㉡ ④ ㉣→㉢→㉡→㉠

4 밑줄 친 그의 업적으로 옳은 것은?

> 그는 고구려의 내정이 불안한 틈을 타서 신라와 연합하여 일시적으로 한강 유역을 부분적으로 수복하였지만, 곧 신라에게 빼앗기고 자신도 신라를 공격하다가 관산성에서 전사하고 말았다.

① 웅진으로 천도하였다. ② 미륵사를 창건하였다.

③ 지방의 22담로에 왕족을 파견하였다. ④ 중앙 관청을 22부로 확대 정비하였다.

5 다음 ( )에 들어갈 내용으로 옳은 것은?

> 처음으로 ( )를/을 제정하였다. 삼한을 통합할 때 조정의 관료들과 군사들에게 그 관계(官階)의 높고 낮음은 논하지 않고, 그 사람의 성품과 행동이 착하고 악함과 공로가 크고 작은가를 참작하여 차등 있게 주었다.
>
> –「고려사」–

① 역분전 ② 구분전

③ 공음전 ④ 시정전시과

ANSWER 3.② 4.④ 5.①

3 ㉡ 지증왕→㉠ 법흥왕→㉢ 진흥왕→㉣ 선덕 여왕

4 밑줄 친 그는 백제의 성왕이다.
① 문주왕 ② 무왕 ③ 무령왕

5 역분전 … 940년(태조 23) 후삼국 통일에 공을 세운 조신·군사 등에게 관계의 고하에 관계없이, 인품과 공로에 기준을 두어 지급한 수조지를 말한다.

6 (가), (나)에 들어갈 내용이 바르게 짝지어진 것은?

> 묘청 등이 아뢰기를 "(가)의 임원역 땅을 보니 음양가가 말하는 대화세(大華勢)입니다. 만약 궁궐을 세워 여기에 임하시면 천하를 합병할 수 있을 것이요, (나)가 폐백을 가지고 스스로 항복할 것이며 36국이 다 신하의 나라가 될 것입니다." 하였다.
>
> － 「고려사」 －

① (개) 서경, (나) 금 나라   ② (개) 서경, (나) 요 나라
③ (개) 남경, (나) 요 나라   ④ (개) 남경, (나) 송 나라

7 고려시대의 사회 상황으로 옳지 않은 것은?

① 궁궐의 잡무를 맡은 남반이 있었다.
② 도살업에 종사하는 계층을 백정이라 하였다.
③ 물가 조절을 위한 상평창이라는 기관이 있었다.
④ 죄 지은 자를 본관지로 보내는 귀향이라는 형벌이 있었다.

8 고조선에 관한 설명으로 옳은 것은?

① 상, 대부, 장군 등의 관직이 있었다.
② 신지, 읍차 등의 족장 세력이 있었다.
③ 사자, 조의, 선인 등의 관리가 있었다.
④ 마가, 우가, 저가, 구가 등의 관리가 있었다.

ANSWER   6.①   7.②   8.①

6 제시된 내용은 묘청이 서경천도를 주장하면서 언급한 내용이다. (개)에는 서경, (나)에는 금 나라가 들어가는 것이 적절하다.

7 ② 도살업에 종사하는 계층을 백정이라고 한 것은 조선시대의 사회 상황이다.

8 ② 삼한 ③ 고구려 ④ 부여

9 삼국시대의 문화에 관한 설명으로 옳은 것을 모두 고른 것은?

> ㉠ 백제에서는 지방에 경당을 세워 청소년에게 한학을 가르쳤다.
> ㉡ 고구려에서는 수도에 태학을 세워 유교 경전과 역사서를 가르쳤다.
> ㉢ 신라에서는 청소년이 유교 경전을 공부했음을 임신서기석을 통해 알 수 있다.
> ㉣ 신라에서는 5경 박사와 의박사, 역박사 등을 두어 유교 경전과 기술학을 가르쳤다.

① ㉠, ㉡   ② ㉠, ㉣
③ ㉡, ㉢   ④ ㉢, ㉣

10 고려시대의 대장경에 관한 설명으로 옳지 않은 것은?

① 현종 때 대장경을 처음으로 만들기 시작하였다.
② 대장경은 경·율·논 삼장의 불교 경전을 총칭하는 것이다.
③ 초조대장경은 부인사에 보관하였는데 몽고의 침입 때 불에 탔다.
④ 여진의 침입으로부터 왕실을 보호하기 위해 명종때부터 대장경을 다시 조판하기 시작하였다.

11 다음 사건을 시기순으로 바르게 나열한 것은?

> ㉠ 고려의 건국   ㉡ 발해의 멸망
> ㉢ 후백제의 건국   ㉣ 경순왕의 고려 귀순

① ㉠→㉡→㉢→㉣   ② ㉡→㉢→㉠→㉣
③ ㉢→㉠→㉡→㉣   ④ ㉣→㉢→㉠→㉡

ANSWER 9.③ 10.④ 11.③

9 ㉠ 경당은 고구려 시대의 민간 교육 훈련 기관이다.
　　㉣ 5경 박사는 백제시대 경서에 능통한 사람에게 주었던 관직이다.

10 ④ 재조대장경은 몽골의 침입으로부터 왕실을 보호하기 위함이었다.

11 ㉢ 892년 → ㉠ 918년 → ㉡ 926년 → ㉣ 935년

12 밑줄 친 이 시대의 생활상으로 옳은 것은?

> <u>이</u> 시대의 사람들은 돌을 가는 기술을 터득하면서 도구의 형태와 쓰임새가 다양해졌다. 또 진흙으로 그릇을 빚어 불에 구워서 만든 토기를 사용하여 음식물을 조리하거나 저장할 수 있게 되었다.

① 농경을 시작하였다.
② 세형동검을 제작하였다.
③ 거친무늬 거울을 사용하였다.
④ 불을 사용하는 방법을 처음으로 알게 되었다.

13 통일 신라의 통치제도에 관한 설명으로 옳지 않은 것은?

① 감찰기구인 사정부를 두었다.
② 국자감이라는 교육기관을 설치하였다.
③ 관리 채용을 위하여 독서삼품과를 실시하였다.
④ 집사부에는 시중이라는 관직이 설치되어 있었다.

14 다음 ( )에 들어갈 내용으로 옳은 것은?

> 일제는 (   )를 탄압하기 위해 총독 암살 음모를 꾀하였다고 사건을 조작하여 민족 지도자 수백 명을 체포, 투옥하고 그 중에서 105인을 재판에 회부하였다.

① 근우회　　　　　　　　　② 신간회
③ 신민회　　　　　　　　　④ 대한자강회

ANSWER 12.① 13.② 14.③

12 밑줄 친 이 시대는 신석기 시대이다.
　　②③ 청동기 시대　④ 구석기 시대

13 ② 국자감은 고려시대 국립교육기관으로 국가에서 필요한 인재를 양성하기 위한 최고의 교육기관이다.

14 105인 사건은 1911년 일제가 무단통치의 일환으로 민족운동을 탄압하기 위해 사건을 확대 조작, 최후로 105명의 애국지사를 투옥한 사건이다. 이 사건을 계기로 신민회가 해산되었다.

15 조선 후기 경제의 모습으로 옳지 않은 것은?

① 공납의 전세화   ② 영정법의 실시

③ 삼림령의 공포   ④ 상품 작물의 재배

16 다음 사건을 시기순으로 바르게 나열한 것은?

> ㉠ 만민공동회 개최   ㉡ 임오군란
> ㉢ 우정국 신설   ㉣ 아관파천

① ㉠→㉣→㉢→㉡   ② ㉡→㉢→㉣→㉠

③ ㉢→㉡→㉠→㉣   ④ ㉣→㉠→㉡→㉢

17 조선 전기에 관한 설명으로 옳은 것을 모두 고른 것은?

> ㉠ 상정고금예문을 강화도에서 금속활자로 인쇄하였다.
> ㉡ 사상의학을 확립한 동의수세보원을 간행하였다.
> ㉢ 주자소를 설치하고 구리로 계미자를 주조하였다.
> ㉣ 소리의 장단과 높낮이를 표현할 수 있는 정간보를 창안하였다.

① ㉠, ㉡   ② ㉠, ㉣

③ ㉡, ㉢   ④ ㉢, ㉣

ＡNSWER   15.③   16.②   17.④

15 삼림령 … 1911년 근대적 소유관계를 확정한다는 명목으로 국유지였던 조선의 삼림을 개인 소유로 전환시킨 법령

16 ㉡ 1882년 → ㉢ 1884년 → ㉣ 1896년 → ㉠ 1898년

17 ㉠ 상정고금예문은 고려 인종 때 최윤의 등의 학자들이 왕명을 받아 1147년부터 1162년까지 공포된 법령들과 도덕규범들을 수집·고증하여 편찬한 전례서이다.
     ㉡ 동의수세보원은 조선 후기인 1894년에 이제마가 지은 의서이다.

18 조선시대 정치기구와 그 기능의 연결이 옳지 않은 것은?

① 중추원 – 관리 비행 감찰　　　　　② 승문원 – 외교 문서 작성

③ 춘추관 – 역사 편찬 및 보관　　　　④ 한성부 – 수도 치안 담당

19 조선 전기에 제작된 역사서로 옳은 것은?

① 삼국유사　　　　　　　　　　　② 금석과안록

③ 고려사절요　　　　　　　　　　④ 오주연문장전산고

20 다음의 내용과 관련된 것으로 옳은 것은?

> 조선시대 서리, 잡학인, 신량역천인, 노비 등이 소속되어 유사시에 대비하게 한 예비군의 일종이다.

① 갑사　　　　　　　　　　　　　② 삼수병

③ 신보군　　　　　　　　　　　　④ 잡색군

21 조선 전기 문화에 관한 설명으로 옳은 것은?

① 유득공은 발해고에서 발해의 역사를 본격적으로 다루었다.

② 이중환은 택리지에서 지리적 환경 및 풍속을 자세히 조사하였다.

③ 김정호는 대동여지도에서 산맥, 하천과 함께 도로망을 자세히 표시하였다.

④ 정초는 농사직설에서 우리나라 농토와 현실에 알맞은 농사짓는 법을 소개하였다.

ANSWER 18.①　19.③　20.④　21.④

18 ① 중추원은 조선 전기 왕명의 출납, 병기 · 군정 · 숙위 등의 일을 맡아본 관청이다. 관리 비행 감찰은 어사대의 기능이다.

19 ③ 고려사절요는 조선 전기 문종 2년 김종서 등이 편찬한 고려시대의 역사서이다.
　　① 고려시대　②④ 조선 후기

20 제시된 내용은 잡색군에 대한 설명이다.

21 ④ 농사직설은 조선 세종 때 편찬되었다.
　　① 발해고는 1784년(정조 8) 유득공이 쓴 발해의 역사책이다.
　　② 택리지는 1751년(영조 27) 실학자 이중환이 현지답사를 기초로 하여 저술한 우리나라 지리서이다.
　　③ 대동여지도는 1861년(철종 12) 지리학자인 김정호가 자신이 만든 청구도를 증보 · 수정한 대축척 지도첩이다.

22 조선시대 통신사에 관한 설명으로 옳은 것을 모두 고른 것은?

> ㉠ 매년 정기적으로 파견하였다.
> ㉡ 일본의 요청에 의해 파견이 이루어졌다.
> ㉢ 조선의 선진문화를 전파하는 역할을 하였다.

① ㉢   ② ㉠, ㉡
③ ㉠, ㉢   ④ ㉡, ㉢

23 조선시대 유향소에 관한 설명으로 옳은 것을 모두 고른 것은?

> ㉠ 향촌 자치를 위하여 설치한 기구이다.
> ㉡ 소과 합격자를 입학 대상으로 하였다.
> ㉢ 백성을 교화하고 수령의 자문에 응하였다.
> ㉣ 중등교육기관으로 성현에 대한 제사를 담당하였다.

① ㉠, ㉢   ② ㉠, ㉣
③ ㉡, ㉢   ④ ㉡, ㉣

ANSWER 22.④ 23.①

22 통신사는 조선시대 조선 국왕의 명의로 일본의 막부장군에게 보낸 공식적인 외교사절이다. ㉠ 일본 국왕의 길흉 또는 양국 간의 긴급한 문제를 해결하는 목적으로 일본의 요청에 의해 파견하며 매년 정기적이었던 것은 아니다.

23 ㉡ 소과 합격자를 입학 대상으로 한 것은 성균관이다.
㉣ 중등교육기관으로 성현에 대한 제사를 담당한 것은 향교이다.

24 다음의 내용과 관련된 것으로 옳은 것은?

> 영국인 베델이 발행인으로 참여하여 통감부의 극심한 통제에도 불구하고 일본의 침략에 반대하는 논설을 실어, 민족의 여론을 불러일으키는 데 커다란 공헌을 하였다.

① 독립신문   ② 제국신문

③ 황성신문   ④ 대한매일신보

25 다음의 업적과 관련된 왕으로 옳은 것은?

> • 속대전을 편찬하였다.
> • 지나친 형벌이나 악형을 금지하였다.
> • 백성의 부담을 줄여주기 위해 균역법을 시행하였다.

① 성종   ② 숙종

③ 영조   ④ 정조

ANSWER 24.④ 25.③

24 제시된 내용은 대한매일신보에 대한 설명이다.

25 제시된 내용은 영조의 업적이다.

2 관광자원해설

26 조선 태조 이성계의 어진(御眞)을 모신 곳은?

① 안동 고산서원 ② 영주 소수서원

③ 전주 경기전 ④ 경주 옥산서원

27 다음에서 설명하는 유적지는?

조선 인조부터 철종에 이르기까지 임금이 이궁(離宮)으로 사용하였으며, 서궐(西闕)이라고도 불렸다.

① 경복궁 ② 경희궁

③ 창덕궁 ④ 덕수궁

28 국내에서 '람사르 습지'로 가장 먼저 지정된 고층습원지역은?

① 순천 동천하구 ② 고창 · 부안갯벌

③ 두웅습지 ④ 대암산용늪

ANSWER 26.③ 27.② 28.④

26 ③ 조선 태조 이성계의 어진은 전주 한옥마을에 있는 경기전에 모셔져 있다.

27 제시된 내용은 경희궁에 대한 설명이다. 이궁은 세자궁을 이르는 다른 말이다. 서쪽에 있는 대궐이라 하여 서궐이라고도 불렸다.

28 ④ 대암산용늪은 1997년 3월 28일 우리나라 최초로 람사르 습지로 지정된 곳이다.
① 2016년 ② 2010년 ③ 2007년

29 농림축산식품부가 지정한 국가중요농업 유산을 모두 고른 것은?

> ㉠ 제주 흑룡만리 돌담 밭　　　　㉡ 거제 대나무밭
> ㉢ 구례 모시농업　　　　　　　　㉣ 전남 청산도 구들장 논

① ㉠, ㉡　　　　　　　　　　　② ㉠, ㉣

③ ㉡, ㉢　　　　　　　　　　　④ ㉢, ㉣

30 관광자원에 관한 설명으로 옳지 않은 것은?

① 관광자원의 매력성은 시대 등의 변화에도 불변한다.

② 관광자원은 보호와 보존, 개발 등의 조화가 필요하다.

③ 관광자원의 범위는 다양하게 확대되고 있다.

④ 관광객의 관광욕구나 동기유발의 유인성을 지녀야 한다.

31 자연호수와 지명의 연결이 옳지 않은 것은?

① 송지호 – 강원도 원주시　　　　② 경포호 – 강원도 강릉시

③ 화진포호 – 강원도 고성군　　　④ 영랑호 – 강원도 속초시

ANSWER　29.②　30.①　31.①

29 국가중요농업유산은 전통과 문화적 가치가 크고 국가적으로 보전할 가치가 있는 대표성 있는 농업유산을 지정·관리하는 제도이다.
- 제1호 : 청산도 구들장 논
- 제2호 : 흑룡만리 제주 돌담 밭
- 제3호 : 구례 산수유농업
- 제4호 : 담양 대나무밭
- 제5호 : 금산 인삼농업
- 제6호 : 하동 전통 차농업

30 ① 관광자원의 매력성은 시대 등의 변화에 따라 변화한다.

31 ① 송지호는 강원 고성군 죽왕면에 있는 호수이다.

32 다음 설명에 해당하는 해수욕장을 순서대로 나열한 것은?

> ㉠ 서해안에 위치하고, 머드축제가 열리며 패각모래가 특징이다.
> ㉡ 제주도에 위치하고 있는 활처럼 굽은 해수욕장으로, 흑·백·적·회색 등의 모래가 특징이다.

① 대천해수욕장, 중문해수욕장
② 함덕해수욕장, 일광해수욕장
③ 구룡포해수욕장, 중문해수욕장
④ 대천해수욕장, 구룡포해수욕장

33 단양8경에 해당하는 지역을 모두 고른 것은?

㉠ 을밀대	㉡ 구담봉
㉢ 옥순봉	㉣ 가의도
㉤ 삼일포	㉥ 하선암

① ㉠, ㉡, ㉢   ② ㉡, ㉣
③ ㉡, ㉢, ㉥   ④ ㉢, ㉤, ㉥

34 죽은 사람의 영혼을 극락으로 보내기 위해 치르는 불교의식은?

① 연등회   ② 처용무
③ 천도재   ④ 팔관회

ANSWER 32.① 33.③ 34.③

32 ㉠은 대천해수욕장, ㉡은 중문해수욕장에 대한 설명이다.

33 단양8경은 단양군에 있는 8가지 명승지로 하선암, 중선암, 상선암, 사인암, 구담봉, 옥순봉, 도담삼봉, 석문이 해당한다.

34 ③ 죽은 사람의 영혼을 극락으로 보내기 위해 치르는 불교의식은 천도재이다.

35 2012여수세계박람회에 관한 설명으로 옳지 않은 것은?

① 박람회의 주제는 '살아있는 바다, 숨 쉬는 연안'이다.
② 박람회 마스코트로는 '여니'와 '수니'가 있다.
③ 박람회 성과를 기념하고, 효율적 시설활용을 위해 박람회재단이 조직되었다.
④ 한·중·일 연합컨벤션뷰로(CVB)가 공동 개최한 박람회이다.

36 다음에서 설명하는 문화유적지는?

> • 1907년 일본인이 설계한 목조건물로 경성감옥이라 불렸다.
> • 1987년까지 민주화운동 관련 인사들이 수감되는 등 한국 근현대사의 상징적 장소이다.
> • 1988년에는 사적 제324호로 지정, 2007년에는 제1종 전문박물관으로 등록되었다.

① 제주 항일기념관
③ 서울 구(舊)서대문형무소
② 거제도 포로수용소
④ 천안 독립기념관

37 개최지와 지역문화축제의 연결이 옳지 않은 것은?

① 산청 – 지리산한방약초축제
③ 화천 – 산천어축제
② 일산 – 약령시한방문화축제
④ 풍기 – 인삼축제

35 2012여수세계박람회 … 우리나라는 세계인의 3대 축제 중의 하나인 세계박람회를 유치하여 2012년 5월 12일부터 8월 12일까지 2012여수세계박람회를 개최하였다. '살아 있는 바다, 숨 쉬는 연안'이라는 주제로 105개국과 UN, OECD 등 10여개 국제기구 등이 참여하여 첨단 과학기술을 전시하고 세계적인 수준의 다양한 문화·예술 행사를 선보였다.

36 제시된 내용은 서울 구(舊)서대문형무소에 대한 설명이다.

37 ② 약령시한방문화축제는 서울과 대구에서 열린다.

38 다음에서 설명하는 것은?

> 마을 어귀의 고갯마루 등에 있는 고목이나 돌무더기를 마을의 수호신으로 상징하고 숭배하며, 옆에 당 (堂)을 짓기도 하였다.

① 성주신   ② 지신
③ 조왕신   ④ 성황신

39 우리나라 국립공원에 관한 설명으로 옳지 않은 것은?

① 현재 우리나라 국립공원은 모두 21개소이다.

② 태백산국립공원은 2016년 8월에 공식 지정되었다.

③ 우리나라 해상 국립공원은 모두 4개소이다.

④ 국립공원은 사적(도시)형, 해안형, 산악형으로 구분가능하다.

ANSWER 38.④ 39.①

38 제시된 내용은 성황신에 대한 설명이다.
  ① 성주신 : 집의 건물을 수호하는 신
  ② 지신 : 집터를 관장하는 터주신
  ③ 조왕신 : 부뚜막신

39 ① 현재 우리나라 국립공원은 모두 22개소이다.

40 다음에서 설명하는 문화유적지는?

- 사적 제116호로 지정된 조선시대의 읍성으로, 왜구 침입에 효율적으로 방어하기 위한 거점성이었다.
- 성(城) 내에는 천주교인들이 갇혀 있던 감옥터와 고문을 받았던 회화나무가 있어, 오늘날 천주교인들의 순례지가 되고 있다.
- 충무공 이순신이 군관으로 근무하기도 하였다.

---

① 동래읍성   ② 낙안읍성

③ 해미읍성   ④ 고창읍성

41 다음에서 설명하는 문화생태탐방로는?

- 2013년 문화체육관광부가 지정한 문화생태탐방로의 하나이다.
- 부산 오륙도에서 강원도 고성의 통일전망대에 이르는 광역탐방로이다.
- 떠오르는 해와 푸른 바다를 바라보며, 파도소리를 벗 삼아 함께 걷는 길이라는 의미이다.

---

① 아리랑길   ② 무돌길

③ 슬로길   ④ 해파랑길

ANSWER 40.③ 41.④

40 제시된 내용은 해미읍성에 대한 설명이다.
  ① 동래읍성 : 부산광역시 시도기념물 제5호
  ② 낙안읍성 : 사적 제302호
  ④ 고창읍성 : 사적 제145호

41 제시된 내용은 해파랑길에 대한 설명이다.

42 다음에서 설명하는 불상은?

> • 국보 제78호로, 의자 위에 앉아 오른발을 왼쪽다리 위에 올려놓고, 오른쪽 팔꿈치를 무릎 위에 올린 채 손가락을 뺨에 댄 모습의 보살상으로 높이는 80cm이다.
> • 상체는 당당하면서도 곧고 늘씬한 모습이며, 하체에서는 우아한 곡선미를 엿볼 수 있다.

① 서산 용현리 마애여래삼존상
② 부석사 소조여래좌상
③ 금동미륵보살반가사유상
④ 도피안사 철조비로자나불좌상

43 유네스코에 등재된 인류무형문화유산이 아닌 것은?

① 그네뛰기
② 강강술래
③ 아리랑
④ 김장문화

44 다음에서 설명하는 조선시대의 화가는?

> 조선 전기 화단을 대표하는 산수화의 대가로서, 대표작품은 '몽유도원도(夢遊桃源圖)' 등이 있다.

① 신윤복
② 안견
③ 정선
④ 김홍도

ANSWER   42.③   43.①   44.②

42 제시된 설명에 해당하는 불상은 금동미륵보살반가사유상이다.
　① 국보 제84호   ② 국보 제45호   ④ 국보 제63호

43 유네스코에 등재된 인류무형문화유산으로는 종묘제례 및 종묘제례악, 판소리, 강릉단오제, 처용무, 강강술래, 제주 칠머리당 영등굿, 남사당놀이, 영산재, 대목장, 매사냥, 가곡, 줄타기, 택견, 한산 모시짜기, 아리랑, 김장, 농악, 줄다리기, 제주해녀문화, 씨름이 있다.

44 몽유도원도는 조선 초기의 화가인 안견의 작품이다.

45 방과 방 사이, 방과 마루 사이에 칸을 막아 끼우는 문(門)은?

① 장지문   ② 일주문

③ 판문   ④ 홍살문

46 왕이 군사 및 행정상 중요한 지역에 가서 임시로 머무는 성(城)은?

① 읍성   ② 행재성

③ 궁성   ④ 도성

47 서울특별시에 소재한 왕릉이 아닌 것은?

① 장릉   ② 태릉

③ 정릉   ④ 헌릉

48 유네스코 세계유산으로 등재된 경주역사유적 지구 중 첨성대, 동궁, 계림 등이 산재한 지구는?

① 대릉원지구   ② 월성지구

③ 남산지구   ④ 황룡사지구

ANSWER 45.① 46.② 47.① 48.②

45 방과 방 사이, 방과 마루 사이에 칸을 막아 끼우는 문은 장지문이다.
　② 일주문 : 사찰에 들어서는 산문 가운데 첫 번째 문
　③ 판문 : 널빤지로 만든 문
　④ 홍살문 : 궁전·관아(官衙)·능(陵)·묘(廟)·원 등의 앞에 세우던 붉은색을 칠한 나무문

46 왕이 군사 및 행정상 중요한 지역에 가서 임시로 머무는 성은 행재성이다.
　① 읍성 : 지방 주요 지역에 관부와 민가를 둘러쌓은 성
　③ 궁성 : 평상시 왕이 거처하는 궁궐을 에워싸고 있는 성벽이나 담장
　④ 도성 : 한 나라의 도읍을 둘러싼 성곽

47 ① 장릉은 조선 인조와 원비(元妃) 인열 왕후의 능으로, 경기도 파주시 탄현면에 위치해 있다.

48 첨성대, 동궁, 계림 등은 월성지구에 산재한다.

49 한국 전통건물에 붙는 명칭으로 가장 격조가 높은 것은?

① 재(齋) ② 각(閣)

③ 당(堂) ④ 전(殿)

50 다음에서 설명하는 민속놀이는?

> • 음력 정월대보름에 여자들이 하는 민속놀이이다.
> • 공주로 뽑힌 소녀가 한 줄로 늘어선 여자들의 등을 밟고 걸어간다.
> • 공민왕과 노국공주의 피난에서 유래되었다는 설이 전해진다.

① 밀양백중놀이 ② 송파산대놀이

③ 송파다리밟기 ④ 안동놋다리밟

ANSWER │ **49.**④ **50.**④

49 한국 전통건물에 붙는 명칭의 서열
  ㉠ 전(殿) : 건물 가운데 가장 격이 높은 건물. 왕(강녕전)과 왕비(교태전)가 머무는 사적·공적(근정전) 공간 등에 붙는다.
  ㉡ 당(堂) : 전(殿)에 비해 한 단계 낮은 건물. 왕의 아들인 대군이나 군의 집(자선당), 관리들의 공적 공간, 학생들이 공부하는 공간(명륜당) 등에 붙는다.
  ㉢ 합(閤) : 전이나 당의 부속
  ㉣ 각(閣) : 전이나 당의 부속건물(규장각)
  ㉤ 재(齋) : 왕실 가족들의 휴식이나 주거 공간, 관원들의 업무 공간
  ㉥ 헌(軒) : 공무적 기능을 용도로 하는 공간
  ㉦ 누(樓) : 휴식과 유희를 목적으로 하는 2층 건물(경회루)
  ㉧ 정(亭) : 누와 유사한 목적이나 단층집(향원정)

50 제시된 설명의 민속놀이는 안동놋다리밟기이다.
  ① 밀양백중놀이(국가무형문화재 제68호) : 바쁜 농사일을 끝내고 고된 일을 해오던 머슴들이 음력 7월 15일경 용날을 선택하여 지주들로부터 하루 휴가를 얻어 흥겹게 노는 놀이이다.
  ② 송파산대놀이(국가무형문화재 제49호) : 서울·경기 지방에서 즐겼던 산대도감극(山臺都監劇)의 한 갈래로 춤과 무언극, 덕담과 익살이 어우러진 민중의 놀이이다.
  ③ 송파다리밟기(서울특별시 무형문화재 제3호) : 정월 대보름에 하는 놀이로 자기 나이만큼 개울가 다리를 밟으면 다리에 병이 나지 않고, 모든 재앙을 물리칠 뿐만 아니라 복도 불러들인다는 믿음을 갖고 있다.

3 관광법규

51 관광진흥법령상 특별자치도지사·시장·군수· 구청장의 허가를 받아야 하는 관광사업은?

① 종합유원시설업
② 국제회의업
③ 카지노업
④ 휴양 콘도미니엄업

52 관광진흥법령상 식품위생 법령에 따른 유흥주점 영업의 허가를 받은 자가 관광객이 이용하기 적합한 한국 전통 분위기의 시설을 갖추어 그 시설을 이용하는 자에게 음식을 제공하고 노래와 춤을 감상하게 하거나 춤을 추게 하는 관광사업은?

① 관광극장유흥업
② 관광유흥음식점업
③ 외국인전용 유흥음식점업
④ 관광공연장업

53 관광진흥법령상 지역별 관광협회에 지정 신청을 해야 하는 관광 편의시설업은?

① 관광순환버스업
② 여객자동차터미널시설업
③ 관광궤도업
④ 관광면세업

ANSWER **51.**① **52.**② **53.**②

51 ① 종합유원시설업 및 일반유원시설업은 문화체육관광부령으로 정하는 시설과 설비를 갖추어 특별자치시장·특별자치도지사·시장·군수·구청장의 허가를 받아야 한다〈관광진흥법 제5조 제2항 참조〉.

52 ② 관광유흥음식점업 : 식품위생 법령에 따른 유흥주점 영업의 허가를 받은 자가 관광객이 이용하기 적합한 한국 전통 분위기의 시설을 갖추어 그 시설을 이용하는 자에게 음식을 제공하고 노래와 춤을 감상하게 하거나 춤을 추게 하는 업
① 관광극장유흥업 : 식품위생 법령에 따른 유흥주점 영업의 허가를 받은 자가 관광객이 이용하기 적합한 무도(舞蹈)시설을 갖추어 그 시설을 이용하는 자에게 음식을 제공하고 노래와 춤을 감상하게 하거나 춤을 추게 하는 업
③ 외국인전용 유흥음식점업 : 식품위생 법령에 따른 유흥주점영업의 허가를 받은 자가 외국인이 이용하기 적합한 시설을 갖추어 외국인만을 대상으로 주류나 그 밖의 음식을 제공하고 노래와 춤을 감상하게 하거나 춤을 추게 하는 업
④ 관광공연장업 : 관광객을 위하여 적합한 공연시설을 갖추고 공연물을 공연하면서 관광객에게 식사와 주류를 판매하는 업

53 ② 관광 편의시설업 중 관광식당업·관광사진업 및 여객자동차터미널시설업의 지정 및 지정취소에 관한 권한은 지역별 관광협회에 위탁한다.

54 관광진흥법령상 관광사업자가 아닌 자가 상호에 포함하여 사용할 수 없는 명칭을 모두 고른 것은?

> ㉠ 관광숙박업과 유사한 영업의 경우 관광호텔과 휴양 콘도미니엄
> ㉡ 관광공연장업과 유사한 영업의 경우 관광공연
> ㉢ 관광펜션업과 유사한 영업의 경우 관광펜션
> ㉣ 관광면세업과 유사한 영업의 경우 관광면세

① ㉠, ㉢

② ㉡, ㉣

③ ㉠, ㉡, ㉣

④ ㉠, ㉡, ㉢, ㉣

55 관광진흥법상 관광시설의 타인 경영 및 처분과 위탁 경영에 관한 설명으로 옳지 않은 것은?

① 관광진흥법에 따른 안전성검사를 받아야 하는 유기시설 및 유기기구는 타인에게 경영하도록 할 수 없다.

② 카지노업의 허가를 받는 데 필요한 시설과 기구는 그 용도로 계속하여 사용하는 것을 조건으로 타인에게 처분할 수 없다.

③ 관광사업자가 관광숙박업의 객실을 타인에게 위탁하여 경영하게 하는 경우, 해당 시설의 경영은 관광사업자의 명의로 하여야 한다.

④ 관광사업자가 관광숙박업의 객실을 타인에게 위탁하여 경영하게 하는 경우, 이용자 또는 제3자와의 거래행위에 따른 대외적 책임은 위탁받은 자가 부담하여야 한다.

ANSWER 54.④ 55.④

54 상호의 사용제한〈관광진흥법 시행령 제8조〉… 관광사업자가 아닌 자는 다음 각 호의 업종 구분에 따른 명칭을 포함하는 상호를 사용할 수 없다.
㉠ 관광숙박업과 유사한 영업의 경우 관광호텔과 휴양 콘도미니엄
㉡ 관광유람선업과 유사한 영업의 경우 관광유람
㉢ 관광공연장업과 유사한 영업의 경우 관광공연
㉣ 관광유흥음식점업, 외국인전용 유흥음식점업 또는 관광식당업과 유사한 영업의 경우 관광식당
㉤ 관광극장유흥업과 유사한 영업의 경우 관광극장
㉥ 관광펜션업과 유사한 영업의 경우 관광펜션
㉦ 관광면세업과 유사한 영업의 경우 관광면세

55 ④ 관광사업자는 관광사업의 효율적 경영을 위하여 관광숙박업의 객실을 타인에게 위탁하여 경영하게 할 수 있다. 이 경우 해당 시설의 경영은 관광사업자의 명의로 하여야 하고, 이용자 또는 제3자와의 거래행위에 따른 대외적 책임은 관광사업자가 부담하여야 한다〈관광진흥법 제11조 제2항〉.

56 관광진흥법령상 관광숙박업 등의 등급결정에 관한 설명으로 옳지 않은 것은?

① 호텔업 등급결정의 유효기간은 등급결정을 받은 날부터 3년으로 한다.

② 관광호텔업 등급결정 보류의 통지를 받은 신청인은 그 보류의 통지를 받은 날부터 60일 이내에 신청한 등급과 동일한 등급 또는 낮은 등급으로 호텔업 등급결정의 재신청을 하여야 한다.

③ 관광펜션업을 신규 등록한 경우 희망하는 등급을 정하여 등급결정을 신청하여야 한다.

④ 등급결정 수탁기관은 평가의 공정성을 위하여 필요하다고 인정하는 경우에는 평가를 마칠때까지 평가의 일정 등을 신청인에게 알리지 아니할 수 있다.

57 관광진흥법령상 손익계산서에 표시된 직전 사업연도의 매출액이 2천억 원인 일반여행업자가 기획여행을 실시하려는 경우 추가로 가입하거나 예치하고 유지하여야 할 보증보험등의 가입금액 또는 영업보증금의 예치금액은?

① 2억 원

② 3억 원

③ 5억 원

④ 7억 원

56 ③ 호텔업 등록을 한 자 중 대통령령으로 정하는 자(관광호텔업, 수상관광호텔업, 한국전통호텔업, 가족호텔업, 소형호텔업 또는 의료관광호텔업의 등록을 한 자)는 등급결정을 신청하여야 한다.

57 보증보험 등 가입금액(영업보증금 예치금액) 기준〈관광진흥법 시행규칙 별표 3〉

(단위 : 천 원)

여행업의 종류 (기획여행 포함) / 직전 사업연도 매출액	국내 여행업	국외 여행업	일반 여행업	국외 여행업의 기획여행	일반 여행업의 기획여행
1억 원 미만	20,000	30,000	50,000	200,000	200,000
1억 원 이상 5억 원 미만	30,000	40,000	65,000		
5억 원 이상 10억 원 미만	45,000	55,000	85,000		
10억 원 이상 50억 원 미만	85,000	100,000	150,000		
50억 원 이상 100억 원 미만	140,000	180,000	250,000	300,000	300,000
100억 원 이상 1,000억 원 미만	450,000	750,000	1,000,000	500,000	500,000
1000억 원 이상	750,000	1,250,000	1,510,000	700,000	700,000

58 관광진흥법령상 폐광지역 카지노사업자의 영업준칙에 관한 설명으로 옳지 않은 것은?

① 매일 오전 6시부터 오전 10시까지는 영업을 하여서는 아니 된다.

② 머신게임의 게임기 전체 수량 중 2분의 1 이상은 그 머신게임기에 거는 금액의 단위가 100원 이하인 기기를 설치하여 운영하여야 한다.

③ 카지노 이용자에게 자금을 대여하여서는 아니 된다.

④ 모든 카지노 영업장에서는 주류를 판매하거나 제공하여서는 아니 된다.

59 관광진흥법령에 따른 행정처분 시 법령에 명시된 처분감경 사유가 아닌 것은?

① 위반행위가 고의나 중대한 과실이 아닌 사소한 부주의나 오류로 인한 것으로 인정되는 경우

② 위반행위를 즉시 시정하고 소비자 피해를 보상한 경우

③ 위반의 내용·정도가 경미하여 소비자에게 미치는 피해가 적다고 인정되는 경우

④ 위반 행위자가 처음 해당 위반행위를 한 경우로서, 5년 이상 관광사업을 모범적으로 해 온 사실이 인정되는 경우

ANSWER 58.④ 59.②

58 폐광지역 카지노사업자의 영업준칙〈관광진흥법 시행규칙 별표 10〉

ㄱ 카지노업 영업준칙(별표 9)을 지켜야 한다.

ㄴ 카지노 영업소는 회원용 영업장과 일반 영업장으로 구분하여 운영하여야 하며, <u>일반 영업장에서는 주류를 판매하거나 제공하여서는 아니 된다.</u>

ㄷ 매일 오전 6시부터 오전 10시까지는 영업을 하여서는 아니 된다.

ㄹ 테이블게임에 거는 금액의 최고 한도액은 일반 영업장의 경우에는 테이블별로 정하되, 1인당 1회 10만 원 이하로 하여야 한다. 다만, 일반 영업장 전체 테이블의 2분의 1의 범위에서는 1인당 1회 30만 원 이하로 정할 수 있다.

ㅁ 머신게임에 거는 금액의 최고 한도는 1회 2천 원으로 한다. 다만, 비디오 포커게임기는 2천500원으로 한다.

ㅂ 머신게임의 게임기 전체 수량 중 2분의 1 이상은 그 머신게임기에 거는 금액의 단위가 100원 이하인 기기를 설치하여 운영하여야 한다.

ㅅ 카지노 이용자에게 자금을 대여하여서는 아니 된다.

ㅇ 카지노가 있는 호텔이나 영업소의 내부 또는 출입구 등 주요 지점에 폐쇄회로 텔레비전을 설치하여 운영하여야 한다.

ㅈ 카지노 이용자의 비밀을 보장하여야 하며, 카지노 이용자에 관한 자료를 공개하거나 누출하여서는 아니 된다. 다만, 배우자 또는 직계존비속이 요청하거나 공공기관에서 공익적 목적으로 요청한 경우에는 자료를 제공할 수 있다.

ㅊ 사망·폭력행위 등 사고가 발생한 경우에는 즉시 문화체육관광부장관에게 보고하여야 한다.

ㅋ 회원용 영업장에 대한 운영·영업방법 및 카지노 영업장 출입일수는 내규로 정하되, 미리 문화체육관광부장관의 승인을 받아야 한다.

59 처분권자는 위반행위의 동기·내용·횟수 및 위반의 정도 등 ㉠부터 ㉣까지의 규정에 해당하는 사유를 고려하여 그 처분을 감경할 수 있다. 이 경우 그 처분이 사업정지인 경우에는 그 처분기준의 2분의 1의 범위에서 감경할 수 있다.

㉠ 위반행위가 고의나 중대한 과실이 아닌 사소한 부주의나 오류로 인한 것으로 인정되는 경우

㉡ 위반의 내용·정도가 경미하여 소비자에게 미치는 피해가 적다고 인정되는 경우

㉢ 위반 행위자가 처음 해당 위반행위를 한 경우로서, 5년 이상 관광사업을 모범적으로 해 온 사실이 인정되는 경우

㉣ 위반 행위자가 해당 위반행위로 인하여 검사로부터 기소유예 처분을 받거나 법원으로부터 선고유예의 판결을 받은 경우

60 관광진흥법상 관할 등록기관등의 장이 관광사업의 등록등을 취소할 수 있는 사유가 아닌 것은?

① 등록기준에 적합하지 아니하게 된 경우
② 관광진흥법을 위반하여 관광사업의 시설을 타인에게 처분하거나 타인에게 경영하도록 한 경우
③ 지나친 사행심 유발을 방지하기 위한 문화체육관광부장관의 지도와 명령을 카지노사업자가 이행하지 아니한 경우
④ 관광진흥법에 따른 보험 또는 공제에 가입하지 아니하거나 영업보증금을 예치하지 아니한 경우

ANSWER　60.③

60 등록취소 등〈관광진흥법 제35조 제1항〉… 관할 등록기관등의 장은 관광사업의 등록 등을 받거나 신고를 한 자 또는 사업계획의 승인을 받은 자가 다음 각 호의 어느 하나에 해당하면 그 등록 등 또는 사업계획의 승인을 취소하거나 6개월 이내의 기간을 정하여 그 사업의 전부 또는 일부의 정지를 명하거나 시설·운영의 개선을 명할 수 있다.

ㄱ 등록기준에 적합하지 아니하게 된 경우 또는 변경등록기간 내에 변경등록을 하지 아니하거나 등록한 영업범위를 벗어난 경우
ㄴ 문화체육관광부령으로 정하는 시설과 설비를 갖추지 아니하게 되는 경우
ㄷ 변경허가를 받지 아니하거나 변경신고를 하지 아니한 경우
ㄹ 지정 기준에 적합하지 아니하게 된 경우 〈2017.11.28. 신설〉
ㅁ 기한 내에 신고를 하지 아니한 경우
ㅂ 법을 위반하여 휴업 또는 폐업을 하고 알리지 아니하거나 미리 신고하지 아니한 경우
ㅅ 보험 또는 공제에 가입하지 아니하거나 영업보증금을 예치하지 아니한 경우
ㅇ 사실과 다르게 관광표지를 붙이거나 관광표지에 기재되는 내용을 사실과 다르게 표시 또는 광고하는 행위를 한 경우
ㅈ 관광사업의 시설을 타인에게 처분하거나 타인에게 경영하도록 한 경우
ㅊ 기획여행의 실시요건 또는 실시방법을 위반하여 기획여행을 실시한 경우
ㅋ 안전정보 또는 변경된 안전정보를 제공하지 아니하거나, 여행계약서 및 보험 가입 등을 증명할 수 있는 서류를 여행자에게 내주지 아니한 경우 또는 여행자의 사전 동의 없이 여행일정(선택관광 일정을 포함한다)을 변경하는 경우
ㅌ 사업계획의 승인을 얻은 자가 정당한 사유 없이 대통령령으로 정하는 기간 내에 착공 또는 준공을 하지 아니하거나 같은 조를 위반하여 변경승인을 얻지 아니하고 사업계획을 임의로 변경한 경우
ㅍ 관광숙박업자의 준수사항을 위반한 경우
ㅎ 등급결정을 신청하지 아니한 경우
ⓐ 법을 위반하여 분양 또는 회원모집을 하거나 공유자·회원의 권익을 보호하기 위한 사항을 준수하지 아니한 경우
ⓑ 카지노업의 허가 요건에 적합하지 아니하게 된 경우
ⓒ 법을 위반하여 카지노 시설 및 기구에 관한 유지·관리를 소홀히 한 경우
ⓓ 관광진흥개발기금을 납부하지 아니한 경우
ⓔ 물놀이형 유원시설 등의 안전·위생기준을 지키지 아니한 경우
ⓕ 유기시설 또는 유기기구에 대한 안전성검사 및 안전성검사 대상에 해당되지 아니함을 확인하는 검사를 받지 아니하거나 안전관리자를 배치하지 아니한 경우
ⓖ 영업질서 유지를 위한 준수사항을 지키지 아니하거나 불법으로 제조한 부분품을 설치하거나 사용한 경우
ⓗ 해당 자격이 없는 자를 종사하게 한 경우
ⓘ 보고 또는 서류제출명령을 이행하지 아니하거나 관계 공무원의 검사를 방해한 경우
ⓙ 관광사업의 경영 또는 사업계획을 추진함에 있어서 뇌물을 주고받은 경우
ⓚ 고의로 여행계약을 위반한 경우(여행업자만 해당)
ⓛ 야영장업의 등록을 한 자는 문화체육관광부령으로 정하는 안전·위생기준을 지켜야 한다는 준수사항을 위반한 경우
ⓜ 카지노사업자 등의 준수사항을 위반한 경우

61 관광진흥법상 관할 등록기관등의 장이 영업소를 폐쇄하기 위하여 취할 수 있는 조치로서 명시되지 않은 것은?

① 해당 영업소의 간판이나 그 밖의 영업표지물의 제거 또는 삭제
② 영업에 사용되는 시설물 또는 기구 등에 대한 압류
③ 해당 영업소가 적법한 영업소가 아니라는 것을 알리는 게시물 등의 부착
④ 영업을 위하여 꼭 필요한 시설물 또는 기구 등을 사용할 수 없게 하는 봉인

62 관광진흥법상 ( )에 들어갈 내용이 순서대로 옳은 것은?

> 관할 등록기관등의 장은 관광사업자에게 사업 정지를 명하여야 하는 경우로서 그 사업의 정지가 그 이용자 등에게 심한 불편을 주거나 그 밖에 공익을 해칠 우려가 있으면 사업 정지 처분을 갈음하여 ( ) 이하의 (   )을(를) 부과할 수 있다.

① 1천만 원, 벌금
② 1천만 원, 과태료
③ 2천만 원, 과징금
④ 3천만 원, 이행강제금

NSWER 61.② 62.③

61 폐쇄조치 등〈관광진흥법 제36조 제1항〉 ··· 관할 등록기관등의 장은 허가 또는 신고 없이 영업을 하거나 허가의 취소 또는 사업의 정지명령을 받고 계속하여 영업을 하는 자에 대하여는 그 영업소를 폐쇄하기 위하여 관계 공무원에게 다음 각 호의 조치를 하게 할 수 있다.
   ⊙ 해당 영업소의 간판이나 그 밖의 영업표지물의 제거 또는 삭제
   ⓒ 해당 영업소가 적법한 영업소가 아니라는 것을 알리는 게시물 등의 부착
   ⓒ 영업을 위하여 꼭 필요한 시설물 또는 기구 등을 사용할 수 없게 하는 봉인(封印)

62 과징금의 부과〈관광진흥법 제37조 제1항 참조〉 ··· 관할 등록기관등의 장은 관광사업자에게 사업 정지를 명하여야 하는 경우로서 그 사업의 정지가 그 이용자 등에게 심한 불편을 주거나 그 밖에 공익을 해칠 우려가 있으면 사업 정지 처분을 갈음하여 2천만 원 이하의 과징금을 부과할 수 있다.

63 관광진흥법령상 관할 등록기관등의 장이 4성급 이상의 관광호텔업의 총괄관리 및 경영업무에 종사하도록 해당 관광사업자에게 권고할 수 있는 관광종사원의 자격은?

① 호텔경영사   ② 호텔관리사

③ 관광통역안내사   ④ 호텔서비스사

64 관광진흥법령상 관광숙박업에 해당하는 것을 모두 고른 것은?

㉠ 한옥체험업	㉡ 호스텔업
㉢ 의료관광호텔업	㉣ 외국인관광 도시민박업

① ㉠, ㉡   ② ㉡, ㉢

③ ㉠, ㉢, ㉣   ④ ㉡, ㉢, ㉣

ANSWER 63.① 64.②

63 관광 업무별 자격기준⟨관광진흥법 시행령 별표 4⟩

업종	업무	종사하도록 권고할 수 있는 자	종사하게 하여야 하는 자
여행업	외국인 관광객의 국내여행을 위한 안내		관광통역안내사 자격을 취득한 자
	내국인의 국내여행을 위한 안내	국내여행안내사 자격을 취득한 자	
관광숙박업	4성급 이상의 관광호텔업의 총괄관리 및 경영업무	호텔경영사 자격을 취득한 자	
	4성급 이상의 관광호텔업의 객실관리 책임자 업무	호텔경영사 또는 호텔관리사 자격을 취득한 자	
	3성급 이하의 관광호텔업과 한국전통호텔업 · 수상관광호텔업 · 휴양콘도미니엄업 · 가족호텔업 · 호스텔업 · 소형호텔업 및 의료관광호텔업의 총괄관리 및 경영업무	호텔경영사 또는 호텔관리사 자격을 취득한 자	
	현관 · 객실 · 식당의 접객업무	호텔서비스사 자격을 취득한 자	

64 ㉠ 한옥체험업 → 관광객 이용시설업
　　㉣ 외국인관광 도시민박업 → 관광객 이용시설업

65 관광진흥법령상 여행계약 등에 관한 설명으로 옳지 않은 것은?

① 여행업자는 여행자와 계약을 체결할 때에는 여행자를 보호하기 위하여 해당 여행지에 대한 안전정보를 서면으로 제공하여야 한다.

② 여행업자는 해당 여행지에 대한 안전정보가 변경된 경우에는 여행자에게 이를 서면으로 제공하지 않아도 된다.

③ 여행업자는 여행자와 여행계약을 체결하였을 때에는 그 서비스에 관한 내용을 적은 여행 계약서 및 보험 가입 등을 증명할 수 있는 서류를 여행자에게 내주어야 한다.

④ 여행업자는 천재지변, 사고, 납치 등 긴급한 사유가 발생하여 여행자로부터 사전에 일정변경 동의를 받기 어렵다고 인정되는 경우에는 사전에 일정변경 동의서를 받지 아니할 수 있다.

66 관광진흥법령상 유기시설 또는 유기기구로 인하여 중대한 사고가 발생한 경우 특별자치도지사 · 시장 · 군수 · 구청장이 자료 및 현장조사 결과에 따라 유원시설업자에게 명할 수 있는 조치에 해당하지 않는 것은?

① 배상 명령   ② 개선 명령
③ 철거 명령   ④ 사용중지 명령

ANSWER **65.② 66.①**

65 ② 여행업자는 여행자와 계약을 체결할 때에는 여행자를 보호하기 위하여 문화체육관광부령으로 정하는 바에 따라 해당 여행지에 대한 안전정보를 서면으로 제공하여야 한다. <u>해당 여행지에 대한 안전정보가 변경된 경우에도 또한 같다</u>〈관광진흥법 제14조 제1항〉.

④ 여행업자는 천재지변, 사고, 납치 등 긴급한 사유가 발생하여 여행자로부터 사전에 일정변경 동의를 받기 어렵다고 인정되는 경우에는 사전에 일정변경 동의서를 받지 아니할 수 있다. 다만, 여행업자는 사후에 서면으로 그 변경내용 등을 설명하여야 한다〈관광진흥법 시행규칙 제22조의4 제4항〉.

66 특별자치시장 · 특별자치도지사 · 시장 · 군수 · 구청장은 법에 따른 자료 및 현장조사 결과에 따라 해당 유기시설 또는 유기기구가 안전에 중대한 침해를 줄 수 있다고 판단하는 경우에는 다음 각 호의 구분에 따른 조치를 명할 수 있다〈관광진흥법 시행령 제31조의2 제5항〉.

㉠ **사용중지 명령**: 유기시설 또는 유기기구를 계속 사용할 경우 이용자 등의 안전에 지장을 줄 우려가 있는 경우

㉡ **개선 명령**: 유기시설 또는 유기기구의 구조 및 장치의 결함은 있으나 해당 시설 또는 기구의 개선 조치를 통하여 안전 운행이 가능한 경우

㉢ **철거 명령**: 유기시설 또는 유기기구의 구조 및 장치의 중대한 결함으로 정비 · 수리 등이 곤란하여 안전 운행이 불가능한 경우

67 관광진흥법령상 관광특구에 관한 설명으로 옳은 것은?

① 국가나 지방자치단체는 관광특구를 방문하는 외국인 관광객의 관광 활동을 위한 편의 증진 등 관광특구 진흥을 위하여 필요한 지원을 할 수 있다.

② 문화체육관광부장관은 관광특구를 방문하는 외국인 관광객의 유치 촉진 등을 위하여 관광특구진흥계획 을 수립하고 시행하여야 한다.

③ 문화체육관광부장관은 수립된 진흥계획에 대하여 5년마다 그 타당성을 검토하고 진흥계획의 변경 등 필요한 조치를 하여야 한다.

④ 관광특구는 시·도지사의 신청에 따라 문화체육관광부장관이 지정한다.

68 관광진흥법령상 관광개발계획에 관한 설명으로 옳지 않은 것은?

① 문화체육관광부장관은 관광자원을 효율적으로 개발하고 관리하기 위하여 전국을 대상으로 관광개발기본 계획을 수립하여야 한다.

② 시·도지사(특별자치도지사 제외)는 관광개발 기본계획에 따라 구분된 권역을 대상으로 권역별 관광개 발계획을 수립하여야 한다.

③ 관광개발기본계획은 10년마다, 권역별 관광개발계획은 5년마다 수립한다.

④ 둘 이상의 시·도에 걸치는 지역이 하나의 권역계획에 포함되는 경우에는 문화체육관광부장관이 권역별 관광개발계획을 수립하여야 한다.

ANSWER 67.① 68.④

67 ② 특별자치시장·특별자치도지사·시장·군수·구청장은 관할 구역 내 관광특구를 방문하는 외국인 관광객의 유치 촉진 등을 위하여 관광특구진흥계획을 수립하고 시행하여야 한다.
③ 특별자치시장·특별자치도지사·시장·군수·구청장은 수립된 진흥계획에 대하여 5년마다 그 타당성을 검토하고 진흥 계획의 변경 등 필요한 조치를 하여야 한다.
④ 관광특구는 요건을 모두 갖춘 지역 중에서 시장·군수·구청장의 신청(특별자치시 및 특별자치도의 경우는 제외한다) 에 따라 시·도지사가 지정한다.

68 권역계획〈관광진흥법 제51조 제1항〉 … 권역계획은 그 지역을 관할하는 시·도지사(특별자치도지사는 제외)가 수립하여야 한다. 다만, 둘 이상의 시·도에 걸치는 지역이 하나의 권역계획에 포함되는 경우에는 관계되는 시·도지사와의 협의에 따라 수립하되, 협의가 성립되지 아니한 경우에는 문화체육관광부장관이 지정하는 시·도지사가 수립하여야 한다.

69 국제회의산업 육성에 관한 법령상 국제회의 전담조직의 업무로 옳지 않은 것은?

① 국제회의 유치 및 개최 지원

② 국제회의 전문인력의 교육 및 수급

③ 국제회의산업육성기본계획의 수립

④ 지방자치단체의 장이 설치한 전담조직에 대한 지원 및 상호 협력

70 국제회의산업 육성에 관한 법령상 (   )에 들어갈 내용이 순서대로 옳은 것은?

> 국제회의시설 중 준회의시설은 국제회의개최에 필요한 회의실로 활용할 수 있는 호텔연회장·공연장·체육관 등의 시설로서 다음의 요건을 모두 갖추어야 한다.
> 1. (   )명 이상의 인원을 수용할 수 있는 대회의실이 있을 것
> 2. (   )명 이상의 인원을 수용할 수 있는 중·소회의실이 (   )실 이상 있을 것

① 2천, 30, 5

② 2천, 10, 5

③ 200, 30, 3

④ 200, 10, 3

ANSWER   **69.**③   **70.**③

69 국제회의 전담조직의 업무〈국제회의산업 육성에 관한 법률 시행령 제9조〉
  ㉠ 국제회의의 유치 및 개최 지원
  ㉡ 국제회의산업의 국외 홍보
  ㉢ 국제회의 관련 정보의 수집 및 배포
  ㉣ 국제회의 전문인력의 교육 및 수급(需給)
  ㉤ 지방자치단체의 장이 설치한 전담조직에 대한 지원 및 상호 협력
  ㉥ 그 밖에 국제회의산업의 육성과 관련된 업무

70 국제회의시설의 종류·규모〈국제회의산업 육성에 관한 법률 시행령 제3조〉
  ㉠ 전문회의시설
    • 2천 명 이상의 인원을 수용할 수 있는 대회의실이 있을 것
    • 30명 이상의 인원을 수용할 수 있는 중·소회의실이 10실 이상 있을 것
    • 옥내와 옥외의 전시면적을 합쳐서 2천제곱미터 이상 확보하고 있을 것
  ㉡ 준회의시설 : 국제회의 개최에 필요한 회의실로 활용할 수 있는 호텔연회장·공연장·체육관 등의 시설
    • <u>200</u>명 이상의 인원을 수용할 수 있는 대회의실이 있을 것
    • <u>30</u>명 이상의 인원을 수용할 수 있는 중·소회의실이 <u>3</u>실 이상 있을 것
  ㉢ 전시시설
    • 옥내와 옥외의 전시면적을 합쳐서 2천 제곱미터 이상 확보하고 있을 것
    • 30명 이상의 인원을 수용할 수 있는 중·소회의실이 5실 이상 있을 것
  ㉣ 부대시설 : 국제회의 개최와 전시의 편의를 위하여 시설에 부속된 숙박시설·주차시설·음식점시설·휴식시설·판매시설 등

71 국제회의산업 육성에 관한 법령상 국제회의집적시설의 종류와 규모에 대한 설명 중 ( )에 들어갈 내용이 순서대로 옳은 것은?

> • 관광진흥법에 따른 관광숙박업의 시설로서 ( )실 이상의 객실을 보유한 시설
> • 유통산업발전법에 따른 대규모점포
> • 공연법에 따른 공연장으로서 ( )석 이상의 객석을 보유한 공연장

① 30, 300

② 30, 500

③ 100, 300

④ 100, 500

72 관광진흥개발기금법상 민간자본의 유치를 위하여 관광진흥개발기금을 출자할 수 있는 경우가 아닌 것은?

① 장애인 등 소외계층에 대한 국민관광 복지사업

② 국제회의산업 육성에 관한 법률에 따른 국제 회의시설의 건립 및 확충 사업

③ 관광사업에 투자하는 것을 목적으로 하는 투자조합

④ 관광진흥법에 따른 관광지 및 관광단지의 조성사업

ANSWER   71.④   72.①

71 국제회의집적시설의 종류와 규모〈국제회의산업 육성에 관한 법률 시행령 제4조〉
  ㉠「관광진흥법」에 따른 관광숙박업의 시설로서 100실 이상의 객실을 보유한 시설
  ㉡「유통산업발전법」에 따른 대규모점포
  ㉢「공연법」에 따른 공연장으로서 500석 이상의 객석을 보유한 공연장

72 기금은 민간자본의 유치를 위하여 필요한 경우 다음 각 호의 어느 하나의 사업이나 투자조합에 출자(出資)할 수 있다.
  ㉠「관광진흥법」에 따른 관광지 및 관광단지의 조성사업
  ㉡「국제회의산업 육성에 관한 법률」에 따른 국제회의시설의 건립 및 확충 사업
  ㉢ 관광사업에 투자하는 것을 목적으로 하는 투자조합
  ㉣ 그 밖에 관광사업의 발전을 위하여 필요한 것으로서 대통령령으로 정하는 사업

73 관광진흥개발기금법상 관광진흥개발기금의 재원으로 옳은 것은?

① 한국관광공사로부터 받은 출연금 ② 카지노사업자의 과태료
③ 관광복권사업자의 납부금 ④ 기금의 운용에 따라 생기는 수익금

74 관광진흥개발기금법령상 국내 공항과 항만을 통하여 출국하는 자로서 출국납부금의 면제대상이 아닌 자는?

① 국제선 항공기의 승무교대를 위하여 출국하는 승무원
② 대한민국에 주둔하는 외국의 군인 및 군무원
③ 관용여권을 소지하고 있는 공무원
④ 입국이 거부되어 출국하는 자

73 기금의 재원〈관광진흥개발기금법 제2조 제2항〉〈2017. 11. 28. 개정〉
㉠ 정부로부터 받은 출연금
㉡ 「관광진흥법」에 따른 납부금
㉢ 출국납부금
㉣ 「관세법」에 따른 보세판매장 특허수수료의 100분의 50
㉤ 기금의 운용에 따라 생기는 수익금과 그 밖의 재원

74 출국납부금의 납부대상이 아닌 자〈관광진흥개발기금법 시행령 제1조의2 제1항〉
㉠ 외교관여권이 있는 자
㉡ 2세(선박을 이용하는 경우에는 6세) 미만인 어린이
㉢ 국외로 입양되는 어린이와 그 호송인
㉣ 대한민국에 주둔하는 외국의 군인 및 군무원
㉤ 입국이 허용되지 아니하거나 거부되어 출국하는 자
㉥ 「출입국관리법」에 따른 강제퇴거 대상자 중 국비로 강제 출국되는 외국인
㉦ 공항통과 여객으로서 다음 각 목의 어느 하나에 해당되어 보세구역을 벗어난 후 출국하는 여객
  • 항공기 탑승이 불가능하여 어쩔 수 없이 당일이나 그 다음 날 출국하는 경우
  • 공항이 폐쇄되거나 기상이 악화되어 항공기의 출발이 지연되는 경우
  • 항공기의 고장·납치, 긴급환자 발생 등 부득이한 사유로 항공기가 불시착한 경우
  • 관광을 목적으로 보세구역을 벗어난 후 24시간 이내에 다시 보세구역으로 들어오는 경우
㉧ 국제선 항공기 및 국제선 선박을 운항하는 승무원과 승무교대를 위하여 출국하는 승무원

75 관광기본법의 목적으로 명시되지 않은 것은?

① 관광자원과 시설의 확충

② 국민경제와 국민복지의 향상

③ 건전한 국민관광의 발전 도모

④ 국제친선의 증진

ANSWER 75.①

75 관광기본법의 목적〈관광기본법 제1조〉… 이 법은 관광진흥의 방향과 시책에 관한 사항을 규정함으로써 국제친선을 증진하고 국민경제와 국민복지를 향상시키며 건전한 국민관광의 발전을 도모하는 것을 목적으로 한다.

관광학개론

76 쉥겐(Schengen)협약에 가입하지 않은 국가는?

① 오스트리아
② 프랑스
③ 스페인
④ 터키

77 컨벤션과 관련분야 산업의 성장을 목적으로 1963년 유럽에서 설립된 컨벤션 국제기구는?

① WTTC
② ICAO
③ ICCA
④ IHA

78 인천공항에 취항하는 외국 항공사가 아닌 것은?

① 에티오피아 항공(ET)
② 체코 항공(OK)
③ 사우스웨스트 항공(WN)
④ 알리탈리아 항공(AZ)

ANSWER 76.④ 77.③ 78.③

76 쉥겐(Schengen)협약은 유럽연합 회원국들 간에 체결된 국경개방조약으로 터키는 가입하지 않았다.

77 국제컨벤션협회(ICCA) … 1963년 설립해 네덜란드 암스테르담에 본부를 두고 있다. 이 기구는 마이스(MICE) 산업 발전을 위한 정책을 개발하고 협력 방안을 모색하는 역할을 한다.

78 ③ 사우스웨스트 항공은 미국의 저가 항공사로 인천공항에 취항하지 않았다.

79 호텔에서 판매촉진 등을 목적으로 고객에게 무료로 객실을 제공하는 요금제는?

① Tariff Rack Rate   ② Complimentary Rate

③ FIT Rate   ④ Commercial Rate

80 국제 슬로시티(Slow City)에 가입된 지역이 아닌 곳은?

① 제천 수산   ② 하동 악양

③ 담양 창평   ④ 제주 우도

ANSWER   79.②   80.④

79 Complimentary Rate … 호텔에서 판매촉진 등을 목적으로 고객에게 무료로 객실 및 식음료 등을 제공하는 요금제이다.
  ① 호텔에서 주무관청의 승인을 받아 고객이 쉽게 볼 수 있는 곳에 공시하는 요금표상의 요금 즉 공표요금(기준 요금)을 rack rate, 공시된 요금표를 tariff이라 한다.
  ③ FIT는 Foreign Independent Tour 약자로 에스코트나 가이드가 없이 개인 단독으로 여행하는 것을 말한다.
  ④ 특정한 기업체나 사업을 목적으로 하는 비즈니스 고객에게 일정한 율을 할인해 주는 요금제이다.

80 국내 슬로시티 인증 지역(2020년 11월 기준)
신안군, 완도군, 담양군, 하동군, 예산군, 남양주시, 전주시, 상주시, 청송군, 영월군, 제천시, 태안군, 영양군, 김해시, 서천군, 목포시 등 16개 도시

81 Banker와 Player 중 카드 합이 9에 가까운 쪽이 승리하는 카지노 게임은?

① 바카라

② 블랙잭

③ 다이사이

④ 빅휠

82 국내 입국 시 소액물품 자가사용 인정기준(면세통관범위)을 초과하는 것은?

① 인삼 3Kg

② 더덕 3Kg

③ 고사리 5Kg

④ 참깨 5Kg

ANSWER 81.① 82.①

81 바카라 … 카지노 게임의 왕이라고도 불리며, 딜러와 참가자의 어느 한쪽을 택하여 9 이하의 높은 점수로 승부하는 카드 게임이다.

② 블랙잭 : 딜러와 참가자가 함께 카드의 숫자를 겨루는 것으로 2장 이상의 카드를 꺼내어 그 합계를 21점에 가깝도록 만들어 딜러의 점수와 승부한다.

③ 다이사이 : 딜러가 쉐이커 내에 있는 주사위 3개를 흔들어 주사위가 나타내는 숫자의 합 또는 조합을 알아맞히는 참가 자에게 소정의 당첨금을 지불하는 방식의 게임이다.

④ 빅휠 : 플레이어가 베팅을 하고 딜러는 휠을 돌린다. 딜러가 'NO more bets'이라는 콜이 있기 전까지는 휠이 돌아가고 있는 중에도 베팅할 수 있다. 휠이 멈추면 당첨번호에 대해 페이한다.

82 농림수축산물 및 한약재 자가사용 인정기준〈수입통관 사무처리에 관한 고시 별표 11 참조〉

종류	품명	자가사용 인정기준 (면세통관범위)	비고
농림수 축산물	참기름, 참깨, 꿀, 고사리, 버섯, 더덕	각 5kg	• 면세통관범위 초과의 경우에는 요건확인대상(식물방역법, 가축전염병예방법, 수산동물질병관리법 대상은 면세통관 범위 이내의 물품도 반드시 요건확인을 받아야 함)
	호두	5kg	
	잣	1kg	
	소, 돼지고기	각 10kg	
	육포	5kg	
	수산물	각 5kg	
	기타	각 5kg	
한약재	인삼(수삼, 백삼, 홍삼 등)	합 300g	• 녹용은 검역 후 500g(면세범위 포함)까지 과세통관 • 면세통관범위 초과의 경우에는 요건확인대상
	상황버섯	300g	
	녹용	검역 후 150g	
	기타 한약재	각 3kg	

83 국내 크루즈업에 관한 설명으로 옳은 것은?

① 크루즈로 기항 할 수 있는 부두는 제주항이 유일하다.

② 1970년대부터 정기 취항을 시작하였다.

③ 법령상 관광객 이용시설업에 속한다.

④ 2010년 이후 입항 외래 관광객이 꾸준한 하락세를 보이고 있다.

84 해외 주요 도시 공항코드의 연결이 옳은 것은?

① 두바이(Dubai Int l) - DUB

② 로스앤젤레스(Los Angeles Int l) - LAS

③ 홍콩(Hong Kong Int l) - HGK

④ 시드니(Sydney Kingsford) - SYD

85 문화체육관광부가 선정한 2016년 대한민국 문화관광축제가 아닌 것은?

① 광주 비엔날레   ② 봉화 은어축제

③ 강진 청자축제   ④ 자라섬 국제재즈페스티벌

Answer   83.③   84.④   85.①

83 ③ 크루즈업은 일반광광유람선업과 함께 관광유람선업으로, 관광객 이용시설업에 속한다.

84 ① 두바이 - DXB
② 로스앤젤레스 - LAX
③ 홍콩 - HKG

85 2016년도 문화관광축제 선정
㉠ 대표축제(3개) : 김제지평선축제, 자라섬국제재즈페스티벌, 화천산천어축제
㉡ 최우수축제(7개) : 강진청자축제, 무주반딧불축제, 문경전통찻사발축제, 산청한방약초축제, 이천쌀문화축제, 진도신비의 바닷길축제, 추억의7080충장축제
㉢ 우수축제(10개) : 강경젓갈축제, 고령대가야체험축제, 담양대나무축제, 봉화은어축제, 부여서동연꽃축제, 순창장류축제, 정남진장흥물축제, 제주들불축제, 통영한산대첩축제, 평창효석문화제
㉣ 유망축제(23개) : 괴산고추축제, 대구약령시한방문화축제, 대전효문화뿌리축제, 동래읍성역사축제, 마산가고파국화축제, 목포항구축제, 보성다향대축제, 서산해미읍성역사체험축제, 여주오곡나루축제, 영암왕인문화축제, 완주와일드푸드축제, 인천펜타포트음악축제, 춘천마임축제, 포항국제불빛축제, 한산모시문화제, 한성백제문화제, 고창모양성제, 광안리 어방축제, 안성맞춤남사당바우덕이축제, 영덕대게축제, 울산옹기축제, 원주다이내믹댄싱카니발, 함양산삼축제

86 한국관광공사가 인증한 우수 외국인관광도시민박 브랜드는?

① 굿스테이(GOOD STAY)

② 베스트스테이(BEST STAY)

③ 코리아스테이(KOREA STAY)

④ 베니키아(BENIKEA)

87 한국 일반여권 소지자가 무비자로 90일까지 체류할 수 있는 국가는?

① 필리핀   ② 캄보디아

③ 대만   ④ 베트남

88 한국에서 개최되었거나 개최 예정인 메가 스포츠 이벤트와 마스코트 연결이 옳은 것은?

① 1988 서울 올림픽 – 곰돌이

② 2002 한일 월드컵 – 살비

③ 2011 대구 세계육상선수권대회 – 아토

④ 2018 평창 동계올림픽 – 수호랑

89 관광구성요소에 관한 설명으로 옳지 않은 것은?

① 관광객체는 관광매력물인 관광자원, 관광시설 등을 포함한다.
② 관광객체는 관광대상인 국립공원, 테마파크 등을 포함한다.
③ 관광매체는 관광사업인 여행업, 교통업 등을 포함한다.
④ 관광매체는 관광매력물인 관광목적지, 관광명소 등을 포함한다.

90 세계관광기구(UNWTO)의 국제관광객 분류 상 관광통계에 포함되는 자는?

① 승무원   ② 이민자
③ 국경통근자   ④ 군 주둔자

91 2015년 국적별 방한 외래객수가 많은 순으로 바르게 나열한 것은?

① 중국 – 일본 – 미국 – 대만 – 필리핀
② 중국 – 일본 – 미국 – 싱가포르 – 대만
③ 중국 – 일본 – 대만 – 태국 – 싱가포르
④ 중국 – 일본 – 미국 – 필리핀 – 대만

ANSWER   89.④   90.①   91.①

89 관광의 구성요소
　⊙ **관광주체** : 관광을 하는 사람 관광을 행하는 주체
　ⓒ **관광객체** : 관광객의 다양한 욕구를 불러일으키게 하고 욕구를 충족시켜 주는 대상
　ⓒ **관광매체**
　　• 관광주체와 관광객체를 결부시키는 기능
　　• 관광은 관광주체와 관광대상이 연결된 행동이며 현상

90 세계관광기구의 관광객 분류기준은 많은 국가에서 관광 통계 자료의 기준으로 삼고 있다. 세계관광기구는 관광객, 방문자, 당일관광객으로 분류하고 그 외에 관광에서 제외되는 자로 구분하여 국제관광객에 대해 세부적으로 분류한다.
　⊙ **관광객** : 타국에서 국경을 넘어 유입되어 방문국에서 24시간 이상 체재하는 방문객으로서의 위락, 휴가, 스포츠, 사업, 친척·친지방문, 공적인 업무, 회의참가, 연수, 종교, 스포츠행사 참가 등의 목적으로 여행하는 자
　ⓒ **방문자** : 자기의 통상거주지가 아닌 국가를 방문하는 외국인, 해외에 거주하는 국민, 승무원(방문국의 숙박시설 이용자) 등
　ⓒ **당일관광객** : 방문객 중 방문국에서 24시간 미만 체재하는 자(선박여행객, 당일방문자, 선원, 승무원 등)

91 2015년 방한 외래객수가 많은 국가는 중국＞일본＞미국＞대만＞필리핀 순이다.

92 서양의 관광역사 중 Mass Tourism 시대에 관한 설명으로 옳은 것을 모두 고른 것은?

> ㉠ 역사교육, 예술문화학습 등을 목적으로 하는 그랜드 투어가 성행했다.
> ㉡ 생산성 향상, 노동시간 감축, 노동운동확산 등으로 여가시간이 증가하기 시작했다.
> ㉢ 과학기술 발달로 인한 이동과 접근성이 편리해져 여행수요 증가가 가능해졌다.
> ㉣ 자유개별여행, 대안관광, 공정여행 등 새로운 관광의 개념이 등장했다.

① ㉠, ㉡　　　　　　　　　　　　　② ㉠, ㉣

③ ㉡, ㉢　　　　　　　　　　　　　④ ㉢, ㉣

93 유네스코(UNESCO) 세계기록유산 등재목록에 해당하지 않는 것은?

① 조선왕조의궤　　　　　　　　　② 새마을운동기록물

③ 난중일기　　　　　　　　　　　④ 징비록

94 관광유형의 설명으로 옳지 않은 것은?

① S.I.T : 특별목적관광　　　　　② Dark Tourism : 야간관광

③ Fair Travel : 공정여행　　　　④ Incentive Travel : 포상여행

ANSWER　92.③　93.④　94.②

92 관광의 발전단계

단계 구분	시기	관광 계층	관광 동기
tour 시대	고대~1830년대	귀족, 수도자, 특권계층	종교적 이유
tourism 시대	1840년대~ 2차 세계대전 이전	특권계층, 부유층	호기심과 지식욕구
대중관광(mass tourism), 복지관광(social tourism)	2차 세계대전 이후 ~1990년	모든 계층	위락 및 휴양
신관광시대 (new tourism)	1990년 이후~	모든 계층	참여와 다양한 개성추구

93 유네스코에 등록된 세계기록유산으로는 「조선왕조실록」(1997), 「훈민정음(해례본)」(1997), 「승정원일기」(2001), 「불조직지심체요절」 하권(2001), 조선왕조 「의궤」(2007), 고려대장경판 및 제경판(2007), 「동의보감」(2009), 「일성록」(2011), 5·18 광주 민주화운동 기록물(2011), 새마을운동 기록물(2013), 「난중일기」(2013), 한국의 유교책판(2015), KBS특별생방송 '이산가족을 찾습니다' 기록물(2015), 국채상운동 기록물(92017), 조선통신사에 관한 기록(2017), 조선왕실 어보와 어책(2017)이 있다.

94 ② Dark Tourism은 휴양과 관광을 위한 일반 여행과 달리 재난과 참상지를 보며 반성과 교훈을 얻는 여행이다.

95 비수기 수요의 개발, 예약시스템의 도입 등은 관광서비스 특징 중 어떤 문제점을 극복하기 위한 마케팅 전략인가?

① 무형성(Intangibility)   ② 비분리성(Inseparability)

③ 소멸성(Perishability)   ④ 이질성(Heterogeneity)

96 우리나라 인바운드 관광수요에 부정적 영향을 미치는 요인을 모두 고른 것은?

> ㉠ 일본 아베 정부의 엔저 정책 추진
> ㉡ 미국의 기준금리 인상으로 인한 달러가치 상승
> ㉢ 중동위기 해소로 인한 국제유가 하락
> ㉣ 북한의 핵미사일 위협 확대

① ㉠, ㉡   ② ㉠, ㉣

③ ㉢, ㉣   ④ ㉡, ㉢, ㉣

ANSWER   95.③   96.②

95 ③ 비수기 수요의 개발, 예약시스템의 도입 등은 관광서비스의 소멸성을 극복하기 위한 마케팅 전략이다.
     ※ 관광마케팅의 특성
       ㉠ 무형성
       ㉡ 유형력화
       ㉢ 지각의 위험
       ㉣ 동시성
       ㉤ 소멸성
       ㉥ 계절성
       ㉦ 비가격 경쟁
       ㉧ 유사제품과 연구 개발
       ㉨ 한계효용 체감 법칙의 부적용
       ㉩ 가치공학
       ㉪ 질적 통제와 표준화
       ㉫ 상징성
       ㉬ 고부하·저부하 환경

96 ㉠ 엔저 정책을 추진하면 일본으로 가는 관광객 수가 증가하게 된다.
     ㉣ 북한의 핵미사일 위협 확대는 우리나라로 여행 오려는 관광객에게 위험 요인으로 작용하여 그 수가 감소하게 된다.

97 국민의 국내관광 활성화 차원에서 추진한 정책이 아닌 것은?

① 의료관광　　　　　　　　　　② 구석구석캠페인
③ 여행주간　　　　　　　　　　④ 여행바우처

98 관광(觀光)이라는 단어가 언급되어 있는 문헌과 그 내용의 연결이 옳지 않은 것은?

① 삼국사기 – 관광육년(觀光六年)
② 고려사절요 – 관광상국(觀光上國) 진손숙습(盡損宿習)
③ 조선왕조실록 – 관광방(觀光坊)
④ 열하일기 – 위관광지상국래(爲觀光之上國來)

99 우리나라에서 최초로 제정된 관광법규는?

① 관광기본법　　　　　　　　　② 관광사업진흥법
③ 관광사업법　　　　　　　　　④ 관광진흥개발기금법

ANSWER　97.① 98.① 99.②

97 ① 의료관광은 외국인을 대상으로 한 관광 활성화 차원에서 추진한 정책이다.

98 ① 관광육년(觀光六年)이라는 단어가 언급되어 있는 문헌은 신라시대 최치원이 쓴 「계원필경」이다.

99 관광사업진흥법은 1961년 제정 · 시행된 법으로, 1976년 폐지되었다.
　① 관광기본법 1975년 제정
　③ 관광사업법 1975년 제정
　④ 관광진흥개발기금법 1972년 제정

100 한국관광공사의 사업에 해당하는 것은?

① 국민관광상품권 발행
② 국민관광 진흥사업
③ 관광경찰조직 운영
④ 관광진흥개발기금 관리

ANSWER 100.②

100 한국관광공사의 사업〈한국관광공사법 제12조 제1항〉
　　㉠ 국제관광 진흥사업
　　　• 외국인 관광객의 유치를 위한 홍보
　　　• 국제관광시장의 조사 및 개척
　　　• 관광에 관한 국제협력의 증진
　　　• 국제관광에 관한 지도 및 교육
　　㉡ 국민관광 진흥사업
　　　• 국민관광의 홍보
　　　• 국민관광의 실태 조사
　　　• 국민관광에 관한 지도 및 교육
　　　• 장애인, 노약자 등 관광취약계층에 대한 관광 지원
　　㉢ 관광자원 개발사업
　　　• 관광단지의 조성과 관리, 운영 및 처분
　　　• 관광자원 및 관광시설의 개발을 위한 시범사업
　　　• 관광지의 개발
　　　• 관광자원의 조사
　　㉣ 관광산업의 연구 · 개발사업
　　　• 관광산업에 관한 정보의 수집 · 분석 및 연구
　　　• 관광산업의 연구에 관한 용역사업
　　㉤ 관광 관련 전문인력의 양성과 훈련 사업
　　㉥ 관광사업의 발전을 위하여 필요한 물품의 수출입업을 비롯한 부대사업으로서 이사회가 의결한 사업

 국사

1 밑줄 친 시대의 유물로 옳은 것은?

> _____ 사람들은 열매 채집, 사냥, 물고기 잡이로 식량을 구했고, 이동 생활을 하면서 동굴이나 바위 그늘에서 살았다.

① 덩이쇠
② 주먹도끼
③ 비파형 동검
④ 빗살무늬 토기

2 다음 중 신석기 시대의 유적을 모두 고른 것은?

> ㉠ 연천 전곡리
> ㉡ 상원 검은모루 동굴
> ㉢ 서울 암사동
> ㉣ 양양 오산리

① ㉠, ㉡
② ㉡, ㉢
③ ㉢, ㉣
④ ㉡, ㉢, ㉣

ANSWER 1.② 2.③

1 제시된 내용은 구석기 시대의 모습이다. 보기 중 구석기 시대의 유물은 주먹도끼뿐이다.
① 철기 ③ 청동기 ④ 신석기

2 ㉠㉡은 구석기 시대의 유적이다.

3 고대의 여러 나라에 관한 설명으로 옳지 않은 것은?

① 부여에서는 흉년이 들면 책임을 물어 왕을 폐위하기도 하였다.

② 옥저에서는 가족이 죽으면 가매장을 했다가 뼈를 추려 커다란 목관에 안치하였다.

③ 동예는 10월에 동맹이라는 제천 행사를 벌였다.

④ 삼한에서는 제사와 정치가 분리되어 있었다.

4 고대 여러 왕의 업적을 설명한 것으로 옳지 않은 것은?

① 고구려 소수림왕은 진대법을 제정하여 빈민을 구제하였다.

② 백제 근초고왕은 고국원왕을 전사시키고 지금의 황해도 일대를 차지하였다.

③ 신라 지증왕은 국호를 신라로 정하고 우경을 장려하였다.

④ 발해 무왕은 일본과 교류하고 당의 산둥 지방을 공략하였다.

5 다음 사건을 시기 순으로 바르게 나열한 것은?

⊙ 진흥왕이 대가야를 병합하였다.
ⓒ 김춘추가 당 태종과 군사동맹을 맺었다.
ⓒ 장수왕의 군대가 백제의 한성을 함락하였다.
ⓔ 성왕이 신라와 연합하여 한강 하류지역을 차지하였다.

---

① ㉠→㉡→㉢→㉣

② ㉡→㉢→㉣→㉠

③ ㉢→㉣→㉠→㉡

④ ㉣→㉠→㉡→㉢

Aₙₛᵥᵥₑᵣ 3.③ 4.① 5.③

3 ③ 동맹은 고구려의 제천의식이다. 동예의 제천의식은 무천이다.

4 ① 진대법은 고구려 고국천왕 16년에 실시한 빈민구제제도이다.

5 ㉢ 장수왕의 한성 함락 475년
ㄹ 성왕의 한강 하류 차지 551년
㉠ 진흥왕의 대가야 병합 562년
ㄴ 나당연합 648년

2017년 정기시험 ▪ **253**

6 다음 유적에 관한 설명으로 옳지 않은 것은?

① 중국 남조 문화의 영향을 받았다.　　② 무덤에서 묘지석이 발견되었다.
③ 왕과 왕비가 합장되었다.　　④ 사비 시기에 만들어진 돌방 무덤이다.

7 밑줄 친 인물에 관한 설명으로 옳은 것은?

> ＿＿＿＿가(이) 말하기를, "신라는 사람을 쓰는 데 신분을 따져서 그 족속이 아니면 뛰어난 재주와 큰 공이 있어도 한계를 넘지 못한다."라고 하고, 몰래 배를 타고 당나라로 갔다.
>
> — 「삼국사기」 —

① 승려로서 당나라에서 선종을 공부하였다.
② 육두품 출신으로 골품제도에 대해 불만을 가졌다.
③ 왕자 출신으로 나중에 태봉을 세웠다.
④ 해도 출신으로 귀국 후 청해진을 설치하였다.

Aɴꜱᴡᴇʀ 6.④　7.②

6　사진의 유적은 백제의 25대 왕인 무령왕(재위 501~523년)의 무덤이다.
④ 사비 시기는 백제 성왕의 사비천도(538년) 이후부터 백제 멸망(660년)까지를 말한다. 무령왕릉은 웅진 시기(475~538년)에 만들어진 벽돌무덤이다.

7　제시된 내용은 「삼국사기」 열전의 일부로 밑줄 친 인물은 설계두이다. 설계두는 육두품 출신으로 골품제도에 대해 불만을 가지고 621년(진평왕 43) 몰래 배를 타고 당나라에 건너가 무인으로 활약하였다.
① 통일신라 말기에는 많은 승려들이 당나라에서 선종을 공부하였으며 이에 선종이 크게 성장하여 구산선문을 형성하였다.
③ 궁예　④ 장보고

8 발해의 지방통치에 관한 설명으로 옳은 것은?

① 고구려 유민의 인구가 말갈족보다 많아 통치가 수월하였다.

② 토인이라고 불린 고구려 유민이 촌장을 맡았다.

③ 9주 5소경의 지방제도를 실시하였다.

④ 2군 6위의 군대를 주둔시켜 지방을 통제하였다.

9 통일신라의 경제제도에 관한 설명으로 옳은 것은?

① 금성(경주)에 동시, 서시, 남시의 시장이 있었다.

② 신문왕 때 실시된 녹읍 제도는 멸망할 때까지 지속되었다.

③ 성덕왕 때 관료전 제도를 폐지하고 정전 제도를 실시하였다.

④ 주전관을 두고 해동통보, 동국통보를 발행하였다.

10 고려의 정치기구에 관한 설명으로 옳지 않은 것은?

① 중서문하성이 최고의 정무기구였다.

② 상서성은 상서도성과 6부로 구성되었다.

③ 중추원은 국방, 대외문제를 논의하는 회의 기구였다.

④ 당, 송 제도의 영향을 받았으나 고려 독자의 기구도 있었다.

ANSWER 8.② 9.① 10.③

8 ① 발해는 지배층인 고구려 유민보다 피지배층인 말갈족의 인구가 더 많았다.
　　③ 9주 5소경은 통일신라의 지방 행정 구획이다.
　　④ 2군 6위는 고려 시대의 중앙 군사 제도이다.

9 ② 신문왕 9년(689)에 폐지되었던 녹읍이 귀족의 반발로 인하여 경덕왕 16년(757)에 부활하였다.
　　③ 관료전이 폐지된 것은 경덕왕 때 녹읍이 부활하면서이다.
　　④ 주전관은 고려의 화폐 주조 기관이다.

10 ③ 중추원은 군사기무와 왕명출납·숙위를 담당하던 중앙관부이다.

11 고려 시기 불교계에 관한 설명으로 옳은 것은?

① 의상이 지방에 화엄종 사찰을 설립하였다.

② 균여가 귀법사에서 법상종을 부흥시켰다.

③ 의천이 돈오점수를 주창하며 천태종을 개창하였다.

④ 지눌이 수선사를 결사하고 불교 개혁운동을 펼쳤다.

12 고려 무신 정권 시기 중 정중부~이의민의 집권기에 관한 설명으로 옳지 않은 것은?

① 집권한 무신 사이에 치열한 권력 투쟁이 벌어졌다.

② 이규보 등의 문신이 대거 등용되었다.

③ 무신 집권자에 반대하여 조위총이 반란을 일으켰다.

④ 중방을 통해서 집단지도체제가 운영되었다.

13 고려의 대외항쟁에 관한 설명으로 옳은 것은?

① 서희가 거란 장수 소손녕과 담판을 벌여 북서 4군을 확보하였다.

② 강감찬이 귀주에서 여진족을 크게 물리쳤다.

③ 윤관이 별무반을 이끌고 거란을 정벌하여 동북 9성을 설치하였다.

④ 김윤후와 처인 부곡의 주민들이 힘을 합쳐 몽골 살리타의 군대를 물리쳤다.

ANSWER 11.④ 12.② 13.④

11 ① 의상이 화엄종 사찰을 설립한 것은 신라 시대의 일이다.
② 균여는 귀법사에서 화엄종을 부흥시켰다.
③ 의천은 교관겸수를 주창하며 천태종을 개창하였다. 돈오점수를 표방한 대표적인 인물은 보조국사 지눌이다.

12 ② 이규보, 최자와 같이 최씨 정권의 문객으로 무신 정권하에서 새로운 출세의 길을 모색하는 문신들도 있었지만, 이들에게도 정치적 진출에는 한계가 있었으며 대부분의 문신들은 출세를 단념하고 초야에 은거하며 음주와 시가를 즐기는 경향을 나타내었다.

13 ① 서희가 소손녕과 담판을 벌여 확보한 곳은 강동 6주이다.
② 강감찬이 귀주에서 물리친 것은 거란족이다.
③ 동북 9성은 윤관이 별무반을 이끌고 여진을 물리친 후 쌓은 성이다.

14 조선 후기 문화에 관한 설명으로 옳은 것을 모두 고른 것은?

> ㉠ 민화와 진경산수화가 유행하였다.
> ㉡ 의학 백과사전인 의방유취를 간행하였다.
> ㉢ 금속활자로 상정고금예문을 인쇄하였다.
> ㉣ 중인층의 시인들이 시사를 조직하여 활동하였다.

① ㉠, ㉡　　　　　　　　　　　　② ㉠, ㉣

③ ㉡, ㉢　　　　　　　　　　　　④ ㉢, ㉣

15 조선시대 인재 선발 제도에 관한 설명으로 옳지 않은 것은?

① 소과는 생원시와 진사시를 말한다.

② 기술관을 뽑는 시험으로 잡과가 있었다.

③ 정기 시험으로 증광시와 알성시가 있었다.

④ 문과 식년시의 초시는 각 도의 인구 비례로 선발하였다.

16 조선시대 편찬된 서적에 관한 설명으로 옳지 않은 것은?

① 경국대전은 이전, 호전, 예전, 병전, 형전, 공전으로 구성된 법전이다.

② 국조오례의는 길례, 가례, 빈례, 군례, 흉례를 정리한 의례서이다.

③ 고려사절요는 고려시대 역사를 정리한 기전체 역사서이다.

④ 동국통감은 고조선부터 고려 말까지의 역사를 정리한 편년체 역사서이다.

Answer 　14.②　15.③　16.③

14 ㉡「의방유취」는 조선 초기인 세종 때 왕명으로 편찬된 동양 최대의 의학사전이다.
　㉢ 금속활자로「상정고금예문」을 인쇄한 것은 고려 시대이다.

15 ③ 과거제는 정기적으로 시행되는 식년시(3년)와 부정기적으로 시행된 증광시, 별시, 알성시가 있었다.

16 ③「고려사절요」는 조선 전기 문종 2년 김종서 등이 편찬한 고려시대의 역사서로, 편년체로 기록되었다.

17 조선 후기 경제에 관한 설명으로 옳은 것은?

① 금양잡록과 농사직설을 간행하여 보급하였다.

② 민영수공업에 비해 관영수공업이 발달하였다.

③ 저화와 조선통보를 보급하였으나 유통이 부진하였다.

④ 민간인에게 광산 채굴을 허용하여 광산 개발이 활발해졌다.

18 조선 전기 과학기술의 발달에 관한 설명으로 옳은 것을 모두 고른 것은?

> ㉠ 물시계인 자격루를 제작하였다.
> ㉡ 국왕의 행차를 위해 한강에 배다리를 놓았다.
> ㉢ 최초로 백리척을 사용하여 동국지도를 제작하였다.
> ㉣ 고구려의 천문도를 바탕으로 천상열차분야지도를 돌에 새겼다.

① ㉠, ㉡   ② ㉠, ㉣

③ ㉡, ㉢   ④ ㉢, ㉣

19 조선시대 지방행정에 관한 설명으로 옳지 않은 것은?

① 전국 8도에 관찰사를 파견하였다.

② 향리는 행정 실무를 맡아 수령을 보좌하였다.

③ 수령은 왕의 대리인으로 행정·사법·군사권을 가졌다.

④ 속현과 향·부곡은 주현을 통해 중앙 정부의 통제를 받았다.

ANSWER   17.④   18.②   19.④

17 ① 「금양잡록」은 성종 때, 「농사직설」은 세종 때 간행된 농서이다.
　　② 조선 후기에는 관영수공업에 비해 민영수공업이 발달하였다.
　　③ 저화는 태종 2년(1402)에 발행되어 성종 때에 이르기까지 약 90년간 유통되었으며, 조선통보는 세종대와 인조대의 법
　　　화로 주조·유통되었다.

18 ㉡ 정조는 화성에 사도세자의 무덤인 현륭원을 옮겨놓고 자주 능행을 다녔는데 이때, 배다리를 설치해 노량진에서 한강
　　　을 건넜다.
　　㉢ 동국지도는 조선 영조 때 정상기가 제작한 지도이다.

19 ④ 고려 시대에 대한 설명이다.

20 (   )에 들어갈 내용으로 옳은 것은?

> (   )는(은) 중종 때 조광조 등 사림세력이 처음 시행한 이후 전국적으로 확산되었다. 조선 사회의 풍속을 교화하는 데 많은 역할을 하였으며, 향촌의 질서 유지와 치안을 담당하는 등 향촌 사회의 자치 기능을 수행하였다.

① 의창   ② 향교
③ 향약   ④ 환곡

21 조선시대 영조의 업적으로 옳은 것은?

① 영정법 실시   ② 현량과 시행
③ 장용영 설치   ④ 노비안검법 실시

ANSWER   20.③   21.전항정답

20 제시된 내용은 조선 시대 향촌 사회의 자치 규약인 향약에 대한 설명이다.
  ① 고려와 조선 시대에 농민 구제를 위하여 각 지방에 설치한 창고
  ② 조선 시대의 지방교육기관
  ④ 흉년이나 춘궁기에 곡식을 빈민에게 대여하고 추수기에 이를 환수하던 진휼제

21 ① 영정법 실시 – 조선 인조
  ② 현량과 시행 – 조선 중종
  ③ 장용영 설치 – 조선 정조
  ④ 노비안검법 실시 – 고려 광종
  ※ 문제 오류로 전항정답 처리되었습니다.

22 ( ) 시기에 발생한 사건으로 옳은 것은?

> 봉오동 전투→( )→참의부 · 정의부 · 신민부 조직

① 간도 참변
② 만보산 사건
③ 한국 광복군 창설
④ 상해 대한민국 임시정부 수립

23 밑줄 친 인물이 실시한 정책으로 옳은 것은?

> _____는(은) 붕당의 근거지로 인식되어 온 서원을 47개만 남기고 철폐하였으며, 전국에 척화비를 세우고 통상수교를 거부하는 정책을 확고하게 유지하였다.

① 삼수병으로 편성된 훈련도감을 설치하였다.
② 무예도보통지를 편찬하여 병법을 정리하였다.
③ 대전통편을 편찬하여 통치 규범을 재정비하였다.
④ 비변사를 폐지하고 의정부의 기능을 회복하였다.

ANSWER 22.① 23.④

22 봉오동 전투는 1920년 6월이고 참의부 · 정의부 · 신민부가 조직된 것은 1923~1925년의 일이다.
　① 1920년 6월과 1920년 10월의 봉오동, 청산리 전투에서 큰 타격을 입은 일제는 이에 대한 보복으로 독립군 근거지를 소탕하고자 간도 지역의 한인 촌락에 대한 무자비한 초토화를 진행하였다. 이는 1920년 10월부터 1921년 4월까지 계속되었다.
　② 1931년 7월 2일 중국 길림성 장춘현 만보산 지역에서 한인 농민과 중국 농민 사이에 일어났던 충돌 사건
　③ 임시정부는 1940년 9월 15일 광복군 창설을 공포하였다.
　④ 상해 대한민국 임시정부가 수립된 것은 1919년이다.

23 밑줄 친 인물은 흥선대원군이다. 흥선대원군의 업적으로는 서원 철폐, 비변사 폐지, 삼정 개혁, 경복궁 중건, 대전회통 편찬 등이 있다.
　① 선조　②③ 정조

24 (   )에 들어갈 인물은?

> (   )는(은) 우리 민족의 정신을 '혼'으로 파악하였으며, 한국통사와 한국독립운동지혈사를 저술하여 일제의 불법적인 침략을 규탄하였다.

① 박은식　　　　　　　　　　② 백남운
③ 신채호　　　　　　　　　　④ 정인보

25 조선시대 균역법의 시행에 관한 설명으로 옳지 않은 것은?

① 농민은 1년에 군포 2필을 부담하게 되었다.
② 어장세와 선박세의 수취를 균역청에서 관할하였다.
③ 지주에게 결작으로 토지 1결당 미곡 2두를 부담시켰다.
④ 일부 상류층에게 선무군관이라는 칭호를 주고 군포 1필을 부과하였다.

2 관광자원해설

26 관광자원의 개념적 특성으로 옳은 것은?

① 매력성과 유인성
② 범위의 한계성
③ 개발 제한성
④ 보존과 보호의 불필요성

27 주제공원에 관한 설명으로 옳지 않은 것은?

① 인공적으로 연출한 산업이다.
② 특정 주제를 중심으로 한 문화가 있다.
③ 법령상 주제공원은 근린공원이다.
④ 각종 유희시설과 이벤트 등 복합성을 지니고 있다.

28 사물놀이 4대 악기에 해당하는 것은?

① 꽹과리, 북, 장구, 아쟁
② 꽹과리, 북, 장구, 징
③ 태평소, 소고, 장구, 북
④ 태평소, 대금, 장구, 징

ANSWER 26.① 27.③ 28.②

26 관광자원의 개념적 특성
　㉠ 매력성과 유인성
　㉡ 개발 요구성
　㉢ 가치의 변화
　㉣ 인간과 자연의 상호작용
　㉤ 보존·보호의 필요성
　㉥ 범위의 다양성

27 도시공원 및 녹지 등에 관한 법률에 따르면 근린공원은 근린거주자 또는 근린생활권으로 구성된 지역생활권 거주자의 보건·휴양 및 정서생활의 향상에 이바지하기 위하여 설치하는 공원으로, 생활권공원에 속한다. 주제공원은 생활권공원 외에 다양한 목적으로 설치하는 역사공원, 문화공원, 수변공원, 묘지공원, 체육공원, 도시농업공원 등을 말한다.

28 사물놀이는 꽹과리, 북, 장구, 징의 4가지 타악기를 사용한다.

29 축제명칭과 개최지역의 연결이 옳은 것은?

① 전통찻사발축제 – 경상북도 상주시

② 나비대축제 – 전라남도 영광군

③ 고래축제 – 충청남도 서산시

④ 한국선비문화축제 – 경상북도 영주시

30 카지노산업의 특성으로 옳은 것은?

① 인적서비스 의존도가 낮다.

② 다른 산업에 비해 고용창출효과가 높다.

③ 관광객 체재기간을 단축하여 관광객 경비를 줄인다.

④ 호텔영업에 기여도 및 의존도가 낮다.

31 종묘제례악에 관한 설명으로 옳은 것은?

① 고려시대 왕과 왕비의 신위를 모신 사당의 제사를 지내는 음악이다.

② 음악을 중심으로 조상의 공덕을 찬양하는 용비어천가라는 노래를 부른다.

③ 매년 4월 첫째주 일요일에 봉행하는 종묘제례에서 연주한다.

④ 국가무형문화재 제1호와 유네스코 인류무형문화유산으로 선정되었다.

ANSWER   29.④ 30.② 31.④

29 ① 전통찻사발축제 – 경상북도 문경시
 ② 나비대축제 – 전라남도 함평군
 ③ 고래축제 – 울산광역시

30 ① 인적서비스 의존도가 높다.
 ③ 관광객 체재시간을 연장케 하고 관광객의 지출을 증대시킨다.
 ④ 호텔영업에 기여도 및 의존도가 높다.

31 ① 조선시대 왕과 왕비의 신위를 모신 사당의 제사를 지내는 음악이다.
 ② 음악을 중심으로 조상의 공덕을 찬양하는 내용의 종묘악장이라는 노래를 부른다.
 ③ 매년 5월 첫째주 일요일에 봉행하는 종묘제례에서 연주한다.

32 국가무형문화재 제26호로 '줄쌈', '색전'이라고도 불리는 풍요를 비는 민속놀이는?

① 강강술래

② 북청사자놀음

③ 은산별신제

④ 영산줄다리기

33 다음 중 통과의례에 해당하는 것을 모두 고른 것은?

㉠ 출산의례	㉡ 성인식
㉢ 결혼식	㉣ 상례

① ㉠, ㉡

② ㉠, ㉢, ㉣

③ ㉡, ㉢, ㉣

④ ㉠, ㉡, ㉢, ㉣

34 세시풍속과 시기의 연결이 옳지 않은 것은? (시기는 태음력 기준임)

① 단오 – 5월 5일

② 천중절 – 6월 15일

③ 한가위 – 8월 15일

④ 중양절 – 9월 9일

35 산업관광에 해당하지 않는 것은?

① 산업시찰

② 주변 문화관광지 견학

③ 기업자료관과 박물관 견학

④ 산업유산관광

A_{NSWER} 32.④ 33.④ 34.② 35.②

32 ① 국가무형문화재 제8호

② 국가무형문화재 제15호

③ 국가무형문화재 제9호

33 통과의례는 개인이 새로운 지위·신분·상태를 통과할 때 행하는 의식이나 의례를 말하는 용어로 ㉠~㉣ 모두 통과의례에 해당한다.

34 ② 천중절은 단오의 다른 이름으로 음력 5월 5일이다.

35 산업관광은 내국인과 외국인들에게 자국의 산업시설과 생산공정을 견학·시찰케 하여 내국인에게는 자국의 산업수준에 대한 자부심을 부여하고, 외국관광객에게는 기술교류를 통한 국제관계 개선 및 자국의 이익확보에 큰 역할을 담당하고 있다.

36 주제공원의 공간적 분류별 예시의 연결이 옳은 것은?

① 자연공간+주제형 : 동·식물자연파크, 바다수족관, 바이오파크

② 자연공간+활동형 : 외국촌, 역사촌, 사이언스파크

③ 도시공간+주제형 : 도시리조트형파크, 어뮤즈먼트파크, 워터파크

④ 도시공간+활동형 : 자연리조트형파크, 바다, 온천형파크

37 다음에서 설명하는 민속놀이는?

- 서해안 일대 어촌에서 풍어를 기원하며 행하던 집단 가무놀이이다.
- 배꾼들의 소리와 춤으로 엮어진다.

① 차첨지놀이   ② 방천놀이

③ 화전놀이   ④ 봉죽놀이

38 창덕궁에 관한 설명으로 옳지 않은 것은?

① 사적 제123호이다.

② 1997년에 유네스코 세계유산으로 등재되었다.

③ 조선 태종 때 세워졌다.

④ 이궁으로 만들어졌다.

ANSWER 36.① 37.④ 38.①

36 ② 자연공간+활동형 : 자연리조트형파크, 바다, 온천형파크
③ 도시공간+주제형 : 외국촌, 역사촌, 사이언스파크
④ 도시공간+활동형 : 도시리조트형파크, 어뮤즈먼트파크, 워터파크

37 제시된 내용은 봉죽놀이에 대한 설명이다.
① 차첨지놀이 : 전라남도 진도군에서 행해지는 강강술래의 여흥놀이 중 하나
② 방천놀이 : 함경북도 종성 지방에 전하는 여자들의 민속놀이
③ 화전놀이 : 음력 3월 중순경에 교외나 야산 등지에서 행해지는 꽃놀이

38 ① 창덕궁은 사적 제122호이다. 사적 제123호는 창경궁이다.

39 우리나라 국립공원과 위치하고 있는 행정구역의 연결이 옳지 않은 것은?

① 오대산국립공원 - 강원도

② 주왕산국립공원 - 경상북도

③ 변산반도국립공원 - 전라남도

④ 월출산국립공원 - 전라남도

40 다음 설명에 해당하는 사찰은?

> 우리나라 삼보사찰 가운데 하나인 불보(佛寶)사찰이며, 경상남도 양산시에 소재하고 있다. 자장율사가 당나라에서 귀국할 때 가지고 온 불사리와 가사, 그리고 대장경 400여 함을 봉안한 사찰이다.

① 송광사   ② 범어사

③ 통도사   ④ 법주사

41 다음 중 충청남도에 소재한 온천은?

① 오색온천   ② 수안보온천

③ 덕구온천   ④ 도고온천

ANSWER 39.③ 40.③ 41.④

39 ③ 변산반도국립공원 - 전라북도

40 제시된 내용은 통도사에 대한 설명이다.

※ 삼보사찰

⊙ 경상남도 양산의 통도사 : 부처님의 진신사리를 모셨다고 하여 통도사를 불보사찰이라고 한다.

ⓒ 합천 가야산의 해인사 : 부처의 말씀을 기록한 대장경을 봉안한 곳이라고 해서 법보사찰이라고 한다.

ⓒ 전라남도 순천의 송광사 : 큰스님들이 많이 배출되었다고 해서 승보사찰이라고 한다.

41 ① 오색온천 - 강원도

② 수안보온천 - 충청북도

③ 덕구온천 - 경상북도

42 동굴관광자원 중 용암동굴인 것은?

① 제주 만장굴

② 단양 노동동굴

③ 울진 성류굴

④ 영월 고씨굴

43 다음 국가지정문화재 중 사적(史蹟)이 아닌 것은?

① 부여 부소산성

② 김해 봉황동 유적

③ 명주 청학동 소금강

④ 경주 포석정지

44 서울 원각사지 십층석탑에 관한 설명으로 옳지 않은 것은?

① 국보 제2호이다.

② 탑신을 받쳐주는 기단(基壇)은 4단으로 되어 있다.

③ 각 층 옆면에는 여러 가지 장식이 화사하게 조각되어 있다.

④ 대리석으로 만들어졌다.

ANSWER 42.① 43.③ 44.②

42 ②③④는 모두 석회동굴이다.

43 ③ 명주 청학동 소금강은 명승 제1호이다.

44 ② 탑신을 받쳐주는 기단은 3단으로 되어 있다.

45 관광자원분류 중 유형 관광자원은?

① 풍속(風俗) ② 사적(史蹟)

③ 음악(音樂) ④ 종교(宗敎)

46 유네스코에 등재된 세계기록유산은?

① 한국의 유교책판 ② 대동여지도

③ 해인사 장경판전 ④ 택리지

47 천연기념물이 아닌 것은?

① 전남 오동도굴 ② 서울 재동 백송

③ 광릉 크낙새 서식지 ④ 제주 무태장어 서식지

45 ①③④는 모두 무형 관광자원이다.

46 ① 한국의 유교책판은 2015년 유네스코 세계기록유산으로 등재되었다.

47 ② 서울 재동 백송 – 천연기념물 제8호
③ 광릉 크낙새 서식지 – 천연기념물 제11호
④ 제주 무태장어 서식지 – 천연기념물 제27호

48 호수 관광자원 중 인공호수는?

① 영랑호

② 화진포호

③ 충주호

④ 경포호

49 우리나라 문화재에 관한 설명으로 옳은 것을 모두 고른 것은?

> ㉠ 국가지정문화재는 문화재청장이 문화재보호법에 의하여 문화재위원회의 심의를 거쳐 지정한다.
>
> ㉡ 문화재자료는 문화재청장이 시 · 도 조례에 의하여 지정한다.
>
> ㉢ 사적은 기념물 중 경승지, 동물서식지로서 중요한 것을 의미한다.
>
> ㉣ 명승과 천연기념물은 국가지정문화재이다.

① ㉠, ㉡

② ㉠, ㉣

③ ㉡, ㉢

④ ㉢, ㉣

50 해수욕장이 위치한 지역의 연결이 옳은 것은?

① 꽃지해수욕장 – 강원도

② 화진포해수욕장 – 충청남도

③ 대천해수욕장 – 전라남도

④ 망상해수욕장 – 강원도

ANSWER 48.③ 49.② 50.④

48 ①②④는 모두 자연호수이다.

49 ㉡ 문화재자료는 국가지정문화재나 시 · 도지정문화재로 지정되지 아니한 문화재 중 시 · 도지사가 문화재보호법 제70조 (시 · 도지정문화재의 지정 등) 제2항에 따라 지정한 문화재이다.

㉢ 사적은 기념물 중 유적 · 제사 · 신앙 · 정치 · 국방 · 산업 · 교통 · 토목 · 교육 · 사회사업 · 분묘 · 비 등으로서 중요한 것을 말한다. 기념물 중 동물(서식지 · 번식지 · 도래지 포함), 식물(자생지 포함), 지질 · 광물로서 중요한 것은 천연기념물로 구분한다.

50 ① 꽃지해수욕장 – 충청남도

② 화진포해수욕장 – 강원도

③ 대천해수욕장 – 충청남도

51 관광기본법의 내용으로 옳은 것은?

① 지방자치단체는 관광진흥에 관한 기본적이고 종합적인 시책을 강구하여야 한다.

② 국가는 10년마다 관광진흥장기계획과 5년마다 중기계획을 연동하여 수립하여야 한다.

③ 정부는 매년 관광진흥에 관한 보고서를 회계연도개시 전까지 국회에 제출하여야 한다.

④ 정부는 관광에 적합한 지역을 관광지로 지정하여 필요한 개발을 하여야 한다.

52 관광진흥법령에 따른 수수료를 잘못 납부한 경우는?

① 관광종사원 자격시험에 응시하면서 30,000원을 납부한 경우

② 관광종사원의 등록을 신청하면서 5,000원을 납부한 경우

③ 관광종사원 자격증의 재발급을 신청하면서 3,000원을 납부한 경우

④ 문화관광해설사 양성을 위한 교육프로그램의 인증을 신청하면서 20,000원을 납부한 경우

ANSWER 51.④ 52.①

51 ① 정부는 이 법의 목적을 달성하기 위하여 관광진흥에 관한 기본적이고 종합적인 시책을 강구하여야 한다〈관광기본법 제2조 (정부의 시책)〉.

② 정부는 관광진흥의 기반을 조성하고 관광산업의 경쟁력을 강화하기 위하여 관광진흥에 관한 기본계획을 5년마다 수립·시행하여야 한다〈관광기본법 제3조 제1항〉.〈2017.11.28 개정〉

③ 정부는 매년 관광진흥에 관한 시책과 동향에 대한 보고서를 정기국회가 시작하기 전까지 국회에 제출하여야 한다〈관광기본법 제4조(연차보고)〉.

52 ① 관광종사원 자격시험 응시 수수료는 20,000원이다.

53 관광진흥법령상 관광사업자가 붙일 수 있는 관광사업장의 표지로서 옳지 않은 것은?

① 관광사업 허가증 또는 관광객 이용시설업 지정증

② 관광사업장 표지

③ 등급에 따라 별 모양의 개수를 달리하는 방식으로 문화체육관광부장관이 고시하는 호텔등급 표지(호텔업의 경우에만 해당)

④ 관광식당 표지(관광식당업만 해당)

54 관광진흥법령상 관광사업자 단체에 관한 설명으로 옳은 것은?

① 문화체육관광부장관은 관광사업의 건전한 발전을 위하여 한국관광협회를 설립할 수 있다.

② 제주특별자치도에는 지역별 관광협회를 둘 수 없지만 협회의 지부를 둘 수 있다.

③ 한국관광협회중앙회는 업종별 관광협회를 설립하여야 한다.

④ 지역별 관광협회는 시·도지사의 설립허가를 받아야 한다.

53 관광사업장의 표지〈관광진흥법 시행규칙 제19조〉

　ㄱ 관광사업장 표지

　ㄴ 관광사업 등록증 또는 관광편의시설업 지정증

　ㄷ 등급에 따라 별 모양의 개수를 달리하는 방식으로 문화체육관광부장관이 정하여 고시하는 호텔 등급 표지(호텔업의 경우에만 해당)

　ㄹ 관광식당 표지(관광식당업만 해당)

54 ①③ 지역별 관광협회 및 업종별 관광협회는 관광사업의 건전한 발전을 위하여 관광업계를 대표하는 한국관광협회중앙회를 설립할 수 있다〈관광진흥법 제41조(한국관광협회중앙회 설립) 제1항〉.

　② 지역별 관광협회는 특별시·광역시·특별자치시·도 및 특별자치도를 단위로 설립하되, 필요하다고 인정되는 지역에는 지부를 둘 수 있다〈관광진흥법 시행령 제41조(지역별 또는 업종별 관광협회의 설립) 제1호〉.

55 관광진흥법령상 관광지 및 관광단지의개발에 관한 설명으로 옳지 않은 것은?

① 문화체육관광부장관은 관광지 및 관광단지를 지정할 수 있다.

② 국가는 관광지등의 조성사업과 그 운영에 관련되는 공공시설을 우선하여 설치하도록 노력하여야 한다.

③ 관광개발기본계획에는 관광권역의 설정에 관한 사항이 포함되어야 한다.

④ 권역별 관광개발계획에는 환경보전에 관한 사항이 포함되어야 한다.

56 관광진흥법령상 관광사업자가 관광사업의 시설 중 타인에게 위탁하여 경영하게 할 수 있는 시설은?

① 카지노업의 허가를 받는데 필요한 시설

② 안전성검사를 받아야 하는 유기시설

③ 관광객 이용시설업의 등록에 필요한 시설 중 문화체육관광부령으로 정하는 시설

④ 관광사업의 효율적 경영을 위한 경우, 관광숙박업의 등록에 필요한 객실

ANSWER 55.① 56.④

55 ① 관광지 및 관광단지는 문화체육관광부령으로 정하는 바에 따라 시장·군수·구청장의 신청에 의하여 시·도지사가 지정한다. 다만, 특별자치시 및 특별자치도의 경우에는 특별자치시장 및 특별자치도지사가 지정한다〈관광진흥법 제52조(관광지의 지정 등) 제1항〉.

56 관광시설의 타인 경영 및 처분과 위탁 경영〈관광진흥법 제11조〉

ⓐ 관광사업자는 관광사업의 시설 중 다음의 시설 및 기구 외의 부대시설을 타인에게 경영하도록 하거나, 그 용도로 계속하여 사용하는 것을 조건으로 타인에게 처분할 수 있다.
- 관광숙박업의 등록에 필요한 객실
- 관광객 이용시설업의 등록에 필요한 시설 중 문화체육관광부령으로 정하는 시설
- 카지노업의 허가를 받는 데 필요한 시설과 기구
- 안전성검사를 받아야 하는 유기시설 및 유기기구

ⓑ 관광사업자는 관광사업의 효율적 경영을 위하여 ⓐ에도 불구하고 관광숙박업의 객실을 타인에게 위탁하여 경영하게 할 수 있다. 이 경우 해당 시설의 경영은 관광사업자의 명의로 하여야 하고, 이용자 또는 제3자와의 거래행위에 따른 대외적 책임은 관광사업자가 부담하여야 한다.

57 관광진흥법령상 관광객 이용시설업의 종류로 옳지 않은 것은?

① 전문휴양업　　　　　　　　　② 일반휴양업
③ 종합휴양업　　　　　　　　　④ 관광유람선업

58 관광진흥법령상 허가를 받아야 하는 업종을 모두 고른 것은?

㉠ 카지노업	㉡ 기타유원시설업
㉢ 종합유원시설업	㉣ 관광순환버스업
㉤ 일반유원시설업	

① ㉠, ㉡, ㉣　　　　　　　　　② ㉠, ㉢, ㉤
③ ㉡, ㉣, ㉤　　　　　　　　　④ ㉢, ㉣, ㉤

57 관광객 이용시설업의 종류

　㉠ 전문휴양업

　㉡ **종합휴양업** : 제1종 종합휴양업, 제2종 종합휴양업

　㉢ **야영장업** : 일반야영장업, 자동차야영장업

　㉣ **관광유람선업** : 일반관광유람선업, 크루즈업

　㉤ 관광공연장업

　㉥ 외국인관광 도시민박업

　㉦ 한옥체험업

58 ㉡은 시설과 설비를 갖추어 특별자치시장·특별자치도지사·시장·군수·구청장에게 신고하여야 한다.
〈2018.06.12. 개정〉

㉣을 경영하려는 자는 문화체육관광부령으로 정하는 바에 따라 특별시장·광역시장·특별자치시장·도지사·특별자치도
지사(이하 "시·도지사"라 한다) 또는 시장·군수·구청장의 지정을 받아야 한다. 〈2018. 6. 12. 개정〉

59 관광진흥법령상 관광숙박업 등의 등록심의위원회 심의대상이 되는 관광객 이용시설업이나 국제회의업이 아닌 것은?

① 크루즈업
② 관광호텔업
③ 전문휴양업
④ 국제회의시설업

60 관광진흥법령상 관광통계의 작성범위로 명시된 것을 모두 고른 것은?

> ㉠ 해외관광지에서 발생한 내국민피해에 관한 사항
> ㉡ 외국인 관광객 대상 범죄율에 관한 사항
> ㉢ 관광지와 관광단지의 현황과 관리에 관한 사항
> ㉣ 관광사업자의 경영에 관한 사항

① ㉠, ㉡
② ㉡, ㉢
③ ㉢, ㉣
④ ㉠, ㉢, ㉣

59 사업계획승인 대상 관광객 이용시설업, 국제회의업〈관광진흥법 시행령 제12조〉
㉠ 전문휴양업
㉡ 종합휴양업
㉢ 관광유람선업
㉣ 국제회의시설업

60 관광통계 작성 범위〈관광진흥법 시행령 제41조의2〉
㉠ 외국인 방한 관광객의 관광행태에 관한 사항
㉡ 국민의 관광행태에 관한 사항
㉢ 관광사업자의 경영에 관한 사항
㉣ 관광지와 관광단지의 현황 및 관리에 관한 사항
㉤ 그 밖에 문화체육관광부장관 또는 지방자치단체의 장이 관광산업의 발전을 위하여 필요하다고 인정하는 사항

61 관광진흥법령상 여행업자와 여행자간에 국외여행계약을 체결할 때 제공하여야 하는 안전정보에 관한 설명으로 옳지 않은 것은?

① 외교부 해외안전여행 인터넷홈페이지에 게재된 여행목적지(국가 및 지역)의 여행경보단계 및 국가별 안전정보

② 해외여행자 인터넷 등록 제도에 관한 안내

③ 여권의 사용을 제한하거나 방문·체류를 금지하는 국가 목록

④ 해당 여행지에 대한 안전정보를 서면 또는 구두 제공

62 관광진흥법령상 안전성검사를 받아야 하는 관광사업은?

① 관광유람선업

② 일반유원시설업

③ 관광호텔업

④ 카지노업

ANSWER 61.④ 62.②

61 ④ 여행업자는 여행자와 계약을 체결할 때에는 여행자를 보호하기 위하여 문화체육관광부령으로 정하는 바에 따라 해당 여행지에 대한 안전정보를 서면으로 제공하여야 한다. 해당 여행지에 대한 안전정보가 변경된 경우에도 또한 같다〈관광진흥법 제14조(여행계약 등) 제1항〉.

62 유원시설업자 및 유원시설업의 허가 또는 변경허가를 받으려는 자(조건부 영업허가를 받은 자로서 그 조건을 이행한 후 영업을 시작하려는 경우를 포함한다)는 문화체육관광부령으로 정하는 안전성검사 대상 유기시설 또는 유기기구에 대하여 문화체육관광부령에서 정하는 바에 따라 특별자치시장·특별자치도지사·시장·군수·구청장이 실시하는 안전성검사를 받아야 하고, 안전성검사 대상이 아닌 유기시설 또는 유기기구에 대하여는 안전성검사 대상에 해당되지 아니함을 확인하는 검사를 받아야 한다. 이 경우 특별자치시장·특별자치도지사·시장·군수·구청장은 성수기 등을 고려하여 검사시기를 지정할 수 있다〈관광진흥법 제33조(안전성검사 등) 제1항〉.

63 관광진흥법령상 관광사업자가 아닌 자가 상호에 포함하여 사용할 수 없는 명칭으로 옳지 않은 것은?

① 관광공연장업과 유사한 영업의 경우 관광공연

② 관광면세업과 유사한 영업의 경우 관광면세

③ 관광유흥음식점업과 유사한 영업의 경우 전문식당

④ 관광숙박업과 유사한 영업의 경우 휴양 콘도미니엄

64 관광진흥법령상 야영장업의 등록을 한 자가 지켜야 하는 안전 · 위생기준으로 옳은 것은?

① 야영용 천막 2개소 또는 100제곱미터마다 1개 이상의 소화기를 눈에 띄기 쉬운 곳에 비치하여야 한다.

② 야영장 내에서 들을 수 있는 긴급방송시설을 갖추거나 엠프의 최대출력이 20와트 이상이면서 가청거리가 200미터 이상인 메가폰을 1대 이상 갖추어야 한다.

③ 야영장 내에서 차량이 시간당 30킬로미터 이하의 속도로 서행하도록 안내판을 설치하여야 한다.

④ 야영장 내에서 폭죽, 풍등의 사용과 판매를 금지하고, 흡연구역은 별도로 설치하지 않아도 된다.

A NSWER   63.③ 64.①

63 상호의 사용제한〈관광진흥법 시행령 제8조〉

ㄱ 관광숙박업과 유사한 영업의 경우 관광호텔과 휴양 콘도미니엄

ㄴ 관광유람선업과 유사한 영업의 경우 관광유람

ㄷ 관광공연장업과 유사한 영업의 경우 관광공연

ㄹ 관광유흥음식점업, 외국인전용 유흥음식점업 또는 관광식당업과 유사한 영업의 경우 관광식당

ㅁ 관광극장유흥업과 유사한 영업의 경우 관광극장

ㅂ 관광펜션업과 유사한 영업의 경우 관광펜션

ㅅ 관광면세업과 유사한 영업의 경우 관광면세

64 ② 야영장 내에서 들을 수 있는 긴급방송시설을 갖추거나 엠프의 최대출력이 10와트 이상이면서 가청거리가 250미터 이상인 메가폰을 1대 이상 갖추어야 한다.

③ 야영장 내에서 차량이 시간당 20킬로미터 이하의 속도로 서행하도록 안내판을 설치하여야 한다.

④ 야영장 내에서 폭죽, 풍등(風燈)의 사용과 판매를 금지하고, 흡연구역을 설치하여야 한다. 다만, 야영장 설치지역이 다른 법령에 따라 금연구역으로 지정된 경우에는 흡연구역을 설치하지 아니한다.

65 관광진흥법령상 사업계획 변경승인을 받아야 하는 경우에 해당하는 것은?

① 호텔업의 경우 객실 수를 변경하려는 경우

② 국제회의업의 경우 전시시설의 옥외전시면적을 변경할 때에 그 변경하려는 옥외전시면적이 당초 승인받은 계획의 100분의 10이상이 되는 경우

③ 관광숙박업의 경우 부지 및 대지 면적을 변경할 때에 그 변경하려는 면적이 당초 승인받은 계획면적의 100분의 10이상이 되는 경우

④ 전문휴양업의 경우 부지, 대지 면적 또는 건축 연면적을 변경할 때에 그 변경하려는 면적이 당초 승인받은 계획면적의 100분의 5이상이 되는 경우

ANSWER 65.③

65 사업계획 변경승인〈관광진흥법 시행령 제9조〉
　　㉠ 관광숙박업의 사업계획 변경에 관한 승인을 받아야 하는 경우
　　　• 부지 및 대지 면적을 변경할 때에 그 변경하려는 면적이 당초 승인받은 계획면적의 100분의 10 이상이 되는 경우
　　　• 건축 연면적을 변경할 때에 그 변경하려는 연면적이 당초 승인받은 계획면적의 100분의 10 이상이 되는 경우
　　　• 객실 수 또는 객실면적을 변경하려는 경우(휴양 콘도미니엄업만 해당)
　　　• 변경하려는 업종의 등록기준에 맞는 경우로서, 호텔업과 휴양 콘도미니엄업 간의 업종변경 또는 호텔업 종류 간의 업종 변경
　　㉡ 관광객 이용시설업이나 국제회의업의 사업계획의 변경승인을 받을 수 있는 경우
　　　• 전문휴양업이나 종합휴양업의 경우 부지, 대지 면적 또는 건축 연면적을 변경할 때에 그 변경하려는 면적이 당초 승인받은 계획면적의 100분의 10 이상이 되는 경우
　　　• 국제회의업의 경우 국제회의시설 중 다음의 어느 하나에 해당하는 변경을 하려는 경우
　　　－「국제회의산업 육성에 관한 법률 시행령」에 따른 전문회의시설의 회의실 수 또는 옥내전시면적을 변경할 때에 그 변경하려는 회의실 수 또는 옥내전시면적이 당초 승인받은 계획의 100분의 10 이상이 되는 경우
　　　－「국제회의산업 육성에 관한 법률 시행령」에 따른 전시시설의 회의실 수 또는 옥내전시면적을 변경할 때에 그 변경하려는 회의실 수 또는 옥내전시면적이 당초 승인받은 계획의 100분의 10 이상이 되는 경우

66 관광진흥법령상 관광특구에 관한 설명으로 옳은 것은?

① 관광특구내에서는 연간 180일 이상 공개 공지(空地 : 공터)를 사용하여 외국인 관광객을 위한 공연 및 음식을 제공할 수 있다.

② 최근 2년 동안 외국인 총 관광객 수가 10만 명을 넘은 광역시의 경우 관광특구를 신청할 수 있다.

③ 제주특별자치도의 서귀포시장은 요건을 갖춘 경우 관광특구를 신청할 수 있다.

④ 군수는 관할 구역 내 관광특구를 방문하는 외국인 관광객의 유치 촉진 등을 위하여 관광특구진흥계획을 수립하여야 한다.

67 관광진흥법령상 외국인 관광객을 대상으로 하는 여행업에 종사하지만 관광통역안내의 자격이 없는 甲이 2017년 5월 5일 중국인 관광객을 대상으로 관광안내를 하다가 적발되어서 2017년 6월 5일 과태료처분을 받았다면 甲에게 부과된 과태료는 얼마인가? (단, 다른 조건은 고려하지 않음)

① 30만 원   ② 50만 원

③ 60만 원   ④ 100만 원

ANSWER 66.④ 67.②

66 ① 관광특구 안에서 대통령령으로 정하는 관광사업자는 「건축법」에도 불구하고 연간 180일 이내의 기간 동안 해당 지방자치단체의 조례로 정하는 바에 따라 공개 공지를 사용하여 외국인 관광객을 위한 공연 및 음식을 제공할 수 있다. 다만, 울타리를 설치하는 등 공중이 해당 공개 공지를 사용하는 데에 지장을 주는 행위를 하여서는 아니 된다.

② 해당 지역의 최근 1년간 외국인 관광객 수가 10만 명(서울특별시는 50만 명) 이상이어야 한다.

③ 관광특구는 요건을 모두 갖춘 지역 중에서 시장·군수·구청장의 신청((특별자치시 및 특별자치도의 경우는 제외)에 따라 시·도지사가 지정한다. <u>이 경우 관광특구로 지정하려는 대상지역이 같은 시·도 내에서 둘 이상의 시·군·구에 걸쳐 있는 경우에는 해당 시장·군수·구청장이 공동으로 지정을 신청하여야 하고, 둘 이상의 시·도에 걸쳐 있는 경우에는 해당 시장·군수·구청장이 공동으로 지정을 신청하고 해당 시·도지사가 공동으로 지정하여야 한다.</u> 〈2018.06.12 개정, 2018.12.24 신설〉

67 관광통역안내의 자격이 없는 사람은 외국인 관광객을 대상으로 하는 관광안내를 하여서는 아니 된다. 이를 위반하여 관광통역안내를 한 경우 1차 위반 50만 원, 2차 위반 100만 원, 3차 이상 위반 100만 원의 과태료를 부과한다.

※ 1차 위반 150만 원, 2차 위반 300만 원, 3차 이상 위반 500만 원의 과태료를 부과한다. 〈2020. 6. 2. 개정〉

68 관광진흥법령상 기획여행을 실시하는 자가 광고를 하려는 경우 표시하여야 하는 사항으로 옳은 것은?

> ㉠ 여행업의 상호 및 등록관청
> ㉡ 최대 여행인원
> ㉢ 여행일정 변경시 여행자의 사전 동의 규정
> ㉣ 보증보험 등의 가입 또는 영업보증금의 예치 내용
> ㉤ 국외여행인솔자 동행여부

① ㉠, ㉡, ㉣   ② ㉠, ㉢, ㉣

③ ㉠, ㉢, ㉤   ④ ㉡, ㉣, ㉤

68 기획여행의 광고〈관광진흥법 시행규칙 제21조〉 … 기획여행을 실시하는 자가 광고를 하려는 경우에는 다음의 사항을 표시하여야 한다. 다만, 2 이상의 기획여행을 동시에 광고하는 경우에는 다음의 사항 중 내용이 동일한 것은 공통으로 표시할 수 있다.
㉠ 여행업의 등록번호, 상호, 소재지 및 등록관청
㉡ 기획여행명·여행일정 및 주요 여행지
㉢ 여행경비
㉣ 교통·숙박 및 식사 등 여행자가 제공받을 서비스의 내용
㉤ 최저 여행인원
㉥ 보증보험 등의 가입 또는 영업보증금의 예치 내용
㉦ 여행일정 변경 시 여행자의 사전 동의 규정
㉧ 여행목적지(국가 및 지역)의 여행경보단계

69 관광진흥법령상 카지노업의 신규허가 요건에 관한 조문의 일부이다. (   )에 들어갈 숫자는?

> 문화체육관광부장관은 최근 신규허가를 한 날 이후에 전국 단위의 외래관광객이 (   )만 명 이상 증가한 경우에만 신규 허가를 할 수 있다.

① 30   ② 50

③ 60   ④ 80

70 관광진흥개발기금법령상 관광진흥개발기금을 대여할 수 있는 경우에 해당하지 않는 것은?

① 관광시설의 건설   ② 카지노이용자에 대한 자금지원

③ 관광을 위한 교통수단의 확보   ④ 관광특구에서의 관광 편의시설의 개수

71 관광진흥개발기금법령상 납부금을 부과받은 자가 부과된 납부금에 대하여 이의가 있는 경우에는 부과받은 날부터 몇 일 이내에 이의를 신청할 수 있는가?

① 60일   ② 90일

③ 120일   ④ 180일

ANSWER   69.③   70.②   71.①

69 카지노업의 허가요건 등〈관광진흥법 시행령 제27조 제3항〉 … 문화체육관광부장관은 최근 신규허가를 한 날 이후에 전국 단위의 외래관광객이 60만 명 이상 증가한 경우에만 신규허가를 할 수 있되, 다음의 사항을 고려하여 그 증가인원 60만 명당 2개 사업 이하의 범위에서 할 수 있다.
    ㉠ 전국 단위의 외래관광객 증가 추세 및 지역의 외래관광객 증가 추세
    ㉡ 카지노이용객의 증가 추세
    ㉢ 기존 카지노사업자의 총 수용능력
    ㉣ 기존 카지노사업자의 총 외화획득실적
    ㉤ 그 밖에 카지노업의 건전한 운영과 관광산업의 진흥을 위하여 필요한 사항

70 기금의 용도〈관광진흥개발기금법 제5조 제1항〉 … 기금은 다음의 어느 하나에 해당하는 용도로 대여할 수 있다.
    ㉠ 호텔을 비롯한 각종 관광시설의 건설 또는 개수
    ㉡ 관광을 위한 교통수단의 확보 또는 개수
    ㉢ 관광사업의 발전을 위한 기반시설의 건설 또는 개수
    ㉣ 관광지·관광단지 및 관광특구에서의 관광 편의시설의 건설 또는 개수

71 납부금을 부과받은 자가 부과된 납부금에 대하여 이의가 있는 경우에는 부과받은 날부터 60일 이내에 문화체육관광부장관에게 이의를 신청할 수 있다〈관광진흥개발기금법 제2조(기금의 설치 및 재원 제4항〉.

72 관광진흥개발기금법령상 1천원의 납부금을 납부해야 하는 자는?

① 선박을 이용하여 입국하는 40세의 외국인

② 항공기를 이용하는 5세의 어린이

③ 선박으로 입항하였으나 입국이 거부되어 출국하는 외국인

④ 선박을 이용하여 출국하는 8세의 어린이

73 국제회의산업 육성에 관한 법령상 부대시설에 해당하는 경우는?

① 전시시설에 부속된 판매시설

② 전문회의시설에 부속된 소회의시설

③ 준회의시설에 부속된 주차시설

④ 준회의시설에 부속된 숙박시설

ANSWER **72.**④ **73.**①

72 납부금의 납부대상 및 금액〈관광진흥개발기금법 시행령 제1조의2〉

ㄱ 납부금의 납부 제외 대상
- 외교관여권이 있는 자
- 2세(선박을 이용하는 경우에는 6세) 미만인 어린이
- 국외로 입양되는 어린이와 그 호송인
- 대한민국에 주둔하는 외국의 군인 및 군무원
- 입국이 허용되지 아니하거나 거부되어 출국하는 자
- 「출입국관리법」에 따른 강제퇴거 대상자 중 국비로 강제 출국되는 외국인
- 공항통과 여객으로서 다음 각 목의 어느 하나에 해당되어 보세구역을 벗어난 후 출국하는 여객
  - 항공기 탑승이 불가능하여 어쩔 수 없이 당일이나 그 다음 날 출국하는 경우
  - 공항이 폐쇄되거나 기상이 악화되어 항공기의 출발이 지연되는 경우
  - 항공기의 고장·납치, 긴급환자 발생 등 부득이한 사유로 항공기가 불시착한 경우
  - 관광을 목적으로 보세구역을 벗어난 후 24시간 이내에 다시 보세구역으로 들어오는 경우
- 국제선 항공기 및 국제선 선박을 운항하는 승무원과 승무교대를 위하여 출국하는 승무원

ㄴ 납부금은 1만 원으로 한다. 다만, 선박을 이용하는 경우에는 1천 원으로 한다.

73 부대시설은 국제회의 개최와 전시의 편의를 위하여 전문회의시설 및 전시시설에 부속된 숙박시설·주차시설·음식점시설·휴식시설·판매시설 등으로 한다〈국제회의산업 육성에 관한 법률 시행령 제3조(국제회의시설의 종류·규모) 제5항〉.

74 다음은 국제회의산업 육성에 관한 법령상 국제회의복합지구의 지정요건에 관한 조문의 일부이다. (   ) 에 들어갈 숫자는?

> 국제회의복합지구 지정 대상 지역 내에서 개최된 회의에 참가한 외국인이 국제회의 복합지구 지정일이 속한 연도의 전년도 기준 5천 명 이상이거나 국제회의복합지구 지정일이 속한 연도의 직전 3년간 평균 (   )천 명 이상일 것

① 2   ② 3
③ 5   ④ 10

75 국제회의산업 육성에 관한 법령상 국제회의에 해당하는 경우는?

① 국제기구가 개최하는 모든 회의
② 국제기구에 가입한 A단체가 개최한 회의로서 5일 동안 진행되었으며 외국인 참가인은 200명이고 총 참가인이 250명인 회의
③ 국제기구에 가입하지 아니한 B법인이 2일간 개최한 회의로서 160명의 외국인이 참가한 회의
④ 국제회의시설에서 개최된 국가기관의 회의로서 15개국의 정부대표가 각 5인씩 참가한 회의

ANSWER   74.③   75.③

74 국제회의복합지구의 지정요건〈국제회의산업 육성에 관한 법률 시행령 제13조의2(국제회의복합지구의 지정 등) 제1항〉
    ⊙ 국제회의복합지구 지정 대상 지역 내에 전문회의시설이 있을 것
    ○ 국제회의복합지구 지정 대상 지역 내에서 개최된 회의에 참가한 외국인이 국제회의복합지구 지정일이 속한 연도의 전년도 기준 5천 명 이상이거나 국제회의복합지구 지정일이 속한 연도의 직전 3년간 평균 5천 명 이상일 것
    © 국제회의복합지구 지정 대상 지역에 국제회의집적시설의 어느 하나에 해당하는 시설이 1개 이상 있을 것
    ② 국제회의복합지구 지정 대상 지역이나 그 인근 지역에 교통시설·교통안내체계 등 편의시설이 갖추어져 있을 것

75 국제회의의 종류·규모〈국제회의산업 육성에 관한 법률 시행령 제2조〉
    ⊙ 국제기구나 국제기구에 가입한 기관 또는 법인·단체가 개최하는 회의로서 다음의 요건을 모두 갖춘 회의
      • 해당 회의에 5개국 이상의 외국인이 참가할 것
      • 회의 참가자가 300명 이상이고 그 중 외국인 100명 이상일 것
      • 3일 이상 진행되는 회의일 것
    ○ 국제기구에 가입하지 아니한 기관 또는 법인·단체가 개최하는 회의로서 다음의 요건을 모두 갖춘 회의
      • 회의 참가자 중 외국인이 150명 이상일 것
      • 2일 이상 진행되는 회의일 것

76 2017년 현재 우리나라의 국제공항이 아닌 것은?

① 대구국제공항   ② 광주국제공항
③ 김해국제공항   ④ 양양국제공항

77 다음 설명에 해당하는 것은?

> 교통약자 및 출입국우대자는 이용하는 항공사의 체크인카운터에서 대상자임을 확인받은 후 전용 출국
> 장을 이용할 수 있다.

① 셀프체크인   ② 셀프백드랍
③ 패스트트랙   ④ 자동출입국심사

78 항공기 내 반입금지 위해물품 중 해당 항공운송사업자의 승인을 받고 국토교통부고시에 따른 항공위험
물 운송기술기준에 적합한 경우 객실 반입이 가능한 것은?

① 소화기 1kg   ② 드라이아이스 1kg
③ 호신용 스프레이 200ml   ④ 장애인의 전동휠체어 1개

ANSWER 76.② 77.③ 78.②

76 ② 광주공항의 국제선은 2008년 무안공항으로 완전 이전되었다.

77 제시된 내용은 패스트트랙에 대한 설명이다.

78 ② 드라이아이스는 객실 또는 위탁수화물로 반입할 경우, 해당 항공운송사업자의 승인이 필요하며 「항공위험물운송기술
기준」(국토교통부 고시)에 적합한 경우에만 1인당 2.5kg까지만 가능하다.
① 소화기는 객실 및 위탁수화물 반입이 불가능하다.
③ 호신용 스프레이는 위탁수화물로만 반입가능하며, 1인당 1개(100ml 이하)까지만 가능하다.
④ 장애인 전동휠체어는 위탁수화물로만 반입가능하며, 해당 항공운송사업자의 승인이 필요하고 「항공위험물운송기술기
준」(국토교통부 고시)에 적합한 경우에만 가능하다.

79 항공사가 전략적으로 공동의 서비스를 제공하는 항공 동맹체가 아닌 것은?

① 윈 월드(Win World)
② 스카이 팀(Sky Team)
③ 유플라이 얼라이언스(U-Fly Alliance)
④ 스타 얼라이언스(Star Alliance)

80 관광구조의 기본 체계 중 관광객체에 관한 설명으로 옳지 않은 것은?

① 관광안내, 관광정보 등을 포함한다.
② 관광객을 유인하는 관광매력물을 의미한다.
③ 관광자원이나 관광시설을 포함한다.
④ 관광객의 욕구를 만족시키는 역할을 한다.

81 UNWTO의 국적과 국경에 의한 관광분류(1994년)에 관한 설명으로 옳지 않은 것은?

① Internal 관광은 Domestic Tourism과 Inbound Tourism을 결합한 것이다.
② National 관광은 Domestic Tourism과 Outbound Tourism을 결합한 것이다.
③ International 관광은 Inbound Tourism과 Outbound Tourism을 결합한 것이다.
④ Intrabound 관광은 Internal Tourism과 National Tourism을 결합한 것이다.

82 관광의 경제적 효과 중 소득효과가 아닌 것은?

① 투자소득효과
② 소비소득효과
③ 직접조세효과와 간접조세효과
④ 관광수입으로 인한 외화획득효과

ANSWER 79.① 80.① 81.④ 82.③

79 세계 3대 항공 동맹체로 스타 얼라이언스(STAR ALLIANCE), 원 월드(ONE WORLD), 스카이 팀(SKY TEAM)이 있으며, 유플라이 얼라이언스(U-Fly ALLIANCE)는 세계 최초의 저가항공사 항공 동맹체이다.

80 ① 관광매체에 해당하는 설명이다.

81 ④ 인트라바운드(Intrabound) 관광은 내국인의 국내관광을 뜻하는 용어이다.

82 ③은 조세 수입 증대 효과에 해당한다.

83 역내관광(Intra-regional Tourism)의 예로 옳은 것은?

① 한국인의 일본여행　　　　　② 독일인의 태국여행
③ 중국인의 캐나다여행　　　　④ 일본인의 콜롬비아여행

84 카지노산업의 긍정적 효과가 아닌 것은?

① 사행성 심리 완화　　　　　② 조세수입 확대
③ 외국인 관광객 유치　　　　④ 지역경제 활성화

85 마케팅전략 개발에 유용하게 이용될 수 있는 AIO분석에 관한 설명으로 옳지 않은 것은?

① 소비자의 관찰가능한 일상의 제반 행동이 측정 대상이다.
② 특정 대상, 사건, 상황에 대한 관심 정도가 측정 대상이다.
③ 소비자에게 강점과 약점으로 인식되는 요소를 찾아내는 것이다.
④ 소비자의 특정 사물이나 사건에 대한 의견을 파악한다.

86 크루즈 유형의 분류기준이 다른 것은?

① 해양크루즈　　　　　　　　② 연안크루즈
③ 하천크루즈　　　　　　　　④ 국제크루즈

ANSWER　83.①　84.①　85.③　86.④

83 역내관광(intra-regional tourism)은 관광자가 특정지역에 속해있는 국가에서 그 지역 내의 다른 국가로 이동하는 관광을 말한다.

84 ① 카지노산업은 사행성 심리를 부추긴다.

85 ③ SWOT 분석에 대한 설명이다.

86 항해지역에 따른 분류
　　㉠ 연안 크루즈 : 한 지역의 해안을 따라 항해
　　㉡ 해양 크루즈 : 일반적 개념의 크루즈로 대양을 이동
　　㉢ 하천 크루즈 : 크고 긴 강을 따라 항해

87 외국인 전용으로 허가받아 개설된 우리나라 최초의 카지노는?

① 제주 라마다 카지노　　　　　② 인천 올림포스 카지노

③ 부산 파라다이스 카지노　　　④ 서울 워커힐 카지노

88 서양의 중세시대 관광에 관한 설명으로 옳지 않은 것은?

① 관광의 암흑기　　　　　　　② 성지순례 발달

③ 도로의 발달로 인한 숙박업의 호황　　④ 십자군 전쟁 이후 동양과의 교류 확대

89 문화체육관광부가 지정한 2017년 올해의 관광도시로 선정되지 않은 곳은?

① 광주광역시 남구　　　　　　② 강원도 강릉시

③ 경상북도 고령군　　　　　　④ 전라북도 전주시

90 다음 설명에 해당하는 것은?

> 관광산업의 사회적 인지도를 증진시키기 위해 1990년에 설립된 민간 국제조직으로 영국 런던에 본부를 둔다.

① PATA　　　　　　　　　　② WTTC

③ UNWTO　　　　　　　　　④ ASTA

ANSWER　87.②　88.③　89.④　90.②

87 우리나라 최초의 카지노는 1967년 8월에 개장한 인천 올림포스 카지노이다.

88 ③ 중세시대의 관광은 주로 성지 순례 등 종교적 목적으로 이루어졌고 숙박업도 쇠퇴하였다.

89 2017년 올해의 관광도시
　　㉠ 광주광역시 남구
　　㉡ 강원도 강릉시
　　㉢ 경상북도 고령군

90 제시된 내용은 World Travel & Tourism Council에 대한 설명이다.

91 관광진흥법령상 국외여행 인솔자의 자격요건이 아닌 것은?

① 관광통역안내사 자격을 취득할 것

② 여행업체에서 6개월 이상 근무하고 국외여행 경험이 있는 자로서 문화체육관광부장관이 정하는 소양교육을 이수할 것

③ 문화체육관광부장관이 지정하는 교육기관에서 국외여행 인솔에 필요한 양성교육을 이수할 것

④ 고등교육법에 의한 전문대학 이상의 학교에서 관광분야를 전공하고 졸업할 것

92 다음 설명에 해당하는 것은?

> 지역주민이 주도하여 지역을 방문하는 관광객을 대상으로 숙박, 여행알선 등의 관광사업체를 창업하고 자립 발전하도록 지원하는 사업이다.

① 관광두레   ② 여행바우처

③ 슬로시티   ④ 굿스테이

ANSWER 91.④ 92.①

91 국외여행 인솔자의 자격요건〈관광진흥법 시행규칙 제22조 제1항〉
　㉠ 관광통역안내사 자격을 취득할 것
　㉡ 여행업체에서 6개월 이상 근무하고 국외여행 경험이 있는 자로서 문화체육관광부장관이 정하는 소양교육을 이수할 것
　㉢ 문화체육관광부장관이 지정하는 교육기관에서 국외여행 인솔에 필요한 양성교육을 이수할 것

92 제시된 내용은 관광두레에 대한 설명이다.
　② 기초생활보장수급자, 법정차상위계층 등 사회적 취약계층에게 여행기회를 정부에서 지원하는 제도
　③ 공해 없는 자연 속에서 전통문화와 자연을 잘 보호하면서 느림의 삶을 추구하려는 국제운동
　④ 문화체육관광부와 한국관광공사가 지정한 우수 숙박 브랜드

93 여행업의 기본 기능이 아닌 것을 모두 고른 것은?

> ㉠ 예약 및 수배　　　　　　　㉡ 수속대행
> ㉢ 여정관리　　　　　　　　　㉣ 공익성
> ㉤ 상담　　　　　　　　　　　㉥ 저렴한 가격

① ㉠, ㉡　　　　　　　　　　　② ㉢, ㉣

③ ㉣, ㉥　　　　　　　　　　　④ ㉤, ㉥

94 제3차 관광개발기본계획(2012년~2021년)의 개발전략이 아닌 것은?

① 미래 환경에 대응한 명품 관광자원 확충

② 국민이 행복한 생활관광 환경 조성

③ 저탄소 녹색성장을 선도하는 지속가능한 관광확산

④ 남북한 및 동북아 관광협력체계 구축

ANSWER   93.③   94.④

93 공익성과 저렴한 가격은 여행업의 기본 기능에 해당하지 않는다.

94 제3차 관광개발기본계획 개발전략
㉠ 품격관광을 실현하는 관광개발 정책 효율화
㉡ 미래 환경에 대응한 명품 관광자원 확충
㉢ 문화를 통한 품격 있는 한국형 창조관광 육성
㉣ 국민이 행복한 생활관광 환경 조성
㉤ 저탄소 녹색성장을 선도하는 지속가능한 관광 확산
㉥ 관광경쟁력 제고를 위한 국제 협력 강화

95 다음 설명에 해당하는 것은?

> 여행목적, 여행기간, 여행코스가 동일한 형태로 정기적으로 실시되는 여행

① Series Tour   ② Charter Tour
③ Interline Tour   ④ Cruise Tour

96 다음 설명에 해당하는 것은?

> 취침 전에 간단한 객실의 정리 · 정돈과 잠자리를 돌보아 주는 서비스

① Turn Away Service   ② Turn Down Service
③ Uniformed Service   ④ Pressing Service

95 제시된 내용은 Series Tour에 대한 설명이다.
　② 전세 여행
　③ 항공회사가 가맹 Agent를 초대하는 여행
　④ 유람선 여행

96 제시된 내용은 Turn Down Service에 대한 설명이다.

97 다음 설명에 해당하는 것은?

> 컨벤션산업 진흥을 위해 관련단체들이 참여하여 마케팅 및 각종 지원 사업을 수행하는 전담기구

① CMP
② KNTO
③ CVB
④ CRS

98 의료관광에 관한 설명으로 옳지 않은 것은?

① 치료 · 관광형의 경우 관광과 휴양이 발달한 지역에서 많이 나타난다.
② 외국인 환자유치를 포함하는 의료서비스와 관광이 융합된 새로운 관광 상품 트렌드이다.
③ 환자중심의 서비스와 적정수준 이상의 표준화된 서비스를 제공하기 위해 의료서비스 인증제도가 확산되고 있다.
④ 주목적이 의료적인 부분이기 때문에 일반 관광객에 비해 체류기간이 짧고 체류비용이 저렴하다.

99 2017년 현재 출국을 앞둔 내국인 홍길동이 국내 면세점에서 면세품을 구입할 수 있는 한도액은?

① 미화 400달러
② 미화 600달러
③ 미화 2,000달러
④ 미화 3,000달러

100 2017년 현재 컨벤션센터 중 전시면적이 큰 순서대로 나열한 것은?

① ICC Jeju - EXCO - COEX
② BEXCO - EXCO - ICC Jeju
③ EXCO - BEXCO - ICC Jeju
④ COEX - ICC Jeju - BEXCO

Answer 97.③ 98.④ 99.④ 100.②

97 제시된 내용은 Convention and Visitor Bureau에 대한 설명이다.

98 ④ 의료관광은 일반관광에 비해 체류기간이 길고 체류비용이 비싸다.

99 내국인이 구입할 수 있는 한도액은 미화 3,000달러이다. ※ 현재는 출국 시 내국인 구매한도는 1인당 미화 $5,000이다.

100 전시면적이 큰 순서대로 나열하면 BEXCO > COEX > EXCO > ICC Jeju 순이다.

2018년 정기시험

 국사

1 고조선 시대의 청동기 문화를 대표하는 유물·유적으로 옳지 않은 것은?

① 명도전　　　　　　　　　　② 비파형 동검

③ 미송리식 토기　　　　　　　④ 고인돌(탁자식)

2 다음은 무엇에 관한 설명인가?

> 통일신라의 중앙군으로 고구려와 백제인은 물론 말갈인까지 포함하여 편성하였다.

① 10위　　　　　　　　　　　② 10정

③ 9서당　　　　　　　　　　　④ 2군 6위

ANSWER　1.①　2.③

1　① 명도전은 초기 철기 시대를 대표하는 유물로, 중국 전국시대에 교역에 사용되던 화폐이다. 표면에 명(明)자가 장식된 손칼 모양에 착안하여 명도전으로 불린다. 명도전은 주로 청천강을 비롯한 한반도 이북지역에서 발견 되는데 이는 고조선과 중국 전국시대의 연(燕)나라와의 교류를 보여주는 근거가 된다.

2　제시된 내용은 통일신라 중앙군인 9서당에 대한 설명이다.
　　① 10위 : 발해의 중앙 군사 조직
　　② 10정 : 통일신라의 지방군
　　④ 2군 6위 : 고려의 중앙 군사 제도

3 장수왕의 업적으로 옳지 않은 것은?

① 평양 천도   ② 영락 연호 사용

③ 백제 한성 함락   ④ 광개토 대왕릉비 건립

4 발해 5경 중 현재의 북한 지역에 설치되었된 것은?

① 중경 현덕부   ② 동경 용원부

③ 상경 용천부   ④ 남경 남해부

5 신라 선덕여왕 때 만들어진 것으로 옳지 않은 것은?

① 첨성대   ② 황룡사

③ 분황사   ④ 황룡사 9층탑

ANSWER   3.② 4.④ 5.②

3   ② 영락 연호 사용은 고구려 19대 왕인 광개토대왕의 업적이다.

4   발해는 주요 지역에 상경·중경·동경·남경·서경의 5경을 두어 정치·경제·군사적 거점으로 삼아 넓은 영토를 효과적
으로 통치하고자 하였다. 발해 5경의 위치는 대체로 다음과 같다.
ㄱ 상경 용천부(上京龍泉府) : 흑룡강성 영안시
ㄴ 중경 현덕부(中京顯德府) : 길림성 화룡시
ㄷ 동경 용원부(東京龍原府) : 길림성 혼춘시
ㄹ 서경 압록부(西京鴨淥府) : 길림성 임강시
ㅁ 남경 남해부(南京南海府) : 함경남도 북청

5   ② 황룡사는 신라 진흥왕 14년(553) 월성(月城) 동쪽에 새로 대궐을 짓던 중 황룡(黃龍)이 나타나자 대궐을 절로 고쳐 짓
고 이름을 황룡사로 하였다는 유래가 있다.

6 다음 ( )에 들어갈 인물로 옳은 것은?

> 가야 출신의 ( )은(는) 가야금을 만들고 12악곡을 지었는데, 대가야 멸망 전에 신라에 투항하였다. 진흥왕의 사랑을 받던 그는 국원소경(충주)으로 가서 여러 제자를 길러 가야 음악을 신라에 전하는데 기여하였다.

① 우륵   ② 왕산악
③ 옥보고   ④ 백결선생

7 밑줄 친 '그'에 해당하는 인물은?

> 그의 아버지는 원성왕과의 왕위 다툼에서 패하였다. 그는 웅주(공주)를 근거로 반란을 일으켜 국호를 장안, 연호를 경운이라고 했다.

① 이자겸   ② 김보당
③ 김헌창   ④ 조위총

8 백제의 부흥운동에 참여한 인물로 옳지 않은 것은?

① 복신   ② 도침
③ 검모잠   ④ 흑치상지

ANSWER 6.① 7.③ 8.③

6 괄호 안에 적절한 인물은 가야금을 만든 우륵이다.
　② **왕산악** : 거문고를 만든 고구려의 음악가
　③ **옥보고** : 통일신라 때의 거문고 대가
　④ **백결선생** : 신라 전기의 거문고 대가

7 태종무열왕의 후손이었던 김헌창은 그의 아버지 김주원이 원성왕과의 왕위 다툼에서 패하자 웅주(공주)에서 신라에 반기를 들었다가 한 달 만에 진압 당했다.

8 ③ 검모잠은 고구려의 부흥운동가로, 고구려가 망하자 유민을 모아 안승을 왕으로 옹립하여 한성을 근거지로 삼아 고구려 부흥운동을 일으켰다.

9 밑줄 친 '이 나라'에 관한 설명으로 옳지 않은 것은?

> 이 나라의 성은 평지성과 산성으로 나뉘는데, 국내성은 평지성, 환도산성(산성자 산성)은 산성에 해당한다.

① 5부족 연맹을 통하여 발전하였다.
② 귀족 대표자 회의인 제가회의가 있었다.
③ 10월에는 동맹이라는 제천행사가 있었다.
④ 384년 처음으로 동진에서 불교를 받아들였다.

10 다음 중 금관이 발견된 유적을 모두 고른 것은?

> ㉠ 장군총   ㉡ 천마총
> ㉢ 정효공주묘   ㉣ 황남대총

① ㉠, ㉢   ② ㉠, ㉣
③ ㉡, ㉢   ④ ㉡, ㉣

9 밑줄 친 이 나라는 고구려이다.
④ 백제에 대한 설명이다. 백제는 침류왕 원년인 384년에 동진에서 온 인도 승려 마라난타(摩羅難陀)에 의해 불교를 받아들였다.

10 ㉡ 경주에 있는 천마총에서는 국보 제188호로 지정된 신라시대의 금관이 발견되었다.
㉣ 경주에 있는 황남대총에서는 국보 제191호로 지정된 신라 금관이 발견되었다.

11 다음 사건을 발생시기가 앞선 순으로 바르게 나열한 것은?

> ㉠ 경대승 도방정치　　　　㉡ 묘청 서경천도 운동
> ㉢ 최충헌 교정도감 설치　　㉣ 삼별초 대몽항쟁

① ㉠ → ㉡ → ㉣ → ㉢　　② ㉠ → ㉢ → ㉡ → ㉣
③ ㉡ → ㉠ → ㉢ → ㉣　　④ ㉡ → ㉢ → ㉣ → ㉠

12 고려시대에 건립된 건축물로 옳지 않은 것은?

① 구례 화엄사 각황전　　② 예산 수덕사 대웅전
③ 안동 봉정사 극락전　　④ 영주 부석사 무량수전

13 다음 사건을 발생시기가 앞선 순으로 바르게 나열한 것은?

> ㉠ 건원중보(철전) 주조　　㉡ 삼국사기 편찬
> ㉢ 상정고금예문 인쇄　　　㉣ 직지심체요절 간행

① ㉠ → ㉡ → ㉢ → ㉣　　② ㉠ → ㉢ → ㉣ → ㉡
③ ㉡ → ㉠ → ㉣ → ㉢　　④ ㉢ → ㉡ → ㉠ → ㉣

A NSWER　11.③　12.①　13.①

11 ㉡ 묘청 서경천도 운동 : 묘청은 1135년(인종 13) 개경 문벌귀족에 대항해 반란을 일으켰다.
　　㉠ 경대승 도방정치 : 경대승은 1179년(명종 9) 정중부 등을 제거하고 실권을 장악하였으며 사병을 모아 도방을 조직하였다.
　　㉢ 최충헌 교정도감 설치 : 최충헌은 1209년(희종 5)에 교정도감을 설치했다.
　　㉣ 삼별초 대몽항쟁 : 1270년 6월 삼별초 해산령에 불만을 가진 삼별초 장병들이 개경환도를 거부하고 여원연합군에 대항하여 3년간의 항쟁을 벌였다.

12 ① 국보 제67호인 구례 화엄사 각황전은 조선시대의 건물이다.

13 ㉠ 건원중보(철전) 주조 : 건원중보는 996년(성종 15)에 주조된 우리나라 최초의 화폐이다.
　　㉡ 삼국사기 편찬 : 1145년(인종 23)경 김부식 등이 고려 인종의 명을 받아 삼국사기를 편찬하였다.
　　㉢ 상정고금예문 인쇄 : 1234년(고종 21) 상정고금예문이 금속활자로 인쇄되었다.
　　㉣ 직지심체요절 간행 : 1377년(우왕 3) 직지심체요절이 청주 흥덕사에서 금속활자로 간행되었다.

14 조선 전기의 경제 상황에 관한 설명으로 옳은 것은?

① 저화, 조선통보가 발행되었다.

② 상평통보가 전국적으로 유통되었다.

③ 조세와 지대의 금납화가 이루어졌다.

④ 시중에 동전이 부족한 전황이 발생하였다.

15 조선시대 교육기관에 관한 설명으로 옳지 않은 것은?

① 서원과 서당은 사립 교육 기관이었다.

② 성균관의 입학자격은 생원과 진사를 원칙으로 하였다.

③ 잡학은 해당 기술 관청에서 직접 교육을 담당하였다.

④ 중앙에 향교를 두고 지방에 서학, 동학, 남학, 중학의 4부학당을 두었다.

16 다음 (   )에 들어갈 내용으로 옳은 것은?

> 남곤, 심정 등과 같은 공신들은 중종반정 이후 개혁을 추진하던 조광조 일파를 모함하여, 죽이거나 유배를 보냈다. 이 사건을 (   )라고 한다.

① 무오사화   ② 갑자사화

③ 기묘사화   ④ 을사사화

ANSWER   14.① 15.④ 16.③

14 ① 저화는 고려 말 조선 초에 사용된 지폐이고, 조선통보는 조선 세종과 인조대에 법화로 주조 · 유통시킨 금속화폐이다.
　② 상평통보는 1633년(인조 11)에 처음 상평청을 설치하고 주조하여 유통을 시도했는데 결과가 나빠 유통을 중지하였다.
　　그 후 1678년(숙종 4)에 다시 상평통보를 주조하여 서울과 서북 일부에 유통하였고 점차 전국적으로 확대되었다.
　③ 18세기 후반부터는 조세와 지대의 금납화가 진행되어 세금과 소작료를 동전으로 냈다.
　④ 전황은 화폐경제가 확대 발전되던 18세기 초부터 19세기 초까지 만성적으로 계속되던 화폐유통량 부족 현상이다.

15 ④ 중앙에 4부학당을 두고 지방에 향교를 두었다.

16 제시된 내용은 기묘사화에 대한 설명이다.
　① 무오사화 : '조의제문'이 원인이 되어 김종직 등 많은 사림파 인물들이 참수되었다.
　② 갑자사화 : 연산군의 어머니 윤씨의 복위에 반대한 선비들이 처형 당하였다.
　④ 을사사화 : 명종 즉위 후 윤원형 일파 소윤이 윤임 일파 대윤을 숙청하였다.

17 다음의 업적과 관련된 왕으로 옳은 것은?

- 직전법 실시
- 진관체제 실시
- 경국대전 편찬 시작

① 태조　　　　　　　　　　　② 태종
③ 세종　　　　　　　　　　　④ 세조

18 조선 후기에 만들어진 것은?

① 악학궤범　　　　　　　　　② 인왕제색도
③ 향약집성방　　　　　　　　④ 혼일강리역대국도지도

19 조선의 통치기구에 관한 설명으로 옳은 것을 모두 고른 것은?

㉠ 춘추관은 역사서의 편찬과 보관을 맡았다.
㉡ 장례원은 수도의 행정과 치안을 담당하였다.
㉢ 사간원은 노비 문서의 관리와 노비 소송을 맡았다.
㉣ 승정원은 왕의 비서기관으로 왕명의 출납을 담당하였다.

① ㉠, ㉡　　　　　　　　　　② ㉠, ㉣
③ ㉡, ㉢　　　　　　　　　　④ ㉢, ㉣

ANSWER　17.④　18.②　19.②

17 제시된 내용은 조선 세조의 업적이다.

18 ② 겸재 정선의 인왕제색도는 1751년(영조 27) 작품이다.
　① 악학궤범 : 1493년(성종 24) 왕명에 따라 제작된 악전
　③ 향약집성방 : 1433년(세종 15)에 간행된 향약에 관한 의약서
　④ 혼일강리역대국도지도 : 1402년(태종 2)에 만든 세계지도

19 ㉡ 장례원은 조선시대 노비의 부적과 소송에 관한 일을 관장하던 정3품 관청이다.
　㉢ 사간원은 조선시대 국왕에 대한 간쟁과 논박을 담당한 관청이다.

20 다음 (   )에 들어갈 농업서로 옳은 것은?

> 조선 후기 신속은 (   )에서 이앙법과 그 밖의 벼농사 농법을 자세히 소개하였다.

① 농사직설   ② 농상집요

③ 농가집성   ④ 농정신편

21 조선 후기 저자와 역사서의 연결이 옳지 않은 것은?

① 유득공 – 발해고   ② 안정복 – 동사강목

③ 한치윤 – 해동역사   ④ 이종휘 – 연려실기술

22 다음 (   )에 들어갈 인물로 옳은 것은?

> (   )은 실학자로서 '의산문답', '임하경륜' 등을 저술하고, 성리학의 극복과 지전설을 주장하였다.

① 이익   ② 홍대용

③ 유수원   ④ 박지원

ANSWER   20.③ 21.④ 22.②

20 괄호 안에 농업서는 농가집성이다. 농가집성은 조선 중기의 문신 신속이 편술한 농서로 1655년(효종 6)에 간행되었다.

21 ④ 『연려실기술』은 조선 후기의 학자 이긍익이 지은 조선시대 사서이다. 이종휘는 조선 후기 양명학자로 대표작으로 역사서인 『동사(東史)』가 있다.

22 '의산문답', '지전설' 등을 통해 조선 후기 실학자 홍대용에 대한 설명임을 알 수 있다.

23 밑줄 친 '이 단체'에 속한 인물로 옳지 않은 것은?

> 이 단체는 신채호에게 의뢰하여 작성한 조선 혁명 선언을 활동 지침으로 삼아 일제 요인 암살과 식민 통치 기관 파괴에 주력하였다.

① 윤봉길   ② 나석주
③ 김익상   ④ 김상옥

24 (가)와 (나) 사이에 있었던 사건으로 옳은 것을 모두 고른 것은?

> (가) 고부군수 조병갑의 횡포로 농민들이 고부관아를 습격하였다.
> (나) 외세의 개입으로 사태가 악화될 것을 우려한 농민군과 관군은 전주화약을 맺었다.

> ㉠ 전라도 삼례에서 교조신원운동이 일어났다.
> ㉡ 농민군이 황토현 전투에서 관군을 격파하였다.
> ㉢ 공주 우금치 전투에서 농민군은 크게 패하였다.
> ㉣ 정부는 진상조사를 위해 이용태를 안핵사로 파견하였다.

① ㉠, ㉡   ② ㉠, ㉢
③ ㉡, ㉣   ④ ㉢, ㉣

ANSWER 23.① 24.③

23 밑줄 친 이 단체는 의열단이다.
　① 윤봉길은 한인애국단 단원이다.

24 (가) 고부관아 습격 1894년 2월
　(나) 전주화약 1894년 6월
　㉠ 삼례 교조신원운동 1892년 11월
　㉡ 황토현 전투 1894년 3~4월
　㉢ 우금치 전투 1894년 11월
　㉣ 이용태 안핵사 파견 1894년 2월 고부관아 민란 이후

25 다음에서 설명하는 단체는?

> • 민족주의 세력과 사회주의 세력의 민족 유일당 운동으로 창립되었다.
> • 광주학생 항일운동 당시 진상조사단을 파견하고 대규모 민중 대회를 개최하려고 하였다.

① 신민회   ② 신간회
③ 보안회   ④ 권업회

25 제시된 내용은 신간회에 대한 설명이다. 신간회는 1927년 2월 '민족 유일당 민족협동전선'이라는 표어 아래 민족주의 세력과 사회주의 세력이 제휴하여 창립한 민족운동단체이다. 안재홍, 이상재, 신채호, 유익겸 등 34명이 발기했다.

② 관광자원해설

26 관광자원해설의 주요 목적이 아닌 것은?

① 관광객의 만족
② 관광객의 소비억제
③ 관광자원 훼손의 최소화
④ 관광자원에 대한 이해 향상

27 다음 설명에 해당하는 것은?

조계산 자락에 위치하며, 나라를 빛낸 큰 스님 16분의 영정을 모시고 그 덕을 기리기 위해 세운 건물이다. 국보56호로 지정되었다.

① 구례 화엄사 각황전
② 보은 법주사 팔상전
③ 예산 수덕사 대웅전
④ 순천 송광사 국사전

28 궁궐과 정전(正殿)이 바르게 연결된 것은?

① 창덕궁 – 대조전
② 경희궁 – 자정전
③ 창경궁 – 명정전
④ 덕수궁 – 함녕전

ANSWER 26.② 27.④ 28.③

26 ② 관광자원해설의 주요 목적은 관광객의 만족(관광자원에 대한 이해 향상), 관광자원의 관리(훼손 방지), 이미지 개선에 있다.

27 제시된 내용은 국보 제56호인 순천 송광사 국사전에 대한 설명이다.
① 구례 화엄사 각황전 국보 제67호
② 보은 법주사 팔상전 국보 제55호
③ 예산 수덕사 대웅전 국보 제49호

28 ① 창덕궁 – 인정전
② 경희궁 – 숭정전
④ 덕수궁 – 중화전

29 법고춤에 관한 설명으로 옳지 않은 것은?

① 동작이 크고 활기가 있는 춤이다.

② 불교의식에서 행하는 무용의 하나이다.

③ 절에서는 조석(朝夕)의 예불이나 각종 의식에 쓰인다.

④ '물속에 사는 모든 중생을 제도한다'는 상징적인 의미를 포함한다.

30 한국의 슬로시티(slow city)로 지정되지 않은 곳은?

① 강원도 철원군 원남면

② 경기도 남양주시 조안면

③ 전라남도 담양군 창평면

④ 충청북도 제천시 수산면

ANSWER   29.④   30.①

29 법고춤은 불교의식에서 승려가 법고를 두드리며 추는 춤이다.
    ④ 나무를 깎아 잉어 모양으로 만들고 속을 파내 그 속을 두드려 소리를 내는 불구인 목어에 대한 설명이다.

30 한국의 국제 슬로시티
    ㉠ 전남 신안군 증도
    ㉡ 전남 완도군 청산도
    ㉢ 전남 담양군 창평면
    ㉣ 경남 하동군 악양면
    ㉤ 충남 예산군 대흥면
    ㉥ 경기도 남양주시 조안면
    ㉦ 전북 전주시 한옥마을
    ㉧ 경북 상주시 함창읍, 이안면, 공검면
    ㉨ 경북 청송군 부동면, 파천면
    ㉩ 강원도 영월군 김삿갓면
    ㉪ 충북 제천시 수산면
    ㉫ 충남 태안군 소원면
    ㉬ 경북 영양군 석보면
    ㉭ 경남 김해시 봉하마을, 화포천습지생태공원
    ⓐ 충남 서천군 한산면
    ⓑ 전남 목포시 외달도, 달리도, 1897 개항문화거리

31 한려해상국립공원에 관한 설명으로 옳지 않은 것은?

① 1968년에 국립공원으로 지정되었다.

② 충무공 이순신이 전사한 노량지구를 포함한다.

③ 전라남도 홍도에서 신안군 · 진도군 · 완도군 · 고흥군 등에 걸쳐 위치한다.

④ 해금강지구는 십자굴을 비롯한 기암괴석과 노송, 동백숲 등이 절경을 이룬다.

32 다음 설명에 해당하는 화가는?

> • 주요 작품은 삼인문년도, 기명절지도, 호취도, 귀거래도 등이 있다.
> • 산수화, 도석 · 고사인물화, 화조영모화, 사군자 등 다양한 소재를 다루었다.

① 장승업   ② 김득신

③ 심사정   ④ 윤두서

33 국악의 분류 중 궁중음악으로 옳지 않은 것은?

① 아악   ② 기악

③ 당악   ④ 향악

ANSWER   31.③   32.①   33.②

31 ③ 한려해상국립공원은 경상남도 사천시, 거제시, 통영시, 하동군, 남해군 및 전라남도 여수시에 걸쳐 있다.

32 제시된 내용은 안견, 김홍도와 함께 조선 3대 화가 중의 하나로 꼽히는 오원 장승업에 대한 설명이다.

33 국악의 분류
  ㉠ 아악 : 중국의 제례악을 의미하며, 1116년(고려 예종 11)에 우리나라에 수입된 대성아악(大晟雅樂)을 가리킨다.
  ㉡ 당악 : 당나라 음악은 물론 송나라의 속악도 포함한다. 통일신라~고려에 걸쳐 우리나라에 유입되었으며, 기존의 향악과 구분하기 위하여 붙여진 이름이다.
  ㉢ 향악 : 당악이 들어오기 이전의 순수한 재래음악과 당 이전 서역지방에서 들어온 음악을 포함한다.

34 유네스코에 등재된 세계기록유산이 아닌 것은?

① 조선통신사 기록물　　　　　　② 새마을운동 기록물

③ 물산장려운동 기록물　　　　　④ 국채보상운동 기록물

35 통일신라시대 3대 금동불상에 해당하지 않는 것은?

① 경주 백률사 금동약사여래입상

② 경주 불국사 금동비로자나불상

③ 경주 구황동 금제여래입상

④ 경주 불국사 금동아미타여래좌상

ANSWER　34.③　35.③

34 우리나라의 유네스코 세계기록유산

　㉠「조선왕조실록」(1997)

　㉡「훈민정음(해례본)」(1997)

　㉢「승정원일기」(2001)

　㉣「불조직지심체요절」 하권(2001)

　㉤ 조선왕조「의궤(儀軌)」(2007)

　㉥ 고려대장경판 및 제경판(2007)

　㉦「동의보감」(2009)

　㉧「일성록」(2011)

　㉨ 5·18 광주 민주화운동 기록물(2011)

　㉩ 새마을운동 기록물(2013)

　㉪「난중일기」(2013)

　㉫ 유교책판(2015)

　㉬ KBS특별생방송 '이산가족을 찾습니다' 기록(2015)

　㉭ 국채보상운동 기록물(2017)

　ⓐ 조선통신사에 관한 기록(2017)

　ⓑ 조선왕실 어보와 어책(2017)

35 통일신라시대 3대 금동불상은 경주 백률사 금동약사여래입상, 경주 불국사 금동비로자나불상, 경주 불국사 금동아미타여래좌상이다.

　③ 경주 구황동 금제여래입상은 순금으로 만든 금불상이다.

36 다음 중 석회동굴에 해당하는 것을 모두 고른 것은?

> ㉠ 성류굴   ㉡ 김녕굴
> ㉢ 고씨굴   ㉣ 협재굴
> ㉤ 만장굴

① ㉠, ㉢   ② ㉠, ㉣

③ ㉡, ㉤   ④ ㉢, ㉣

37 다음 설명에 해당하는 것은?

> • 진주 관아의 행사 때 여흥으로 춘 춤이다.
> • 부패한 양반과 파계승을 풍자한 무용극이다.
> • 7인 배역이 등장해서 이야기를 엮어가는 형태이다.

① 무당춤   ② 남무

③ 농악무   ④ 한량무

38 개최지역과 축제명의 연결이 옳은 것은?

① 광주광역시 – 추억의7080충장축제   ② 충청남도 – 한성백제문화제

③ 경상북도 – 함양산삼축제   ④ 충청북도 – 해미읍성역사체험축제

ANSWER   36.①   37.④   38.①

36 ㉡㉣㉤ 김녕굴, 협재굴, 만장굴은 용암동굴이다.

37 제시된 내용은 한량무에 대한 설명이다.
    ① 무당춤 : 무당이 굿을 할 때 추는 춤이다.
    ② 남무 : 조선시대 민속무용 중 하나로 기생이 남성으로 분장하여 추던 춤을 말한다. 또는 말 그대로 남성들이 추는 춤
       을 일컫기도 한다.
    ③ 농악무 : 꽹과리, 징, 소고, 태평소 등의 소리에 맞춰 벙거지에 매단 털이나 띠를 빙빙 돌리며 추는 춤이다.

38 ② 한성백제문화제 – 서울특별시 송파구
    ③ 함양산삼축제 – 경상남도 함양군
    ④ 해미읍성역사체험축제 – 충청남도 서산시

39 국가지질공원에 관한 설명으로 옳지 않은 것은?

① 교육·관광사업에 활용된다.

② 관리·운영현황을 4년마다 조사·점검한다.

③ 2012년에 한탄강과 임진강이 최초로 지정되었다.

④ 지구과학적으로 중요하고 경관이 우수한 지역이어야 한다.

40 도립공원으로 지정되지 않은 산은?

① 금오산   ② 천마산

③ 칠갑산   ④ 선운산

41 다음 설명에 해당하는 것은?

- 국가무형문화재6호로 지정되었다.
- 남부지역의 탈춤 전통을 잘 보여주는 탈놀이이다.
- 문둥탈·풍자탈·영노탈·농창탈·포수탈의 5마당으로 구성된다.

① 고성오광대   ② 통영오광대

③ 마산오광대   ④ 진주오광대

ANSWER   39.③   40.②   41.②

39 국가지질공원은 지구과학적으로 중요하고 경관이 우수한 지역으로서 이를 보전하고 교육·관광 사업 등에 활용하기 위하여 환경부장관이 인증한 공원이다. 2011년 우리나라에 국가지질공원제도가 도입되면서 2012년에 제주도, 울릉도·독도가 최초로 지정되었다.
③ 한탄강·임진강은 2015년에 국가지질공원으로 인증되었다.

40 ② 천마산은 국립공원이다.

41 제시된 내용은 통영오광대에 대한 설명이다.
① 고성오광대 중요무형문화재 제7호
④ 진주오광대 경상남도 무형문화재 제27호

42 관광농원사업에 관한 설명으로 옳지 않은 것은?

① 도시와 농어촌의 교류를 촉진한다.

② 농어촌지역과 농어업인의 소득증대를 도모한다.

③ 농어촌의 자연자원과 농림수산 생산기반을 이용한다.

④ 체육 및 휴양시설은 설치해서는 안된다.

43 소재지와 온천의 연결이 옳은 것은?

① 충청북도 – 도고온천, 수안보온천   ② 경상북도 – 덕구온천, 백암온천

③ 전라남도 – 부곡온천, 척산온천   ④ 충청남도 – 온양온천, 유성온천

44 다음 설명에 해당하는 것은?

• 국가민속문화재 5호로 지정되었다. • 조선시대 상류층의 가옥을 대표하는 건축물이다. • 전주이씨(全州李氏) 이내번(李乃蕃)이 지은 것으로 전해진다.

① 경주 월암 종택   ② 경주 최부자댁

③ 강릉 선교장   ④ 정읍 김명관 고택

ANSWER   42.④   43.②   44.③

42 관광농원이란 도시 사람들의 여가 선용과 관광용으로 경영·관리되는 농원으로 체육 및 휴양시설을 설치할 수 있다.

43 ② 덕구온천(경상북도 울진군), 백암온천(경상북도 울진군)
　　① 도고온천(충청남도 아산시), 수안보온천(충청북도 충주시)
　　③ 부곡온천(경상남도 창녕군), 척산온천(강원도 속초시)
　　④ 온양온천(충청남도 아산시), 유성온천(대전광역시)

44 제시된 내용은 강릉 선교장에 대한 설명이다.
　　① 경주 월암 종택 : 국가민속문화재 제34호
　　② 경주 최부자댁 : 국가민속문화재 제27호
　　④ 정읍 김명관 고택 : 국가민속문화재 제26호

45 다음 설명에 해당하는 것은?

> 예안이씨(禮安李氏) 후손들을 중심으로 구성된 마을이며, 설화산과 봉수산을 잇는 지역에 위치한다.

① 고성 왕곡마을

② 안동 하회마을

③ 경주 양동마을

④ 아산 외암마을

46 전라북도의 관광지로 옳은 것은?

① 변산해수욕장, 백제가요정읍사

② 망상해수욕장, 청평사

③ 대천해수욕장, 마곡사

④ 율포해수욕장, 운주사

47 강원랜드에 관한 설명으로 옳지 않은 것은?

① 복합리조트시설로 운영되고 있다.

② 강원도 정선군 사북읍에 위치하고 있다.

③ 폐광지역의 경제 활성화를 위해 설립되었다.

④ 1994년 관광진흥법 개정을 통해 내국인 출입을 허가 받았다.

ANSWER 45.④ 46.① 47.④

45 제시된 내용은 국가민속문화재 제236호인 아산 외암마을에 대한 설명이다.
　① 고성 왕곡마을 : 국가민속문화재 제235호
　② 안동 하회마을 : 국가민속문화재 제122호
　③ 경주 양동마을 : 국가민속문화재 제189호

46 ① 변산해수욕장 – 전라북도 부안군, 백제가요정읍사 – 전라북도 정읍 관련 백제가요
　② 망상해수욕장 – 강원도 동해시, 청평사 – 강원도 춘천시
　③ 대천해수욕장 – 충청남도 보령시, 마곡사 – 충청남도 공주시
　④ 율포해수욕장 – 전라북도 보성군, 운주사 – 전라남도 화순군

47 ④ 강원랜드는 1995년에 제정된 폐광지역 개발 지원에 관한 특별법에 의거 1998년 6월 설립된 산업통상자원부 산하의 공공기관으로, 우리나라에서 유일하게 내국인이 출입 가능한 카지노를 운영하고 있다.

48 강과 댐의 연결이 옳은 것은?

① 영산강 – 팔당댐
② 낙동강 – 충주댐
③ 금강 – 대청댐
④ 섬진강 – 안동댐

49 다음 유네스코에 등재된 세계유산(문화유산) 중 '산사, 한국의 산지승원'에 해당하는 것을 모두 고른 것은?

㉠ 양산 통도사	㉡ 영주 부석사
㉢ 안동 봉정사	㉣ 부산 범어사
㉤ 보은 법주사	㉥ 양양 낙산사
㉦ 공주 마곡사	㉧ 평창 월정사

① ㉠, ㉡, ㉢, ㉤, ㉦
② ㉠, ㉢, ㉣, ㉥, ㉧
③ ㉡, ㉢, ㉤, ㉥, ㉧
④ ㉡, ㉣, ㉤, ㉥, ㉦

50 다음 설명에 해당하는 것은?

동해안 최북단 강원도 고성군에 위치한 자연석호로, 이승만 전 대통령 등의 별장이 있다.

① 송지호
② 화진포
③ 영랑호
④ 청초호

ANSWER 48.③ 49.① 50.②

48 ① 팔당댐 – 한강
② 충주댐 – 남한강
④ 안동댐 – 낙동강

49 산사는 한국의 산지형 불교 사찰의 유형을 대표하는 7개의 사찰로 구성된 연속 유산이다. 이들 7개 사찰로 구성된 신청 유산은 공간 조성에서 한국 불교의 개방성을 대표하면서 승가공동체의 신앙·수행·일상생활의 중심지이자 승원으로서 기능을 유지하여 왔다. 양산 통도사, 영주 부석사, 안동 봉정사, 보은 법주사, 공주 마곡사, 순천 선암사, 해남 대흥사로 대한민국 전국에 걸쳐 분포하고 있다.

50 제시된 내용은 화진포에 대한 설명이다.

③ 관광법규

51 관광기본법상 국가관광전략회의에 관한 설명으로 옳지 않은 것을 모두 고른 것은?

> ㉠ 대통령 소속으로 둔다.
> ㉡ 관광진흥의 주요 시책을 수립한다.
> ㉢ 구성과 운영에 필요한 사항은 대통령령으로 정한다.
> ㉣ 관광진흥계획의 수립에 관한 사항을 심의할 수는 있으나 조정할 수는 없다.

① ㉠, ㉡

② ㉠, ㉣

③ ㉡, ㉢

④ ㉡, ㉣

52 관광진흥법령상 A광역시 B구(구청장 甲)에서 관광사업을 경영하려는 자에게 요구되는 등록과 허가에 관한 설명으로 옳지 않은 것은?

① 관광숙박업의 경우 甲에게 등록하여야 한다.

② 종합유원시설업의 경우 甲의 허가를 받아야 한다.

③ 국제회의업의 경우 甲의 허가를 받아야 한다.

④ 카지노업의 경우 문화체육관광부장관의 허가를 받아야 한다.

ANSWER 51.② 52.③

51 국가관광전략회의〈관광기본법 제16조〉
  ㉠ 관광진흥의 방향 및 주요 시책에 대한 수립 · 조정, 관광진흥계획의 수립 등에 관한 사항을 심의 · 조정하기 위하여 국무총리 소속으로 국가관광전략회의를 둔다.
  ㉡ 국가관광전략회의의 구성 및 운영 등에 필요한 사항은 대통령령으로 정한다.

52 ③ 국제회의업의 경우 甲에게 등록하여야 한다.
  ※ 등록과 허가
   ㉠ 등록〈관광진흥법 제4조 제1항〉 : 여행업, 관광숙박업, 관광객 이용시설업 및 국제회의업을 경영하려는 자는 특별자치시장 · 특별자치도지사 · 시장 · 군수 · 구청장(자치구의 구청장)에게 등록하여야 한다.
   ㉡ 허가〈제5조 제1항, 제2항〉
    • 카지노업을 경영하려는 자는 전용영업장 등 문화체육관광부령으로 정하는 시설과 기구를 갖추어 문화체육관광부장관의 허가를 받아야 한다.
    • 유원시설업 중 대통령령으로 정하는 유원시설업(종합유원시설업 및 일반유원시설업)을 경영하려는 자는 문화체육관광부령으로 정하는 시설과 설비를 갖추어 특별자치시장 · 특별자치도지사 · 시장 · 군수 · 구청장의 허가를 받아야 한다.

53 관광진흥법령상 관광 편의시설업에 해당하지 않는 것은?

① 관광유람선업
② 관광식당업
③ 관광순환버스업
④ 관광궤도업

54 관광진흥법령상 관광사업의 등록기준에 관한 설명으로 옳은 것은?

① 국외여행업의 경우 자본금(개인의 경우에는 자산평가액)은 5천만 원 이상일 것
② 의료관광호텔업의 경우 욕실이나 샤워시설을 갖춘 객실은 30실 이상일 것
③ 전문휴양업 중 식물원의 경우 식물종류는 1,500종 이상일 것
④ 관광공연장업 중 실내관광공연장의 경우 무대는 100제곱미터 이상일 것

55 관광진흥법령상 관광사업의 등록 등을 받거나 신고를 할 수 있는 자는?

① 피한정후견인
② 파산선고를 받고 복권되지 아니한 자
③ 관광진흥법에 따라 등록 등이 취소된 후 20개월이 된 자
④ 관광진흥법을 위반하여 징역의 실형을 선고받고 그 집행이 끝난 후 30개월이 된 자

ANSWER   53.①   54.④   55.④

53 관광 편의시설업의 종류에는 관광유흥음식점업, 관광극장유흥업, 외국인전용 유흥음식점업, 관광식당업, 관광순환버스업, 관광사진업, 여객자동차터미널시설업, 관광펜션업, 관광궤도업, 관광면세업, 관광지원서비스업이 있다.
　① 관광유람선업은 관광객 이용시설업에 속한다.

54 ① 국외여행업의 경우 자본금(개인의 경우에는 자산평가액)은 3천만 원 이상일 것
　② 의료관광호텔업의 경우 욕실이나 샤워시설을 갖춘 객실이 20실 이상일 것
　③ 전문휴양업 중 식물원의 경우 식물종류는 1,000종 이상일 것
　※ 관광공연장업 중 실내관광공연장의 경우 무대는 70제곱미터 이상일 것〈2020. 4. 28. 개정〉

55 결격사유〈관광진흥법 제7조 제1항〉… 다음의 어느 하나에 해당하는 자는 관광사업의 등록 등을 받거나 신고를 할 수 없고, 사업계획의 승인을 받을 수 없다. 법인의 경우 그 임원 중에 다음의 어느 하나에 해당하는 자가 있는 경우에도 또한 같다.
　• 피성년후견인 · 피한정후견인
　• 파산선고를 받고 복권되지 아니한 자
　• 이 법에 따라 등록 등 또는 사업계획의 승인이 취소되거나 영업소가 폐쇄된 후 2년이 지나지 아니한 자
　• 이 법을 위반하여 징역 이상의 실형을 선고받고 그 집행이 끝나거나 집행을 받지 아니하기로 확정된 후 2년이 지나지 아니한 자 또는 형의 집행유예 기간 중에 있는 자

56 관광진흥법령상 (　)에 들어갈 내용이 순서대로 옳은 것은?

> 동일한 등급으로 호텔업 등급결정을 재신청하였으나 다시 등급결정이 보류된 경우에는 등급결정 보류의 (　)부터 (　) 이내에 신청한 등급보다 낮은 등급으로 등급결정을 신청하거나 등급결정 수탁기관에 등급결정의 보류에 대한 이의를 신청하여야 한다.

① 결정을 한 날, 60일

② 결정을 한 날, 90일

③ 통지를 받은 날, 60일

④ 통지를 받은 날, 90일

57 관광진흥법령상 기획여행을 실시하는 자가 광고를 하려는 경우 표시해야 할 사항을 모두 고른 것은?

> ㉠ 여행경비
> ㉡ 최저 여행인원
> ㉢ 여행업의 등록번호
> ㉣ 식사 등 여행자가 제공받을 서비스의 내용

① ㉠, ㉡

② ㉠, ㉢

③ ㉡, ㉢, ㉣

④ ㉠, ㉡, ㉢, ㉣

ANSWER 56.③ 57.④

56 동일한 등급으로 호텔업 등급결정을 재신청하였으나 다시 등급결정이 보류된 경우에는 등급결정 보류의 <u>통지를 받은 날</u>부터 <u>60일</u> 이내에 신청한 등급보다 낮은 등급으로 등급결정을 신청하거나 등급결정 수탁기관에 등급결정의 보류에 대한 이의를 신청하여야 한다〈관광진흥법 시행규칙 제25조의2(등급결정의 재신청 등) 제3항〉.

57 기획여행의 광고〈관광진흥법 시행규칙 제21조〉 ··· 기획여행을 실시하는 자가 광고를 하려는 경우에는 다음의 사항을 표시하여야 한다. 다만, 2 이상의 기획여행을 동시에 광고하는 경우에는 다음의 사항 중 내용이 동일한 것은 공통으로 표시할 수 있다.
㉠ 여행업의 등록번호, 상호, 소재지 및 등록관청
㉡ 기획여행명·여행일정 및 주요 여행지
㉢ 여행경비
㉣ 교통·숙박 및 식사 등 여행자가 제공받을 서비스의 내용
㉤ 최저 여행인원
㉥ 보증보험등의 가입 또는 영업보증금의 예치 내용
㉦ 여행일정 변경 시 여행자의 사전 동의 규정
㉧ 여행목적지(국가 및 지역)의 여행경보단계

58 관광진흥법령상 관광 사업별로 관광사업자 등록대장에 기재되어야 할 사항의 연결이 옳은 것은?

① 휴양 콘도미니엄업 – 등급
② 제1종 종합휴양업 – 부지면적 및 건축연면적
③ 외국인관광 도시민박업 – 대지면적
④ 국제회의시설업 – 회의실별 1일 최대수용인원

ANSWER 58.②

58 관광사업자 등록대장〈관광진흥법 시행규칙 제4조〉… 관광사업자 등록대장에는 관광사업자의 상호 또는 명칭, 대표자의 성명·주소 및 사업장의 소재지와 사업별로 다음의 사항이 기재되어야 한다.

㉠ **여행업 및 국제회의기획업** : 자본금
㉡ **관광숙박업**
• 객실 수
• 대지면적 및 건축연면적(폐선박을 이용하는 수상관광호텔업의 경우에는 폐선박의 총톤수·전체 길이 및 전체 너비)
• 신고를 하였거나 인·허가 등을 받은 것으로 의제되는 사항
• 사업계획에 포함된 부대영업을 하기 위하여 다른 법령에 따라 인·허가 등을 받았거나 신고 등을 한 사항
• 등급(호텔업만 해당)
• 운영의 형태(분양 또는 회원모집을 하는 휴양콘도미니엄업 및 호텔업만 해당)
㉢ **전문휴양업 및 종합휴양업**
• 부지면적 및 건축연면적
• 시설의 종류
• 신고를 하였거나 인·허가 등을 받은 것으로 의제되는 사항
• 사업계획에 포함된 부대영업을 하기 위하여 다른 법령에 따라 인·허가 등을 받았거나 신고 등을 한 사항
• 운영의 형태(제2종종합휴양업만 해당)
㉣ **야영장업**
• 부지면적 및 건축연면적
• 시설의 종류
• 1일 최대 수용인원
㉤ **관광유람선업**
• 선박의 척수
• 선박의 제원
㉥ **관광공연장업**
• 관광공연장업이 설치된 관광사업시설의 종류
• 무대면적 및 좌석 수
• 공연장의 총면적
• 일반음식점 영업허가번호, 허가연월일, 허가기관
㉦ **외국인관광 도시민박업**
• 객실 수
• 주택의 연면적
㉧ **한옥체험업**
• 객실 수
• 한옥의 연면적, 객실 및 편의시설의 연면적
• 체험시설의 종류
• 「문화재보호법」에 따라 문화재로 지정·등록된 한옥 또는 「한옥 등 건축자산의 진흥에 관한 법률」 제10조에 따라 우수건축자산으로 등록된 한옥인지 여부
㉨ **국제회의시설업**
• 대지면적 및 건축연면적
• 회의실별 동시수용인원
• 신고를 하였거나 인·허가 등을 받은 것으로 의제되는 사항
• 사업계획에 포함된 부대영업을 하기 위하여 다른 법령에 따라 인·허가 등을 받았거나 신고 등을 한 사항

59 관광진흥법령상 등록기관등의 장이 관광종사원의 자격을 가진 자가 종사하도록 해당 관광사업자에게 권고할 수 있는 관광업무와 그 자격의 연결이 옳지 않은 것은?

① 외국인 관광객의 국내여행을 위한 안내(여행업) - 국내여행안내사

② 4성급 이상의 관광호텔업의 객실관리 책임자 업무(관광숙박업) - 호텔경영사 또는 호텔관리사

③ 휴양 콘도미니엄업의 총괄관리(관광숙박업) - 호텔경영사 또는 호텔관리사

④ 현관의 접객업무(관광숙박업) - 호텔서비스사

60 관광진흥법령상 카지노사업자가 관광진흥개발기금에 납부해야 할 납부금에 관한 설명으로 옳지 않은 것은?

① 납부금 산출의 기준이 되는 총매출액에는 카지노영업과 관련하여 고객에게 지불한 총금액이 포함된다.

② 카지노사업자는 총매출액의 100분의 10의 범위에서 일정 비율에 해당하는 금액을 관광진흥개발기금법에 따른 관광진흥개발기금에 내야 한다.

③ 카지노사업자가 납부금을 납부기한까지 내지 아니하면 문화체육관광부장관은 10일 이상의 기간을 정하여 이를 독촉하여야 한다.

④ 문화체육관광부장관으로부터 적법한 절차에 따라 납부독촉을 받은 자가 그 기간에 납부금을 내지 아니하면 국세 체납처분의 예에 따라 징수한다.

ANSWER 59.① 60.①

59 관광 업무별 자격기준〈관광진흥법 시행령 별표 4〉

업종	업무	종사하도록 권고할 수 있는 자	종사하게 하여야 하는 자
여행업	외국인 관광객의 국내여행을 위한 안내	-	관광통역안내사 자격을 취득한 자
	내국인의 국내여행을 위한 안내	국내여행안내사 자격을 취득한 자	-
관광숙박업	4성급 이상의 관광호텔업의 총괄관리 및 경영업무	호텔경영사 자격을 취득한 자	-
	4성급 이상의 관광호텔업의 객실관리 책임자 업무	호텔경영사 또는 호텔관리사 자격을 취득한 자	-
	3성급 이하의 관광호텔업과 한국전통호텔업·수상관광호텔업·휴양콘도미니엄업·가족호텔업·호스텔업·소형호텔업 및 의료관광호텔업의 총괄관리 및 경영업무	호텔경영사 또는 호텔관리사 자격을 취득한 자	-
	현관·객실·식당의 접객업무	호텔서비스사 자격을 취득한 자	-

60 ① 총매출액은 카지노영업과 관련하여 고객으로부터 받은 총금액에서 고객에게 지불한 총금액을 공제한 금액을 말한다〈관광진흥법 시행령 제30조(관광진흥개발기금으로의 납부금 등) 제1항〉.

61 관광진흥법령상 카지노업의 허가를 받으려는 자가 갖추어야 할 시설 및 기구의 기준으로 옳지 않은 것은?

① 330제곱미터 이상의 전용 영업장

② 1개 이상의 외국환 환전소

③ 카지노업의 영업종류 중 세 종류 이상의 영업을 할 수 있는 게임기구 및 시설

④ 문화체육관광부장관이 정하여 고시하는 기준에 적합한 카지노 전산시설

62 관광진흥법령상 호텔업 등록을 한 자 중 의무적으로 등급결정을 신청하여야 하는 업종이 아닌 것은?

① 관광호텔업

② 한국전통호텔업

③ 소형호텔업

④ 가족호텔업

63 甲은 관광진흥법령에 따라 야영장업을 등록하였다. 동 법령 상 甲이 지켜야 할 야영장의 안전·위생기준으로 옳지 않은 것은?

① 매월 1회 이상 야영장 내 시설물에 대한 안전점검을 실시하여야 한다.

② 문화체육관광부장관이 정하는 안전교육을 연 1회 이수하여야 한다.

③ 야영용 천막 2개소 또는 100제곱미터마다 1개 이상의 소화기를 눈에 띄기 쉬운 곳에 비치하여야 한다.

④ 야영장 내에서 차량이 시간당 30킬로미터 이하의 속도로 서행하도록 안내판을 설치하여야 한다.

ANSWER 61.③ 62.④ 63.④

61 카지노업의 시설기준〈관광진흥법 시행규칙 제29조 제1항〉
ⓐ 330제곱미터 이상의 전용 영업장
ⓑ 1개 이상의 외국환 환전소
ⓒ 카지노업의 영업종류 중 네 종류 이상의 영업을 할 수 있는 게임기구 및 시설
ⓓ 문화체육관광부장관이 정하여 고시하는 기준에 적합한 카지노 전산시설

62 문화체육관광부장관은 관광숙박시설 및 야영장 이용자의 편의를 돕고, 관광숙박시설·야영장 및 서비스의 수준을 효율적으로 유지·관리하기 위하여 관광숙박업자 및 야영장업자의 신청을 받아 관광숙박업 및 야영장업에 대한 등급을 정할 수 있다. 다만, 호텔업 등록을 한 자 중 대통령령으로 정하는 자는 등급결정을 신청하여야 한다〈관광진흥법 제19조(관광숙박업 등의 등급) 제1항〉.
법 제19조제1항 단서에서 "대통령령으로 정하는 자"란 관광호텔업, 수상관광호텔업, 한국전통호텔업, 가족호텔업, 소형호텔업 또는 의료관광호텔업의 등록을 한 자를 말한다〈관광진흥법 시행령 제22조(호텔업의 등급결정) 제1항〉.〈2019. 11. 19. 개정〉

63 ④ 야영장 내에서 차량이 시간당 20킬로미터 이하의 속도로 서행하도록 안내판을 설치하여야 한다〈관광진흥법 시행규칙 별표 7. 야영장의 안전·위생기준 / 5. 질서 유지 및 안전사고 예방기준 / 거〉.

64 관광진흥법령상 관광사업시설에 대한 회원모집 및 분양에 관한 설명으로 옳지 않은 것은?

① 가족호텔업을 등록한 자는 회원모집을 할 수 있다.

② 외국인관광 도시민박업을 등록한 자는 회원모집을 할 수 있다.

③ 호스텔업에 대한 사업계획의 승인을 받은 자는 회원모집을 할 수 있다.

④ 휴양 콘도미니엄업에 대한 사업계획의 승인을 받은 자는 그 시설에 대해 분양할 수 있다.

65 관광진흥법상 관광지등에의 입장료 징수 대상의 범위와 그 금액을 정할 수 있는 권한을 가진 자는?

① 특별자치도지사

② 문화체육관광부장관

③ 한국관광협회중앙회장

④ 한국관광공사 사장

66 관광진흥법령상 관광지등 조성계획의 승인을 받은 자인 사업시행자에 관한 설명으로 옳지 않은 것은?

① 사업시행자는 개발된 관광시설 및 지원시설의 전부를 타인에게 위탁하여 경영하게 할 수 없다.

② 사업시행자가 수립하는 이주대책에는 이주방법 및 이주시기가 포함되어야 한다.

③ 사업시행자는 관광지등의 조성사업과 그 운영에 관련되는 도로 등 공공시설을 우선하여 설치하도록 노력하여야 한다.

④ 사업시행자가 관광지등의 개발 촉진을 위하여 조성계획의 승인 전에 시·도지사의 승인을 받아 그 조성사업에 필요한 토지를 매입한 경우에는 사업시행자로서 토지를 매입한 것으로 본다.

ANSWER 64.② 65.① 66.①

64 관광숙박업이나 관광객 이용시설업으로서 대통령령으로 정하는 종류의 관광사업을 등록한 자 또는 그 사업계획의 승인을 받은 자가 아니면 그 관광사업의 시설에 대하여 분양(휴양 콘도미니엄만 해당) 또는 회원 모집을 하여서는 아니 된다〈관광진흥법 제20조(분양 및 회원 모집) 제1항〉.
법 제20조 제1항 및 제2항 제1호에서 "대통령령으로 정하는 종류의 관광사업"이란 <u>휴양 콘도미니엄업 및 호텔업, 관광객 이용시설업 중 제2종 종합휴양업</u>을 말한다〈관광진흥법 시행령 제23조(분양 및 회원모집 관광사업) 제1항〉.

65 입장료·관람료 또는 이용료의 징수 대상의 범위와 그 금액은 관광지등이 소재하는 지방자치단체의 조례로 정한다〈관광진흥법 제67조(입장료 등의 징수와 사용) 제2항〉.〈2020. 6. 9. 개정〉

66 ① 사업시행자는 조성한 토지, 개발된 관광시설 및 지원시설의 전부 또는 일부를 매각하거나 임대하거나 타인에게 위탁하여 경영하게 할 수 있다〈관광진흥법 제59조(관광시능의 처분) 제1항〉.

67 관광진흥법상 (   )에 공통적으로 들어갈 숫자는?

> 관광진흥법 제4조 제1항에 따른 등록을 하지 아니하고 여행업·관광숙박업(제15조 제1항에 따라 사업계획의 승인을 받은 관광숙박업만 해당한다)·국제회의업 및 제3조 제1항 제3호 나목의 관광객 이용시설업을 경영한 자는 (   )년 이하의 징역 또는 (   )천만 원 이하의 벌금에 처한다.

① 1   ② 2
③ 3   ④ 5

68 관광진흥법상 관광지 및 관광단지를 지정할 수 없는 자는?

① 부산광역시장
② 한국관광공사 사장
③ 세종특별자치시장
④ 제주특별자치도지사

67 벌칙〈관광진흥법 제82조〉… 다음의 어느 하나에 해당하는 자는 3년 이하의 징역 또는 3천만 원 이하의 벌금에 처한다. 이 경우 징역과 벌금은 병과할 수 있다.
  ㉠ 제4조 제1항에 따른 등록을 하지 아니하고 여행업·관광숙박업(제15조 제1항에 따라 사업계획의 승인을 받은 관광숙박업만 해당한다)·국제회의업 및 제3조 제1항 제3호 나목의 관광객 이용시설업을 경영한 자
  ㉡ 제5조 제2항에 따른 허가를 받지 아니하고 유원시설업을 경영한 자
  ㉢ 제20조 제1항 및 제2항을 위반하여 시설을 분양하거나 회원을 모집한 자
  ㉣ 제33조의2 제3항에 따른 사용중지 등의 명령을 위반한 자

68 관광지 및 관광단지는 문화체육관광부령으로 정하는 바에 따라 시장·군수·구청장의 신청에 의하여 시·도지사가 지정한다. 다만, 특별자치시 및 특별자치도의 경우에는 특별자치시장 및 특별자치도지사가 지정한다〈관광진흥법 제52조(관광지의 지정 등) 제1항〉.

69 관광진흥법령상 관광지등의 시설지구 중 휴양문화 시설지구 안에 설치할 수 있는 시설은? (단, 개별시설에 부대시설은 없는 것으로 전제함)

① 관공서   ② 케이블카
③ 무도장   ④ 전망대

70 관광진흥법령상 한국관광 품질인증에 관한 설명으로 옳지 않은 것은?

① 문화체육관광부장관은 품질인증을 받은 시설등에 대하여 국외에서의 홍보 지원을 할 수 있다.
② 문화체육관광부장관은 거짓으로 품질인증을 받은 자에 대해서는 품질인증을 취소하거나 3천만원 이하의 과징금을 부과할 수 있다.
③ 야영장업은 품질인증의 대상이 된다.
④ 품질인증의 유효기간은 인증서가 발급된 날부터 3년으로 한다.

69 관광지등의 시설지구 안에 설치할 수 있는 시설〈관광진흥법 시행규칙 별표 19〉〈2019.6.12.개정〉

시설지구	설치할 수 있는 시설
공공편익시설지구	도로, 주차장, 관리사무소, 안내시설, 광장, 정류장, 공중화장실, 금융기관, 관공서, 폐기물처리시설, 오수처리시설, 상하수도시설, 그 밖에 공공의 편익시설과 관련되는 시설로서 관광지등의 기반이 되는 시설
숙박시설지구	「공중위생관리법」 및 이 법에 따른 숙박시설, 그 밖에 관광객의 숙박과 체재에 적합한 시설
상가시설지구	판매시설, 「식품위생법」에 따른 업소, 「공중위생관리법」에 따른 업소(숙박업은 제외한다), 사진관, 그 밖의 물품이나 음식 등을 판매하기에 적합한 시설
관광 휴양·오락시설지구	1. 휴양·문화시설: 공원, 정자, 전망대, 조경휴게소, 의료시설, 노인시설, 삼림욕장, 자연휴양림, 연수원, 야영장, 온천장, 보트장, 유람선터미널, 낚시터, 청소년수련시설, 공연장, 식물원, 동물원, 박물관, 미술관, 수족관, 문화원, 교양관, 도서관, 자연학습장, 과학관, 국제회의장, 농·어촌휴양시설, 그 밖에 휴양과 교육·문화와 관련된 시설 2. 운동·오락시설: 「체육시설의 설치·이용에 관한 법률」에 따른 체육시설, 이 법에 따른 유원시설, 「게임산업진흥에 관한 법률」에 따른 게임제공업소, 케이블카(리프트카), 수렵장, 어린이놀이터, 무도장, 그 밖의 운동과 놀이에 직접 참여하거나 관람하기에 적합한 시설
기타시설지구	위의 지구에 포함되지 아니하는 시설

(비고) 개별시설에 각종 부대시설이 복합적으로 있는 경우에는 그 시설의 주된 기능을 중심으로 시설지구를 구분한다.

70 ② 문화체육관광부장관은 한국관광 품질인증을 받은 자가 다음 각 호의 어느 하나에 해당하는 경우에는 그 인증을 취소할 수 있다. 다만, ㉠에 해당하는 경우에는 인증을 취소하여야 한다〈관광진흥법 제48조의11(한국관광 품질인증의 취소)〉.
   ㉠ 거짓이나 그 밖의 부정한 방법으로 인증을 받은 경우
   ㉡ 인증 기준에 적합하지 아니하게 된 경우

71 관광진흥개발기금법령상 관광개발진흥기금의 관리 및 회계연도에 관한 설명으로 옳은 것은?

① 기금관리는 국무총리가 한다.

② 기금관리자는 기금의 집행평가 등을 효율적으로 수행하기 위하여 20명이내의 민간전문가를 고용한다.

③ 기금관리를 위한 민간전문가는 계약직으로 하며, 그 계약기간은 2년을 원칙으로 한다.

④ 기금 운용의 특성상 기금의 회계연도는 정부의 회계연도와 달리한다.

72 관광진흥개발기금법령상 문화체육관광부장관의 소관 업무에 해당하지 않는 것은?

① 한국산업은행에 기금 대여

② 기금운용위원회의 위원장으로서 위원회의 사무를 총괄

③ 기금운용계획안의 수립

④ 기금을 대여받은 자에 대한 기금 운용의 감독

73 국제회의산업 육성에 관한 법령상 국제회의산업육성기본계획의 수립 등에 관한 설명으로 옳지 않은 것은?

① 국제회의산업육성기본계획은 5년마다 수립 · 시행하여야 한다.

② 국제회의산업육성기본계획에는 국제회의에 필요한 인력의 양성에 관한 사항도 포함되어야 한다.

③ 국제회의산업육성기본계획의 추진실적의 평가는 국무총리 직속의 전문평가기관에서 실시하여야 한다.

④ 문화체육관광부장관은 국제회의산업육성기본계획의 효율적인 달성을 위하여 관계 지방자치단체의 장에게 필요한 자료의 제출을 요청할 수 있다.

ANSWER 71.③ 72.② 73.③

71 ③ 민간전문가는 계약직으로 하며, 그 계약기간은 2년을 원칙으로 하되, 1년 단위로 연장할 수 있다〈관광진흥개발기금법 시행령 제1조의4(민간전문가) 제1항〉.

① 기금은 문화체육관광부장관이 관리한다〈관광진흥개발기금법 제3조(기금의 관리) 제1항〉.

② 문화체육관광부장관은 기금의 집행 · 평가 · 결산 및 여유자금 관리 등을 효율적으로 수행하기 위하여 10명 이내의 민간 전문가를 고용한다. 이 경우 필요한 경비는 기금에서 사용할 수 있다〈관광진흥개발기금법 제3조(기금의 관리) 제2항〉.

④ 기금의 회계연도는 정부의 회계연도에 따른다〈관광진흥개발기금법 제4조(기금의 회계연도) 〉.

72 ② 기금운용위원회의 위원장은 문화체육관광부 제1차관이다〈관광진흥개발기금법 시행령 제4조(기금운용위원회의 구성) 제2항 전단 참조〉.

73 ③ 문화체육관광부장관은 기본계획의 추진실적을 평가하고, 그 결과를 기본계획의 수립에 반영하여야 한다〈국제회의산업 육성에 관한 법률 제6조(국제회의산업육성기본계획의 수립 등) 제4항〉.

74 국제회의산업 육성에 관한 법령상 문화체육관광부장관이 국제회의 유치 · 개최의 지원에 관한 업무를 위탁할 수 있는 대상은?

① 국제회의 전담조직
② 문화체육관광부 제2차관
③ 국회 문화체육관광위원회
④ 국제회의 시설이 있는 지역의 지방의회

75 A광역시장 甲은 관할 구역의 일정지역에 국제회의복합지구를 지정하려고 한다. 이에 관한 설명으로 옳지 않은 것은?

① 甲은 국제회의복합지구를 지정할 때에는 국제회의복합지구 육성·진흥계획을 수립하여 문화체육관광부장관의 승인을 받아야 한다.
② 甲은 사업 지연 등의 사유로 지정목적을 달성할 수 없는 경우 문화체육관광부장관의 승인을 받아 국제회의복합지구 지정을 해제할 수 있다.
③ 甲이 지정한 국제회의복합지구는 관광진흥법 제70조에 따른 관광특구로 본다.
④ 甲이 국제회의복합지구로 지정하고자 하는 지역이 의료관광특구라면 400만 제곱미터를 초과하여 지정할 수 있다.

4 관광학개론

76 2018년 한국관광공사 선정 KOREA 유니크베뉴가 아닌 장소는?

① 서울 국립중앙박물관　　　　　② 부산 영화의 전당

③ 광주 월봉서원　　　　　　　　④ 전주 한옥마을

77 다음 관광자가 즐기는 카지노 게임은?

> 내가 선택한 플레이어 카드 두 장의 합이 9이고, 딜러의 뱅커 카드 두 장의 합이 8이어서 내가 배팅한 금액의 당첨금을 받았다.

① 바카라　　　　　　　　　　　② 키노

③ 다이사이　　　　　　　　　　④ 다이스

ANSWER 76.④　77.①

76 유니크베뉴(Unique Venue)란 MICE 개최도시의 전통 컨셉이나, 그 국가, 도시에서만 즐길 수 있는 독특한 매력을 느낄 수 있는 장소를 지칭한다. KOREA 유니크베뉴 최종 선정지는 다음의 11개 지역 총 20곳이다.
　㉠ 서울(5곳) : 국립중앙박물관, DDP, 한국의집, 삼청각, 새빛섬
　㉡ 부산(3곳) : 더베이101, 영화의전당, 누리마루
　㉢ 대구(2곳) : 대구텍스타일컴플렉스, 83그릴
　㉣ 인천(1곳) : 현대크루즈
　㉤ 광주(2곳) : 월봉서원, 전통문화원
　㉥ 제주(1곳) : 생각하는 정원
　㉦ 강원(1곳) : 남이섬
　㉧ 경기(1곳) : 한국민속촌
　㉨ 경남(1곳) : 창원해양공원
　㉩ 경주(2곳) : 황룡원, 교촌한옥마을
　㉠ 고양(1곳) : 중남미문화원

77 제시된 내용은 바카라에 대한 설명이다.
　② 키노(keno) : 80개의 넘버가 매겨진 볼을 가지고 진행되는 게임으로, 게임자들은 키노 키텟 위에 15개 넘버를 골라 만드는 것이다.
　③ 다이사이 : 주사위 3개를 굴려 어떤 숫자가 나올지 맞추는 게임이다.
　④ 다이스 : 주사위 게임으로 굴린 다이스의 표면쪽의 수가 많은 사람이 승자가 되거나, 그 합계 수의 짝수·홀수에 따라서 승패가 결정되는 것도 있다.

78 2017년 UIA(국제협회연합)에서 발표한 국제회의 유치실적이 높은 국가 순서대로 나열한 것은?

① 한국 – 미국 – 일본 – 오스트리아
② 미국 – 벨기에 – 한국 – 일본
③ 한국 – 싱가포르 – 오스트리아 – 일본
④ 미국 – 한국 – 싱가포르 – 벨기에

79 관광진흥법령상 일반여행업에서 기획여행을 실시할 경우 보증보험 가입금액 기준이 옳지 않은 것은?

① 직전사업년도 매출액 10억 원 이상 50억 원 미만 – 1억 원
② 직전사업년도 매출액 50억 원 이상 100억 원 미만 – 3억 원
③ 직전사업년도 매출액 100억 원 이상 1,000억 원 미만 – 5억 원
④ 직전사업년도 매출액 1,000억 원 이상 – 7억 원

ANSWER 78.③ 79.①

78 우리나라는 2016년과 2017년, 2년 연속으로 전 세계에서 국제회의 유치실적이 가장 높은 국가였다. 2017년에는 우리나라의 뒤를 이어 싱가포르, 오스트리아, 일본의 순이었다.

79 보증보험 등 가입금액(영업보증금 예치금액) 기준〈관광진흥법 시행규칙 별표 3〉

(단위 : 천 원)

여행업의 종류 (기획여행 포함) 직전 사업연도 매출액	국내 여행업	국외 여행업	일반 여행업	국외여행업의 기획여행	일반여행업의 기획여행
1억 원 미만	20,000	30,000	50,000	200,000	200,000
1억 원 이상 5억 원 미만	30,000	40,000	65,000		
5억 원 이상 10억 원 미만	45,000	55,000	85,000		
10억 원 이상 50억 원 미만	85,000	100,000	150,000		
50억 원 이상 100억 원 미만	140,000	180,000	250,000	300,000	300,000
100억 원 이상 1,000억 원 미만	450,000	750,000	1,000,000	500,000	500,000
1000억 원 이상	750,000	1,250,000	1,510,000	700,000	700,000

80 관광진흥법령상 다음 관광사업 중 업종대상과 지정권자 연결이 옳은 것은?

① 관광펜션업 – 지역별 관광협회

② 관광순환버스업 – 지역별 관광협회

③ 관광식당업 – 특별자치도지사 · 시장 · 군수 · 구청장

④ 관광유흥음식점업 – 특별자치도지사 · 시장 · 군수 · 구청장

81 호텔 객실 요금에 조식만 포함되어 있는 요금 제도는?

① European Plan
② Continental Plan
③ Full American Plan
④ Modified American Plan

82 국내 컨벤션센터와 지역 연결이 옳지 않은 것은?

① DCC – 대구
② CECO – 창원
③ SETEC – 서울
④ GSCO – 군산

ANSWER 80.④ 81.② 82.①

80 관광 편의시설업의 지정신청〈관광진흥법 시행규칙 제14조 제1항〉

　㉠ 관광유흥음식점업, 관광극장유흥업, 외국인전용 유흥음식점업, 관광순환버스업, 관광펜션업, 관광궤도업, 관광면세업 및 관광지
　　원서비스업 : 특별자치시장 · 특별자치도지사 · 시장 · 군수 · 구청장

　㉡ 관광식당업, 관광사진업 및 여객자동차터미널시설업 : 지역별 관광협회

81 ② Continental Plan : 유럽에서 일반적으로 사용되는 제도로서 객실요금에 아침식대만 포함되어 있는 요금지급 방식

　① European Plan : 객실료와 식사대를 분리하여 각각 별도의 계산을 하는 방식

　③ Full American Plan : 객실요금에 아침, 점심, 저녁이 포함되는 방식

　④ Modified American Plan : Full American Plan의 수정으로 아침식사와 저녁식사 요금만 객실료에 포함시켜 계산하는
　　방식

82 ① DCC는 대전컨벤션센터이다. 대구에 있는 컨벤션센터는 EXCO이다.

83 항공 기내특별식 용어와 그 내용의 연결이 옳은 것은?

① BFML – 유아용 음식　　　　　　　② NSML – 이슬람 음식

③ KSML – 유대교 음식　　　　　　　④ VGML – 힌두교 음식

84 다음 설명에 해당하는 객실 가격 산출 방법은?

> 연간 총 경비, 객실 수, 객실 점유율 등에 의해 연간 목표이익을 계산하여 이를 충분히 보전할 수 있는 가격으로 호텔 객실 가격을 결정한다.

① 하워드 방법　　　　　　　　　　② 휴버트 방법

③ 경쟁가격 결정방법　　　　　　　④ 수용률가격 계산방법

85 문화체육관광부 선정 대한민국 테마여행 10선에 속하지 않는 도시는?

① 전주　　　　　　　　　　　　　② 충주

③ 제주　　　　　　　　　　　　　④ 경주

ANSWER　83.③　84.②　85.③

83 ③ KSML – KOSHER MEAL
　① BFML – BEEF MEAL
　② NSML – NO SALT MEAL
　④ VGML – VEGETARIAN MEAL

84 제시된 내용은 객실 가격 산출 방법의 하나인 휴버트 방법에 대한 설명이다.
　① 하워드 방법은 객실당 건축비에 따른 요금 결정 방법이라 할 수 있는 것으로 객실당 총 건축비의 1,000분의 1이 평균 객실료가 된다는 이론이다.

85 대한민국 테마여행 10선이란 전국의 10개 권역을 대한민국 대표 관광지로 육성하기 위한 문화체육관광부와 한국관광공사의 국내여행 활성화 사업이다.

테마	지역	테마	지역
평화역사이야기여행	인천/파주/수원/화성	드라마틱강원여행	평창/강릉/속초/정선
위대한금강역사여행	대전/공주/부여/익산	중부내륙힐링여행	단양/제천/충주/영월
시간여행101	전주/군산/부안/고창	선비이야기여행	대구/안동/영주/문경
남도맛기행	광주/목포/담양/나주	해돋이역사기행	울산/포항/경주
남도바닷길	여수/순천/보성/광양	남쪽빛감성여행	부산/거제/통영/남해

86 항공사와 여행사가 은행을 통하여 항공권 판매대금 및 정산업무 등을 간소화 하는 제도는?

① PNR   ② CMS

③ PTA   ④ BSP

87 관광진흥법령상 한국관광 품질인증 대상 사업으로 옳은 것을 모두 고른 것은?

㉠ 관광면세업   ㉡ 한옥체험업   ㉢ 관광식당업   ㉣ 관광호텔업   ㉤ 관광공연장업

① ㉠, ㉡, ㉢   ② ㉠, ㉢, ㉣

③ ㉡, ㉢, ㉣   ④ ㉡, ㉣, ㉤

ANSWER   86.④   87.①

86 BSP … 국제항공운송협회(IATA)에서 시행하는 항공여객판매대금 정산제도로, 항공사와 여행사 간의 거래에서 발생하는 국제선 항공 여객운임을 다자간 개별적으로 직접 결제하는 방식 대신 정산은행을 통하여 일괄 정산한다.

87 한국관광 품질인증의 대상〈관광진흥법 시행령 제41조의10〉
    ㉠ 야영장업
    ㉡ 외국인관광 도시민박업
    ㉢ 관광식당업
    ㉣ 한옥체험업
    ㉤ 관광면세업
    ㉥ 숙박업(관광숙박업 제외)
    ㉦ 외국인관광객면세판매장

88 2018년 문화체육관광부 지정 글로벌 육성축제를 모두 고른 것은?

> ㉠ 김제지평선축제　　　　　　　　㉡ 자라섬국제재즈페스티벌
> ㉢ 진주남강유등축제　　　　　　　　㉣ 보령머드축제
> ㉤ 화천산천어축제

① ㉠, ㉡, ㉣　　　　　　　　　　② ㉠, ㉢, ㉣

③ ㉠, ㉢, ㉤　　　　　　　　　　④ ㉡, ㉢, ㉤

89 관광의 긍정적 영향으로 옳지 않은 것은?

① 국제수지 개선　　　　　　　　　　② 고용창출 증대

③ 기회비용 증대　　　　　　　　　　④ 환경인식 증대

ANSWER　88.②　89.③

88 2018년 문화체육관광부 지정 축제

㉠ 글로벌 육성축제 : 김제지평선축제, 보령머드축제, 안동국제탈춤축제, 진주남강유등축제

㉡ 대표축제 : 무주반딧불축제, 얼음나라화천산천어축제, 자라섬국제재즈페스티벌

㉢ 최우수축제 : 강진청자축제, 담양대나무축제, 문경전통찻사발축제, 산청한방약초축제, 이천쌀문화축제, 진도신비의바닷 길축제, 평창효석문화제

㉣ 우수축제 : 고령대가야체험축제, 광주추억의충장축제, 논산강경젓갈축제, 보성다향대축제, 봉화은어축제, 부여서동연꽃 축제, 안성맞춤남사당바우덕이축제, 정남진장흥물축제, 제주들불축제, 통영한산대첩축제

㉤ 유망축제 : 고창모양성제, 광안리어방축제, 괴산고추축제, 대구약령시한방문화축제, 대전효문화뿌리축제, 동래읍성역사 축제, 목포항구축제, 밀양아리랑대축제, 서산해미읍성축제, 수원화성문화제, 순창장류축제, 시흥갯골축제, 여주오곡나 루축제, 영암왕인문화축제, 완주와일드푸드축제, 원주다이내믹댄싱카니발, 음성품바축제, 임실N치즈축제, 인천펜타포 트음악축제, 춘천마임축제, 한산모시문화제

89 ③ 기회비용 증대는 부정적 영향이다.

90 서양 중세시대 관광에 관한 설명으로 옳은 것은?

① 증기기관차 등의 교통수단이 발달되었다.

② 문예부흥에 의해 관광이 활성화되었다.

③ 십자군전쟁에 의한 동·서양 교류가 확대되었다.

④ 패키지여행상품이 출시되었다.

91 관광의 유사 개념으로 옳지 않은 것은?

① 여행 ② 예술

③ 레크리에이션 ④ 레저

92 다음 이론을 주장한 학자는?

> 욕구 5단계 이론 : 생리적 욕구 – 안전의 욕구 – 사회적 욕구 – 존경의 욕구 – 자아실현의 욕구

① 마리오티(A. Mariotti) ② 맥그리거(D. McGregor)

③ 밀(R. C. Mill) ④ 매슬로우(A. H. Maslow)

ANSWER **90.**③ **91.**② **92.**④

90 ③ 로마제국이 붕괴 후 관광의 암흑기였던 중세시대는 십자군전쟁 이후 동서 교류에 따른 이문화(異文化)에의 호기심과 예루살렘 등 성지순례에 대한 열망으로 다시 관광이 활성화되기 시작하였다. 여행의 형태는 대부분이 수도원에서 숙박하는 가족 단위의 종교관광이었다.

91 관광의 유사 개념으로 여행, 레크리에이션, 레저, 위락, 여가 등이 있다.

92 제시된 내용은 매슬로우의 욕구위계론에 대한 설명이다. 매슬로우는 인간의 기본욕구들이 상대적인 우위에 따라 단계적으로 구성되어 있다고 보고, 가장 강력하며 기초적인 생리적인 욕구로부터 시작하여 그 욕구가 충족되면 보다 더 높은 새로운 수준의 욕구가 나타난다고 주장하였다.

93 재난 현장이나 비극적 참사의 현장을 방문하는 관광을 의미하는 것은?

① Eco Tourism　　　　　　　　　② Dark Tourism

③ Soft Tourism　　　　　　　　　④ Low Impact Toursim

94 관광의 구조가 바르게 연결된 것은?

① 관광주체 – 교통기관　　　　　　② 관광객체 – 관광행정조직

③ 관광매체 – 자연자원　　　　　　④ 관광주체 – 관광자

95 2018년 현재 출국 내국인의 면세물품 총 구매한도액으로 옳은 것은?

① 미화 2,000달러　　　　　　　　② 미화 2,500달러

③ 미화 3,000달러　　　　　　　　④ 미화 3,500달러

Answer 93.② 94.④ 95.③

93 다크투어리즘(Dark Tourism)은 잔혹한 참상이 벌어졌던 역사적 장소나 재난 · 재해 현장을 돌아보는 관광을 말한다.
　① Eco Tourism : 생태관광
　③ Soft Tourism : 유연한 관광
　④ Low Impact Toursim : 환경 훼손이 적은 관광

94 관광의 구조
　㉠ 관광의 주체 : 관광객
　㉡ 관광의 객체 : 관광자원 및 관광시설
　㉢ 관광의 매체 : 관광의 주체와 객체를 연결 시켜주는 시 · 공간적, 기능적 매체
　㉣ 관광사업체 : 영리사업체, 비영리사업체 등

95 2018년 현재 출국 내국인의 면세물품 총 구매한도액은 미화 3,000달러이다.
　※ 2019년 기준 출국 내국인의 면세물품 총 구매한도액은 미화 5,000달러이다.

96 국민관광에 관한 설명으로 옳은 것을 모두 고른 것은?

> ㉠ 국민관광 활성화 일환으로 1977년 전국 36개소의 국민관광지가 지정되었다.
> ㉡ 국민관광은 관광에 대한 국제협력 증진을 목표로 한다.
> ㉢ 국민관광은 출입국제도 간소화 정책을 실시하고 있다.
> ㉣ 국민관광은 장애인, 노약자 등 관광 취약계층을 지원한다.

① ㉠, ㉡

② ㉠, ㉣

③ ㉡, ㉢

④ ㉢, ㉣

97 다음 설명에서 A의 관점에 해당하는 관광은?

> 한국에 거주하고 있는 A는 미국에 거주하고 있는 B로부터 중국 여행을 마치고 뉴욕 공항에 잘 도착했다고 연락을 받았다.

① Outbound Tourism

② Overseas Tourism

③ Inbound Tourism

④ Domestic Tourism

98 슬로시티가 세계 최초로 시작된 국가는?

① 이탈리아

② 노르웨이

③ 포르투갈

④ 뉴질랜드

ANSWER 96.② 97.② 98.①

96 ㉡㉢ 국민관광은 국내관광으로 국제협력 증진이나 출입국제도 간소화 정책과는 거리가 멀다.

97 ① Outbound Tourism : 국내 → 해외(출국)
② Overseas Tourism : 해외 → 해외
③ Inbound Tourism : 해외 → 국내(입국)
④ Domestic Tourism : 국내 → 국내

98 슬로시티는 자연 속에서 전통문화와 자연을 보호하면서 '느림의 삶'을 추구하려는 국제운동으로, 1999년 이탈리아에서 시작되었다.

99 다음을 정의한 국제 관광기구는?

> 국제관광객은 타국에서 24시간 이상 6개월 이내의 기간 동안 체재하는 자를 의미한다.

① UNWTO   ② IUOTO
③ ILO   ④ OECD

100 다음 관광 관련 국제기구 중 바르게 연결된 것은?

① PATA – 아시아 · 태평양경제협력체
② IATA – 미국여행업협회
③ ICAO – 국제민간항공기구
④ UFTAA – 국제항공운송협회

 국사

1 다음과 같이 생활한 시대에 널리 사용한 도구는?

> 사람들은 동굴이나 바위 그늘에서 살며 무리를 이루어 사냥감을 찾아다녔다.

① 반달 돌칼   ② 비파형 동검

③ 주먹도끼   ④ 돌괭이

2 다음 중 신석기 시대에 사용한 토기를 모두 고른 것은?

> ㉠ 빗살무늬 토기   ㉡ 미송리식 토기
> ㉢ 붉은 간토기   ㉣ 덧무늬 토기

① ㉠, ㉡   ② ㉠, ㉣

③ ㉡, ㉢   ④ ㉢, ㉣

Aₙₛᵨₑᵣ   1.③   2.②

1 동굴이나 바위 그늘에서 살며 무리를 이루어 사냥감을 찾아다닌 것은 구석기 시대의 생활상이다.
①② 청동기 ④ 신석기 ~ 청동기

2 신석기 시대의 대표적인 토기로 빗살무늬 토기와 덧무늬 토기가 있다.
㉡ 미송리식 토기와 ㉢ 붉은 간토기는 청동기 시대에 주로 사용되었다.

3 삼한에 관한 설명으로 옳지 않은 것은?

① 변한에서는 철을 화폐처럼 사용하였다.

② 마한에서는 농경이 발달하고 벼농사를 지었다.

③ 진한에는 편두의 풍속이 있었다.

④ 변한에서는 다른 읍락의 생활권을 침범하면 노비와 소, 말로 변상하게 하였다.

4 삼국 시대에 편찬된 역사책이 아닌 것은?

① 서기   ② 국사

③ 신집   ④ 화랑세기

5 밑줄 친 '그'에 해당하는 인물은?

> 그는 불교 서적을 폭넓게 섭렵하고, 모든 것이 한마음에서 나온다는 일심 사상을 바탕으로 다른 종파들과 사상적 대립을 조화시키고 분파 의식을 극복하려고 하였다.

① 자장   ② 원효

③ 의상   ④ 원광

ANSWER 3.④ 4.④ 5.②

3 ④ 다른 읍락의 생활권을 침범하면 노비와 소, 말 등으로 변상하게 한 것은 동예의 법속인 책화이다.

4 ④ 화랑세기는 김대문이 화랑들의 행적을 모아 엮은 전기로, 통일신라시대에 편찬되었다.

5 밑줄 친 그는 신라의 승려 원효로, 일심(一心)과 화쟁(和諍) 사상을 중심으로 불교의 대중화에 힘썼으며 수많은 저술 등을 통해 불교 사상의 발전에 기여하였다.

6 발해 무왕 때의 역사적 사실에 관한 설명으로 옳은 것은?

① 발해를 정식 국호로 삼았다.

② 당의 산둥 반도를 공격하였다.

③ 수도를 중경에서 상경으로 옮겼다.

④ 당의 제도를 본떠 3성 6부제를 정비하였다.

7 신라 하대에 관한 설명으로 옳지 않은 것은?

① 중앙 귀족들 사이에 권력 다툼이 빈번해졌다.

② 지방에는 새로운 세력으로 호족이 등장하였다.

③ 교종과 선종의 통합 운동이 활발하게 전개되었다.

④ 승려의 사리를 봉안하는 승탑이 유행하였다.

8 다음 사건을 발생 시기가 앞선 순으로 바르게 나열한 것은?

㉠ 관산성전투	㉡ 매소성전투	㉢ 황산벌전투	㉣ 안시성전투

① ㉠→㉡→㉢→㉣

② ㉠→㉣→㉢→㉡

③ ㉡→㉠→㉣→㉢

④ ㉡→㉢→㉠→㉣

9 삼국의 통치 체제에 관한 설명으로 옳지 않은 것은?

① 삼국 초기에 연맹을 구성한 각 부의 지배자는 독자적으로 자신의 영역을 통치하였다.

② 백제는 좌평을 비롯한 16등급의 관리가 있어 나랏일을 맡아보았다.

③ 관등제와 관직 체계의 운영은 신분제에 의해 제약을 받았다.

④ 신라에서 집사부 시중은 귀족회의를 주관하며 왕권을 견제하였다.

10 고려의 국왕에 관한 설명으로 옳은 것은?

① 광종은 연등회와 팔관회를 부활시켰다.

② 공민왕은 원의 간섭에서 벗어나 황제를 칭하였다.

③ 인종은 왕권을 강화하기 위해 서경으로 천도하였다.

④ 성종은 주요 지역에 지방관을 파견하였다.

11 다음 상소문과 관련된 내용으로 옳은 것은?

> 창고는 비고 나라의 쓰임새는 부족하며 녹봉은 날로 감소하니 선비를 장려할 길이 없습니다. … (중략) … 사전을 혁파하여 풍속을 바로잡고 민생을 넉넉히 하며, 널리 축적하여 나라의 용도에 두루 쓰이게 하십시오.
>
> – 『고려사』 –

① 전시과제도의 문란에서 비롯된 문제를 지적하였다.

② 교정도감을 설치하여 문제를 해결하려 하였다.

③ 고려 왕조를 지키려는 세력이 토지 제도의 개혁 방안을 제시한 것이다.

④ 개인에게 수조권을 주는 제도를 폐지하여 문제를 해결하였다.

ANSWER 9.④ 10.④ 11.정답 없음(전항정답)

9 ④ 시중은 신라 중대 최고 행정 기구인 집사부의 우두머리로 왕명을 집행하며 왕권을 강화시는 한편 귀족의 대표인 상대등을 약화시켰다. 귀족회의를 주관한 것은 상대등이다.

10 ① 연등회와 팔관회는 성종 때 폐지되었다가 현종 때 부활하였다.
② 칭제건원은 광종 때의 일이다.
③ 묘청의 서경천도운동은 실패로 돌아갔다.

11 제시된 상소문은 고려 말에 황순상이 올린 것으로 사전의 혁파를 건의하고 있다.
② 무신집권기에 대한 설명이다.
③ 황순상은 고려 왕조를 지키려는 온건파인지에 대해서는 알려지지 않았다.
④ 개인에게 수조권을 주는 제도는 조선시대에도 이어졌다. 사전개혁을 위해서 과전법이 반포되었다.

12 고려의 문화와 사상에 관한 설명으로 옳지 않은 것은?

① 토착신앙과 불교, 유교 등 다양한 신앙과 사상이 공존하였다.

② 북방 민족의 문화에 비해 한족의 문화를 높이 평가하였다.

③ 국사와 왕사 제도를 두어 불교에 국교의 권위를 부여하였다.

④ 고려 말 성리학자들은 이(理)와 기(氣)의 관계에 관한 연구를 심화하였다.

13 고려의 지방 사회에 관한 설명으로 옳은 것은?

① 향·소·부곡민은 천민 신분으로 과거를 볼 수 없었다.

② 소의 주민은 왕실에 소속된 농장을 관리하였다.

③ 지방 고을은 주현(主縣)과 속현(屬縣)으로 구분되었다.

④ 향리는 중인 신분으로 제술과에 응시할 수 없었다.

14 다음 중 삼별초가 항쟁한 곳을 모두 고른 것은?

㉠ 강동성	㉡ 귀주성	㉢ 용장산성	㉣ 항파두성

① ㉠, ㉡   ② ㉠, ㉣

③ ㉡, ㉢   ④ ㉢, ㉣

12 ④ 성리학은 고려 말 안향에 의해 보급되기 시작했다. 이기론의 연구가 심화된 것은 조선 중기 이후이다.

13 ① 향·소·부곡민은 법적으로 양인 신분이었으나 나라에서 요구하는 일을 의무적으로 해야 하는 하층민이었다.
② 소의 주민들은 왕실이나 국가에서 필요로 하는 금이나 은, 동, 철, 실, 종이, 도자기, 먹 등을 만들었다.
④ 중인 신분들은 제술과에 응시할 수 있었다.

14 삼별초는 강화도 → 진도 → 제주도로 옮겨가며 정부와 몽골에 대항하였다.
㉠ 평양 동쪽 ㉡ 중국 남서부 ㉢ 진도 ㉣ 제주도

15 다음과 관련된 조선의 사회 현상으로 옳지 않은 것은?

> 아버지와 아들, 손자는 단일한 기가 서로 전하는 관계이니 살아서는 한 집에 살고자 하고 죽어서는 같은 묘역에 묻히고자 한다.

① 향음주례 확산

② 묘지 분쟁 빈발

③ 동성 촌락 형성

④ 남귀여가혼 쇠퇴

16 조선시대 붕당에 관한 설명으로 옳지 않은 것은?

① 척신 정치의 잔재 청산과 이조 전랑 임명 문제를 둘러싸고 동인과 서인으로 분열하였다.

② 효종의 적장자 자격 인정 여부를 둘러싸고 서인과 남인 사이에 예송논쟁이 전개되었다.

③ 영조는 노론과 소론의 강경파를 등용하여 서로 견제하게 하는 탕평책을 실시하였다.

④ 사람과 짐승의 본성이 같은지 여부를 둘러싸고 노론이 낙론과 호론으로 나뉘었다.

17 다음 도자기를 유행 시기가 앞선 순으로 바르게 나열한 것은?

> ㉠ 순청자　　　　㉡ 청화백자　　　　㉢ 분청사기　　　　㉣ 상감청자

① ㉠ → ㉢ → ㉣ → ㉡

② ㉠ → ㉣ → ㉡ → ㉢

③ ㉠ → ㉣ → ㉢ → ㉡

④ ㉡ → ㉢ → ㉣ → ㉠

ANSWER 15.① 16.③ 17.③

15 ① 향음주례는 향촌의 유생들이 향교나 서원 등에 모여 학덕이 높은 사람을 주빈으로 모시고 술을 마시며 잔치를 하는 향촌의례의 하나로, 제시된 사회 현상과는 관련이 없다.

16 ③ 영조는 붕당을 초월하여 능력에 따라 다양한 인물을 등용하는 탕평책을 실시하였다.

17 순청자는 9~10세기 무렵 청자의 초기 형태로 나타나기 시작하여 후에 삼강청자로 발전하였다. 고려 중후기에 널리 제작된 삼강청자는 고려 말, 조선 초의 분청사기로 계승되었고, 14세기 말 중국으로부터 청화백자가 전래되어 15세기경부터 유행하였다.

18 다음 중 조선 후기 개혁 정책에 관한 설명으로 옳은 것을 모두 고른 것은?

> ㉠ 모든 양반에게 선무군관포를 거두었다.
> ㉡ 토산물 공납을 토지에 부과하는 대동법을 실시하였다.
> ㉢ 시전 상인의 금난전권을 일부 품목만 남겨두고 철폐하였다.
> ㉣ 토지의 비옥도와 풍흉의 정도에 따라 전세를 차등 있게 거두었다.

① ㉠, ㉡   ② ㉠, ㉣
③ ㉡, ㉢   ④ ㉢, ㉣

19 조선 후기의 경제에 관한 설명으로 옳은 것은?

① 관영 수공업이 확대되었다.
② 자작농이 증가하고 지주가 감소하였다.
③ 의주를 중심으로 평안도 지역에서 인삼을 재배하여 청에 수출하였다.
④ 국가에서 개인의 광산개발을 허용하고 세금을 거두었다.

20 조선의 신분제에 관한 설명으로 옳지 않은 것은?

① 법제적인 신분 제도는 양인과 천인으로 구분하는 양·천제였다.
② 백정은 법제상 양인이지만 관습적으로는 천인으로 취급되었다.
③ 서얼은 무과와 잡과에 응시할 수 있었다.
④ 노비는 가족을 구성할 수 있었으나 재산은 주인의 소유가 되었다.

ANSWER 18.③ 19.④ 20.②,④ (복수정답)

18 ㉠ 선무군관포는 조선 영조 때 균역법의 실시에 따라 선무군관(選武軍官)에 임명된 사람에게 해마다 한 필씩 부과하던 군포로, 모든 양반에게 부과되던 것은 아니다.
　　㉣ 조선 초기 세종 때 실시된 연분 9등법과 전분 6등법에 대한 설명이다.

19 ① 조선 후기에는 관영 수공업이 쇠퇴하고 민영 수공업이 확대되었다.
　　② 지주전호제로 인해 자작농이 감소하고 소작농이 증가하였다.
　　③ 인삼의 주산지는 개성이다.

20 ② 조선시대의 백정은 도축업자로 법적으로 천인이었다.
　　④ 외거노비는 개인의 재산을 소유할 수 있었다.

21 조선 태종의 정치에 관한 설명으로 옳지 않은 것은?

① 사병을 혁파하였다.

② 6조의 기능을 강화하였다.

③ 호패법을 실시하였다.

④ 경국대전 편찬을 시작하였다.

22 조선시대 건축에 관한 설명으로 옳은 것은?

① 인공적인 기교를 부린 정원 건축이 발달하였다.

② 현존하는 궁궐의 정전(正殿)은 익공 양식으로 건축하였다.

③ 일본의 과학기술을 적용하여 제작한 기구로 수원 화성을 축조하였다.

④ 안채와 사랑채로 구분된 주택 구조가 발달하였다.

23 3·1운동에 관한 설명으로 옳지 않은 것은?

① 아시아 각국의 민족운동에 자극이 되었다.

② 일제가 무단 통치에서 문화 통치로 바꾸는 계기가 되었다.

③ 비폭력, 무저항주의로 출발하였으나 점차 폭력적인 양상을 띠었다.

④ 비타협적 민족주의자와 사회주의자가 주도하였다.

ANSWER 21.④ 22.④ 23.④

21 ④ 경국대전은 세조의 명으로 편찬을 시작하여 성종 때 완성되었다.

22 ① 정원 건축은 자연과 조화를 이루는 방식으로 발달하였다.
② 궁궐의 정전은 다포 양식으로 건축하였다.
③ 수원 화성은 실학자 정약용이 도르래의 원리를 이용하여 만든 거중기를 이용하여 축조되었다.

23 ④ 3·1운동은 학생과 시민 주도로 일어났다.

24 다음 설명과 관련된 조약으로 옳은 것은?

> 개화 정책의 일환으로 신식 군대인 별기군을 창설한 이후, 신식 군인에 비해 구식 군인에 대한 대우가 열악하였다. 이에 구식 군인들의 불만이 폭발하여 임오군란이 일어났다.

① 강화도조약　　　　　　　　　　② 제물포조약

③ 한성조약　　　　　　　　　　　④ 을사조약

25 조선 건국 준비 위원회에 관한 설명으로 옳은 것을 모두 고른 것은?

> ㉠ 조선 건국 동맹을 바탕으로 결성하였다.
> ㉡ 치안대를 설치하여 질서 유지에 힘썼다.
> ㉢ 김성수, 송진우 등이 주도하였다.
> ㉣ 이승만을 주석으로, 여운형을 부주석으로 추대하였다.

① ㉠, ㉡　　　　　　　　　　　② ㉠, ㉣

③ ㉡, ㉢　　　　　　　　　　　④ ㉢, ㉣

Answer 24.② 25.①

24 임오군란으로 발생한 일본 측의 피해 보상 문제 등을 처리하기 위해 조선과 일본 사이에 제물포 조약(1882)이 맺어졌다.

25 ㉢ 조선 건국 준비 위원회는 여운형, 안재홍 등이 주도하였다.
　　㉣ 인민 대표자 대회에서 조선 인민 공화국을 선포하면서 추대한 내용이다.

2 관광자원해설

26 천연보호구역으로 지정된 곳이 아닌 것은?

① 홍도
② 해금강
③ 설악산
④ 성산일출봉

27 다음 설명에 해당하는 것은?

> • 1977년에 국민관광지로 지정되었다.
> • 수온이 다른 온천에 비해 상대적으로 높은 온천이다.
> • 경상남도에 위치한다.

① 수안보온천
② 도고온천
③ 마금산온천
④ 부곡온천

28 다음 설명에 해당하는 것은?

> • 국가무형문화재 29호이다.
> • 콧소리를 이용한 창법을 구사한다.
> • 난봉가, 자진염불, 수심가 등이 있다.

① 서도소리
② 경기민요
③ 남도소리
④ 동부민요

ANSWER 26.② 27.④ 28.①

26 천연보호구역으로 지정된 곳은 성산일출봉, 설악산, 대암산·대우산, 문섬·범섬, 독도, 마라도, 향로봉·건봉산, 한라산, 차귀도, 홍도, 창녕 우포늪 등이 있다.
② 해금강은 천연보호구역에 해당하지 않는다.

27 제시된 내용은 경남 창녕에 위치한 부곡온천에 대한 설명이다.
① 충북 충주 ② 충남 아산 ③ 경남 창원

28 제시된 내용은 서도소리에 대한 설명이다.
② 참고로 경기민요는 국가무형문화재 제57호이다.

29 관동팔경에 속하지 않는 것은?

① 화순 적벽　　　　　　　　　　② 통천 총석정

③ 평해 월송정　　　　　　　　　　④ 양양 낙산사

30 다음 설명에 해당하는 것은?

- 1970년에 국립공원으로 지정되었다.
- 천왕봉, 비로봉, 문장대 등이 있다.
- 정이품송(천연기념물 제103호), 망개나무(천연기념물 제207호) 등이 분포한다.

---

① 속리산 국립공원

② 계룡산 국립공원

③ 덕유산 국립공원

④ 오대산 국립공원

31 판소리에 관한 설명으로 옳지 않은 것은?

① 동편제는 구례, 순창 등을 중심으로 전승되었다.

② 현재 5마당이 전해지고 있다.

③ 2003년 유네스코 인류무형유산으로 지정되었다.

④ 춘향가, 심청가, 옹고집타령 등이 현재 불러지고 있다.

ANSWER　**29.**① 　**30.**① 　**31.**④

29 관동팔경은 대관령 동쪽에 위치한 관동지방에 있는 8개 명소로, 고성의 청간정(淸澗亭), 강릉의 경포대(鏡浦臺), 고성의 삼일포(三日浦), 삼척의 죽서루(竹西樓), 양양의 낙산사(洛山寺), 울진의 망양정(望洋亭), 통천의 총석정(叢石亭), 평해(平海)의 월송정(越松亭)이 포함된다.

30 제시된 내용은 속리산 국립공원에 대한 설명이다.

31 ④ 옹고집타령은 판소리 열두 마당 중 한 작품이었으나, 현재에는 기록으로만 전해지는 작품이다. 현재 불러지고 있는 판소리는 다섯 마당으로 춘향가, 심청가, 흥부가, 수궁가, 적벽가가 있다.

32 다음 설명에 해당하는 것은?

> • 국가무형문화재 27호이다.
> • 흰 장삼에 붉은 가사를 어깨에 매고 흰 고깔을 쓰고 추는 춤이다.
> • 민속무용의 일종이다.

① 승무   ② 법고춤
③ 살풀이춤   ④ 바라춤

33 궁중음식 중 국경일이나 외국사신 접대를 위한 음식상은?

① 제례상   ② 진연상
③ 수라상   ④ 어상

34 관광자원해설 기법 중 자기안내기법에 관한 설명으로 옳지 않은 것은?

① 지적 욕구가 강하거나 교육수준이 높은 사람에게 효과적이다.
② 쌍방 간의 질의 응답 능력이 결여되어 있다.
③ 방문자에게 지속적으로 흥미와 동기를 부여할 수 있다.
④ 인적해설기법에 비해 상대적으로 비용이 저렴하다.

ANSWER 32.①   33.②   34.③

32 제시된 내용은 승무에 대한 설명이다.
    ③ 참고로 살풀이춤은 국가무형문화재 제97호이다.
    ②④ 법고춤과 바라춤은 국가무형문화재 제50호인 영산재 때 추는 춤이다.

33 진연상은 국경일이나 외국사신을 맞을 때 차리는 음식상이었다.
    ① 제사를 지낼 때 차리는 상
    ③ 왕과 왕비의 평상시 밥상
    ④ 진연상 중 왕이 받는 상

34 ③ 자기안내기법은 방문자의 지속적인 흥미와 동기를 부여하기 어렵다는 단점이 있다.

35 관광자원의 분류에 관한 설명으로 옳은 것은?

① 이용자중심형 관광자원은 당일 및 주말을 이용하여 방문할 수 있는 자원이다.

② 체재형 관광자원은 숙박하지 않고 이동하면서 보고 즐기는 자원이다.

③ 중간형 관광자원은 일과 후에 쉽게 접근할 수 있는 자원이다.

④ 무형 관광자원은 인적 자원과 비인적 자원으로 구분된다.

36 국가무형문화재로 지정된 전통주가 아닌 것은?

① 문배주   ② 면천두견주

③ 교동법주   ④ 안동소주

37 다음 중 강의 길이가 긴 것부터 짧은 순으로 나열한 것은?

㉠ 한강	㉡ 낙동강	㉢ 금강	㉣ 영산강

① ㉠ 〉 ㉡ 〉 ㉢ 〉 ㉣   ② ㉠ 〉 ㉡ 〉 ㉣ 〉 ㉢

③ ㉡ 〉 ㉠ 〉 ㉢ 〉 ㉣   ④ ㉡ 〉 ㉠ 〉 ㉣ 〉 ㉢

ANSWER   35.④   36.④   37.③

35 ① 이용자 중심형은 이용자에게 근접한 입지에 위치해 있어 일과 후에 이용할 수 있는 자원이다.

② 체재형 관광자원은 숙박을 포함한다.

③ 중간형 관광자원은 당일, 또는 주말을 이용하여 방문할 수 있는 자원이다.

36 ④ 안동소주는 경북 안동시의 시도무형문화재 제12호이다.

① 국가무형문화재 제86 – 1호

② 국가무형문화재 제86 – 2호

③ 국가무형문화재 제86 – 3호

37 낙동강(약 510km) 〉 한강(약 494km) 〉 금강(약 395km) 〉 영산강(약 120km)

38 백자에 관한 설명으로 옳은 것은?

① 고려시대 대표적인 도기이다.

② 청화백자는 푸른색의 코발트 안료로 그림을 그린 백자이다.

③ 상감백자는 철분이 많이 함유된 흙이나 안료를 사용한 백자이다.

④ 진사백자는 산화동을 안료로 바른 백자이다.

39 경상남도에 위치하지 않은 마리나는?

① 통영 마리나

② 소호요트 마리나

③ 진해 마리나

④ 삼천포 마리나

40 다음은 어느 지역 향토음식에 관한 설명인가?

> 이 지역의 주요 향토요리는 칡부침, 산마루밥, 감자송편, 오징어순대, 닭갈비 등이 있다.

① 경기도   ② 강원도

③ 전라도   ④ 경상도

ANSWER **38.② 39.② 40.②**

38 ① 백자는 조선시대 대표적인 도기이다.

③ 상감백자는 백자 표면에 음각으로 문양을 새겨 파낸 후 그 부분에 자토를 메워 넣은 다음 표면을 매끄럽게 다듬은 뒤 유약을 입혀 구운 백자이다.

④ 진사백자는 산화동으로 문양을 그린 백자이다.

39 ② 소호요트 마리나는 전남 여수에 위치해 있다.

40 제시된 요리는 강원도 지역의 향토음식이다. 강원도 지방에서 많이 생산되는 감자를 이용한 감자송편과 속초 오징어순대, 춘천 닭갈비 등을 통해 유추할 수 있다.

41 유네스코에 등재된 세계유산(문화유산)이 아닌 것은?

① 종묘   ② 남한산성

③ 해인사 장경판전   ④ 숭례문

42 다음 설명에 해당하는 것은?

> • 활 모양으로 휘어져 있는 해안 자갈밭으로 그 끝은 수중절벽으로 이어져 장엄한 경관을 이루고 있다.
> • 명승 제3호로 지정되었다.

① 명주 청학동 소금강
② 여수 상백도 · 하백도 일원
③ 완도 정도리 구계등
④ 울진 불영사 계곡 일원

43 다음 설명에 해당하는 것은?

> • 사적 제5호로 지정되어 있다.
> • 538년 백제 성왕이 웅진에서 사비로 도읍을 옮겨 사용하였다.

① 부여 성흥산성   ② 부여 부소산성

③ 부여 청산성   ④ 부여 청마산성

ANSWER   41.④   42.③   43.②

41 유네스코에 등재된 한국의 세계유산(문화유산)으로는 경유역사유적지구, 고창 · 화순 · 강화의 고인돌 유적, 남한산성, 백제역사유적지구, 산사 ; 한국의 산지 승원, 석굴암과 불국사, 조선 왕릉, 종묘, 창덕궁, 한국의 서원, 한국의 역사마을 ; 하회와 양동, 해인사 장경판전, 화성 등이 있다.

42 제시된 내용은 완도 정도리 구계등에 대한 설명이다.
    ① 명승 제1호   ② 명승 제7호   ④ 명승 제6호

43 제시된 내용은 부여 부소산성에 대한 설명이다.
    ③ 사적 제59호   ④ 사적 제34호

44 지역과 국보로 지정된 문화재의 연결이 옳지 않은 것은?

① 충남 보령 – 성주사지 낭혜화상탑비
② 전북 남원 – 실상사 백장암 삼층석탑
③ 충북 충주 – 탑평리 칠층석탑
④ 전남 나주 – 봉선홍경사 갈기비

45 목조건축 양식 중 다포양식으로 지어진 것을 모두 고른 것은?

㉠ 통도사 대웅전	㉡ 봉정사 극락전
㉢ 경복궁 근정전	㉣ 경복궁 경회루
㉤ 수덕사 대웅전	㉥ 창덕궁 인정전

① ㉠, ㉡, ㉥
③ ㉡, ㉣, ㉤
② ㉠, ㉢, ㉥
④ ㉣, ㉤, ㉥

46 설의 세시풍속에 해당하는 것을 모두 고른 것은?

㉠ 설빔	㉡ 세찬
㉢ 관등놀이	㉣ 윷놀이
㉤ 복조리	

① ㉠, ㉡, ㉢
③ ㉠, ㉡, ㉣, ㉤
② ㉠, ㉢, ㉣
④ ㉡, ㉢, ㉣, ㉤

ANSWER 　44.④　45.②　46.③

44 ④ 봉선홍경사 갈기비는 국보 제7호로 충남 천안시에 소재한다.

45 통도사 대웅전, 경복궁 근정전, 창덕궁 인정전은 다포양식으로 지어진 건물이다.
　　㉡㉤은 주심포양식, ㉣은 익공식으로 지어진 건물이다.

46 ㉢ 관등놀이는 사월초파일에 석가의 탄일을 축하하기 위하여 등에 불을 밝혀 달아매는 행사이다.

47 다음 설명에 해당하는 것은?

> • 원각사의 창건 내력을 기록함
> • 성종 2년(1471년)에 건립
> • 보물 제3호

① 대원각사비   ② 당간지주
③ 혜진탑비 귀부   ④ 보신각종

48 농촌관광의 기대효과가 아닌 것은?

① 농촌 지역주민의 소득증대
② 농촌 지역경제의 활성화
③ 농촌과 도시와의 상호교류 촉진
④ 소득의 양극화

ANSWER　47.① 48.④

47 제시된 내용은 대원각사비에 대한 설명이다.
④ 참고로 옛 보신각 동종은 보물 제2호이다.

48 ④ 농촌과 도시 간 소득의 양극화 현상은 농촌관광을 통해 극복할 수 있을 것으로 기대된다.

49 슬로시티(slow city) 지역에 관한 설명으로 옳은 것은?

① 신안군은 청산슬로길, 범바위 등이 있다.

② 완도군은 우리나라 최대 규모의 갯벌 염전을 가지고 있다.

③ 하동군은 대봉감, 야생 천연녹차로 유명하다.

④ 담양군은 황토밭 사과로 유명하다.

50 다음 설명에 해당하는 산업관광의 유형은?

> • 금산 인삼시장
> • 강화도 화문석시장
> • 서울 남대문시장

① 상업관광   ② 농촌관광

③ 어촌관광   ④ 공업관광

49 ① 완도군에 딸린 섬인 청산도에 대한 설명이다.

　② 신안군에 대한 설명이다.

　④ 예산군에 대한 설명이다.

50 시장이 관광대상이 되므로 상업관광에 해당한다.

③ 관광법규

51 관광기본법의 내용으로 옳지 않은 것은?

① 지방자치단체는 관광에 관한 국가시책에 필요한 시책을 강구하여야 한다.

② 문화체육관광부장관은 매년 관광진흥에 관한 기본계획을 수립·시행하여야 한다.

③ 정부는 외국 관광객의 유치를 촉진하기 위하여 해외 홍보를 강화하고 출입국 절차를 개선하여야 하며 그 밖에 필요한 시책을 강구하여야 한다.

④ 정부는 매년 관광진흥에 관한 시책과 동향에 대한 보고서를 정기국회가 시작하기 전까지 국회에 제출하여야 한다.

ANSWER 51.②

51 ② 정부는 관광진흥의 기반을 조성하고 관광산업의 경쟁력을 강화하기 위하여 관광진흥에 관한 기본계획을 5년마다 수립·시행하여야 한다〈「관광기본법」 제3조(관광진흥계획의 수립) 제1항〉.

52 관광진흥법령상 기획여행을 실시하는 자가 광고를 하려는 경우에 표시하여야 하는 사항을 모두 고른 것은?

> ㉠ 교통·숙박 및 식사 등 여행자가 제공받을 서비스의 내용
> ㉡ 기획여행명·여행일정 및 주요 여행지
> ㉢ 여행일정 변경 시 여행자의 사전 동의 규정
> ㉣ 인솔자의 관광통역안내사 자격 취득여부
> ㉤ 여행자보험 최저 보장요건

① ㉠, ㉡, ㉢
② ㉠, ㉢, ㉤
③ ㉡, ㉣, ㉤
④ ㉠, ㉢, ㉣, ㉤

NSWER **52.①**

52 법 제12조에 따라 기획여행을 실시하는 자가 광고를 하려는 경우에는 다음 각 호의 사항을 표시하여야 한다.
다만, 2 이상의 기획여행을 동시에 광고하는 경우에는 다음 각 호의 사항 중 내용이 동일한 것은 공통으로 표시할 수 있다〈「관광진흥법 시행규칙」 제21조(기획여행의 광고)〉.
㉠ 여행업의 등록번호, 상호, 소재지 및 등록관청
㉡ 기획여행명·여행일정 및 주요 여행지
㉢ 여행경비
㉣ 교통·숙박 및 식사 등 여행자가 제공받을 서비스의 내용
㉤ 최저 여행인원
㉥ 제18조 제2항에 따른 보증보험등의 가입 또는 영업보증금의 예치 내용
㉦ 여행일정 변경 시 여행자의 사전 동의 규정
㉧ 제22조의4 제1항 제2호에 따른 여행목적지(국가 및 지역)의 여행경보단계

53 관광진흥법령상 관광종사원으로서 직무를 수행하는 데에 부정 또는 비위(非違) 사실이 있는 경우에 시·도지사가 그 자격을 취소하거나 자격의 정지를 명할 수 있는 관광종사원에 해당하는 자를 모두 고른 것은?

㉠ 국내여행안내사   ㉡ 호텔서비스사
㉢ 호텔경영사   ㉣ 호텔관리사
㉤ 관광통역안내사

---

① ㉠, ㉡

② ㉠, ㉤

③ ㉢, ㉣

④ ㉣, ㉤

53 자격취소 등〈「관광진흥법」제40조〉… 문화체육관광부장관(관광종사원 중 대통령령으로 정하는 관광종사원에 대하여는 시·도지사)은 제38조 제1항에 따라 자격을 가진 관광종사원이 다음 각 호의 어느 하나에 해당하면 문화체육관광부령으로 정하는 바에 따라 그 자격을 취소하거나 6개월 이내의 기간을 정하여 자격의 정지를 명할 수 있다. 다만, ㉠ 및 ㉤에 해당하면 그 자격을 취소하여야 한다.
   ㉠ 거짓이나 그 밖의 부정한 방법으로 자격을 취득한 경우
   ㉡ 제7조 제1항 각 호(제3호는 제외한다)의 어느 하나에 해당하게 된 경우
   ㉢ 관광종사원으로서 직무를 수행하는 데에 부정 또는 비위(非違) 사실이 있는 경우
   ㉣ 삭제
   ㉤ 제38조 제8항을 위반하여 다른 사람에게 관광종사원 자격증을 대여한 경우
   ※ **시·도지사 관할 관광종사원**〈「관광진흥법 시행령」제37조〉… 법 제40조 각 호 외의 부분 본문에서 "대통령령으로 정하는 관광종사원"이란 다음 각 호에 해당하는 자를 말한다.
     ㉠ 국내여행안내사
     ㉡ 호텔서비스사

54 관광진흥법령상 관광 편의시설업의 종류에 해당하지 않는 것은?

① 외국인전용 유흥음식점업

② 국제회의기획업

③ 관광순환버스업

④ 관광극장유흥업

54 관광 편의시설업의 종류〈「관광진흥법 시행령」 제2조(관광사업의 종류) 제1항 제6호〉

　㉠ **관광유흥음식점업** : 식품위생 법령에 따른 유흥주점 영업의 허가를 받은 자가 관광객이 이용하기 적합한 한국 전통 분위기의 시설을 갖추어 그 시설을 이용하는 자에게 음식을 제공하고 노래와 춤을 감상하게 하거나 춤을 추게 하는 업

　㉡ **관광극장유흥업** : 식품위생 법령에 따른 유흥주점 영업의 허가를 받은 자가 관광객이 이용하기 적합한 무도(舞蹈)시설을 갖추어 그 시설을 이용하는 자에게 음식을 제공하고 노래와 춤을 감상하게 하거나 춤을 추게 하는 업

　㉢ **외국인전용 유흥음식점업** : 식품위생 법령에 따른 유흥주점영업의 허가를 받은 자가 외국인이 이용하기 적합한 시설을 갖추어 외국인만을 대상으로 주류나 그 밖의 음식을 제공하고 노래와 춤을 감상하게 하거나 춤을 추게 하는 업

　㉣ **관광식당업** : 식품위생 법령에 따른 일반음식점영업의 허가를 받은 자가 관광객이 이용하기 적합한 음식 제공시설을 갖추고 관광객에게 특정 국가의 음식을 전문적으로 제공하는 업

　㉤ **관광순환버스업** : 「여객자동차 운수사업법」에 따른 여객자동차운송사업의 면허를 받거나 등록을 한 자가 버스를 이용하여 관광객에게 시내와 그 주변 관광지를 정기적으로 순회하면서 관광할 수 있도록 하는 업

　㉥ **관광사진업** : 외국인 관광객과 동행하며 기념사진을 촬영하여 판매하는 업

　㉦ **여객자동차터미널시설업** : 「여객자동차 운수사업법」에 따른 여객자동차터미널사업의 면허를 받은 자가 관광객이 이용하기 적합한 여객자동차터미널시설을 갖추고 이들에게 휴게시설·안내시설 등 편익시설을 제공하는 업

　㉧ **관광펜션업** : 숙박시설을 운영하고 있는 자가 자연·문화 체험관광에 적합한 시설을 갖추어 관광객에게 이용하게 하는 업

　㉨ **관광궤도업** : 「궤도운송법」에 따른 궤도사업의 허가를 받은 자가 주변 관람과 운송에 적합한 시설을 갖추어 관광객에게 이용하게 하는 업

　㉩ **관광면세업** : 다음의 어느 하나에 해당하는 자가 판매시설을 갖추고 관광객에게 면세물품을 판매하는 업
　　• 「관세법」 제196조에 따른 보세판매장의 특허를 받은 자
　　• 「외국인관광객 등에 대한 부가가치세 및 개별소비세 특례규정」 제5조에 따라 면세판매장의 지정을 받은 자

　㉪ **관광지원서비스업** : 주로 관광객 또는 관광사업자 등을 위하여 사업이나 시설 등을 운영하는 업으로서 문화체육관광부장관이 「통계법」 제22조 제2항 단서에 따라 관광 관련 산업으로 분류한 쇼핑업, 운수업, 숙박업, 음식점업, 문화·오락·레저스포츠업, 건설업, 자동차임대업 및 교육서비스업 등. 다만, 법에 따라 등록·허가 또는 지정을 받거나 신고를 해야 하는 관광사업은 제외한다.

55 관광진흥법령상 관광숙박업을 경영하려는 자가 등록을 하기 전에 그 사업에 대한 사업계획을 작성하여 특별자치시장·특별자치도지사·시장·군수·구청장의 승인을 받은 때에는 일정 경우에 대하여 그 허가 또는 해제를 받거나 신고한 것으로 본다. 그러한 경우로 명시되지 않은 것은?

① 「농지법」 제34조제1항에 따른 농지전용의 허가

② 「초지법」 제23조에 따른 초지전용(草地轉用)의 허가

③ 「하천법」 제10조에 따른 하천구역 결정의 허가

④ 「사방사업법」 제20조에 따른 사방지(砂防地) 지정의 해제

56 관광진흥법상 전용영업장 등 문화체육관광부령으로 정하는 시설과 기구를 갖추어 문화체육관광부장관의 허가를 받아야 하는 관광사업에 해당하는 것은? (단, 다른 법령에 따른 위임은 고려하지 않음)

① 관광 편의시설업　　　　　　　② 종합유원시설업

③ 카지노업　　　　　　　④ 국제회의시설업

ANSWER　55.③　56.③

55 사업계획 승인 시의 인·허가 의제 등〈「관광진흥법」 제16조 제1항〉 … 제15조 제1항 및 제2항에 따라 사업계획의 승인을 받은 때에는 다음 각 호의 허가 또는 해제를 받거나 신고를 한 것으로 본다.
　㉠ 「농지법」 제34조 제1항에 따른 농지전용의 허가
　㉡ 「산지관리법」 제14조·제15조에 따른 산지전용허가 및 산지전용신고, 같은 법 제15조의2에 따른 산지일시사용허가·신고, 「산림자원의 조성 및 관리에 관한 법률」 제36조 제1항·제4항 및 제45조 제1항·제2항에 따른 입목벌채 등의 허가·신고
　㉢ 「사방사업법」 제20조에 따른 사방지(砂防地) 지정의 해제
　㉣ 「초지법」 제23조에 따른 초지전용(草地轉用)의 허가
　㉤ 「하천법」 제30조에 따른 하천공사 등의 허가 및 실시계획의 인가, 같은 법 제33조에 따른 점용허가(占用許可) 및 실시계획의 인가
　㉥ 「공유수면 관리 및 매립에 관한 법률」 제8조에 따른 공유수면의 점용·사용허가 및 같은 법 제17조에 따른 점용·사용 실시계획의 승인 또는 신고
　㉦ 「사도법」 제4조에 따른 사도개설(私道開設)의 허가
　㉧ 「국토의 계획 및 이용에 관한 법률」 제56조에 따른 개발행위의 허가
　㉨ 「장사 등에 관한 법률」 제8조제3항에 따른 분묘의 개장신고(改葬申告) 및 같은 법 제27조에 따른 분묘의 개장허가(改葬許可)

56 ③ 카지노업을 경영하려는 자는 전용영업장 등 문화체육관광부령으로 정하는 시설과 기구를 갖추어 문화체육관광부장관의 허가를 받아야 한다〈「관광진흥법」 제5조(허가와 신고) 제1항〉.

57 관광진흥법령상 여객자동차터미널시설업의 지정을 받으려는 자가 지정신청을 하여야 하는 기관은?

① 국토교통부장관　　　　　　　　　② 시장

③ 군수　　　　　　　　　　　　　　④ 지역별 관광협회

57 권한의 위탁〈「관광진흥법 시행령」제65조 제1항〉 … 등록기관등의 장은 법 제80조제3항에 따라 다음 각 호의 권한을 한국 관광공사, 협회, 지역별·업종별 관광협회, 전문 연구·검사기관, 자격검정기관 또는 교육기관에 각각 위탁한다. 이 경우 문화체육관광부장관 또는 시·도지사는 ⑩, ⑭, ㉂ 및 ㉠의 경우 위탁한 업종별 관광협회, 전문 연구·검사기관 또는 관 광 관련 교육기관의 명칭·주소 및 대표자 등을 고시해야 한다. 〈2020. 6. 2. 개정〉

㉠ 법 제6조 및 법 제35조에 따른 관광 편의시설업 중 관광식당업·관광사진업 및 여객자동차터미널시설업의 지정 및 지정취소 에 관한 권한 : 지역별 관광협회

㉡ 법 제13조제2항 및 제3항에 따른 국외여행 인솔자의 등록 및 자격증 발급에 관한 권한 : 업종별 관광협회

㉢ 삭제 〈2018. 6. 5.〉

㉣ 법 제25조제3항에 따른 카지노기구의 검사에 관한 권한 : 법 제25조제2항에 따라 문화체육관광부장관이 지정하는 검사기 관(이하 "카지노기구 검사기관"이라 한다)

㉤ 법 제33조제1항에 따른 유기시설 또는 유기기구의 안전성검사 및 안전성검사 대상에 해당되지 아니함을 확인하는 검사에 관 한 권한 : 문화체육관광부령으로 정하는 인력과 시설 등을 갖추고 문화체육관광부령으로 정하는 바에 따라 문화체육관 광부장관이 지정한 업종별 관광협회 또는 전문 연구·검사기관

㉥ 법 제33조제3항에 따른 안전관리자의 안전교육에 관한 권한 : 업종별 관광협회 또는 안전 관련 전문 연구·검사기관

㉦ 법 제38조에 따른 관광종사원 중 관광통역안내사·호텔경영사 및 호텔관리사의 자격시험, 등록 및 자격증의 발급에 관한 권 한 : 한국관광공사. 다만, 자격시험의 출제, 시행, 채점 등 자격시험의 관리에 관한 업무는 「한국산업인력공단법」에 따 른 한국산업인력공단에 위탁한다.

㉧ 법 제38조에 따른 관광종사원 중 국내여행안내사 및 호텔서비스사의 자격시험, 등록 및 자격증의 발급에 관한 권한 : 협회. 다만, 자격시험의 출제, 시행, 채점 등 자격시험의 관리에 관한 업무는 「한국산업인력공단법」에 따른 한국산업인력공 단에 위탁한다.

㉨ 법 제48조의6제1항에 따른 문화관광해설사 양성을 위한 교육과정의 개설·운영에 관한 권한 : 한국관광공사 또는 다음 각 목의 요건을 모두 갖춘 관광 관련 교육기관
 • 기본소양, 전문지식, 현장실무 등 문화관광해설사 양성교육(이하 이 호에서 "양성교육"이라 한다)에 필요한 교육과정 및 교육내용을 갖추고 있을 것
 • 강사 등 양성교육에 필요한 인력과 조직을 갖추고 있을 것
 • 강의실, 회의실 등 양성교육에 필요한 시설과 장비를 갖추고 있을 것

㉩ 법 제48조의10 및 제48조의11에 따른 한국관광 품질인증 및 그 취소에 관한 업무 : 한국관광공사

㉪ 법 제73조제3항에 따른 관광특구에 대한 평가 : 제58조의2 각 호에 따른 조사·분석 전문기관

58 관광진흥법령상 관광사업자 등록대장에 기재되어야 하는 사업별 기재사항으로 옳은 것은?

① 여행업 : 자본금

② 야영장업 : 운영의 형태

③ 관광공연장업 : 대지면적 및 건축연면적

④ 외국인관광 도시민박업 : 부지면적 및 시설의 종류

ANSWER 58.①

58 관광사업자 등록대장〈관광진흥법 시행규칙 제4조〉…관광사업자 등록대장에는 관광사업자의 상호 또는 명칭, 대표자의 성명·주소 및 사업장의 소재지와 사업별로 다음의 사항이 기재되어야 한다. 〈2020. 4. 28. 개정〉

㉠ **여행업 및 국제회의기획업**:자본금

㉡ **관광숙박업**
• 객실 수
• 대지면적 및 건축연면적(폐선박을 이용하는 수상관광호텔업의 경우에는 폐선박의 총톤수·전체 길이 및 전체 너비)
• 신고를 하였거나 인·허가 등을 받은 것으로 의제되는 사항
• 사업계획에 포함된 부대영업을 하기 위하여 다른 법령에 따라 인·허가 등을 받았거나 신고 등을 한 사항
• 등급(호텔업만 해당)
• 운영의 형태(분양 또는 회원모집을 하는 휴양콘도미니엄업 및 호텔업만 해당)

㉢ **전문휴양업 및 종합휴양업**
• 부지면적 및 건축연면적
• 시설의 종류
• 신고를 하였거나 인·허가 등을 받은 것으로 의제되는 사항
• 사업계획에 포함된 부대영업을 하기 위하여 다른 법령에 따라 인·허가 등을 받았거나 신고 등을 한 사항
• 운영의 형태(제2종종합휴양업만 해당)

㉣ **야영장업**
• 부지면적 및 건축연면적
• 시설의 종류
• 1일 최대 수용인원

㉤ **관광유람선업**
• 선박의 척수
• 선박의 제원

㉥ **관광공연장업**
• 관광공연장업이 설치된 관광사업시설의 종류
• 무대면적 및 좌석 수
• 공연장의 총면적
• 일반음식점 영업허가번호, 허가연월일, 허가기관

㉦ **외국인관광 도시민박업**
• 객실 수
• 주택의 연면적

㉧ **한옥체험업**
• 객실 수
• 한옥의 연면적, 객실 및 편의시설의 연면적
• 체험시설의 종류
• 「문화재보호법」에 따라 문화재로 지정·등록된 한옥 또는 「한옥 등 건축자산의 진흥에 관한 법률」 제10조에 따라 우수건축자산으로 등록된 한옥인지 여부

㉨ **국제회의시설업**
• 대지면적 및 건축연면적
• 회의실별 동시수용인원
• 신고를 하였거나 인·허가 등을 받은 것으로 의제되는 사항
• 사업계획에 포함된 부대영업을 하기 위하여 다른 법령에 따라 인·허가 등을 받았거나 신고 등을 한 사항

59 관광진흥법령상 카지노업의 영업 종류 중 머신게임(Machine Game) 영업에 해당하는 것은?

① 빅 휠(Big Wheel)
② 비디오게임(Video Game)
③ 바카라(Baccarat)
④ 마작(Mahjong)

60 관광진흥법상 문화체육관광부령으로 정하는 주요한 관광사업 시설의 전부를 인수한 자가 그 관광사업자의 지위를 승계하는 경우로 명시되지 않은 것은?

① 「민사집행법」에 따른 경매
② 「채무자 회생 및 파산에 관한 법률」에 따른 환가(換價)
③ 「지방세징수법」에 따른 압류 재산의 매각
④ 「민법」에 따른 한정승인

ANSWER 59.② 60.④

59 카지노업의 영업 종류〈「관광진흥법 시행규칙」 별표 8〉

영업 구분	영업 종류
테이블게임 (Table Game)	룰렛(Roulette), 블랙잭(Blackjack), 다이스(Dice, Craps), 포커(Poker), 바카라(Baccarat), 다이 사이(Tai Sai), 키노(Keno), 빅 휠(Big Wheel), 빠이 까우(Pai Cow), 판 탄(Fan Tan), 조커 세븐(Joker Seven), 라운드 크랩스(Round Craps), 트란타 콰란타(Trent Et Quarante), 프렌치 볼(French Boule), 차카락(Chuck – A – Luck), 빙고(Bingo), 마작(Mahjong), 카지노 워(Casino War)
전자테이블게임 (Electronic Table Game)	룰렛(Roulette), 블랙잭(Blackjack), 다이스(Dice, Craps), 포커(Poker), 바카라(Baccarat), 다이 사이(Tai Sai), 키노(Keno), 빅 휠(Big Wheel), 빠이 까우(Pai Cow), 판 탄(Fan Tan), 조커 세븐(Joker Seven), 라운드 크랩스(Round Craps), 트란타 콰란타(Trent Et Quarante), 프렌치 볼(French Boule), 차카락(Chuck – A – Luck), 빙고(Bingo), 마작(Mahjong), 카지노 워(Casino War)
머신게임 (Machine Game)	슬롯머신(Slot Machine), 비디오게임(Video Game)

60 관광사업의 양수 등〈「관광진흥법」 제8조 제2항〉 … 다음 각 호의 어느 하나에 해당하는 절차에 따라 문화체육관광부령으로 정하는 주요한 관광사업 시설의 전부(제20조 제1항에 따라 분양한 경우에는 분양한 부분을 제외한 나머지 시설을 말한다)를 인수한 자는 그 관광사업자의 지위(제20조 제1항에 따라 분양이나 회원 모집을 한 경우에는 그 관광사업자와 공유자 또는 회원 간에 약정한 권리 및 의무 사항을 포함한다)를 승계한다.
ㄱ 「민사집행법」에 따른 경매
ㄴ 「채무자 회생 및 파산에 관한 법률」에 따른 환가(換價)
ㄷ 「국세징수법」, 「관세법」 또는 「지방세징수법」에 따른 압류 재산의 매각
ㄹ 그 밖에 ㄱ부터 ㄷ까지의 규정에 준하는 절차

61 관광진흥법령상 관광 업무별 종사하게 하여야 하는 자를 바르게 연결한 것은?

① 내국인의 국내여행을 위한 안내 – 관광통역안내사 자격을 취득한 자

② 외국인 관광객의 국내여행을 위한 안내 – 관광통역안내사 자격을 취득한 자

③ 현관 · 객실 · 식당의 접객업무 – 호텔관리사 자격을 취득한 자

④ 4성급 이상의 관광호텔업의 총괄관리 및 경영업무 – 호텔관리사 자격을 취득한 자

ANSWER 61.②

61 관광 업무별 자격기준〈「관광진흥법 시행령」 별표 4〉

업종	업무	종사하도록 권고할 수 있는 자 또는 종사하게 하여야 하는 자
여행업	외국인 관광객의 국내여행을 위한 안내	종사하게 하여야 하는 자:관광통역안내사 자격을 취득한 자
	내국인의 국내여행을 위한 안내	종사하도록 권고할 수 있는 자:국내여행안내사 자격을 취득한 자
관광 숙박업	4성급 이상의 관광호텔업의 총괄관리 및 경영업무	종사하도록 권고할 수 있는 자:호텔경영사 자격을 취득한 자
	4성급 이상의 관광호텔업의 객실관리 책임자 업무	종사하도록 권고할 수 있는 자:호텔경영사 또는 호텔관리사 자격을 취득한 자
	3성급 이하의 관광호텔업과 국전통호텔업 · 수상관광호텔업 · 휴양콘도미니엄업 · 가족호텔업 · 호스텔업 · 소형호텔업 및 의료관광호텔업의 총괄관리 및 경영업무	종사하도록 권고할 수 있는 자:호텔경영사 또는 호텔관리사 자격을 취득한 자
	현관 · 객실 · 식당의 접객업무	종사하도록 권고할 수 있는 자:호텔서비스사 자격을 취득한 자

62 관광진흥법령상 관광종사원인 甲이 파산선고를 받고 복권되지 않은 경우 받는 행정처분의 기준은?

① 자격정지 1개월

② 자격정지 3개월

③ 자격정지 5개월

④ 자격취소

62 자격취소 등〈「관광진흥법」 제40조〉 … 문화체육관광부장관(관광종사원 중 대통령령으로 정하는 관광종사원에 대하여는 시·도지사)은 제38조 제1항에 따라 자격을 가진 관광종사원이 다음 각 호의 어느 하나에 해당하면 문화체육관광부령으로 정하는 바에 따라 그 자격을 취소하거나 6개월 이내의 기간을 정하여 자격의 정지를 명할 수 있다. 다만, ㉠ 및 ㉤에 해당하면 그 자격을 취소하여야 한다.

　㉠ 거짓이나 그 밖의 부정한 방법으로 자격을 취득한 경우

　㉡ 제7조 제1항 각 호(제3호는 제외한다)의 어느 하나에 해당하게 된 경우

　㉢ 관광종사원으로서 직무를 수행하는 데에 부정 또는 비위(非違) 사실이 있는 경우

　㉣ 삭제

　㉤ 제38조 제8항을 위반하여 다른 사람에게 관광종사원 자격증을 대여한 경우

※ **결격사유**〈「관광진흥법」 제7조 제1항〉 … 다음 각 호의 어느 하나에 해당하는 자는 관광사업의 등록등을 받거나 신고를 할 수 없고, 제15조 제1항 및 제2항에 따른 사업계획의 승인을 받을 수 없다. 법인의 경우 그 임원 중에 다음 각 호의 어느 하나에 해당하는 자가 있는 경우에도 또한 같다.

　㉠ 피성년후견인·피한정후견인

　㉡ 파산선고를 받고 복권되지 아니한 자

　㉢ 이 법에 따라 등록등 또는 사업계획의 승인이 취소되거나 제36조 제1항에 따라 영업소가 폐쇄된 후 2년이 지나지 아니한 자

　㉣ 이 법을 위반하여 징역 이상의 실형을 선고받고 그 집행이 끝나거나 집행을 받지 아니하기로 확정된 후 2년이 지나지 아니한 자 또는 형의 집행유예 기간 중에 있는 자

63 관광진흥법령상 유원시설업자는 그가 관리하는 유기기구로 인하여 중대한 사고가 발생한 경우 즉시 사용중지 등 필요한 조치를 취하고 특별자치시장·특별자치도 지사·시장·군수·구청장에게 통보하여야 한다. 그 중대한 사고의 경우로 명시되지 않은 것은?

① 사망자가 발생한 경우

② 신체기능 일부가 심각하게 손상된 중상자가 발생한 경우

③ 유기기구의 운행이 30분 이상 중단되어 인명 구조가 이루어진 경우

④ 사고 발생일부터 5일 이내에 실시된 의사의 최초 진단결과 1주 이상의 입원 치료가 필요한 부상자가 동시에 2명 이상 발생한 경우

64 관광진흥법령상 문화체육관광부장관이 문화관광축제의 지정 기준을 정할 때 고려하여야 할 사항으로 명시되지 않은 것은?

① 축제의 특성 및 콘텐츠

② 축제의 운영능력

③ 해외마케팅 및 홍보활동

④ 관광객 유치 효과 및 경제적 파급효과

ANSWER 63.④ 64.③

63 유기시설 등에 의한 중대한 사고〈「관광진흥법 시행령」 제31조의2 제1항〉 ··· 법 제33조의2 제1항에서 "대통령령으로 정하는 중대한 사고"란 다음 각 호의 어느 하나에 해당하는 경우가 발생한 사고를 말한다.
㉠ 사망자가 발생한 경우
㉡ 의식불명 또는 신체기능 일부가 심각하게 손상된 중상자가 발생한 경우
㉢ 사고 발생일부터 3일 이내에 실시된 의사의 최초 진단결과 2주 이상의 입원 치료가 필요한 부상자가 동시에 3명 이상 발생한 경우
㉣ 사고 발생일부터 3일 이내에 실시된 의사의 최초 진단결과 1주 이상의 입원 치료가 필요한 부상자가 동시에 5명 이상 발생한 경우
㉤ 유기시설 또는 유기기구의 운행이 30분 이상 중단되어 인명 구조가 이루어진 경우

64 문화관광축제의 지정 기준〈「관광진흥법 시행령」 제41조의7〉 ··· 법 제48조의2 제3항에 따른 문화관광축제의 지정 기준은 문화체육관광부장관이 다음 각 호의 사항을 고려하여 정한다.
㉠ 축제의 특성 및 콘텐츠
㉡ 축제의 운영능력
㉢ 관광객 유치 효과 및 경제적 파급효과
㉣ 그 밖에 문화체육관광부장관이 정하는 사항

65 관광진흥법령상 관광숙박업이나 관광객 이용시설업으로서 관광사업의 등록 후부터 그 관광사업의 시설에 대하여 회원을 모집할 수 있는 관광사업에 해당하는 것은?

① 전문휴양업
② 호텔업(단, 제2종 종합휴양업에 포함된 호텔업의 경우는 제외)
③ 야영장업
④ 관광유람선업

66 관광진흥법령상 한국관광협회중앙회에 관한 내용으로 옳은 것은?

① 한국관광협회중앙회가 수행하는 회원의 공제사업은 문화체육관광부장관의 허가를 받아야 한다.
② 한국관광협회중앙회는 문화체육관광부장관에게 신고함으로써 성립한다.
③ 한국관광협회중앙회의 설립 후 임원이 임명될 때까지 필요한 업무는 문화체육관광부장관이 지정한 자가 수행한다.
④ 한국관광협회중앙회는 조합으로 지역별·업종별로 설립한다.

ANSWER 65.② 66.①

65 분양 및 회원모집의 기준 및 시기〈「관광진흥법 시행령」 제24조 제2항〉 … 제1항에 따라 휴양 콘도미니엄업, 호텔업 및 제2종 종합휴양업의 분양 또는 회원을 모집하는 경우 그 시기 등은 다음 각 호와 같다.
   ㉠ 휴양 콘도미니엄업 및 제2종 종합휴양업의 경우
      가. 해당 시설공사의 총 공사 공정이 문화체육관광부령으로 정하는 공정률 이상 진행된 때부터 분양 또는 회원모집을 하되, 분양 또는 회원을 모집하려는 총 객실 중 공정률에 해당하는 객실을 대상으로 분양 또는 회원을 모집할 것
      나. 공정률에 해당하는 객실 수를 초과하여 분양 또는 회원을 모집하려는 경우에는 분양 또는 회원모집과 관련한 사고로 인하여 분양을 받은 자나 회원에게 피해를 주는 경우 그 손해를 배상할 것을 내용으로 공정률을 초과하여 분양 또는 회원을 모집하려는 금액에 해당하는 보증보험에 관광사업의 등록 시까지 가입할 것
   ㉡ 호텔업의 경우 관광사업의 등록 후부터 회원을 모집할 것. 다만, 제2종 종합휴양업에 포함된 호텔업의 경우에는 ㉠의 가목 및 나목을 적용한다.

66 한국관광협회중앙회 설립〈「관광진흥법」 제41조〉
   ① 제45조에 따른 지역별 관광협회 및 업종별 관광협회는 관광사업의 건전한 발전을 위하여 관광업계를 대표하는 한국관광협회중앙회(이하 "협회"라 한다)를 설립할 수 있다.
   ② 협회를 설립하려는 자는 대통령령으로 정하는 바에 따라 문화체육관광부장관의 허가를 받아야 한다.
   ③ 협회는 법인으로 한다.
   ④ 협회는 설립등기를 함으로써 성립한다.

67 관광진흥법령상 관광취약계층에 해당하는 자는? (단, 다른 조건은 고려하지 않음)

① 10년 동안 해외여행을 한 번도 못 한 60세인 자

② 5년 동안 국내여행을 한 번도 못 한 70세인 자

③ 「한부모가족지원법」 제5조에 따른 지원대상자

④ 「국민기초생활 보장법」 제2조제11호에 따른 기준 중위소득의 100분의 90인 자

ANSWER 67.③

67 관광취약계층의 범위〈「관광진흥법 시행령」 제41조의3〉… 법 제47조의5 제1항에서 "「국민기초생활 보장법」에 따른 수급권 자, 그 밖에 소득수준이 낮은 저소득층 등 대통령령으로 정하는 관광취약계층"이란 다음 각 호의 어느 하나에 해당하는 사람을 말한다.

ⓐ 「국민기초생활 보장법」 제2조 제2호에 따른 수급자

ⓑ 「국민기초생활 보장법」 제2조 제10호에 따른 차상위계층에 해당하는 사람 중 다음 각 목의 어느 하나에 해당하는 사람
  • 「국민기초생활 보장법」 제7조 제1항 제7호에 따른 자활급여 수급자
  • 「장애인복지법」 제49조 제1항에 따른 장애수당 수급자 또는 같은 법 제50조에 따른 장애아동수당 수급자
  • 「장애인연금법」 제5조에 따른 장애인연금 수급자
  • 「국민건강보험법 시행령」 별표 2 제3호 라목의 경우에 해당하는 사람

ⓒ 「한부모가족지원법」 제5조에 따른 지원대상자

ⓓ 그 밖에 경제적·사회적 제약 등으로 인하여 관광 활동을 영위하기 위하여 지원이 필요한 사람으로서 문화체육관광부 장관이 정하여 고시하는 기준에 해당하는 사람

68 관광진흥법령상 관광관련학과에 재학중이지만 관광통역안내의 자격이 없는 A는 외국인 관광객을 대상으로 하는 여행업에 종사하며 외국인을 대상으로 관광안내를 하다가 2017년 1월 1일 적발되어 2017년 2월 1일 과태료 부과처분을 받은 후, 재차 외국인을 대상으로 관광안내를 하다가 2019년 1월 10일 적발되어 2019년 2월 20일 과태료 부과처분을 받았다. 이 경우 2차 적발된 A에게 적용되는 과태료의 부과기준은? (단, 다른 감경사유는 고려하지 않음)

① 30만원   ② 50만원
③ 60만원   ④ 100만원

69 관광진흥법령상 관광특구에 관한 내용으로 옳은 것은?

① 서울특별시장은 관광특구를 신청할 수 있다.
② 세종특별자치시장은 관광특구를 신청할 수 있다.
③ 최근 1년간 외국인 관광객 수가 5만 명 이상인 지역은 관광특구가 된다.
④ 문화체육관광부장관 및 시·도지사는 관광특구진흥계획의 집행 상황을 평가하고, 우수한 관광특구에 대하여는 필요한 지원을 할 수 있다.

ANSWER   68.④   69.④

68 법 제38조 제6항(관광통역안내의 자격이 없는 사람은 외국인 관광객을 대상으로 하는 관광안내를 하여서는 아니 된다.)을 위반하여 관광통역안내를 한 경우 1차 위반 50만 원, 2차 위반 100만 원, 3차 이상 위반 100만 원의 과태료가 부과된다.

※ 1차 위반 150만 원, 2차 위반 300만 원, 3차 이상 위반 500만 원의 과태료가 부과된다. 〈2020. 6. 2. 개정〉

69 관광특구의 지정〈「관광진흥법」 제70조 제1항〉 … 관광특구는 다음 각 호의 요건을 모두 갖춘 지역 중에서 시장·군수·구청장의 신청(특별자치시 및 특별자치도의 경우는 제외한다)에 따라 시·도지사가 지정한다. 이 경우 관광특구로 지정하려는 대상지역이 같은 시·도 내에서 둘 이상의 시·군·구에 걸쳐 있는 경우에는 해당 시장·군수·구청장이 공동으로 지정을 신청하여야 하고, 둘 이상의 시·도에 걸쳐 있는 경우에는 해당 시장·군수·구청장이 공동으로 지정을 신청하고 해당 시·도지사가 공동으로 지정하여야 한다.

㉠ 외국인 관광객 수가 대통령령으로 정하는 기준 이상일 것
㉡ 문화체육관광부령으로 정하는 바에 따라 관광안내시설, 공공편익시설 및 숙박시설 등이 갖추어져 외국인 관광객의 관광수요를 충족시킬 수 있는 지역일 것
㉢ 관광활동과 직접적인 관련성이 없는 토지의 비율이 대통령령으로 정하는 기준을 초과하지 아니할 것
㉣ ㉠부터 ㉢까지의 요건을 갖춘 지역이 서로 분리되어 있지 아니할 것

70 관광진흥개발기금법상 관광진흥개발기금(이하 '기금' 이라 함)에 관한 내용으로 옳지않은 것은?

① 기금의 회계연도는 정부의 회계연도에 따른다.

② 문화체육관광부장관은 한국산업은행에 기금의 계정(計定)을 설치하여야 한다.

③ 문화체육관광부장관은 매년 「국가재정법」에 따라 기금운용계획안을 수립하여야 한다.

④ 기금은 문화체육관광부장관이 관리한다.

71 다음은 관광진흥개발기금법령상 기금운용위원회의 회의에 관한 조문의 일부이다. (   )에 들어갈 내용으로 옳은 것은?

> 회의는 재적위원 (㉠)의 출석으로 개의하고, 출석위원 (㉡)의 찬성으로 의결한다.

① ㉠ : 3분의 1 이상, ㉡ : 과반수

② ㉠ : 3분의 1 이상, ㉡ : 3분의 2 이상

③ ㉠ : 과반수, ㉡ : 과반수

④ ㉠ : 3분의 2 이상, ㉡ : 3분의 1 이상

ANSWER   70.②   71.③

70 ② 문화체육관광부장관은 기금지출관으로 하여금 한국은행에 관광진흥개발기금의 계정(計定)을 설치하도록 하여야 한다
〈「관광진흥개발기금법」 제10조(기금 계정의 설치)〉.

71 회의〈「관광진흥개발기금법 시행령」 제6조〉
① 위원회의 회의는 위원장이 소집한다.
② 회의는 재적위원 과반수의 출석으로 개의하고, 출석위원 과반수의 찬성으로 의결한다.

72 관광진흥개발기금법령상 해외에서 8세의 자녀 乙과 3세의 자녀 丙을 동반하고 선박을 이용하여 국내 항만을 통하여 입국하는 甲이 납부하여야 하는 관광진흥개발기금의 총합은? (단, 다른 면제사유는 고려하지 않음)

① 0원

② 2천원

③ 3천원

④ 3만원

72 「관광진흥개발기금법」 제2조(기금의 설치 및 재원 제3항에 따르면 국내 공항과 항만을 통하여 출국하는 자로서 대통령령으로 정하는 자는 1만원의 범위에서 대통령령으로 정하는 금액을 기금에 납부하여야 한다. 입국하는 자는 해당하지 않는다.

※ **납부금의 납부대상 및 금액** 〈「관광진흥개발기금법 시행령」 제1조의2〉

① 「관광진흥개발기금법」 제2조 제3항에서 "대통령령으로 정하는 자"란 다음 각 호의 어느 하나에 해당하는 자를 제외한 자를 말한다.

ㄱ 외교관여권이 있는 자

ㄴ 2세(선박을 이용하는 경우에는 6세) 미만인 어린이

ㄷ 국외로 입양되는 어린이와 그 호송인

ㄹ 대한민국에 주둔하는 외국의 군인 및 군무원

ㅁ 입국이 허용되지 아니하거나 거부되어 출국하는 자

ㅂ 「출입국관리법」 제46조에 따른 강제퇴거 대상자 중 국비로 강제 출국되는 외국인

ㅅ 공항통과 여객으로서 다음 각 목의 어느 하나에 해당되어 보세구역을 벗어난 후 출국하는 여객

• 항공기 탑승이 불가능하여 어쩔 수 없이 당일이나 그 다음 날 출국하는 경우

• 공항이 폐쇄되거나 기상이 악화되어 항공기의 출발이 지연되는 경우

• 항공기의 고장·납치, 긴급환자 발생 등 부득이한 사유로 항공기가 불시착한 경우

• 관광을 목적으로 보세구역을 벗어난 후 24시간 이내에 다시 보세구역으로 들어오는 경우

ㅇ 국제선 항공기 및 국제선 선박을 운항하는 승무원과 승무교대를 위하여 출국하는 승무원

② 법 제2조 제3항에 따른 납부금은 1만원으로 한다. 다만, 선박을 이용하는 경우에는 1천원으로 한다.

73 국제회의산업 육성에 관한 법령상 국제회의도시의 지정을 신청하려는 자가 문화체육관광부장관에게 제출하여야 하는 서류에 기재하여야 할 내용으로 명시되지 않은 것은?

① 지정대상 도시 또는 그 주변의 관광자원의 현황 및 개발계획

② 국제회의시설의 보유 현황 및 이를 활용한 국제회의산업 육성에 관한 계획

③ 숙박시설 · 교통시설 · 교통안내체계 등 국제회의 참가자를 위한 편의시설의 현황 및 확충계획

④ 국제회의 전문인력의 교육 및 수급계획

74 甲은 국제회의산업 육성에 관한 법령에 따른 국제회의시설 중 전문회의시설을 설치하고자 한다. 이 경우 전문회의시설이 갖추어야 하는 충족요건 중 하나에 해당하는 것은?

① 30명 이상의 인원을 수용할 수 있는 중 · 소회의실이 10실 이상 있을 것

②「관광진흥법」제3조제1항제2호에 따른 관광숙박업의 시설로서 150실 이상의 객실을 보유한 시설이 있을 것

③「유통산업발전법」제2조제3호에 따른 대규모점포인근에 위치하고 있을 것

④「공연법」제2조제4호에 따른 공연장으로서 1천석 이상의 객석을 보유한 공연장이 있을 것

73 국제회의도시의 지정신청〈「국제회의산업 육성에 관한 법률 시행규칙」제9조〉… 법 제14조 제1항에 따라 국제회의도시의 지정을 신청하려는 특별시장 · 광역시장 또는 시장은 다음 각 호의 내용을 적은 서류를 문화체육관광부장관에게 제출하여야 한다.

㉠ 국제회의시설의 보유 현황 및 이를 활용한 국제회의산업 육성에 관한 계획

㉡ 숙박시설 · 교통시설 · 교통안내체계 등 국제회의 참가자를 위한 편의시설의 현황 및 확충계획

㉢ 지정대상 도시 또는 그 주변의 관광자원의 현황 및 개발계획

㉣ 국제회의 유치 · 개최 실적 및 계획

74 전문회의시설은 다음 각 호의 요건을 모두 갖추어야 한다〈「국제회의산업 육성에 관한 법률 시행령」제3조(국제회의시설의 종류 · 규모) 제2항〉.

㉠ 2천명 이상의 인원을 수용할 수 있는 대회의실이 있을 것

㉡ 30명 이상의 인원을 수용할 수 있는 중 · 소회의실이 10실 이상 있을 것

㉢ 옥내와 옥외의 전시면적을 합쳐서 2천제곱미터 이상 확보하고 있을 것

75 국제회의산업 육성에 관한 법령상 문화체육관광부장관이 전자국제회의 기반의 구축을 촉진하기 위하여 사업시행기관이 추진하는 사업을 지원할 수 있는 경우로 명시된 것은?

① 국제회의 정보망의 구축 및 운영

② 국제회의 정보의 가공 및 유통

③ 인터넷 등 정보통신망을 통한 사이버 공간에서의 국제회의 개최

④ 국제회의 정보의 활용을 위한 자료의 발간 및 배포

75 전자국제회의 기반의 확충〈「국제회의산업 육성에 관한 법률」 제12조〉
　　㉠ 정부는 전자국제회의 기반을 확충하기 위하여 필요한 시책을 강구하여야 한다.
　　㉡ 문화체육관광부장관은 전자국제회의 기반의 구축을 촉진하기 위하여 사업시행기관이 추진하는 다음 각 호의 사업을 지원할 수 있다.
　　　• 인터넷 등 정보통신망을 통한 사이버 공간에서의 국제회의 개최
　　　• 전자국제회의 개최를 위한 관리체제의 개발 및 운영
　　　• 그 밖에 전자국제회의 기반의 구축을 위하여 필요하다고 인정하는 사업으로서 문화체육관광부령으로 정하는 사업

76 관광숙박업을 등록하고자 하는 홍길동이 다음 조건의 시설을 갖추고 있을 경우 등록할 수 있는 숙박업은?

> • 욕실이나 샤워시설을 갖춘 객실이 29실이며, 부대시설의 면적 합계가 건축연면적의 50% 이하이다.
> • 홍길동은 임대차 계약을 통해 사용권을 확보하고 있으며, 영어를 잘하는 동생이 매니저로 일할 수 있다.
> • 조식을 제공하고 두 종류 이상의 부대시설을 갖추고 있다.

① 가족호텔업
② 관광호텔업
③ 수상관광호텔업
④ 소형호텔업

77 관광사업의 공익적 특성 중 사회·문화적 측면에서의 효과가 아닌 것은?

① 국제문화의 교류
② 국민보건의 향상
③ 근로의욕의 증진
④ 외화획득과 소득효과

ANSWER   76.④   77.④

76 소형호텔업 등록기준〈「관광진흥법 시행령」 별표 1. 관광사업의 등록기준 참고〉
　㉠ 욕실이나 샤워시설을 갖춘 객실을 20실 이상 30실 미만으로 갖추고 있을 것
　㉡ 부대시설의 면적 합계가 건축 연면적의 50퍼센트 이하일 것
　㉢ 두 종류 이상의 부대시설을 갖출 것. 다만, 「식품위생법 시행령」 제21조 제8호 다목에 따른 단란주점영업, 같은 호 라목에 따른 유흥주점영업 및 「사행행위 등 규제 및 처벌 특례법」 제2조 제1호에 따른 사행행위를 위한 시설은 둘 수 없다.
　㉣ 조식 제공, 외국어 구사인력 고용 등 외국인에게 서비스를 제공할 수 있는 체제를 갖추고 있을 것
　㉤ 대지 및 건물의 소유권 또는 사용권을 확보하고 있을 것. 다만, 회원을 모집하는 경우에는 소유권을 확보하여야 한다.

77 ④ 외화획득과 소득효과는 관광사업의 경제적 측면에서의 효과에 해당한다.

78 아래 게임의 종류는 무엇이며 누구의 승리인가?

> 홍길동이 카지노에서 게임을 벌이던 중 홍길동이 낸 카드 두 장의 합이 8이고 뱅커가 낸 카드 두 장의 합이 7
> 이다.

① 바카라, 홍길동의 승리

② 바카라, 뱅커의 승리

③ 블랙잭, 홍길동의 승리

④ 블랙잭, 뱅커의 승리

79 2019년 9월 7일 현재, 출국 시 내국인의 면세물품 총 구매한도액은?

① 미화 4,000달러   ② 미화 5,000달러

③ 미화 6,000달러   ④ 미화 7,000달러

80 국제회의기준을 정한 공인 단체명과 이에 해당하는 용어의 연결이 옳은 것은?

① AACVA – 아시아 콩그레스 VIP 연합회

② ICAO – 국제 컨벤션 연합 조직

③ ICCA – 국제 커뮤니티 컨퍼런스 연합

④ UIA – 국제회의 연합

ANSWER 78.① 79.② 80.④

78 바카라는 카지노 게임의 왕이라고 불리며, 뱅커와 플레이어의 어느 한쪽을 택하여 9 이하의 높은 점수로 승부하는 카드
게임이다. 따라서 제시된 상황에서는 홍길동이 승리한 것이다.

79 2019년 9월 1일부터 출국 시 내국인의 면세물품 총 구매한도가 기존 3,000달러에서 5,000달러로 늘어났다.

80 ④ UIA(Union of International Associations) : 국제회의 연합
① AACVA(Army Air Corps Veterans' Association) : 육군항공대재향군인회
② ICAO(International Civil Aviation Organization) : 국제민간항공기구
③ ICCA(International Congress and Convention Association) : 국세회의 컨벤션 연합 조직

81 특정 국가의 출입국 절차를 위해 승객의 관련 정보를 사전에 통보하는 입국심사제도는?

① APIS
② ARNK
③ ETAS
④ WATA

82 제주항공, 진에어, 이스타 등과 같은 저비용 항공사의 운영형태나 특징에 관한 설명으로 옳은 것은?

① 중단거리에 비해 주로 장거리 노선을 운항하고 제1공항이나 국제공항을 이용한다.
② 중심공항(Hub)을 지정해 두고 주변의 중·소도시를 연결(Spoke)하는 방식으로 운영한다.
③ 항공권 판매의 주요 통로는 인터넷이며 항공기 가동률이 매우 높다.
④ 여러 형태의 항공기 기종으로 차별화된 다양한 서비스를 제공한다.

83 우리나라의 의료관광에 관한 설명으로 옳은 것은?

① 웰빙과 건강추구형 라이프스타일 변화에 따라 융·복합 관광분야인 웰니스관광으로 확대되고 있다.
② 최첨단 의료시설과 기술로 외국인을 유치하며 시술이나 치료 등의 의료에만 집중하고 있다.
③ 휴양, 레저, 문화활동은 의료관광의 영역과 관련이 없다.
④ 의료관광서비스 이용가격이 일반 서비스에 비해 저렴한 편이며, 체류 일수가 짧은 편이다.

ANSWER   81.①   82.③   83.①

81 APIS(Advance Passenger Information System) … 여행자 정보 사전확인 시스템으로 입국심사 정부기관이 항공사로부터 미리 탑승자 정보를 받아 주의인물을 가려내는 것으로, 일반 승객에 대해서는 출입국심사절차 소요시간을 단축할 수 있다는 장점이 있다.

82 ③ 저비용 항공사는 저렴한 가격에 항공권을 제공하기 위해 항공권 판매가 주로 인터넷으로 이루어지며 항공기 가동률이 매우 높다.
①②④ 대한항공, 아시아나항공 등 대형항공사의 특징이다.

83 ②③ 시술이나 치료 등의 의료행위에 휴양, 레저, 문화활동 등 관광활동을 접목한 의료관광이 주를 이루고 있다.
④ 의료관광서비스는 이용가격이 일반 서비스에 비해 고가이며 체류 일수가 긴 편이다.

84 국내 크루즈 산업의 발전방안으로 옳은 것은?

① 크루즈 여행일수를 줄이고 특정 계층만이 이용할 수 있도록 하여 상품의 가치를 높인다.

② 계절적 수요에 상관없이 정기적인 운영이 필요하다.

③ 특별한 목적이나 경쟁력 있는 주제별 선상프로그램의 개발을 통해 체험형 오락거리가 풍부한 여행상품으로 개발해야 한다.

④ 까다로운 입·출항 수속절차를 적용해 질 좋은 관광상품이라는 인식을 심어준다.

85 여행상품 가격결정요소 중 상품가격에 직접적인 영향을 미치지 않는 것은?

① 출발인원 수   ② 광고·선전비

③ 교통수단 및 등급   ④ 식사내용과 횟수

86 관광진흥법상 관광숙박업 분류 중 호텔업의 종류가 아닌 것은?

① 수상관광호텔업   ② 한국전통호텔업

③ 휴양콘도미니엄업   ④ 호스텔업

84 ① 다양한 계층이 크루즈를 이용할 수 있도록 해야 한다.
② 계절적 수요에 따라 유동적인 운영이 필요하다.
④ 까다로운 입·출항 수속절차를 개선하여 관광객에게 편의를 제공해야 한다.

85 ①③④ 직접적으로 영향을 미치는 요소
② 간접적으로 영향을 미치는 요소

86 관광숙박업〈「관광진흥법」 제3조(관광사업의 종류)〉
㉠ 호텔업 : 관광객의 숙박에 적합한 시설을 갖추어 이를 관광객에게 제공하거나 숙박에 딸리는 음식·운동·오락·휴양·공연 또는 연수에 적합한 시설 등을 함께 갖추어 이를 이용하게 하는 업
㉡ 휴양 콘도미니엄업 : 관광객의 숙박과 취사에 적합한 시설을 갖추어 이를 그 시설의 회원이나 공유자, 그 밖의 관광객에게 제공하거나 숙박에 딸리는 음식·운동·오락·휴양·공연 또는 연수에 적합한 시설 등을 함께 갖추어 이를 이용하게 하는 업

87 다음 설명에 해당하는 여행업의 산업적 특성으로 옳은 것은?

> 여행업은 금융위기나 전쟁, 허리케인, 관광목적지의 보건·위생 등에 크게 영향을 받는다.

① 계절성 산업　　　　　　　　　② 환경민감성 산업

③ 종합산업　　　　　　　　　　　④ 노동집약적 산업

88 A는 국제회의업 중 국제회의기획업을 경영하려고 한다. 국제회의기획업의 등록기준으로 옳은 것을 모두 고른 것은?

> ㉠ 2천명 이상의 인원을 수용할 수 있는 대회의실이 있을 것
> ㉡ 자본금이 5천만원 이상일 것
> ㉢ 사무실에 대한 소유권이나 사용권이 있을 것
> ㉣ 옥내와 옥외의 전시면적을 합쳐서 2천제곱미터 이상 확보하고 있을 것

① ㉠, ㉡　　　　　　　　　　　② ㉠, ㉣

③ ㉡, ㉢　　　　　　　　　　　④ ㉢, ㉣

ANSWER　87.②　88.③

87 제시된 내용은 여행업의 특성 중 하나인 환경민감성에 대한 설명이다. 여행업은 금융위기나 전쟁, 관광목적지의 보건·위생 등과 같은 사회·문화적 환경이나 허리케인 등 자연적 환경에 크게 영향을 받는다.

88 국제회의업 등록기준〈「관광진흥법 시행령」 별표 1. 관광사업의 등록기준 참고〉
　㉠ 국제회의시설업
　　• 「국제회의산업 육성에 관한 법률 시행령」 제3조에 따른 회의시설 및 전시시설의 요건을 갖추고 있을 것
　　• 국제회의개최 및 전시의 편의를 위하여 부대시설로 주차시설과 쇼핑·휴식시설을 갖추고 있을 것
　㉡ 국제회의기획업
　　• 자본금 : 5천만 원 이상일 것
　　• 사무실 : 소유권이나 사용권이 있을 것

89 1960년대 관광에 관한 설명으로 옳지 않은 것은?

① 관광기본법 제정

② 국제관광공사 설립

③ 관광통역안내원 시험제도 실시

④ 국내 최초 국립공원으로 지리산 지정

90 연대별 관광정책으로 옳은 것은?

① 1970년대 – 국제관광공사법 제정

② 1980년대 – 관광진흥개발기금법 제정

③ 1990년대 – 관광경찰제도 도입

④ 2000년대 – 제2차 관광진흥 5개년 계획 시행

91 국제관광의 의의로 옳은 것을 모두 고른 것은?

㉠ 세계평화 기여	㉡ 문화교류 와해
㉢ 외화가득률 축소	㉣ 지식확대 기여

① ㉠, ㉢

② ㉠, ㉣

③ ㉡, ㉢

④ ㉡, ㉣

92 한국 국적과 국경을 기준으로 국제관광의 분류가 옳은 것은?

① 자국민이 자국 내에서 관광 – Inbound Tourism

② 자국민이 타국에서 관광 – Outbound Tourism

③ 외국인이 자국 내에서 관광 – Outbound Tourism

④ 외국인이 외국에서 관광 – Inbound Tourism

ANSWER 89.① 90.④ 91.② 92.②

89 ① 「관광기본법」은 1975. 12. 31. 제정·시행되었다.

90 ① 「국제관광공사법」(現 「한국관광공사법」)은 1962년에 제정되었다.

② 「관광진흥개발기금법」은 1972년에 제정되었다.

③ 관광경찰제도는 2013년 7월에 도입이 결정되어 10월에 서울 관광경찰대가 출범하였으며, 2014년에 부산 및 인천 관광경찰대가 출범하였다.

91 국제관광은 문화교류를 활발히 하고 외화가득률을 확대한다.

92 ① 자국민이 자국 내에서 관광 – Domestic Tourism

③ 외국인이 자국 내에서 관광 – Inbound Tourism

④ 외국인이 외국에서 관광 – Oversea Tourism

93 세계관광기구(UNWTO)에 관한 설명으로 옳지 않은 것은?

① 1975년 정부 간 협력기구로 설립　　② 문화적 우호관계 증진

③ 2003년 UNWTO로 개칭　　④ 경제적 비우호관계 증진

94 근접국가군 상호 간 관광진흥 개발을 위한 국제관광기구로 옳은 것은?

① ASTA　　② ATMA

③ IATA　　④ ISTA

95 마케팅 시장세분화의 기준 중 인구통계적 세부 변수에 해당하지 않는 것은?

① 성별　　② 종교

③ 라이프스타일　　④ 가족생활주기

96 관광매체 중 공간적 매체로서의 역할을 하는 것은?

① 교통시설　　② 관광객이용시설

③ 숙박시설　　④ 관광기념품 판매업자

Aɴsᴡᴇʀ　93.④　94.②　95.③　96.①

93 ④ 경제적 우호관계를 증진한다.

94 ATMA(Asia Travel Marketing Association ; 아시아관광마케팅협회)는 아시아 국가 상호 간 관광진흥 개발을 위한 국제 관광기구이다.
① ASTA : American Society of Travel Agents
③ IATA : International Air Transport Association
④ ISTA : International Sightseeing & Tours Association

95 ③ 라이프스타일은 심리분석적 변수에 해당한다.

96 ① 교통시설은 지역과 지역을 연결하는 공간적 매체로서의 역할을 한다.
※ 관광매체
　㉠ 시간적 매체 : 숙박시설, 휴식시설, 오락시설 등
　㉡ 공간적 매체 : 교통기관, 도로, 운수시설 등
　㉢ 기능적 매체 : 여행업, 통역안내업, 관광기념품 판매업, 관광선전율 등

97 관광의 사회적 측면에서 긍정적인 효과가 아닌 것은?

① 국제친선 효과   ② 직업구조의 다양화

③ 전시 효과   ④ 국민후생복지 효과

98 관광의사결정에 영향을 미치는 개인적 요인으로 옳은 것은?

① 가족   ② 학습

③ 문화   ④ 사회계층

99 2018년에 UNESCO 세계유산에 등재된 한국의 산사에 해당하지 않는 것은?

① 통도사   ② 부석사

③ 법주사   ④ 청량사

100 국내 전시·컨벤션센터와 지역의 연결이 옳지 않은 것은?

① 대구 – DXCO   ② 부산 – BEXCO

③ 창원 – CECO   ④ 고양 – KINTEX

ANSWER   **97.③   98.②   99.④   100.①**

97 관광의 사회적 측면에서 긍정적인 효과는 ①②④ 외에 교육적 효과, 재생 효과, 국민의식 수준 제고 등이 있다.
    ③ 전시 효과는 소비 지출이 자신의 소득 수준에 따르지 아니하고 타인을 모방함으로써 늘어나게 되는 사회적 · 심리적 효과로 관광의 사회적 측면에 따르는 긍정적인 효과로 보기 어렵다.

98 ② 학습은 개개인에 따라 서로 다르게 나타나는 것으로 관광의사결정에 개인적 요인으로 작용한다.

99 2018년 유네스코 세계문화유산으로 지정된 '산사, 한국의 산지 승원'에는 통도사, 부석사, 봉정사, 법주사, 마곡사, 선암사, 대흥사가 포함되어 있다.

100 ① 대구는 대구컨벤션뷰로가 있다.

2020년 정기시험

 국사

1 다음 나라에 관한 설명으로 옳지 않은 것은?

① 동예는 족외혼을 엄격하게 지켰다.

② 삼한에는 제사장인 천군이 소도를 다스렸다.

③ 옥저의 특산물로는 과하마, 단궁, 반어피가 있었다.

④ 부여에는 12월에 열리는 영고라는 제천행사가 있었다.

2 고조선에 관한 설명으로 옳지 않은 것은?

① 기원전 108년 왕검성이 함락되어 고조선이 멸망하였다.

② 기원전 194년 위만은 우거왕을 몰아내고 스스로 왕이 되었다.

③ 기원전 3세기경에는 왕 밑에 상, 대부, 장군 등의 관직을 두었다.

④ 진·한교체기에 위만은 1천여 명의 무리를 이끌고 고조선으로 들어왔다.

ANSWER   1.③   2.②

1 ③ 과하마, 단궁, 반어피는 동예의 특산물이다. 옥저는 생선과 소금, 해산물 등이 풍부하였다.

   ※ 부족국가별 특산품
      ㉠ 부여 : 말, 주옥, 모피
      ㉡ 고구려 : 맥궁(貊弓)
      ㉢ 옥저 : 생선, 소금, 해산물
      ㉣ 동예 : 과하마, 단궁, 반어피
      ㉤ 삼한 : 철(변한)

2 ② 위만은 기원전 194년 고조선의 준왕을 몰아내고 스스로 왕이 되었다. 우거왕은 위만조선의 마지막 왕으로, 위만의 손자이다.

3 다음 ( )에 들어갈 인물로 옳은 것은?

> 고려 무신 정권기 (   )는(은) 자기 집에 정방을 설치하여 관직에 대한 인사권을 장악하고, 서방을 설치하여 문신들을 교대로 숙위하도록 하였다.

① 최우   ② 최항
③ 정중부   ④ 최충헌

4 단군의 건국에 관한 기록이 나타난 문헌으로 옳지 않은 것은?

① 동국여지승람   ② 삼국유사
③ 제왕운기   ④ 삼국사기

5 조선시대 교육기관에 관한 설명으로 옳지 않은 것은?

① 서원에서는 봄과 가을에 향음주례를 지냈다.
② 성균관에는 존경각이라 불리는 도서관이 있었다.
③ 향교는 부·목·군·현에 각각 하나씩 설치되었다.
④ 사부학당은 전국적으로 동학, 서학, 남학, 북학이 있었다.

ANSWER 3.① 4.④ 5.④

3 제시된 내용은 최우에 관련된 설명이다. 최우는 최충헌의 아들로, 1219년(고종 6)에 최충헌이 죽자 뒤를 이어 정권을 장악하였다.
　　※ 무신정권의 주요 인물
　　　　㉠ 성립기 : 이의방, 정중부, 경대승, 이의민
　　　　㉡ 확립기 : 최충헌, 최우, 최항, 최의
　　　　㉢ 붕괴기 : 김준, 임연, 임유무

4 단군신화가 수록된 문헌으로는 『삼국유사』, 『제왕운기』, 『세종실록지리지』, 『동국여지승람』, 『신증동국여지승람』, 『응제시주』 등이 있다.
　　④ 『삼국사기』는 1145년(인종 23)경 김부식 등이 고려 인종의 명을 받아 편찬한 삼국시대의 정사로, 단군신화는 수록되어 있지 않다.

5 ④ 사부학당은 도성 내의 유생을 가르치기 위하여 세운 관립교육기관으로 사학이라고도 한다. 동부학당, 서부학당, 남부학당, 중부학당으로 이루어져 있으며, 지금의 중등 정도의 교육을 실시하였다.

6 ( )에 들어갈 내용이 올바르게 짝지어진 것은?

> 고려의 독자성을 보여주는 중앙 정치기구로 (㉠)는(은) 대외적으로 국방과 군사 문제를 담당했으며,
> (㉡)는(은) 대내적으로 법률과 격식 제정을 담당하였다.

① ㉠ : 비변사, ㉡ : 도병마사

② ㉠ : 도병마사, ㉡ : 식목도감

③ ㉠ : 상서도성, ㉡ : 교정도감

④ ㉠ : 식목도감, ㉡ : 상서도성

7 조선 전기 문화상에 관한 설명으로 옳은 것은?

① 판소리와 탈놀이가 성행하여 서민문화가 발달하였다.

② 원과 아라비아 역법을 참고하여 칠정산을 편찬하였다.

③ 중인층의 시인들이 시사를 조직하여 문학 활동을 전개하였다.

④ 시조 형식을 벗어나 글자 수를 길게 늘여 쓴 사설시조가 유행하였다.

ANSWER 6.② 7.②

6 ㉠ **도병마사** : 고려시대의 국방회의기구로, 국가의 군기 및 국방상 중요한 일을 결정하던 합의기관이다.
㉡ **식목도감** : 중서문하성의 2품 이상 관리인 재신과 중추원의 2품 이상 관리인 추밀들이 법제·격식에 관한 문제를 논의하던 회의기구이다.
※ **비변사, 상서도성, 교정도감**
　㉠ **비변사** : 조선시대 군사와 관련된 중요 업무를 논의하던 회의기구로, 임진왜란 때 권한과 기능이 강화된 이후에 흥선대원군이 원래대로 축소하기 전까지 나랏일을 결정하는 최고기구의 역할을 담당했다.
　㉡ **상서도성** : 고려시대에 정무를 맡은 육부를 통할하던 관아로, 995년(성종 14)에 어사도성을 고친 것이다.
　㉢ **교정도감** : 무신정권 시기에 최충헌이 설치한 독재정치기관으로, 관리의 임면 및 감찰 업무를 맡아보던 최고권력기관이다.

7 ② 칠정산은 조선 세종 때에 이순지, 김담 등이 왕명에 따라 펴낸 역서(曆書)로, 원나라의 역법과 명나라의 역법을 참고하여 우리나라의 실정에 맞게 편찬하였다.
①③④ 중인층과 서민문화가 발달한 조선 후기에 대한 설명이다.

8 고려시대 토지제도에 관한 설명으로 옳지 않은 것은?

① 불교 사찰에는 사원전을 지급하였다.

② 공음전은 자손에게 세습할 수 있었다.

③ 문종 때에는 토지 지급 대상을 현직 관료로 제한하였다.

④ 하급관리의 자제 중 관직에 오르지 못한 사람에게 외역전을 지급하였다.

9 대동법에 관한 설명으로 옳지 않은 것은?

① 가호를 단위로 공물을 부과하였다.

② 방납의 폐단을 개선하기 위해 실시하였다.

③ 현물 대신 쌀, 면포, 동전 등으로 납부하였다.

④ 경기도에서 시험적으로 시행하고 점차 확대되었다.

10 조선시대 관리 등용 제도에 관한 설명으로 옳은 것은?

① 소과는 무과 시험의 예비 시험이었다.

② 기술관을 뽑는 잡과는 분야별로 합격 정원이 있었다.

③ 제술과는 유교 경전에 대한 이해 능력을 시험하였다.

④ 5품 이상 관료의 자손은 과거를 거치지 않고 관료가 될 수 있었다.

ANSWER 8.④ 9.① 10.②

8 ④ 고려시대 하급관리의 자제 중 관직에 오르지 못한 사람에게 지급하던 토지는 한인전이다. 외역전은 향리의 직역 부담에 대한 대가로 지급한 토지이다.

9 ① 대동법은 호 단위로 각 지방의 특산물인 공물(貢物)을 부과하던 것을, 쌀 등으로 통일하여 바치게 한 납세제도이다.
② 방납은 그 지방에서 생산되지 않는 특산물을 공물로 납부해야 할 경우, 농민 대신 아전과 상인이 이를 납부해 주던 제도로, 이 과정에서 아전과 상인이 과도한 이익을 챙기는 등 폐단이 발생하였다. 대동법은 이를 개선하기 위해 실시한 제도이다.
③ 지역에 따라 쌀 대신 면포, 동전 등으로도 납부가 가능하였다.
④ 경기도를 시작으로 강원도, 충청도, 전라도 등으로 확대되었다.

10 ① 소과는 문과 시험의 예비 시험이었다. 조선시대의 과거는 문과와 무과로 구분되며 문과는 다시 대과와 소과(생진과시)로 나뉘었다. 소과는 초시와 복시로 진행되며 여기에 합격한 자는 대과에 응시할 자격을 얻었다.
③ 유교 경전에 대한 이해 능력을 시험한 것은 명경과(明經科)였다. 제술과(製述科)는 시(詩)·부(賦)·송(頌)·시무책(時務策) 등에 대한 내용을 시험하였다.
④ 고려시대 음서제도에 대한 설명이다.

11 고려시대 사회상에 관한 설명으로 옳은 것을 모두 고른 것은?

> ㉠ 태어난 차례대로 호적에 기재하여 남녀차별을 하지 않았다.
> ㉡ 사위와 외손자까지 음서의 혜택이 있었다.
> ㉢ 혼인 후에 곧바로 남자 집에서 생활하는 경우가 많았다.
> ㉣ 동족마을이 만들어지고 문중을 중심으로 서원과 사우가 세워졌다.

① ㉠, ㉡

② ㉠, ㉣

③ ㉡, ㉢

④ ㉢, ㉣

12 조선 전기 과학기술에 관한 설명으로 옳은 것은?

① 천체관측기구인 혼의와 간의를 만들었다.

② 상정고금예문을 금속 활자로 인쇄하였다.

③ 토지측량기구인 앙부일구와 자격루를 제작하였다.

④ 질병처방과 국산약재가 소개된 향약구급방이 편찬되었다.

ANSWER 11.① 12.①

11 고려시대는 조선시대에 비해 남성과 여성이 평등한 위치에 있었다. 태어난 차례대로 호적에 기재하여 남녀를 차별하지 않았으며, 사위와 외손자까지 음서의 혜택을 받았다.
㉢㉣ 성리학의 영향으로 남녀평등이 무너지게 된 조선시대 사회상에 대한 설명이다.

12 ① 천체의 운행과 그 위치를 측정하던 천문관측기인 혼의(혼천의)와 간의가 제작된 것은 조선 세종대이다.
② 이규보가 엮은 『동국이상국집』에는 1234년(고종 21)에 금속활자로 『상정고금예문』을 찍어냈다는 기록이 있어 세계 최초의 금속활자본으로 추정된다.
③ 앙부일구(해시계)와 자격루(물시계)가 제작된 것은 조선 전기 세종대가 맞지만, 토지측량기구라는 설명이 잘못되었다.
④ 『향약구급방』은 우리나라에 전해져 오는 가장 오래된 의방서로, 발행연도는 고려 고종대인 1236년(고종 23)경으로 추정된다.

13 7세기 고구려 정세에 관한 설명으로 옳지 않은 것은?

① 장수왕이 수도를 평양으로 천도하였다.

② 연개소문이 정변을 통해 권력을 장악하였다.

③ 고구려가 나·당연합군의 침입으로 멸망하였다.

④ 을지문덕이 살수에서 수나라의 군대를 물리쳤다.

14 다음 중 신라시대에 조성된 탑을 모두 고른 것은?

⊙ 황룡사 9층 목탑
ⓒ 미륵사지 석탑
ⓒ 정림사지 5층 석탑
ⓔ 분황사 모전 석탑

① ⊙, ⓒ

② ⊙, ⓔ

③ ⓒ, ⓒ

④ ⓒ, ⓔ

ANSWER 13.① 14.전항정답

13 ① 장수왕이 수도를 압록강변의 국내성에서 대동강변의 평양성으로 옮긴 것은 427년(장수왕 15)의 일이다.

② 연개소문이 정변을 통해 권력을 장악한 것은 642년(보장왕 원년)의 일이다.

③ 고구려가 나·당연합군의 침입으로 멸망한 것은 668년(보장왕 27)의 일이다.

④ 을지문덕이 살수에서 수나라의 군대를 물리친 살수대첩은 612년(영양왕 23)의 일이다.

14 ⊙ 황룡사 9층 목탑 : 643년(선덕여왕 12) 당나라에서 유학을 마치고 귀국한 자장 율사의 건으로 만든 신라의 목탑이다.

ⓔ 분황사 모전 석탑 : 634년(선덕여왕 3) 분황사를 창건하면서 함께 건립된 신라의 모전 석탑이다.

ⓒ 미륵사지 석탑 : 639년(무왕 40)에 조성된 백제의 화강암 석탑이다.

ⓒ 정림사지 5층 석탑 : 7세기 중엽에 건립된 백제의 석탑으로 백제탑의 전형을 보여준다.

※ 문제오류로 전항정답 처리

15 다음 내용과 관련된 신라의 국왕은?

> • 성골 출신으로 왕위에 올랐다.
> • 천문대로 추정되는 첨성대를 세웠다.
> • 자장법사를 당나라에 보내 불법을 구하였다.

① 진성여왕
② 진덕여왕
③ 선덕여왕
④ 태종무열왕

16 발해에 관한 설명으로 옳은 것은?

① 왕족은 고씨를 비롯한 5부 출신의 귀족이었다.
② 유력 집단의 우두머리는 이사금으로 추대되었다.
③ 고구려 유민과 말갈 집단이 지린성 동모산에서 건국하였다.
④ 소국들이 독자적인 정치 기반을 유지하는 연맹왕국이었다.

Answer 15.③ 16.③

15 제시된 내용과 관련된 국왕은 신라 제27대 왕인 선덕여왕이다. 선덕여왕은 신라 최초의 여왕으로 632년에 왕위에 올라 16년간 나라를 다스렸다.
  ① 신라 제51대 왕
  ② 신라 제28대 왕
  ④ 신라 제29대 왕

16 ③ 발해는 고구려인 대조영이 지린성 동모산에 세운 국가로, 지배층은 고구려 유민이었지만 전체 인구의 80% 정도인 피지배층은 말갈족이었다.

17 해방 전후 국제 회담을 시대 순으로 올바르게 나열한 것은?

> ㉠ 얄타 회담
> ㉡ 카이로 회담
> ㉢ 포츠담 회담
> ㉣ 모스크바 삼국 외상회의

① ㉠ → ㉡ → ㉣ → ㉢
② ㉠ → ㉢ → ㉡ → ㉣
③ ㉡ → ㉠ → ㉢ → ㉣
④ ㉡ → ㉣ → ㉠ → ㉢

18 다음 내용과 관련된 개혁은?

> • '구본신참'을 개혁의 기본 방향으로 설정하였다.
> • 대한국 국제를 반포하여 자주 독립국가임을 선포하였다.
> • 강력한 황제권을 기반으로 근대 국가 수립을 지향하였다.

① 갑신개혁
② 갑오개혁
③ 을미개혁
④ 광무개혁

Answer 17.③ 18.④

17 ㉡ 카이로 회담 : 1차 – 1943년 11월 22~26일, 2차 – 1943년 12월 2~7일
 ㉠ 얄타 회담 : 1945년 2월 4~11일
 ㉢ 포츠담 회담 : 1945년 7월 26일
 ㉣ 모스크바 삼국 외상회의 : 1945년 12월 16~25일

18 제시된 내용은 대한제국이 자주적 독립권 수호를 위해 1897년부터 1904년까지 단행한 내정개혁인 광무개혁에 대한 설명이다. 광무개혁은 외세 의존적 성격을 가진 갑오개혁과 을미개혁에 대한 반성에서 비롯된 것으로, 국가의 완전한 자주독립을 선포하였으며 강력한 황제권을 기반으로 근대 국가 수립을 지향하였다.

19 밑줄 친 '이 기구'에 관한 설명으로 옳은 것은?

> 선조 26년(1593) 국왕의 행차가 서울로 돌아왔으나 성 안은 타다 남은 건물 잔해와 시체로 가득했다. 선조는 이 기구를 설치하여 군사를 훈련시키라고 명하였다. 이에 유성룡이 주도하여 명나라의 기효신서를 참고하여 훈련법을 습득하고 조직을 갖추었다.

① 군병은 스스로 비용을 부담하였다.
② 정토군이 편성되어 여진의 침입에 대비하였다.
③ 부대 편성은 삼수군인 포수, 사수, 살수로 하였다.
④ 서울에 내영, 수원에 외영을 두어 국왕의 친위를 담당하였다.

20 신간회에 관한 설명으로 옳지 않은 것은?

① 전국 140여 곳에 지회를 설립하였다.
② 비타협적 민족주의자들과 사회주의자들이 연합하였다.
③ 창립 초기 회장에 이상재, 부회장에 홍명희를 선출하였다.
④ 신채호가 작성한 조선 혁명 선언을 노선과 강령으로 삼았다.

ANSWER   19.③   20.④

19 밑줄 친 '이 기구'는 훈련도감이다. 훈련도감은 임진왜란 전후에 개편한 군제인 5군영의 하나로 군사훈련(삼수병 훈련)과 수도 경비를 맡았다.
① 훈련도감의 군병은 초기의 군대와는 달리 삼수량(三手糧)에 의하여 고용된 급료병(給料兵)이었다.
② 별무반에 대한 설명이다.
④ 장용영에 대한 설명이다.

20 신간회는 1920년대 후반에 좌우익 세력이 합작하여 결성된 대표적인 항일단체이다.
④ 1919년 만주 지린성에서 조직된 항일무력독립운동단체인 의열단에 대한 설명이다. 의열단 단장이었던 김원봉은 신채호에게 의열단의 독립운동이념과 방략을 담은 선언문 작성을 요청하였고, 이에 신채호가 조선혁명선언을 작성하였다.

21 신라 하대의 정세에 관한 설명으로 옳지 않은 것은?

① 백제의 침탈로 대야성이 함락되었다.

② 왕위 계승 문제로 김헌창이 봉기를 일으켰다.

③ 성주와 장군이라 칭하는 호족세력이 늘어났다.

④ 6두품 세력을 중심으로 골품제에 대한 불만이 높아졌다.

22 조선시대 삼사에 관한 설명으로 옳지 않은 것은?

① 관리의 비리를 감찰하였다.

② 국왕에게 정책을 간언하였다.

③ 국왕에게 학문적 자문을 하였다.

④ 삼사는 사헌부, 사간원, 승정원을 말한다.

23 병자호란의 결과에 관한 설명으로 옳지 않은 것은?

① 청나라에 많은 양의 조공을 바쳤다.

② 청나라를 정벌하자는 북벌 운동이 대두되었다.

③ 4군과 6진을 설치하여 북방 영토를 확장하였다.

④ 청나라와 군신관계를 맺고 세자와 백성들이 포로로 끌려갔다.

Answer 21.① 22.④ 23.③

21 ① 윤충이 이끄는 백제군의 침탈로 대야성이 함락된 것은 642년(선덕여왕 11)의 일이다.
② 왕위 계승 문제로 김헌창이 봉기를 일으킨 것은 822년(헌덕왕 14)의 일이다.
③④ 모두 신라 하대의 정세에 대한 설명이다.

22 ④ 삼사는 조선시대 언론을 담당한 사헌부(감찰기관)·사간원(간쟁기관)·홍문관(문필기관)을 가리킨다. 삼사는 왕의 잘못을 간쟁하는 역할을 하였으므로, 왕권을 견제의 기능이 있었다고 볼 수 있다.

23 병자호란은 1636년(인조 14) 12월부터 이듬해 1월에 청나라가 조선에 대한 제2차 침입으로 일어난 전쟁이다. 병자호란은 인조의 항복으로 끝이 났으며, 그 결과 조선은 청나라와 군신관계를 맺고 소현세자와 봉림대군이 포로로 끌려갔으며, 많은 양의 조공도 바치게 되었다. 인조의 뒤를 이어 왕위에 오른 효종은 북벌의 계획을 세웠으나 재위 10년 만에 숨을 거두면서 실행되지는 못하였다.
③ 4군 6진은 조선 세종 때 여진족을 물리치고 개척한 지역이다.

24 통일신라의 불교에 관한 설명으로 옳은 것은?

① 의상이 화엄 사상을 정립하였다.

② 이차돈의 순교로 불교를 공인하였다.

③ 담징이 법륜사 금당에 벽화를 남겼다.

④ 노리사치계가 일본에 불경과 불상을 전하였다.

25 다음 내용과 관련된 국왕은?

> • 속대전을 반포하였다.
> • 증수무원록을 간행하였다.
> • 낙형, 압슬형, 주리형 등 고문을 폐지하였다.

① 숙종

② 영조

③ 정조

④ 고종

ANSWER 24.① 25.②

24 ② 이차돈의 순교로 불교가 공인된 것은 527년(법흥왕 14)의 일이다.

③ 담징은 고구려 출신의 승려로 일본에 건너가 호류사에 금당벽화를 그렸다.

④ 노리사치계는 백제 성왕의 사신으로 일본으로 건너가 일본에 처음으로 불교를 전해 주었다.

25 제시된 내용은 조선의 제21대 왕인 영조의 업적이다.

※ 『증수무원록』 … 백성을 다스릴 때 원통한 일이 없도록 법률을 잘 적용하라는 취지에서 원나라 왕여(王與)가 지은 『무원록』을 증수한 법의학서로, 1796년(정조 20)에 간행되었다.

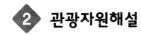 **관광자원해설**

26 우리나라 관광자원을 자원특성에 따라 분류할 때 자연적 관광자원에 해당하지 않는 항목은?

① 온천
② 풍속
③ 동식물
④ 산림

27 산업관광에 해당하지 않는 것은?

① 기업홍보관 견학
② 산업시찰
③ 박람회 견학
④ 템플스테이 체험

28 제3차 관광개발기본계획(2012~2021)에서 설정한 초광역 관광벨트에 해당하지 않는 것은?

① 백두대간 생태문화 관광벨트
② 수도권 관광벨트
③ 남해안 관광벨트
④ 동해안 관광벨트

ANSWER 26.② 27.④ 28.②

26 자연적 관광자원은 인간의 노동력, 자본, 기술이 투여되지 않은 자연적 소산의 상태를 의미하는 자원으로, 자연 그대로의 모습이 관광 객체인 자원의 역할을 하는 것을 말한다.
② 풍속은 사회적 관광자원에 해당한다.

27 산업관광은 내국인과 외국인들에게 자국의 산업시설과 생산공정을 견학 · 시찰하게 하여 내국인에게는 자국의 산업수준에 대한 자부심을 부여하고, 외국관광객에게는 기술교류를 통한 국제관계 개선 및 자국의 이익확보에 큰 역할을 한다.
④ 템플스테이 체험은 전통사찰에 머물면서 사찰의 생활을 체험해 보는 사찰체험 관광프로그램이다.

28 제3차 관광개발기본계획에서 설정한 초광역 관광벨트는 서해안 관광벨트, 동해안 관광벨트, 남해안 관광벨트, 한반도 평화생태 관광벨트, 백두대간 생태문화 관광벨트, 강변 생태문화 관광벨트의 6개이다.

29 전라남도에 위치한 관광지가 아닌 것은?

① 홍길동 테마파크　　　　　　② 장성호

③ 표충사　　　　　　　　　　④ 화순온천

30 2020년에 세계지질공원으로 지정된 곳은?

① 한탄강　　　　　　　　　　② 제주도

③ 청송군　　　　　　　　　　④ 무등산

31 2020년 선정된 언택트관광지 100선에 해당하지 않는 것은?

① 몽촌토성

② 국립 4.19 민주묘지

③ 잠실 롯데월드

④ 아차산

ANSWER　29.전항정답　30.①　31.③

29 ③ 표충사는 신라시대의 사찰로 경상남도 밀양시에 위치해 있다.
①② 전라남도 장성군
④ 전라남도 화순군
※ 문제 오류로 전항정답 처리

30 한탄강은 2020년 7월 8일 프랑스 파리에서 개최된 유네스코 제209차 집행이사회에서 세계지질공원 인증을 최종 승인받았다. 이로써 한탄강은 제주도(2010), 청송군(2017), 무등산(2018)에 이어 국내에서 네 번째로 세계지질공원으로 등재됐다.

31 한국관광공사는 코로나19를 피해 안전하게 국내여행을 할 수 있도록 '2020년 언택트관광지 100선'을 선정하였다. 언택트 관광지로 선정된 100곳은 경기 평택 바람새마을 소풍정원, 경북 영덕 벌영리메타세콰이어길, 대전 한밭수목원, 부산 황령산, 서울 몽촌토성, 인천 교동도, 제주 고살리 숲길 등이며, 이 관광지들은 지역관광공사 등에서 각각 추천한 해당 지역 관광지 중 기존에 잘 알려지지 않은 관광지, 개별 여행 및 가족단위 테마 관광지, 야외 관광지, 자체 입장객수 제한을 통해 거리두기 여행을 실천하는 관광지 등의 기준 요건을 검토해 정해졌다.
③ 잠실 롯데월드는 언택트관광지에 해당하지 않는다.

32 코리아둘레길에 해당하지 않는 것은?

① 동해안의 해파랑길

② 비무장지대(DMZ)의 평화누리길

③ 남해안의 남파랑길

④ 지리산 둘레길

33 해당지역에 위치한 컨벤션센터의 연결로 옳지 않은 것은?

① 부산광역시 - COEX

② 경주시 - HICO

③ 제주특별자치도 - ICC JEJU

④ 경기도 고양시 - KINTEX

ANSWER　**32.④　33.①**

32 코리아둘레길은 2017년부터 2019년까지 3년 동안 동해안 · 서해안 · 남해안 및 DMZ 접경 지역 등 우리나라 외곽의 기존 걷기여행길들을 연결하여 구축한 약 4,500km의 초장거리 걷기여행길이다.

※ 코리아둘레길

33 ① COEX(코엑스)는 서울특별시 강남구 영동대로에 위치해 있다. 부산광역시에 위치한 컨벤션센터는 BEXCO(벡스코)이다.

34 온천 – 해수욕장 – 동굴이 행정구역상 모두 같은 도(道)에 위치하는 것은?

① 덕구온천 – 함덕해수욕장 – 고씨(동)굴

② 수안보온천 – 선유도해수욕장 – 만장굴

③ 풍기온천 – 감포해수욕장 – 성류굴

④ 담양온천 – 송도해수욕장 – 고수동굴

35 다음 설명에 해당하는 안보관광자원은?

• 경기도 파주시에 위치하며, 6.25 전쟁의 비통한 한이 서려 있다.
• 망배단, 미얀마 아웅산 순국외교사절 위령탑 등이 설치되어 있다.

① 판문점   ② 제4땅굴

③ 도라전망대   ④ 임진각

36 개최지역과 문화축제와의 연결로 옳지 않은 것은?

① 논산 – 딸기축제   ② 금산 – 인삼축제

③ 기장 – 멸치축제   ④ 진주 – 산천어축제

34 ③ 풍기온천(경상북도 영주시) – 감포해수욕장(경상북도 경주시) – 성류굴(경상북도 울진군)

  ① 덕구온천(경상북도 울진군) – 함덕해수욕장(제주특별자치도 제주시) – 고씨(동)굴(강원도 영월군)

  ② 수안보온천(충청북도 충주시) – 선유도해수욕장(전라북도 군산시) – 만장굴(제주특별자치도 제주시)

  ④ 담양온천(전라남도 담양군) – 송도해수욕장(부산광역시 서구) – 고수동굴(충청북도 단양군)

35 제시된 설명에 해당하는 안보관광자원은 경기도 파주시에 위치한 임진각이다.

  ① 판문점 : 비무장지대인 경기도 파주시 진서면의 군사분계선상에 있는 공동경비구역

  ② 제4땅굴 : 강원도 양구군 해안면에 위치한 1990년 3월에 발견된 땅굴

  ③ 도라전망대 : 경기도 파주시 군내면 점원리에 있는 전망대

36 ④ 산천어축제는 강원도 화천군에서 개최되는 축제이다.

37 강원도에 위치한 국립공원으로만 옳게 나열한 것은?

ㄱ 월출산   ㄴ 설악산
ㄷ 북한산   ㄹ 월악산
ㅁ 오대산

---

① ㄱ, ㄴ   ② ㄴ, ㅁ

③ ㄷ, ㄹ   ④ ㄹ, ㅁ

38 다음 설명에 해당하는 것은?

• 조선왕조에 관한 방대한 규모의 사실적 역사기록과 국가의 기밀을 담고 있다.
• 국보 제303호로 지정되어 있다.
• 2001년 유네스코 세계기록유산으로 등재되어 있다.

---

① 조선왕조실록
② 승정원일기
③ 조선왕조의궤
④ 일성록

37 보기 중 강원도에 위치한 국립공원은 설악산과 오대산이다.
　　ㄱ 월출산 – 전라남도
　　ㄷ 북한산 – 서울특별시/경기도
　　ㄹ 월악산 – 충청북도

38 제시된 내용은 승정원일기에 대한 설명이다.
　※ 우리나라 세계기록유산으로는 훈민정음, 조선왕조실록, 직지심체요절, 승정원일기, 고려대장경판 및 제경판, 조선왕조
　　의궤, 동의보감, 일성록, 5·18 민주화운동 기록물, 난중일기, 새마을운동 기록물, 한국의 유교책판, KBS특별생방송 '
　　이산가족을 찾습니다' 기록물, 국채보상운동 기록물, 조선통신사에 관한 기록, 조선왕실 어보와 어책이 있다.

39 국보의 지정기준으로 옳지 않은 것은?

① 보물에 해당하는 문화재 중 특히 역사적, 학술적, 예술적 가치가 큰 것

② 보물에 해당하는 문화재 중 제작 연대가 오래되었으며, 그 시대의 대표적인 것으로서, 특히 보존가치가 큰 것

③ 보물에 해당하는 문화재 중 특히 저명한 인물과 관련이 깊거나 그가 제작한 것

④ 보물에 해당하는 문화재 중 특히 금전적인 가치가 매우 높은 것

40 2019년 유네스코 세계문화유산으로 등재된 한국의 서원 중 행정구역상 같은 도(道)에 해당하지 않는 것은?

① 소수서원

② 옥산서원

③ 병산서원

④ 무성서원

41 양주별산대놀이에 관한 설명으로 옳지 않은 것은?

① 산대놀이는 중부지방의 탈춤을 가리키는 말이다.

② 서울·경기지방에서 즐겼던 산대도감극의 한 갈래이다.

③ 춤과 무언극, 덕담과 익살이 어우러진 민중놀이이다.

④ 국가무형문화재 제5호이다.

ANSWER 39.④ 40.④ 41.④

39 국보는 보물로 지정될 가치가 있는 것 중에 제작 연대가 오래되고 시대를 대표하거나, 유례가 드물고 우수하며 특이하거나, 역사적 인물과 관련이 있는 것을 지정한다.

40 무성서원은 전라북도 정읍시, 나머지는 모두 경상북도에 위치해 있다.
 ※ 한국의 서원으로 등재된 서원은 소수서원(경상북도 영주시), 남계서원(경상남도 함양군), 옥산서원(경상북도 경주시), 도산서원(경상북도 안동시), 필암서원(전라남도 장성군), 도동서원(대구광역시 달성군), 병산서원(경상북도 안동시), 무성서원(전라북도 정읍시), 돈암서원(충청남도 논산시)이다.

41 ④ 양주 별산대놀이는 1964년에 국가무형문화재 제2호로 지정되었다. 국가무형문화재 제5호는 판소리이다.

42 다음 설명에 해당하는 화가가 그린 그림은?

- 호가 완당이다.
- 서예에도 능통한 금석학자이다.
- '추사체'라는 독보적인 글씨체를 완성시켰다.

① 세한도   ② 인왕제색도

③ 송하보월도   ④ 몽유도원도

42 제시된 내용은 추사 김정희에 대한 설명이다. 김정희의 호는 추사(秋史) 외에도 완당(阮堂), 예당(禮堂), 시암(詩庵), 과노(果老) 등이 있다. 세한도는 김정희가 그린 수묵화로, 문인화의 대표작으로 꼽힌다.

① 세한도 – 김정희

② 인왕제색도 – 정선

③ 송하보월도 – 이상좌

④ 몽유도원도 – 안견

43 성(城)의 구성에 관한 설명으로 옳지 않은 것은?

① 해자 : 성곽주위로 물을 채워서 적의 침입을 막는 시설

② 여장 : 공격과 방어에 유용하게 사용되는 낮은 철(凸)자형의 담장으로 쌓아놓은 시설

③ 옹성 : 성벽의 일부를 돌출시켜 적의 동태를 살피거나 공격하고 성벽을 타고 오르는 적병을 측면에서 공격할 수 있는 시설

④ 노대 : 산성과 같은 높은 곳에서 화살을 쏠 수 있는 시설

44 조선시대 궁궐 건축물의 연결로 옳은 것은?

① 창덕궁 – 인정전, 교태전, 돈화문

② 경복궁 – 강녕전, 대조전, 광화문

③ 창경궁 – 명정전, 통영전, 홍화문

④ 덕수궁 – 근정전, 석조전, 숭례문

45 사찰의 주요 건축물에 관한 설명으로 옳은 것은?

① 극락전은 보광전이라고도 하며, 중앙에 약사여래불, 좌측에 일광보살, 우측에 월광보살이 위치한다.

② 나한전은 응진전이라고도 하며, 아라한을 모신 곳이다.

③ 명부전은 대적광전, 대방광전이라고도 부르며, 중앙에 비로자나불을 주불로 하여 좌측에 관세음보살, 우측에 허공장보살이 위치한다.

④ 대웅전은 미래에 나타날 부처를 모신 곳이다.

ANSWER 43.③ 44.전항정답 45.②

43 ③은 적대에 대한 설명이다. 옹성은 성문 보호를 목적으로 성문 밖에 쌓은 성벽으로, 모양이 마치 항아리와 같다고 해서 붙여진 명칭이다.

44 ① 인정전(창덕궁), 교태전(경복궁), 돈화문(창덕궁)
② 강녕전(경복궁), 대조전(창덕궁), 광화문(경복궁)
④ 근정전(경복궁), 석조전(덕수궁), 숭례문(덕수궁)
※ 문제 오류로 전항정답 처리

45 ① 극락전은 서방 극락정토의 주재자인 아미타불을 모시는 사찰 당우로, 극락보전·무량수전·무량전·보광명전(普光明殿)·아미타전이라고도 한다. 아미타불의 좌우에 관세음보살과 대세지보살, 또는 관세음보살과 지장보살을 둔다.
③ '명부(冥府)'란 염마왕이 다스리는 유명계 또는 명토를 통틀어 이르는 말로, 명부전은 지장보살을 모시고 죽은 이의 넋을 인도하여 극락왕생하도록 기원하는 전각이다. 지장보살을 주불로 모신 곳이므로 지장전이라고도 하며, 시왕전, 쌍세전이라고도 한다.
④ 대웅전은 석가모니불을 본존불로 모시는 당우로, 대웅보전이라고도 한다. 석가모니불 좌우에 문수보살과 보현보살 또는 아미타불과 약사여래를 협시불(脇侍佛)로 세운다.

46 다음 설명에 해당하는 것은?

> • 이율곡의 생가
> • 우리나라 주택건물 중에서 매우 오래된 것 중 하나
> • 보물 제165호 지정

① 오죽헌   ② 낙성대

③ 이화장   ④ 소쇄원

47 불교 의식법구에 관한 설명으로 옳지 않은 것은?

① 반자는 금속으로 만든 쇠북이다.

② 목어는 나무를 고기모양으로 만들어 안을 텅 비워 두드리면 소리나도록 만든 것이다.

③ 법라는 동이나 철, 옥 및 돌 등으로 만든 악기이며, 불경을 읽을 때나 범패를 할 때 사용한다.

④ 운판은 주로 청동이나 철을 판판하게 펴서 구름모양으로 만든 것으로 식사 때 치는 것이다.

48 단청에 관한 설명으로 옳지 않은 것은?

① 청, 적, 황, 백, 흑색의 5색을 쓴다.

② 상징과 식별, 은폐와 보호 및 물리 화학적 기능과 심리적 기능을 갖고 있다.

③ 단청장은 국가무형문화재 제48호로 지정되어 있다.

④ 우리나라 단청의 기원은 고려시대부터 이다.

ANSWER   46.①   47.③   48.④

46 보물 제165호로 지정된 이율곡의 생가는 오죽헌이다.
② **낙성대** : 강감찬 장군의 출생지로 하늘에서 큰 별이 떨어진 날 장군이 태어났다고 하여 붙은 이름이다.
③ **이화장** : 이승만 전 대통령의 사저
④ **소쇄원** : 조선 중종 때 소쇄옹 양산보가 건립하여 은신하였던 정원

47 ③ 제시된 내용은 경쇠에 대한 설명이다. 법라는 소라의 껍데기의 끝 부분에 피리를 붙인 악기이다. 주로 도를 닦을 때 악귀와 짐승을 쫓기 위해 사용한다.

48 ④ 우리나라 단청의 기원은 고구려 시대부터라고 추정할 수 있다. 고구려 고분벽화에 표현된 구조가 채색되었고, 건물에도 시채(施彩)되어 있는 것으로 미루어 고구려 시대에 이미 단청이 시작되었음을 알 수 있다.

49 다음 민속놀이에 해당하는 것은?

> • 주로 전라남도 일대에서 행하여진다.
> • 정월 대보름 전후에 행해지는 격렬한 남성의 집단놀이이다.
> • 국가무형문화재 제33호로 지정되어 있다.

① 광주 칠석 고싸움놀이
② 안동 차전놀이
③ 영산 줄다리기
④ 강강수월래

50 다음 설명에 해당하는 것은?

> • 조선시대 중·후기 대표적인 가옥들로 원형을 잘 보존하고 있다.
> • 2010년 세계문화유산에 등재되었다.
> • 월성 손씨와 여강 이씨의 동족마을이다.

① 경주 양동마을
② 고성 왕곡마을
③ 아산 외암마을
④ 낙안 민속마을

ANSWER **49.**① **50.**①

49 제시된 내용은 국가무형문화재 제33호로 지정된 광주 칠석 고싸움놀이에 대한 설명이다.
  ② 국가무형문화재 제24호
  ③ 국가무형문화재 제26호
  ④ 국가무형문화재 제8호
  ※ 강강수월래(強羌水越來)는 강강술래를 한자를 빌려서 쓴 말이다. 표준어규정에 따르면 강강술래만 표준어이다.

50 제시된 내용은 국가민속문화재 제189호 경주 양동마을에 대한 설명이다. 경주 양동마을은 안동 하회마을과 함께 2010년 세계유산에 등재되었다.

51 관광기본법상 다음 ( )에 들어갈 내용은?

> 관광진흥의 방향 및 주요 시책에 대한 수립·조정, 관광진흥계획의 수립 등에 관한 사항을 심의·조정하기 위하여 국무총리 소속으로 ( )를 둔다.

① 지역관광협의회
② 국가관광전략회의
③ 한국관광협회중앙회
④ 한국문화예술위원회

52 관광진흥법상 '관광단지'에 관한 정의이다. ( )에 들어갈 내용은?

> 관광객의 다양한 관광 및 휴양을 위하여 각종 관광시설을 종합적으로 개발하는 ( )지역으로서 이 법에 따라 지정된 곳

① 관광 거점
② 복합 시설
③ 관광 진흥
④ 관광 촉진

ANSWER 51.② 52.①

51 관광진흥의 방향 및 주요 시책에 대한 수립·조정, 관광진흥계획의 수립 등에 관한 사항을 심의·조정하기 위하여 국무총리 소속으로 국가관광전략회의를 둔다〈「관광기본법」 제16조(국가관광전략회의) 제1항〉.

52 "관광단지"란 관광객의 다양한 관광 및 휴양을 위하여 각종 관광시설을 종합적으로 개발하는 관광 거점 지역으로서 이 법에 따라 지정된 곳을 말한다〈「관광진흥법」 제2조(정의) 제7호〉.

53 관광진흥법령상 관광객 이용시설업의 종류가 아닌 것은?

① 관광공연장업

② 관광유람선업

③ 외국인관광 도시민박업

④ 여객자동차터미널시설업

53 ④ 여객자동차터미널시설업은 관광 편의시설업에 해당한다.

※ 관광객 이용시설업의 종류〈「관광진흥법 시행령」 제2조(관광사업의 종류) 제1항 제3호〉

㉠ 전문휴양업 : 관광객의 휴양이나 여가 선용을 위하여 숙박업 시설(「공중위생관리법 시행령」 제2조 제1항 제1호 및 제2호의 시설을 포함하며, 이하 "숙박시설"이라 한다)이나 「식품위생법 시행령」 제21조 제8호 가목·나목 또는 바목에 따른 휴게음식점영업, 일반음식점영업 또는 제과점영업의 신고에 필요한 시설(이하 "음식점시설"이라 한다)을 갖추고 별표 1 제4호 가목 (2)(가)부터 (거)까지의 규정에 따른 시설(이하 "전문휴양시설"이라 한다) 중 한 종류의 시설을 갖추어 관광객에게 이용하게 하는 업

㉡ 종합휴양업

• 제1종 종합휴양업 : 관광객의 휴양이나 여가 선용을 위하여 숙박시설 또는 음식점시설을 갖추고 전문휴양시설 중 두 종류 이상의 시설을 갖추어 관광객에게 이용하게 하는 업이나, 숙박시설 또는 음식점시설을 갖추고 전문휴양시설 중 한 종류 이상의 시설과 종합유원시설업의 시설을 갖추어 관광객에게 이용하게 하는 업

• 제2종 종합휴양업 : 관광객의 휴양이나 여가 선용을 위하여 관광숙박업의 등록에 필요한 시설과 제1종 종합휴양업의 등록에 필요한 전문휴양시설 중 두 종류 이상의 시설 또는 전문휴양시설 중 한 종류 이상의 시설 및 종합유원시설업의 시설을 함께 갖추어 관광객에게 이용하게 하는 업

㉢ 야영장업

• 일반야영장업 : 야영장비 등을 설치할 수 있는 공간을 갖추고 야영에 적합한 시설을 함께 갖추어 관광객에게 이용하게 하는 업

• 자동차야영장업 : 자동차를 주차하고 그 옆에 야영장비 등을 설치할 수 있는 공간을 갖추고 취사 등에 적합한 시설을 함께 갖추어 자동차를 이용하는 관광객에게 이용하게 하는 업

㉣ 관광유람선업

• 일반관광유람선업 : 「해운법」에 따른 해상여객운송사업의 면허를 받은 자나 「유선 및 도선사업법」에 따른 유선사업의 면허를 받거나 신고한 자가 선박을 이용하여 관광객에게 관광을 할 수 있도록 하는 업

• 크루즈업 : 「해운법」에 따른 순항(順航) 여객운송사업이나 복합 해상여객운송사업의 면허를 받은 자가 해당 선박 안에 숙박시설, 위락시설 등 편의시설을 갖춘 선박을 이용하여 관광객에게 관광을 할 수 있도록 하는 업

㉤ 관광공연장업 : 관광객을 위하여 적합한 공연시설을 갖추고 공연물을 공연하면서 관광객에게 식사와 주류를 판매하는 업

㉥ 외국인관광 도시민박업 : 「국토의 계획 및 이용에 관한 법률」 제6조 제1호에 따른 도시지역(「농어촌정비법」에 따른 농어촌지역 및 준농어촌지역은 제외한다)의 주민이 자신이 거주하고 있는 다음의 어느 하나에 해당하는 주택을 이용하여 외국인 관광객에게 한국의 가정문화를 체험할 수 있도록 적합한 시설을 갖추고 숙식 등을 제공(도시지역에서 「도시재생 활성화 및 지원에 관한 특별법」 제2조 제6호에 따른 도시재생활성화계획에 따라 같은 조 제9호에 따른 마을기업이 외국인 관광객에게 우선하여 숙식 등을 제공하면서, 외국인 관광객의 이용에 지장을 주지 아니하는 범위에서 해당 지역을 방문하는 내국인 관광객에게 그 지역의 특성화된 문화를 체험할 수 있도록 숙식 등을 제공하는 것을 포함한다)하는 업

• 「건축법 시행령」 별표 1 제1호 가목 또는 다목에 따른 단독주택 또는 다가구주택

• 「건축법 시행령」 별표 1 제2호 가목, 나목 또는 다목에 따른 아파트, 연립주택 또는 다세대주택

㉦ 한옥체험업 : 한옥(「한옥 등 건축자산의 진흥에 관한 법률」 제2조 제2호에 따른 한옥을 말한다)에 관광객의 숙박 체험에 적합한 시설을 갖추고 관광객에게 이용하게 하거나, 전통 놀이 및 공예 등 전통문화 체험에 적합한 시설을 갖추어 관광객에게 이용하게 하는 업

54 관광진흥법령상 지역별 관광협회에 지정 및 지정취소의 권한이 위탁된 관광 편의 시설업은?

① 관광유흥음식점업

② 관광식당업

③ 관광펜션업

④ 관광순환버스업

54 권한의 위탁〈「관광진흥법 시행령」 제65조 제1항〉… 등록기관등의 장은 법 제80조 제3항에 따라 다음 각 호의 권한을 한 국관광공사, 협회, 지역별·업종별 관광협회, 전문 연구·검사기관, 자격검정기관 또는 교육기관에 각각 위탁한다. 이 경 우 문화체육관광부장관 또는 시·도지사는 ㉤, ㉥, ㉦ 및 ㉠의 경우 위탁한 업종별 관광협회, 전문 연구·검사기관 또는 관광 관련 교육기관의 명칭·주소 및 대표자 등을 고시해야 한다.

㉠ 법 제6조 및 법 제35조에 따른 관광 편의시설업 중 관광식당업·관광사진업 및 여객자동차터미널시설업의 지정 및 지정취소 에 관한 권한 : 지역별 관광협회

㉡ 법 제13조 제2항 및 제3항에 따른 국외여행 인솔자의 등록 및 자격증 발급에 관한 권한 : 업종별 관광협회

㉢ 삭제 〈2018. 6. 5.〉

㉣ 법 제25조 제3항에 따른 카지노기구의 검사에 관한 권한 : 법 제25조 제2항에 따라 문화체육관광부장관이 지정하는 검사 기관(이하 "카지노기구 검사기관"이라 한다)

㉤ 법 제33조 제1항에 따른 유기시설 또는 유기기구의 안전성검사 및 안전성검사 대상에 해당되지 아니함을 확인하는 검사에 관 한 권한 : 문화체육관광부령으로 정하는 인력과 시설 등을 갖추고 문화체육관광부령으로 정하는 바에 따라 문화체육관 광부장관이 지정한 업종별 관광협회 또는 전문 연구·검사기관

㉥ 법 제33조 제3항에 따른 안전관리자의 안전교육에 관한 권한 : 업종별 관광협회 또는 안전 관련 전문 연구·검사기관

㉦ 법 제38조에 따른 관광종사원 중 관광통역안내사·호텔경영사 및 호텔관리사의 자격시험, 등록 및 자격증의 발급에 관한 권 한 : 한국관광공사. 다만, 자격시험의 출제, 시행, 채점 등 자격시험의 관리에 관한 업무는 「한국산업인력공단법」에 따 른 한국산업인력공단에 위탁한다.

㉧ 법 제38조에 따른 관광종사원 중 국내여행안내사 및 호텔서비스사의 자격시험, 등록 및 자격증의 발급에 관한 권한 : 협회. 다만, 자격시험의 출제, 시행, 채점 등 자격시험의 관리에 관한 업무는 「한국산업인력공단법」에 따른 한국산업인력공 단에 위탁한다.

㉨ 법 제48조의6 제1항에 따른 문화관광해설사 양성을 위한 교육과정의 개설·운영에 관한 권한 : 한국관광공사 또는 다음 각 목의 요건을 모두 갖춘 관광 관련 교육기관

• 기본소양, 전문지식, 현장실무 등 문화관광해설사 양성교육(이하 이 호에서 "양성교육"이라 한다)에 필요한 교육과정 및 교육내용을 갖추고 있을 것

• 강사 등 양성교육에 필요한 인력과 조직을 갖추고 있을 것

• 강의실, 회의실 등 양성교육에 필요한 시설과 장비를 갖추고 있을 것

㉩ 법 제48조의10 및 제48조의11에 따른 한국관광 품질인증 및 그 취소에 관한 업무 : 한국관광공사

㉪ 법 제73조제3항에 따른 관광특구에 대한 평가 : 제58조의2 각 호에 따른 조사·분석 전문기관

55 관광진흥법상 '한국관광 품질인증' 대상 사업이 아닌 것은?

① 휴양 콘도미니엄업
② 한옥체험업
③ 외국인관광 도시민박업
④ 야영장업

56 관광진흥법령상 관광통역안내사 자격을 취득한 사람이 다른 사람에게 그 자격증을 대여한 경우에 그 자격을 취소할 수 있는 처분권자는?

① 한국관광협회중앙회장
② 시장 · 군수 · 구청장
③ 시 · 도지사
④ 문화체육관광부장관

ANSWER   **55.**① **56.**④

55 한국관광 품질인증의 대상〈「관광진흥법 시행령」 제41조의10〉
　⊙ 제2조 제1항 제3호 다목의 야영장업
　ⓛ 제2조 제1항 제3호 바목의 외국인관광 도시민박업
　ⓒ 제2조 제1항 제3호 사목의 한옥체험업
　ⓔ 제2조 제1항 제6호 라목의 관광식당업
　ⓜ 제2조 제1항 제6호 카목의 관광면세업
　ⓗ 「공중위생관리법」 제2조 제1항 제2호에 따른 숙박업(법 제3조 제1항 제2호에 따른 관광숙박업을 제외한다)
　ⓢ 「외국인관광객 등에 대한 부가가치세 및 개별소비세 특례규정」 제4조 제2항에 따른 외국인관광객면세판매장
　ⓞ 그 밖에 관광사업 및 이와 밀접한 관련이 있는 사업으로서 문화체육관광부장관이 정하여 고시하는 사업

56 자격취소 등〈「관광진흥법」 제40조〉 … 문화체육관광부장관(관광종사원 중 대통령령으로 정하는 관광종사원에 대하여는 시 · 도지사)은 제38조 제1항에 따라 자격을 가진 관광종사원이 다음 각 호의 어느 하나에 해당하면 문화체육관광부령으로 정하는 바에 따라 그 자격을 취소하거나 6개월 이내의 기간을 정하여 자격의 정지를 명할 수 있다. 다만, ⊙ 및 ⓜ에 해당하면 그 자격을 취소하여야 한다.
　⊙ 거짓이나 그 밖의 부정한 방법으로 자격을 취득한 경우
　ⓛ 제7조 제1항 각 호(제3호는 제외한다)의 어느 하나에 해당하게 된 경우
　ⓒ 관광종사원으로서 직무를 수행하는 데에 부정 또는 비위(非違) 사실이 있는 경우
　ⓔ 삭제 〈2007. 7. 19.〉
　ⓜ 제38조 제8항을 위반하여 다른 사람에게 관광종사원 자격증을 대여한 경우

57 관광진흥법령상 의료관광호텔업의 등록기준에 충족된 것은?

① 객실별 면적이 15제곱미터

② 욕실이나 샤워시설을 갖춘 객실이 30실

③ 다른 외국인환자 유치 의료기관의 개설자 또는 유치업자와 공동으로 등록

④ 외국인환자 유치 의료기관의 개설자가 설립을 위한 출연재산의 100분의 20을 출연

57 의료관광호텔업의 등록기준〈「관광진흥법 시행령」 [별표 1] 관광사업의 등록기준 참고〉

ⓐ 의료관광객이 이용할 수 있는 취사시설이 객실별로 설치되어 있거나 층별로 공동취사장이 설치되어 있을 것

ⓑ 욕실이나 샤워시설을 갖춘 객실이 20실 이상일 것

ⓒ 객실별 면적이 19제곱미터 이상일 것

ⓓ 「교육환경 보호에 관한 법률」 제9조 제13호 · 제22호 · 제23호 및 제26호에 따른 영업이 이루어지는 시설을 부대시설로 두지 않을 것

ⓔ 의료관광객의 출입이 편리한 체계를 갖추고 있을 것

ⓕ 외국어 구사인력 고용 등 외국인에게 서비스를 제공할 수 있는 체제를 갖추고 있을 것

ⓖ 의료관광호텔 시설(의료관광호텔의 부대시설로 「의료법」 제3조 제1항에 따른 의료기관을 설치할 경우에는 그 의료기관을 제외한 시설을 말한다)은 의료기관 시설과 분리될 것. 이 경우 분리에 관하여 필요한 사항은 문화체육관광부장관이 정하여 고시한다.

ⓗ 대지 및 건물의 소유권 또는 사용권을 확보하고 있을 것

ⓘ 의료관광호텔업을 등록하려는 자가 다음의 구분에 따른 요건을 충족하는 외국인환자 유치 의료기관의 개설자 또는 유치업자일 것

㉮ 외국인환자 유치 의료기관의 개설자

1) 「의료 해외진출 및 외국인환자 유치 지원에 관한 법률」 제11조에 따라 보건복지부장관에게 보고한 사업실적에 근거하여 산정할 경우 전년도(등록신청일이 속한 연도의 전년도를 말한다. 이하 같다)의 연환자수(외국인환자 유치 의료기관이 2개 이상인 경우에는 각 외국인환자 유치 의료기관의 연환자수를 합산한 결과를 말한다. 이하 같다) 또는 등록신청일 기준으로 직전 1년간의 연환자수가 500명을 초과할 것. 다만 외국인환자 유치 의료기관 중 1개 이상이 서울특별시에 있는 경우에는 연환자수가 3,000명을 초과하여야 한다.

2) 「의료법」 제33조 제2항 제3호에 따른 의료법인인 경우에는 1)의 요건을 충족하면서 다른 외국인환자 유치 의료기관의 개설자 또는 유치업자와 공동으로 등록하지 아니할 것

3) 외국인환자 유치 의료기관의 개설자가 설립을 위한 출연재산의 100분의 30 이상을 출연한 경우로서 최다출연자가 되는 비영리법인(외국인환자 유치 의료기관의 개설자인 경우로 한정한다)이 1)의 기준을 충족하지 아니하는 경우에는 그 최다출연자인 외국인환자 유치 의료기관의 개설자가 1)의 기준을 충족할 것

㉯ 유치업자

1) 「의료 해외진출 및 외국인환자 유치 지원에 관한 법률」 제11조에 따라 보건복지부장관에게 보고한 사업실적에 근거하여 산정할 경우 전년도의 실환자수(둘 이상의 유치업자가 공동으로 등록하는 경우에는 실환자수를 합산한 결과를 말한다. 이하 같다) 또는 등록신청일 기준으로 직전 1년간의 실환자수가 200명을 초과할 것

2) 외국인환자 유치 의료기관의 개설자가 100분의 30 이상의 지분 또는 주식을 보유하면서 최대출자자가 되는 법인(유치업자인 경우로 한정한다)이 1)의 기준을 충족하지 아니하는 경우에는 그 최대출자자인 외국인환자 유치 의료기관의 개설자가 ㉮ 1)의 기준을 충족할 것

58 관광진흥법령상 카지노사업자에게 금지되는 행위를 모두 고른 것은?

> ㉠ 내국인을 입장하게 하는 행위
>
> ㉡ 19세 미만인 자를 입장시키는 행위
>
> ㉢ 정당한 사유 없이 그 연도 안에 30일간 휴업하는 행위

① ㉠, ㉡

② ㉠, ㉢

③ ㉡, ㉢

④ ㉠, ㉡, ㉢

58 카지노사업자 등의 준수 사항〈「관광진흥법」 제28조 제1항〉 … 카지노사업자(대통령령으로 정하는 종사원을 포함한다)는 다음 각 호의 어느 하나에 해당하는 행위를 하여서는 아니 된다.

㉠ 법령에 위반되는 카지노기구를 설치하거나 사용하는 행위

㉡ 법령을 위반하여 카지노기구 또는 시설을 변조하거나 변조된 카지노기구 또는 시설을 사용하는 행위

㉢ 허가받은 전용영업장 외에서 영업을 하는 행위

㉣ 내국인(「해외이주법」 제2조에 따른 해외이주자는 제외한다)을 입장하게 하는 행위

㉤ 지나친 사행심을 유발하는 등 선량한 풍속을 해칠 우려가 있는 광고나 선전을 하는 행위

㉥ 제26조 제1항에 따른 영업 종류에 해당하지 아니하는 영업을 하거나 영업 방법 및 배당금 등에 관한 신고를 하지 아니하고 영업하는 행위

㉦ 총매출액을 누락시켜 제30조 제1항에 따른 관광진흥개발기금 납부금액을 감소시키는 행위

㉧ 19세 미만인 자를 입장시키는 행위

㉨ 정당한 사유 없이 그 연도 안에 60일 이상 휴업하는 행위

59 관광진흥법상의 관광사업 중 특별자치시장 · 특별자치도지사 · 시장 · 군수 · 구청장에게 등록해야 하는 관광사업을 모두 고른 것은?

> ㉠ 여행업
> ㉡ 관광숙박업
> ㉢ 유원시설업
> ㉣ 관광객 이용시설업
> ㉤ 관광편의시설업
> ㉥ 국제회의업

① ㉠, ㉡, ㉢, ㉣
② ㉠, ㉡, ㉣, ㉥
③ ㉠, ㉢, ㉤, ㉥
④ ㉡, ㉢, ㉤, ㉥

59 등록〈「관광진흥법」 제4조 제1항〉 … 제3조 제1항 제1호부터 제4호까지의 규정에 따른 <u>여행업, 관광숙박업, 관광객 이용시설업 및 국제회의업</u>을 경영하려는 자는 특별자치시장 · 특별자치도지사 · 시장 · 군수 · 구청장(자치구의 구청장을 말한다)에게 등록하여야 한다.

60 관광진흥법령상 기획여행을 실시하는 자가 광고하려는 경우 표시하여야 하는 사항을 모두 고른 것은?

> ㉠ 인솔자명
> ㉡ 여행업의 등록번호
> ㉢ 여행경비
> ㉣ 최저 여행인원
> ㉤ 기획여행명

① ㉠, ㉡, ㉣

② ㉠, ㉢, ㉣

③ ㉡, ㉢, ㉤

④ ㉡, ㉢, ㉣, ㉤

60 기획여행의 광고〈「관광진흥법 시행규칙」 제21조〉 … 법 제12조에 따라 기획여행을 실시하는 자가 광고를 하려는 경우에는 다음 각 호의 사항을 표시하여야 한다. 다만, 2 이상의 기획여행을 동시에 광고하는 경우에는 다음 각 호의 사항 중 내용이 동일한 것은 공통으로 표시할 수 있다.
㉠ 여행업의 등록번호, 상호, 소재지 및 등록관청
㉡ 기획여행명 · 여행일정 및 주요 여행지
㉢ 여행경비
㉣ 교통 · 숙박 및 식사 등 여행자가 제공받을 서비스의 내용
㉤ 최저 여행인원
㉥ 제18조 제2항에 따른 보증보험등의 가입 또는 영업보증금의 예치 내용
㉦ 여행일정 변경 시 여행자의 사전 동의 규정
㉧ 제22조의4 제1항 제2호에 따른 여행목적지(국가 및 지역)의 여행경보단계

61 관광진흥법령상 관광사업자 A와 관광사업자가 아닌 B 및 C가 다음과 같이 상호를 사용하여 영업을 하고 있다. 이 법령에 위배되는 것은? (단, 타법은 고려하지 않음)

> ⊙ A는 관광숙박업으로 '만국관광호텔'이라는 상호를 사용하고 있다.
> ⊙ B는 관광펜션업으로 '추억관광펜션'이라는 상호를 사용하고 있다.
> ⊙ C는 관광공연장업으로 '기쁨관광공연'이라는 상호를 사용하고 있다.

① ⊙, ⊙
② ⊙, ⊙
③ ⊙, ⊙
④ ⊙, ⊙, ⊙

61 상호의 사용제한(「관광진흥법 시행령」 제8조) … 법 제10조 제3항 및 제4항에 따라 관광사업자가 아닌 자는 다음 각 호의 업종 구분에 따른 명칭을 포함하는 상호를 사용할 수 없다.
⊙ 관광숙박업과 유사한 영업의 경우 관광호텔과 휴양 콘도미니엄
⊙ 관광유람선업과 유사한 영업의 경우 관광유람
⊙ 관광공연장업과 유사한 영업의 경우 관광공연
⊙ 삭제 〈2014. 7. 16.〉
⊙ 관광유흥음식점업, 외국인전용 유흥음식점업 또는 관광식당업과 유사한 영업의 경우 관광식당
⊙ 관광극장유흥업과 유사한 영업의 경우 관광극장
⊙ 관광펜션업과 유사한 영업의 경우 관광펜션
⊙ 관광면세업과 유사한 영업의 경우 관광면세

62 관광진흥법상 유원시설업의 변경허가를 받지 아니하고 영업을 한 자에 대한 벌칙 기준은?

① 1년 이하의 징역 또는 1천만원 이하 벌금

② 2년 이하의 징역 또는 2천만원 이하 벌금

③ 3년 이하의 징역 또는 3천만원 이하 벌금

④ 5년 이하의 징역 또는 5천만원 이하 벌금

62 다음 각 호의 어느 하나에 해당하는 자는 1년 이하의 징역 또는 1천만 원 이하의 벌금에 처한다〈「관광진흥법」 제84조 (벌칙)〉.

   ⓐ 제5조 제3항에 따른 <u>유원시설업의 변경허가를 받지 아니하거나 변경신고를 하지 아니하고 영업을 한 자</u>

   ⓑ 제5조 제4항 전단에 따른 유원시설업의 신고를 하지 아니하고 영업을 한 자

   ⓒ 제13조 제4항을 위반하여 자격증을 빌려주거나 빌린 자 또는 이를 알선한 자

   ⓓ 거짓이나 그 밖의 부정한 방법으로 제25조 제3항 또는 제33조 제1항에 따른 검사를 수행한 자

   ⓔ 제33조를 위반하여 안전성검사를 받지 아니하고 유기시설 또는 유기기구를 설치한 자

   ⓕ 거짓이나 그 밖의 부정한 방법으로 제33조 제1항에 따른 검사를 받은 자

   ⓖ 제34조 제2항을 위반하여 유기시설·유기기구 또는 유기기구의 부분품(部分品)을 설치하거나 사용한 자

   ⓗ 제35조 제1항 제14호에 해당되어 관할 등록기관등의 장이 발한 명령을 위반한 자

   ⓘ 제35조 제1항 제20호에 해당되어 관할 등록기관등의 장이 발한 개선명령을 위반한 자

   ⓙ 제38조 제8항을 위반하여 자격증을 빌려주거나 빌린 자 또는 이를 알선한 자

   ⓚ 제52조의2 제1항에 따른 허가 또는 변경허가를 받지 아니하고 같은 항에 규정된 행위를 한 자

   ⓛ 제52조의2 제1항에 따른 허가 또는 변경허가를 거짓이나 그 밖의 부정한 방법으로 받은 자

   ⓜ 제52조의2 제4항에 따른 원상회복명령을 이행하지 아니한 자

   ⓝ 제55조 제3항을 위반하여 조성사업을 한 자

   ※ ⓚ~ⓜ 2020. 12. 10. 시행

63 관광진흥법령상 과징금에 관한 설명으로 옳은 것은?

① 등록의 취소를 갈음하여 과징금을 부과할 수 있다.

② 위반의 정도가 심한 경우 5천만원의 과징금을 부과할 수 있다.

③ 과징금은 분할하여 낼 수 있다.

④ 과징금을 내야 하는 자가 납부기한까지 내지 아니하면 국세 체납처분의 예 또는 「지방행정제재 · 부과금의 징수 등에 관한 법률」에 따라 징수한다.

64 관광진흥법령상 특별관리지역에 관한 설명으로 옳지 않은 것은?

① 특별관리지역의 지정권한은 문화체육관광부장관이 갖는다.

② 특별관리지역으로 지정하려면 수용 범위를 초과한 관광객의 방문으로 자연환경이 훼손되거나 주민의 평온한 생활환경을 해칠 우려가 있어 관리할 필요가 있다고 인정되어야 한다.

③ 특별관리지역에 대하여는 조례로 정하는 바에 따라 관광객 방문시간 제한 등 필요한 조치를 할 수 있다.

④ 특별관리지역을 지정 · 변경 또는 해제하려는 경우에는 해당 지역의 주민을 대상으로 공청회를 개최해야 한다.

ANSWER   **63.**④ **64.**①

63 ① 사업 정지 처분을 갈음하여 과징금을 부과할 수 있다.

② 과징금은 2천만 원 이하로 한다.

③ 과징금은 분할하여 낼 수 없다.

※ 과징금의 부과〈「관광진흥법」 제37조〉

① 관할 등록기관등의 장은 관광사업자가 제35조 제1항 각 호 또는 제2항 각 호의 어느 하나에 해당되어 사업 정지를 명하여야 하는 경우로서 그 사업의 정지가 그 이용자 등에게 심한 불편을 주거나 그 밖에 공익을 해칠 우려가 있으면 사업 정지 처분을 갈음하여 2천만 원 이하의 과징금(過徵金)을 부과할 수 있다.

② 제1항에 따라 과징금을 부과하는 위반 행위의 종류 · 정도 등에 따른 과징금의 금액과 그 밖에 필요한 사항은 대통령령으로 정한다.

③ 관할 등록기관등의 장은 제1항에 따른 과징금을 내야 하는 자가 납부기한까지 내지 아니하면 국세 체납처분의 예 또는 「지방행정제재 · 부과금의 징수 등에 관한 법률」에 따라 징수한다.

64 ① 시 · 도지사나 시장 · 군수 · 구청장은 수용 범위를 초과한 관광객의 방문으로 자연환경이 훼손되거나 주민의 평온한 생활환경을 해칠 우려가 있어 관리할 필요가 있다고 인정되는 지역을 조례로 정하는 바에 따라 특별관리지역으로 지정할 수 있다〈「관광진흥법」 제48조의3(지속가능한 관광활성화) 제2항〉.

65 관광진흥법령상 '관광사업자 단체'에 관한 설명으로 옳은 것은?

① 업종별 관광협회는 업종별로 업무의 특수성을 고려하여 전국을 단위로 설립할 수 있다.

② 관광사업자, 관광 관련 사업자, 관광 관련 단체, 주민 등은 공동으로 지역의 관광진흥을 위하여 지역별 또는 업종별 관광협회를 설립할 수 있다.

③ 지역별 관광협회는 문화체육관광부장관의 설립허가를 받아야 한다.

④ 지역관광협의회는 관광사업의 건전한 발전을 위하여 관광업계를 대표하는 한국관광협회 중앙회를 설립할 수 있다.

66 관광진흥법령상 관광숙박업의 사업계획 변경승인을 받아야 하는 경우를 정한 규정이다. (   )에 들어갈 내용으로 옳은 것은?

> 부지 및 대지 면적을 변경할 때에 그 변경하려는 면적이 당초 승인받은 계획 면적의 ( ) 이상이 되는 경우

① 100분의 3   ② 100분의 5
③ 100분의 7   ④ 100분의 10

ANSWER 65.① 66.④

65 ① 업종별 관광협회는 업종별로 업무의 특수성을 고려하여 전국을 단위로 설립할 수 있다〈「관광진흥법 시행령」 제41조 (지역별 또는 업종별 관광협회의 설립) 제2호〉.

② 관광사업자는 지역별 또는 업종별로 그 분야의 관광사업의 건전한 발전을 위하여 대통령령으로 정하는 바에 따라 지역별 또는 업종별 관광협회를 설립할 수 있다〈「관광진흥법」 제45조(지역별·업종별 관광협회) 제1항〉.

③ 업종별 관광협회는 문화체육관광부장관의 설립허가를, 지역별 관광협회는 시·도지사의 설립허가를 받아야 한다.

④ 제45조에 따른 지역별 관광협회 및 업종별 관광협회는 관광사업의 건전한 발전을 위하여 관광업계를 대표하는 한국관광협회중앙회를 설립할 수 있다〈「관광진흥법」 제41조(한국관광협회중앙회 설립) 제1항〉.

66 사업계획 변경승인〈「관광진흥법 시행령」 제9조 제1항〉 … 법 제15조 제1항 후단에 따라 관광숙박업의 사업계획 변경에 관한 승인을 받아야 하는 경우는 다음 각 호와 같다.

ㄱ 부지 및 대지 면적을 변경할 때에 그 변경하려는 면적이 당초 승인받은 계획면적의 100분의 10 이상이 되는 경우

ㄴ 건축 연면적을 변경할 때에 그 변경하려는 연면적이 당초 승인받은 계획면적의 100분의 10 이상이 되는 경우

ㄷ 객실 수 또는 객실면적을 변경하려는 경우(휴양 콘도미니엄만 해당한다)

ㄹ 변경하려는 업종의 등록기준에 맞는 경우로서, 호텔업과 휴양 콘도미니엄업 간의 업종변경 또는 호텔업 종류 간의 업종 변경

67 관광진흥법령상 호텔업의 등록을 한 자가 등급결정을 신청해야 하는 호텔업은 모두 몇 개인가?

> 관광호텔업, 수상관광호텔업, 한국전통호텔업, 가족호텔업, 소형호텔업, 의료관광호텔업

① 3   ② 4

③ 5   ④ 6

68 관광진흥법령상 관광특구에 관한 설명으로 옳은 것은?

① 관광특구로 지정하기 위해서는 임야·농지·공업용지 또는 택지의 비율이 관광특구 전체면적의 20%를 초과하지 아니하여야 한다.

② 문화체육관광부장관은 관광특구진흥계획을 수립하고 시행하여야 한다.

③ 문화체육관광부장관은 관광특구의 활성화를 위하여 관광특구에 대한 평가를 3년마다 실시하여야 한다.

④ 관광특구는 외국인 관광객 수가 대통령령으로 정하는 기준 이하이어야 한다.

ANSWER 67.④ 68.③

67 호텔업의 등급결정〈「관광진흥법 시행령」 제22조 제1항〉 … 법 제19조 제1항 단서에서 "대통령령으로 정하는 자"란 관광호텔업, 수상관광호텔업, 한국전통호텔업, 가족호텔업, 소형호텔업 또는 의료관광호텔업의 등록을 한 자를 말한다.

   ※ 「관광진흥법」 제19조(관광숙박업 등의 등급) 제1항 … 문화체육관광부장관은 관광숙박시설 및 야영장 이용자의 편의를 돕고, 관광숙박시설·야영장 및 서비스의 수준을 효율적으로 유지·관리하기 위하여 관광숙박업자 및 야영장업자의 신청을 받아 관광숙박업 및 야영장업에 대한 등급을 정할 수 있다. 다만, 제4조 제1항에 따라 호텔업 등록을 한 자 중 대통령령으로 정하는 자는 등급결정을 신청하여야 한다.

68 ③ 문화체육관광부장관은 관광특구의 활성화를 위하여 관광특구에 대한 평가를 3년마다 실시하여야 한다〈「관광진흥법」 제73조(관광특구에 대한 평가 등) 제3항〉.

   ① 법 제70조 제1항 제3호에서 "대통령령으로 정하는 기준"이란 관광특구 전체 면적 중 관광활동과 직접적인 관련성이 없는 토지가 차지하는 비율이 10퍼센트인 것을 말한다〈「관광진흥법 시행령」 제58조(관광특구의 지정요건) 제2항〉.

   ② 특별자치시장·특별자치도지사·시장·군수·구청장은 관할 구역 내 관광특구를 방문하는 외국인 관광객의 유치 촉진 등을 위하여 관광특구진흥계획을 수립하고 시행하여야 한다〈「관광진흥법」 제71조(관광특구의 진흥계획) 제1항〉.

   ④ 외국인 관광객 수가 대통령령으로 정하는 기준 이상일 것〈「관광진흥법」 제70조(관광특구의 지정) 제1항 제1호〉

69 관광진흥법상 '500만원 이하'의 과태료의 부과 대상에 해당하는 자는?

① 등록을 하지 아니하고 여행업을 경영한 자

② 관광사업자가 아닌 자가 문화체육관광부령으로 정하는 관광표지를 사업장에 붙인 자

③ 관광통역안내의 자격이 없는 사람이 외국인 관광객을 대상으로 하는 관광통역안내를 한 자

④ 문화체육관광부령으로 정하는 영업준칙을 지키지 아니한 카지노사업자

70 국제회의산업 육성에 관한 법률상 국제회의산업육성기본계획(이하 '기본계획'이라 한다.)의 수립에 관한 설명으로 옳지 않은 것은?

① 기본계획은 5년마다 수립·시행하여야 한다.

② 기본계획에는 국제회의에 필요한 인력의 양성에 관한 사항이 포함되어 있어야 한다.

③ 지방자치단체의 장과 관련된 기관의 장은 문화체육관광부장관이 수립한 기본계획에 따라 연도별 국제회의산업육성시행계획을 수립·시행하여야 한다.

④ 문화체육관광부장관은 기본계획의 추진실적을 평가하고, 그 결과를 기본계획의 수립에 반영하여야 한다.

ANSWER **69.**③ **70.**③

69 과태료〈「관광진흥법」 제86조 제1항, 제2항〉
  ① 다음 각 호의 어느 하나에 해당하는 자에게는 500만 원 이하의 과태료를 부과한다.
    ㉠ 제33조의2 제1항(유원시설업자는 그가 관리하는 유기시설 또는 유기기구로 인하여 대통령령으로 정하는 중대한 사고가 발생한 때에는 즉시 사용중지 등 필요한 조치를 취하고 문화체육관광부령으로 정하는 바에 따라 특별자치시장·특별자치도지사·시장·군수·구청장에게 통보하여야 한다.)에 따른 통보를 하지 아니한 자
    ㉡ 제38조 제6항(관광통역안내의 자격이 없는 사람은 외국인 관광객을 대상으로 하는 관광안내를 하여서는 아니 된다.)을 위반하여 관광통역안내를 한 자
  ② 다음 각 호의 어느 하나에 해당하는 자에게는 100만 원 이하의 과태료를 부과한다.
    ㉠ 제10조 제3항(관광사업자가 아닌 자는 제1항에 따른 관광표지를 사업장에 붙이지 못하며, 관광사업자로 잘못 알아볼 우려가 있는 경우에는 제3조에 따른 관광사업의 명칭 중 전부 또는 일부가 포함되는 상호를 사용할 수 없다.)을 위반한 자
    ㉡ 제28조 제2항 전단을 위반하여 영업준칙을 지키지 아니한 자
    ㉢ 제33조 제3항을 위반하여 안전교육을 받지 아니한 자
    ㉣ 제33조 제4항을 위반하여 안전관리자에게 안전교육을 받도록 하지 아니한 자
    ㉤ 제38조 제7항을 위반하여 자격증을 패용하지 아니한 자
    ㉥ 제48조의10 제3항을 위반하여 인증표지 또는 이와 유사한 표지를 하거나 한국관광 품질인증을 받은 것으로 홍보한 자

70 ③ 문화체육관광부장관은 기본계획에 따라 연도별 국제회의산업육성시행계획을 수립·시행하여야 한다〈「국제회의산업 육성에 관한 법률」 제6조(국제회의산업육성기본계획의 수립 등) 제2항〉.

71 관광진흥개발기금법령상 기금운용위원회에 관한 설명으로 옳은 것은?

① 기금의 운용에 관한 종합적인 사항을 심의하기 위하여 국무총리 소속으로 기금운용 위원회를 둔다.

② 기금운용위원회는 위원장 1명을 포함한 10명 이내의 위원으로 구성한다.

③ 위원장은 문화체육관광부장관이 된다.

④ 기금운용위원회의 조직과 운영에 필요한 사항은 문화체육관광부령으로 정한다.

72 관광진흥개발기금법상 '거짓이나 그 밖의 부정한 방법으로 대여를 신청한 경우 또는 대여를 받은 경우'에 관한 제재로 옳지 않은 것은?

① 문화체육관광부장관은 기금의 대여를 신청한 자에 대하여 그 대여 신청을 거부한다.

② 문화체육관광부장관은 기금의 대여를 받은 자에 대하여 그 대여를 취소한다.

③ 문화체육관광부장관이 기금의 대여를 받은 자에 대하여 지출된 기금을 회수할 때는, 지출된 기금의 전부를 회수하여야 하며 일부회수는 인정되지 않는다.

④ 부정한 방법으로 대여를 받은 자는 해당 기금을 대여받은 날부터 3년 이내에 기금을 대여받을 수 없다.

ANSWER 71.② 72.③

71 ② 법 제6조에 따른 기금운용위원회는 위원장 1명을 포함한 10명 이내의 위원으로 구성한다〈「관광진흥개발기금법 시행령」 제4조(기금운용위원회의 구성) 제1항〉.

① 기금의 운용에 관한 종합적인 사항을 심의하기 위하여 문화체육관광부장관 소속으로 기금운용위원회를 둔다〈「관광진흥개발기금법」 제6조(기금운용위원회의 설치) 제1항〉.

③ 위원장은 문화체육관광부 제1차관이 되고, 위원은 다음 각 호의 사람 중에서 문화체육관광부장관이 임명하거나 위촉한다〈「관광진흥개발기금법 시행령」 제4조(기금운용위원회의 구성) 제2항〉.

  ㉠ 기획재정부 및 문화체육관광부의 고위공무원단에 속하는 공무원
  ㉡ 관광 관련 단체 또는 연구기관의 임원
  ㉢ 공인회계사의 자격이 있는 사람
  ㉣ 그 밖에 기금의 관리·운용에 관한 전문 지식과 경험이 풍부하다고 인정되는 사람

④ 위원회의 조직과 운영에 필요한 사항은 대통령령으로 정한다〈「관광진흥개발기금법」 제6조(기금운용위원회의 설치) 제2항〉.

72 문화체육관광부장관은 기금의 대여를 신청한 자 또는 기금의 대여를 받은 자가 다음 각 호의 어느 하나에 해당하면 그 대여 신청을 거부하거나, 그 대여를 취소하고 지출된 기금의 전부 또는 일부를 회수한다〈관광진흥개발기금법」 제11조(목적 외의 사용 금지 등) 제3항〉.

  ㉠ 거짓이나 그 밖의 부정한 방법으로 대여를 신청한 경우 또는 대여를 받은 경우
  ㉡ 잘못 지급된 경우
  ㉢ 「관광진흥법」에 따른 등록·허가·지정 또는 사업계획 승인 등의 취소 또는 실효 등으로 기금의 대여자격을 상실하게 된 경우
  ㉣ 대여조건을 이행하지 아니한 경우
  ㉤ 그 밖에 대통령령으로 정하는 경우

73 관광진흥개발기금법령상 국내 공항과 항만을 통하여 출국하는 자로서 관광진흥 개발기금의 납부면제자에 해당하지 않는 사람은?

① 선박을 이용하는 4세 어린이

② 외국에 주둔하는 외국의 군인

③ 국외로 입양되는 어린이의 호송인

④ 「출입국관리법」 제46조에 따른 강제퇴거 대상자 중 국비로 강제 출국되는 외국인

74 국제회의산업 육성에 관한 법령상 국제회의시설에 관한 설명으로 옳지 않은 것은?

① 전문회의시설은 30명 이상의 인원을 수용할 수 있는 중·소회의실이 10실 이상 있어야 한다.

② 준회의시설은 200명 이상의 인원을 수용할 수 있는 대회의실이 있어야 한다.

③ 전시시설은 옥내와 옥외의 전시면적을 각각 2천제곱미터 이상 확보하고 있어야 한다.

④ 국제회의 개최와 전시의 편의를 위하여 전문회의시설에 부속된 음식점시설은 부대시설이다.

ANSWER 73.② 74.③

73 관광진흥개발기금의 납부면제자〈「관광진흥개발기금법 시행령」 제1조의2(납부금의 납부대상 및 금액) 제1항 참고〉
　　㉠ 외교관여권이 있는 자
　　㉡ 2세(선박을 이용하는 경우에는 6세) 미만인 어린이
　　㉢ 국외로 입양되는 어린이와 그 호송인
　　㉣ 대한민국에 주둔하는 외국의 군인 및 군무원
　　㉤ 입국이 허용되지 아니하거나 거부되어 출국하는 자
　　㉥ 「출입국관리법」 제46조에 따른 강제퇴거 대상자 중 국비로 강제 출국되는 외국인
　　㉦ 공항통과 여객으로서 다음 각 목의 어느 하나에 해당되어 보세구역을 벗어난 후 출국하는 여객
　　　• 항공기 탑승이 불가능하여 어쩔 수 없이 당일이나 그 다음 날 출국하는 경우
　　　• 공항이 폐쇄되거나 기상이 악화되어 항공기의 출발이 지연되는 경우
　　　• 항공기의 고장·납치, 긴급환자 발생 등 부득이한 사유로 항공기가 불시착한 경우
　　　• 관광을 목적으로 보세구역을 벗어난 후 24시간 이내에 다시 보세구역으로 들어오는 경우
　　㉧ 국제선 항공기 및 국제선 선박을 운항하는 승무원과 승무교대를 위하여 출국하는 승무원

74 ③ 전시시설은 다음 각 호의 요건을 모두 갖추어야 한다〈「국제회의산업 육성에 관한 법률 시행령」 제3조(국제회의시설의 종류·규모) 제4항〉.
　　㉠ 옥내와 옥외의 전시면적을 합쳐서 2천제곱미터 이상 확보하고 있을 것
　　㉡ 30명 이상의 인원을 수용할 수 있는 중·소회의실이 5실 이상 있을 것

75 국제회의산업 육성에 관한 법률상 국제회의복합지구에 관한 설명으로 옳지 않은 것은?

① 국제회의복합지구의 지정권자는 시 · 도지사이다.

② 시 · 도지사는 국제회의복합지구 육성 · 진흥계획을 시행하여야 한다.

③ 문화체육관광부장관은 사업의 지연, 관리 부실 등의 사유로 지정목적을 달성할 수 없는 경우 국제회의 복합지구 지정을 해제할 수 있다. 이 경우 시 · 도지사의 승인을 받아야 한다.

④ 이 법에 따라 지정된 국제회의복합지구는 「관광진흥법」 제70조에 따른 관광특구로 본다.

ANSWER 75.③

75 ③ 시 · 도지사는 사업의 지연, 관리 부실 등의 사유로 지정목적을 달성할 수 없는 경우 국제회의복합지구 지정을 해제할 수 있다. 이 경우 문화체육관광부장관의 승인을 받아야 한다〈「국제회의산업 육성에 관한 법률」 제15조의2(국제회의복합 지구의 지정 등) 제4항〉.

76 여행업의 특성이 아닌 것은?

① 고정자본의 투자가 크다.　　　　　② 계절성이 강하다.

③ 정치, 경제 등의 변화에 민감하다.　④ 노동집약적이다.

77 다음 설명에 해당하는 것은?

> • 1945년 쿠바의 하바나에서 결성된 국제항공기구
> • 각국의 항공사 대표들로 구성된 비정부조직

① IATA　　　　　　　　　　② ASTA

③ ICAO　　　　　　　　　　④ PATA

ANSWER　76.①　77.①

76 ① 여행업은 타산업에 비해 고정자본의 투자가 적고, 운영비용이 큰 특징을 가진다.

　※ 여행업의 특성

　　㉠ 경영의 구조적 특성
　　　• 사무실 입지 의존
　　　• 소규모 자본
　　　• 노동집약적
　　　• 인간위주 경영
　　　• 과당경쟁

　　㉡ 사회현상적 특성
　　　• 계절집중성
　　　• 제품수명주기의 단명성
　　　• 업무의 공적이양 추세
　　　• 사회적 책임 중시
　　　• 제품의존비율이 높은 경영체질
　　　• 신용 우선

77 제시된 내용은 국세항공기구인 IATA(International Air Transport Association)에 대한 설명이다.

　② ASTA : American Society of Travel Agents, 미주여행업자협회

　③ ICAO : International Civil Aviation Organization, 국제민간항공기구

　④ PATA : Pacific Asia Travel Association, 아시아태평양관광협회

78 관광진흥법상 관광사업이 아닌 것은?

① 유원시설업

② 관광 체육시설업

③ 관광객 이용시설업

④ 관광 편의시설업

78 관광사업의 종류〈「관광진흥법」 제3조 제1항〉

　㉠ 여행업 : 여행자 또는 운송시설·숙박시설, 그 밖에 여행에 딸리는 시설의 경영자 등을 위하여 그 시설 이용 알선이나 계약 체결의 대리, 여행에 관한 안내, 그 밖의 여행 편의를 제공하는 업

　㉡ 관광숙박업 : 다음 각 목에서 규정하는 업

　　• 호텔업 : 관광객의 숙박에 적합한 시설을 갖추어 이를 관광객에게 제공하거나 숙박에 딸리는 음식·운동·오락·휴양·공연 또는 연수에 적합한 시설 등을 함께 갖추어 이를 이용하게 하는 업

　　• 휴양 콘도미니엄업 : 관광객의 숙박과 취사에 적합한 시설을 갖추어 이를 그 시설의 회원이나 공유자, 그 밖의 관광객에게 제공하거나 숙박에 딸리는 음식·운동·오락·휴양·공연 또는 연수에 적합한 시설 등을 함께 갖추어 이를 이용하게 하는 업

　㉢ 관광객 이용시설업 : 다음 각 목에서 규정하는 업

　　• 관광객을 위하여 음식·운동·오락·휴양·문화·예술 또는 레저 등에 적합한 시설을 갖추어 이를 관광객에게 이용하게 하는 업

　　• 대통령령으로 정하는 2종 이상의 시설과 관광숙박업의 시설(이하 "관광숙박시설"이라 한다) 등을 함께 갖추어 이를 회원이나 그 밖의 관광객에게 이용하게 하는 업

　　• 야영장업 : 야영에 적합한 시설 및 설비 등을 갖추고 야영편의를 제공하는 시설(「청소년활동 진흥법」 제10조 제1호 마목에 따른 청소년야영장은 제외한다)을 관광객에게 이용하게 하는 업

　㉣ 국제회의업 : 대규모 관광 수요를 유발하는 국제회의(세미나·토론회·전시회 등을 포함한다. 이하 같다)를 개최할 수 있는 시설을 설치·운영하거나 국제회의의 계획·준비·진행 등의 업무를 위탁받아 대행하는 업

　㉤ 카지노업 : 전문 영업장을 갖추고 주사위·트럼프·슬롯머신 등 특정한 기구 등을 이용하여 우연의 결과에 따라 특정인에게 재산상의 이익을 주고 다른 참가자에게 손실을 주는 행위 등을 하는 업

　㉥ 유원시설업(遊園施設業) : 유기시설(遊技施設)이나 유기기구(遊技機具)를 갖추어 이를 관광객에게 이용하게 하는 업(다른 영업을 경영하면서 관광객의 유치 또는 광고 등을 목적으로 유기시설이나 유기기구를 설치하여 이를 이용하게 하는 경우를 포함한다)

　㉦ 관광 편의시설업 : ㉠부터 ㉥까지의 규정에 따른 관광사업 외에 관광 진흥에 이바지할 수 있다고 인정되는 사업이나 시설 등을 운영하는 업

79 여행업의 주요업무가 아닌 것은?

① 수배업무   ② 정산업무
③ 여정관리업무   ④ 환전업무

80 저비용항공사(LCC)의 일반적인 특징이 아닌 것은?

① 좌석클래스의 단일화
② 조직의 단순화
③ 지점 간 노선(point to point)의 운항
④ 대형여객기 중심의 운항

81 아시아나 항공이 가입하고 있는 1997년 설립된 항공 동맹체는?

① 원 월드(One World)
② 스카이 팀(Sky Team)
③ 스타 얼라이언스(Star Alliance)
④ 유플라이 얼라이언스(U-Fly Alliance)

Answer 79.④ 80.④ 81.③

79 ④ 환전업무는 은행업의 주요업무이다.
　　※ 여행업의 주요업무
　　　　㉠ 여행상품 기획 · 개발
　　　　㉡ 고객상담
　　　　㉢ 예약 · 수배
　　　　㉣ 판매
　　　　㉤ 여정관리
　　　　㉥ 정산

80 ④ 저비용항공사는 일반적으로 소형여객기로 중 · 단거리 노선 중심 운항을 한다.

81 세계 3대 항공 동맹체로 스타 얼라이언스(STAR ALLIANCE), 원 월드(ONE WORLD), 스카이 팀(SKY TEAM)이 있으며,
유플라이 얼라이언스(U-Fly ALLIANCE)는 세계 최초의 저가항공사 항공 동맹체이다.
③ 아시아나 항공이 가입하고 있는 항공 동맹체는 스타 얼라이언스다.

82 IATA 기준 항공사와 코드의 연결이 옳지 않은 것은?

① AIR BUSAN – BX

② JIN AIR – LJ

③ TWAY AIR – TW

④ JEJU AIR – JL

83 석식이 포함된 호텔 요금제도를 모두 고른 것은?

> ㉠ European Plan
> ㉡ Full American Plan
> ㉢ Modified American Plan
> ㉣ Continental Plan

① ㉠, ㉡

② ㉠, ㉣

③ ㉡, ㉢

④ ㉢, ㉣

82 ④ JEJU AIR의 IATA 기준 코드는 7C이다.

※ 우리나라 항공사 코드

항공사		ICAO	IATA
대한항공	Korean Air	KAL	KE
아시아나항공	Asiana Airlines	AAR	OZ
제주항공	Jeju Air	JJA	7C
에어부산	Air Busan	ABL	BX
진에어	Jin Air	JNA	LJ
이스타항공	Eastar Jet	ESR	ZE
티웨이항공	T'way Air	TWB	TW

83 ㉡ Full American Plan : 북아메리카에서 처음 발생한 호텔상품으로, 고객이 식사를 하든 안 하든 상관없이 객실요금과 아침, 점심, 저녁이 포함된 요금제도이다.

㉢ Modified American Plan(수정식 아메리칸 방식) : 아메리칸 플랜을 수정하여 주로 아침과 저녁만 실료에 포함시켜 요금제도이다.

㉠ European Plan : 객실료와 식사대를 분리하여 각각 별도의 계산을 하는 방식으로, 우리나라 호텔에서 일반적으로 적용하는 요금제도이다.

㉣ Continental Plan(대륙식 요금제도) : 유럽에서 일반적으로 사용되는 제도로, 객실요금에 아침식대만 포함된 요금제도이다.

84 다음 설명에 해당하는 카지노 게임은?

> 휠(wheel)안에 볼(ball)이 회전하다 포켓(pocket) 안에 들어간 번호가 위닝 넘버(winning number)가 되는 게임

① 빅휠   ② 바카라
③ 다이사이   ④ 룰렛

85 다음에서 설명하는 회의는?

> 청중이 모인 가운데 2~8명의 연사가 사회자의 주도하에 서로 다른 분야에 서의 전문가적 견해를 발표하는 공개 토론회로 청중도 자신의 의견을 발표할 수 있다.

① 포럼   ② 워크숍
③ 패널토의   ④ 세미나

ANSWER   84.④   85.③

84 제시된 내용은 룰렛에 대한 설명이다.
   ① 빅휠 : 딜러에 의해 회전된 휠이 천천히 멈추어 섰을 때 휠 위에 부착된 가죽 띠가 멈춘 심볼에 베팅한 플레이어가 당첨되는 게임이다.
   ② 바카라 : 카지노 게임의 왕이라고 불리며, 플레이어 카드와 뱅커 카드를 게임규칙에 따라 받고 합을 비교하여 9에 가까운 측이 이기는 게임이다.
   ③ 다이사이 : 플레이어가 베팅한 숫자 혹은 숫자의 조합이 Shaker(주사위 용기)로 흔들어 결정된 3개의 주사위 합과 일치하면 정해진 배당률에 의해 배당금이 지급되는 게임이다.

85 제시된 내용은 패널토의에 대한 실명이다.
   ① 포럼 : 사회자의 지도 아래 한 사람 또는 여러 사람이 연설을 한 다음, 그에 대하여 청중이 질문하면서 토론을 진행한다.
   ② 워크숍 : 학교 교육이나 사회 교육에서 학자나 교사의 상호 연수를 위하여 열리는 합동 연구 방식이다.
   ④ 세미나 : 전문인 등이 특정한 주제로 행하는 연수회나 강습회 등을 말한다.

86 관광진흥법령상 2020년 현재 호텔업의 등급 체계는?

① 무궁화 등급

② 별 등급

③ 다이아몬드 등급

④ ABC등급

87 휴양 콘도미니엄 소유형태에 관한 설명으로 옳지 않은 것은?

① 소유권은 양도가 가능하다.

② 공유제는 평생소유가 가능하다.

③ 회원제와 공유제 모두 취득세 대상이다.

④ 시설 이용권은 양수가 불가능하다.

ANSWER 86.② 87.④

86 관광숙박업 중 호텔업의 등급은 5성급 · 4성급 · 3성급 · 2성급 및 1성급으로 구분한다〈「관광진흥법 시행령」 제22조(호텔업의 등급결정) 제2항〉.

87 ④ 휴양 콘도미니엄 시설 이용권은 양수가 가능하다.

※ 분양 또는 회원 모집을 한 자는 공유자 · 회원의 권익을 보호하기 위하여 다음 각 호의 사항에 관하여 대통령령으로 정하는 사항을 지켜야 한다〈「관광진흥법」 제20조(분양 및 회원 모집) 제5항〉.

㉠ 공유지분(共有持分) 또는 회원자격의 양도 · 양수

㉡ 시설의 이용

㉢ 시설의 유지 · 관리에 필요한 비용의 징수

㉣ 회원 입회금의 반환

㉤ 회원증의 발급과 확인

㉥ 공유자 · 회원의 대표기구 구성

㉦ 그 밖에 공유자 · 회원의 권익 보호를 위하여 대통령령으로 정하는 사항

88 국제슬로시티연맹에 가입된 한국의 슬로시티가 아닌 곳은?

① 담양군 창평면　　　　　　　　② 완도군 청산도
③ 제주도 성산일출봉　　　　　　　④ 전주시 한옥마을

89 다음에서 설명하는 국제관광기구는?

> 1951년에 설립한 관민(官民) 합동기구로 관광진흥활동, 지역발전 도모 등을 목적으로 하는 국제관광기구이 며, 우리나라는 1963년에 가입하여 활동하고 있다.

① APEC　　　　　　　　　　　② PATA
③ EATA　　　　　　　　　　　④ OECD

ANSWER　88.③　89.②

88 한국의 국제 슬로시티(2020년 10월 기준)
　㉠ 전남 신안군 증도
　㉡ 전남 완도군 청산도
　㉢ 전남 담양군 창평면
　㉣ 경남 하동군 악양면
　㉤ 충남 예산군 대흥면
　㉥ 경기도 남양주시 조안면
　㉦ 전북 전주시 한옥마을
　㉧ 경북 상주시 함창읍, 이안면, 공검면
　㉨ 경북 청송군 부동면, 파천면
　㉩ 강원도 영월군 김삿갓면
　㉪ 충북 제천시 수산면
　㉫ 충남 태안군 소원면
　㉬ 경북 영양군 석보면
　㉭ 경남 김해시 봉하마을, 화포천습지생태공원
　ⓐ 충남 서천군 한산면
　ⓑ 전남 목포시 외달도, 달리도, 1897 개항문화거리

89 PATA(Pacific Area Travel Association) … 아태지역 관광인들의 제창에 의해 1951년 하와이에서 창설된 민관합동 국제기구로, 아시아태평양관광협회라고도 한다.
　① APEC(Asia Pacific Economic Cooperation) : 아시아태평양경제협력체
　③ EATA(East Asia Travel Association) : 동아시아관광협회
　④ OECD(Organization for Economic Cooperation and Development) : 경제협력개발기구

90 다음의 사업을 모두 수행하는 조직은?

> • 외국인의 관광객 유치를 위한 국제관광 진흥사업
> • 취약계층의 관광지원을 위한 국민관광 진흥사업

① 한국관광협회중앙회
② 한국문화관광연구원
③ 한국관광공사
④ 유네스코 문화유산기구

Answer 90.③

90 한국관광공사의 수행 사업〈「한국관광공사법」 제12조(사업) 제1항〉
　㉠ 국제관광 진흥사업
　• 외국인 관광객의 유치를 위한 홍보
　• 국제관광시장의 조사 및 개척
　• 관광에 관한 국제협력의 증진
　• 국제관광에 관한 지도 및 교육
　㉡ 국민관광 진흥사업
　• 국민관광의 홍보
　• 국민관광의 실태 조사
　• 국민관광에 관한 지도 및 교육
　• 장애인, 노약자 등 관광취약계층에 대한 관광 지원
　㉢ 관광자원 개발사업
　• 관광단지의 조성과 관리, 운영 및 처분
　• 관광자원 및 관광시설의 개발을 위한 시범사업
　• 관광지의 개발
　• 관광자원의 조사
　㉣ 관광산업의 연구ㆍ개발사업
　• 관광산업에 관한 정보의 수집ㆍ분석 및 연구
　• 관광산업의 연구에 관한 용역사업
　㉤ 관광 관련 전문인력의 양성과 훈련 사업
　㉥ 관광사업의 발전을 위하여 필요한 물품의 수출입업을 비롯한 부대사업으로서 이사회가 의결한 사업

91 우리나라와 시차가 가장 많이 나는 곳은?

① 영국 – 런던

② 미국 – 로스앤젤레스

③ 호주 – 시드니

④ 태국 – 방콕

92 관광의 구조 중 관광매체에 관한 설명으로 옳지 않은 것은?

① 관광객과 관광욕구를 충족시켜 주는 관광대상을 결합시키는 역할을 한다.

② 철도, 비행기와 같은 교통수단, 도로, 수송시설은 공간적 매체에 해당한다.

③ 기능적 매체로 관광호텔과 같은 숙박, 휴게시설, 유흥·오락시설, 쇼핑시설이 있다.

④ 관광대상을 개발하고 관리하는 정부와 같은 공적기관의 역할 또한 관광매체에 포함한다.

ANSWER 91.② 92.③

91 ② 미국 – 로스앤젤레스 : −16시간

① 영국 – 런던 : −8시간

③ 호주 – 시드니 : +2시간

④ 태국 – 방콕 : −2시간

92 관광매체

㉠ 시간적 매체 : 숙박시설, 휴식시설, 오락시설 등

㉡ 공간적 매체 : 교통기관, 도로, 운수시설 등

㉢ 기능적 매체 : 여행업, 통역안내업, 관광기념품 판매업, 관광선전율 등

※ 관광의 구성요소

㉠ 관광주체 : 관광을 하는 사람 관광을 행하는 주체

㉡ 관광객체 : 관광객의 다양한 욕구를 불러일으키게 하고 욕구를 충족시켜 주는 대상

㉢ 관광매체

• 관광주체와 관광객체를 결부시키는 기능

• 관광은 관광주체와 관광대상이 연결된 행동이며 현상

93 한국 관광역사에 관한 설명으로 옳은 것은?

① 고려시대에는 역(驛), 여사(旅舍), 원(院) 등이 설치되어 지역 간 원활한 교류가 이루어졌다.

② 우리나라 최초의 호텔은 서울의 근대식 호텔로 지어진 대불호텔이다.

③ 서울 영업소를 차리고 영업을 개시한 우리나라 최초의 민간항공사는 일본 항공사이다.

④ 1962년 국제관광공사가 설립되어 해외 선전과 외래 관광객 유치를 수행하였다.

94 관광관련 행정조직과 관련 업무 연결로 옳지 않은 것은?

① 문화체육관광부 – 여권발급

② 외교부 – 사증(visa) 면제협정의 체결

③ 보건복지부 – 관광업소의 위생관리

④ 환경부 – 국립공원의 지정

ANSWER 93.④ 94.①

93 ① 조선시대에 대한 설명이다.
② 우리나라 최초의 호텔인 대불호텔은 인천항이 위치한 인천에 있었다.
③ 우리나라 최초의 민간 항공사는 대한항공이다.

94 ① 여권발급 업무는 외교부 소관이다.

95 세계관광기구(UNWTO)에서 국제관광객 통계를 위해 관광자로 분류되는 자는?

① 외교관

② 군인

③ 영구적 이주자

④ 항공사 승무원

ANSWER 95.④

95 세계관광기구(UNWTO)의 관광자 분류

  ㉠ 관광통계 포함(Visitor)

- 관광자(tourist) : 국경을 넘어 유입된 방문객이 24시간 이상 체재하며 위락, 휴가, 스포츠, 사업, 친척·친지방문, 회의참가, 연수, 종교 등의 목적으로 여행하는 자
- 당일관광자(excursionist) : 위에서 정의한 방문객으로서 방문국에서 24시간 미만으로 체재하는 자(선박여행객, 선원, 승무원 등)
- 통과관광객(overland tourist) : 육로나 선박을 이용하여 입국한 외국인 승객으로 한 지역에서 다른 지역으로 이동하는 사이에 임시 상륙하여 관광하는 자

  ㉡ 관광통계 불포함(Non Visitor)

- 국경근로자(border workers) : 국경에 인접하여 거주하면서 국경을 넘어 통근하는 자
- 통과객(transit passengers) : 항공통과여객이나 상륙이 허가되지 않는 선박 승객과 같이 입국심사를 통해 공식적으로 입국하지 아니한 자
- 장기이주자 : 1년 이상 체재하기 위하여 입국하는 자와 그 가족 및 동반자
- 단기이주자 : 1년 미만 체재하되, 취업목적 입국자와 그 가족 및 동반자
- 외교관·영사 : 대사관이나 영사관에 상주하는 외교관과 영사 및 그 가족
- 군인 : 주둔하는 외국 군대의 구성원 및 그 가족과 동반자
- 망명자(refugees) : 인종, 종교, 국적, 특정단체의 회원가입 또는 정치적 견해에서 기인한 박해에 대해 국적을 벗어나 있고, 이로 인해 국적의 보호를 받을 수도 없고, 그에 대한 두려움 때문에 받고자 하지도 않는 자
- 유랑자 : 정기적으로 입국 또는 출국하여 상당기간 체류하는 자, 또는 국경에 인접하여 생활관계로 짧은 기간 동안 매우 빈번하게 국경을 넘나드는 자
- 무국적자 : 신분을 증명하는 서류로는 항공권 등의 교통티켓을 소지하고 있는 자로서 방문하고자 하는 나라에서 국적 불명으로 인정하는 자

96 관광의 사회적 효과로 옳은 것을 모두 고른 것은?

> ㉠ 지역 경제개발의 촉진
> ㉡ 교육적 효과
> ㉢ 국민의식 수준 제고
> ㉣ 국제수지 개선

① ㉠, ㉡
② ㉡, ㉢
③ ㉡, ㉣
④ ㉢, ㉣

97 국립공원으로만 묶은 것은?

① 다도해해상 – 두륜산
② 경주 – 한려해상
③ 설악산 – 경포
④ 태안해안 – 칠갑산

96 ㉠㉣은 관광의 경제적 효과에 해당한다.

97 우리나라의 국립공원은 가야산국립공원, 경주국립공원, 계룡산국립공원, 내장산국립공원, 다도해해상국립공원, 덕유산국립공원, 무등산국립공원, 변산반도국립공원, 북한산국립공원, 설악산국립공원, 소백산국립공원, 속리산국립공원, 오대산국립공원, 월악산국립공원, 월출산국립공원, 주왕산국립공원, 지리산국립공원, 치악산국립공원, 태백산국립공원, 태안해안국립공원, 한려해상국립공원, 한라산국립공원으로 총 22곳이 지정되어 있다.

98 관광특구에 관한 설명으로 옳지 않은 것은?

① 관광특구는 시 · 도지사가 신청하고, 문화체육관광부장관이 지정한다.

② 관광특구는 외국인 관광객의 유치 촉진을 위하여 지정한다.

③ 관광특구는 야간 영업시간 제한을 배제하여 운영할 수 있게 한다.

④ 관광특구로 처음으로 지정된 곳은 제주도, 경주시, 설악산, 유성, 해운대 5곳이다.

99 관광마케팅 믹스의 구성요소와 그 내용의 연결이 옳은 것은?

① 촉진(promotion) – 관광종사원

② 유통(place) – 호텔시설

③ 상품(product) – 항공비용

④ 사람(people) – 관광업체 경영자

ANSWER 98.① 99.④

98 관광특구의 지정〈「관광진흥법」제70조 제1항〉… 관광특구는 다음 각 호의 요건을 모두 갖춘 지역 중에서 <u>시장 · 군수 · 구</u><u>청장의 신청(특별자치시 및 특별자치도의 경우는 제외한다)에 따라 시 · 도지사가 지정한다.</u> 이 경우 관광특구로 지정하려는 대상지역이 같은 시 · 도 내에서 둘 이상의 시 · 군 · 구에 걸쳐 있는 경우에는 해당 시장 · 군수 · 구청장이 공동으로 지정을 신청하여야 하고, 둘 이상의 시 · 도에 걸쳐 있는 경우에는 해당 시장 · 군수 · 구청장이 공동으로 지정을 신청하고 해당 시 · 도지사가 공동으로 지정하여야 한다.

ㄱ 외국인 관광객 수가 대통령령으로 정하는 기준 이상일 것 : 최근 1년간 외국인 관광객 수가 10만 명(서울특별시는 50만 명)

ㄴ 문화체육관광부령으로 정하는 바에 따라 관광안내시설, 공공편익시설 및 숙박시설 등이 갖추어져 외국인 관광객의 관광수요를 충족시킬 수 있는 지역일 것

ㄷ 관광활동과 직접적인 관련성이 없는 토지의 비율이 대통령령으로 정하는 기준을 초과하지 아니할 것 : 관광특구 전체 면적 중 관광활동과 직접적인 관련성이 없는 토지가 차지하는 비율이 10퍼센트인 것

ㄹ ㄱ부터 ㄷ까지의 요건을 갖춘 지역이 서로 분리되어 있지 아니할 것

99 관광마케팅 믹스(8P's)

ㄱ 상품(Product)

ㄴ 유통(Place)

ㄷ 가격(Price)

ㄹ 촉진(Promotion)

ㅁ 패키징(Packaging)

ㅂ 프로그래밍(Programming)

ㅅ 파트너십(Partnership)

ㅇ 전문인력(People)

100 다음 설명이 의미하는 것은?

> 전쟁과 학살 등 비극적 역사의 현장이나 엄청난 재난이 일어난 곳을 돌아보며 교훈을 얻기 위하여 떠나는 여행

① Green Tourism
② Mass Tourism
③ Eco Tourism
④ Dark Tourism

100 제시된 내용은 휴양과 관광을 위한 일반 여행과 달리 재난과 참상지를 보며 반성과 교훈을 얻는 여행인 Dark Tourism에 대한 설명이다.
① Green Tourism : 도시민과 농촌 주민의 교류를 통해 농촌의 자연 경관, 전통문화, 생활과 산업 따위를 체험할 수 있는 체류형 여가 활동
② Mass Tourism : 대중관광
③ Eco Tourism : 생태관광

수험서 전문출판사 서원각

목표를 위해 나아가는 수험생 여러분을 성심껏 돕기 위해서 서원각에서는 최고의 수험서 개발에 심혈을 기울이고 있습니다. 희망찬 미래를 위해서 노력하는 모든 수험생 여러분을 응원합니다.

공무원 대비서　　　취업 대비서　　　군 관련 시리즈　　　자격증 시리즈　　　동영상 강의

수험서 BEST SELLER

공무원

9급 공무원 파워특강 시리즈

국어, 영어, 한국사, 행정법총론, 행정학개론,
교육학개론, 사회복지학개론, 국제법개론

5, 6개년 기출문제

영어, 한국사, 행정법총론, 행정학개론, 회계학
교육학개론, 사회복지학개론, 사회, 수학, 과학

10개년 기출문제

국어, 영어, 한국사, 행정법총론, 행정학개론,
교육학개론, 사회복지학개론, 사회

소방공무원

필수과목, 소방학개론, 소방관계법규,
인·적성검사, 생활영어 등

자격증

사회조사분석사 2급 1차 필기

생활정보탐정사

청소년상담사 3급(자격증 한 번에 따기)

임상심리사 2급 기출문제

NCS기본서

공공기관 통합채용